꿈의
주택정책을
찾아서

꿈의 주택정책을 찾아서

초판 1쇄 펴낸날   2017년 2월 7일
초판 4쇄 펴낸날   2021년 3월 15일
지은이   진미윤·김수현
펴낸이   박재영
편집   이정신·임세현·한의영
마케팅   김민수
디자인   조하늘
제작   제이오
펴낸곳   도서출판 오월의봄
주소   경기도 파주시 회동길 363-15 201호
등록   제406-2010-000111호
전화   070-7704-2131
팩스   0505-300-0518
이메일   maybook05@naver.com
트위터   @oohbom
블로그   blog.naver.com/maybook05
페이스북   facebook.com/maybook05
인스타그램   instagram.com/maybooks_05

ISBN   979-11-87373-11-7 03320

꿈의 주택정책을 찾아서

글로벌 주택시장 트렌드와
한국의 미래

진 미 윤
김 수 현
지 음

오월의
봄

차례

책을 펴내며

우리나라는 집 문제에 관한 한 세계 최고가 여러 가지다. 우선 이사 다니는 빈도가 세계에서 가장 잦다. 평균 3~4년 정도에 한 번씩 이사를 다니는데, 이른바 선진국들 중에서는 가장 불안정한 상태라고 할 수 있다. 소득 대비 집값도 세계 최고 수준이다. 흔히 중산층의 조건이라고 불리는 '30평대 아파트'와 연간 소득을 비교하면 10배나 될 정도로 비싸다. 주택경기에 민감한 정도도 세계 최고가 아닌가 한다. 지난 40년 동안 부침이 있기는 했지만 기본적으로 집값은 오르기만 했다. 가히 '부동산 불패론'이라 할 정도였다. 그러다 2008년 세계 금융위기 이후에는 이제 집값의 경향적 하락이 새로운 불안 요인이 되었다. 이런 상황에서 우리에게 집은 '기쁨과 슬픔의 원천'이라 할 만큼 절박한 삶의 장소가 되어왔다. 특히 공공임대주택과 같은 정부의 주거안전망이 취약했기 때문에, 집은 모든 가정이 스스로 해결해야 되는 첫 번째 걱정거리가 아닐 수 없었다.

현실의 집 문제가 어려울수록 우리는 이상향을 꿈꾸는 경향이 있다. "싱가포르는 결혼 후 3년만 되면 시세의 반 이하로 아파트를 분양받을 수 있고, 내 집 가진 비율이 90%나 된다." "유럽 국가들은 공공임대주택이 평균 18%나 되지만 우리는 5%도 되지 않는다." "스웨덴, 덴마크 등 북유럽 국가들은 다양한 협동조합주택이 많아서 목돈을 들이지 않고도 살 수 있다." "독일이나 오스트리아는 민간임대주택에 살더라도 안정적인 거주가 가능하다." 이런 얘기들이 대표적이다. 적어도 주택문제에 관한 한 '꿈의 나라'들이다. 시민단체들뿐 아니라 여러 언론들도 이들 나라의 주거상황이나 정책을 소개했기에, 웬만한 사람들이라면 전문가 수준의 정보를 갖고 있을 정도이다.

그러나 이들 꿈의 나라는 하루아침에 만들어진 것이 아니다. 각 나라의 사회, 경제, 정치, 문화 체제가 오랫동안 걸어온 길에 바탕을 두고 있다. 더구나 이 경로는 한번 정해지면 쉽게 바뀌지 않는다. 바로 이웃한 나라들도 주택시장 상황이나 정책이 판이하게 다른 것은 모두 이런 경로의 차이 때문이다. 북유럽의 협동조합주택을 부러워하지만, 이미 150년 전부터 시작된 협동조합운동이 있었기에 가능하다. 유럽의 많은 공공임대주택은 제2차 세계대전 이후 노동과 자본의 대타협을 반영하고 있다. 싱가포르도 독립 당시부터 확보한 다량의 국공유지가 있었기에 반값 아파트가 가능했다. 독일 역시 특유의 보수주의적 복지체제가 민간임대주택 중심의 주택정책을 뒷받침했다. 이 점에서 우리는 처음부터 다른 길을 걸었다. 해방 이후 집 문제를 어떻게 해결해야 할지 방향조차 못정한 채 급격한 도시화와 주택 부족을 겪기 시작했기 때문이다. 국공유지는 헐값에 팔아치웠고, 판자촌이 공공임대주택 구실을 했다. 집값 오르는 것을 중산층 형성 과정과 동일하게 보는 사회적 분위기마저 있었다.

그런데 이렇게 우리의 과거를 아쉬워만 하고 있을 필요는 없다. 이들 꿈의 나라가 겉모습은 마냥 부럽지만, 막상 안을 자세히 들여다보면 얘기가 또 달라지기 때문이다. 싱가포르의 반값 아파트는 어디까지나 시민권을 가진 4분의 3의 국민이 대상일 뿐 나머지는 비싼 민간주택에 거주하거나 집 같지 않은 집에서 생활하고 있다. 유럽 국가들이 공공임대주택 비중이 높다고 하지만, 언젠가부터 이들은 빈곤과 차별의 상징이 되었으며 정부 정책에서도 애물단지인 경우가 많다. 협동조합주택도 과거의 위대한 유산이기는 하나 역시 시장주의의 파고 앞에서 흔들리고 있다. 무엇보다 이들 선진국들은 우리가 가장 민감하게 생각하고 있는 주택가격이 급등락을 거듭하고 있다. 자가 소유의 부추김 속에서 가계부채 역시 심각하게 늘어났고, 주택가격 거품이 사회경제적 위기로 이어지기도 했다. 안타깝게도 우리가 기대하는 완전한 이상향은 없다. 1인당 주거면적이나 주거수준이 평균적으로 우리보다 나은 것은 사실이지만, 가격이 안정된 나라는 손꼽을 정도에 불과하다. 선진국들이 자랑하던 주거복지 정책들도 이런저런 균열을 겪고 있다. 더구나 청년들의 심각한 주거문제는 거의 한 나라도 예외가 없으며, 이는 단순히 2008년 금융위기가 아직 끝나지 않아서 생기는 과도적인 문제가 아니다.

이 책은 우리가 흔히 주택정책에 관해 꿈의 나라라고 생각하는 국가들을 포함해, 주요 국가들의 주거사정과 주택정책 흐름을 하나하나 짚어보고 있다. 비록 지상의 낙원은 없다지만, 수많은 사회적 논의와 시행착오를 거친 결과물들이다. 특히 각국이 겪는 주거문제나 정책 대응이 최근 유사한 경향을 보이기 시작하면서, 우리에게도 여러 가지 시사점을 주고 있다. 그동안은 먼 곳의 부러운 정책에 불과했다면, 이제는 우리도 주택시장이 거의 성숙 단계에 들어섰기 때문에 실제 검토하거나 추진해볼 만한 단계에 들어서기도 했다.

따라서 이 책은 먼저 선진국들의 주택정책 트렌드가 어떻게 변해왔고, 현재 어떤 방향으로 가고 있는지를 다루고 있다. 나라마다 시차는 있지만 1990년대 이후 자가 소유를 권장하는 분위기가 압도하면서 주택가격이 등락을 반복했다. 이 과정에서 공공임대주택은 대부분의 국가에서 후퇴했으며, 협동조합주택에도 신자유주의적 변화가 나타났다. 최근 금융위기 이후에는 오랫동안 홀대받았던 민간임대주택에 대한 관심이 높아지고 있다. 이와 함께 주택정책의 핵심 키워드도 자가 소유(home ownership)에서 부담가능한 주택, 즉 어포더빌리티(affordability)로 변했다. 또한 전통적으로 공공-민간으로 나뉘었던 주택공급 시스템이 하이브리드화되는 경향이 있다.

이어서 이 책은 영국, 미국, 스웨덴, 네덜란드, 독일의 다섯 개 나라를 살펴보고 있다. 영국은 한때 주거복지의 선도 국가였으나 1980년대부터 공공임대주택 매각을 시작하면서, 이제는 자가 소유를 통한 '자산복지'를 강조하는 가장 시장화된 국가가 되었다. 그러나 앞으로도 영국형 자가 소유 국가는 지속될 수 있을까?

미국은 지난 80여 년간 자가 소유를 확대하는 정책에 매진해왔으나, 금융위기로 차압 위기와 부담능력 위기에 직면하고 있다. 저소득층 주택은 점차 정책에서 소외되고 잔여화되어가고 있다. 민간임대주택 부문은 크게 육성되었지만, 임대료 수준은 부담 가능하다고 볼 수 없다. 왜 이러한 현상이 빚어졌을까?

스웨덴은 1930년대 '국민의 집' 이념하에 보편적 복지 대국을 이루었다. 그러나 1990년대 중반부터 정부 지원 축소와 규제 완화, 시장주의적 정책으로 인해 스웨덴 고유의 모델은 흔들리고 있다. 복지 천국에서도 주택은 상품인 것이다. 앞으로도 스웨덴 모델은 계속될 수 있을 것인가?

네덜란드는 세계에서 공공임대주택 거주 비율이 가장 높은 나라이다. 그러나 1990년대 이후 자가 소유로의 정책 전환, 금융위기 이후 장기 시장 침체, 만성적인 주택부족난 등으로 주택정책은 새로운 국면에 접어들고 있다. 특히 주택담보에 따른 가계부채 비율이 위험수위를 넘어선 상태이다. 무엇이 네덜란드의 전설적 성취에 영향을 주었으며, 최근 어떤 쟁점으로 주택정책의 개혁을 논의하고 있는가?

독일은 선진국 중에서 자가 소유율이 가장 낮은 편이다. 공공임대주택도 별로 없다. 결국 민간임대주택이 중요한 주거수단이지만, 국민들의 주거생활은 안정되어 있다. 전세난에 시달리는 우리로서는 잘 이해되지 않는다. 어떻게 가능했을까? 또 동서로 분단되었던 나라가 통일 이후 주택시장에서는 어떤 변화를 겪었을까? 우리에게도 궁금증을 자아내는 대목이다.

우리나라는 급격한 경제성장과 도시화 과정에서 만성적인 주택 부족과 가격 상승을 경험했다. 주택정책은 기본적으로 시장에 의존하되, 택지 공급과 거래질서 등에는 정부가 깊이 개입해왔다. 한국 주택정책의 특수성이라고 할 수 있다. 그러나 최근 주택의 절대 부족 시대가 마무리되고, 저성장, 저출산, 고령화가 본격화되면서 주택정책에는 새로운 상상력이 필요하게 되었다. 그동안 개발도상국형의 주택문제를 해결하는 데 부심했다면, 이제는 선진국형 글로벌 주택문제가 과제로 대두한 것이다. 선진국들이 겪었거나, 현재 당면하고 있는 정책 이슈들이 우리에게도 중점 과제로 등장했다. 우리 주택정책은 저성장, 상대 부족, 가격 안정에 부응하는 방향으로 전환해야 한다. 주택공급 시스템도 '시장 중심, 공공 보완'에서 '민간과 공공의 협업과 역할분담'으로 전환되어야 한다. 이제 주택정책의 핵심 목표는 자가 소유 촉진이 아니라 능력에 맞는 주택(부담가능한 주택)의 공급이 되었다.

이에 따라 당면하게는 전체 가계자산의 70% 이상을 부동산이 차지하는 특유의 자산 쏠림 현상으로부터 연착륙하는 과제가 중요해졌다. 이와 함께 지난 50년 동안의 급속한 주택공급의 후유증이라 할 수 있는 날림주택이나 불량한 주거인프라를 해소하는 것도 숙제다. 특히 과거와 같은 대규모 철거 재개발을 계속할 수 없는 상황에서 어떻게 노후 저층 주거지의 환경을 개선할 것인가는 우리 주택정책 및 도시정책의 난제라고 할 수 있다. 마지막으로 민간임대주택의 역할을 공식화해야 한다. 그동안 벗어나고 싶던 주택 점유형태였던 민간임대주택이 이제는 청년들을 위한 유용한 주거가 될 가능성을 가진 것이다. 민간임대주택 공급자에게 적정 수익을 보장하되 싸고 좋은 임대주택이 많이 공급되게 할 수 있는 방법을 찾는 것은 당면한 현안이 되었다.

이 책은 두 사람이 함께 쓰기는 했으나, 진미윤 박사가 사실상 책의 전체를 채웠다. 외국 주택시장과 정책이라는 것이 그냥 슬쩍 살펴보기에는 쉬워 보이지만, 꼼꼼히 들여다보기에는 너무나 힘든 일이다. 각 나라의 맥락에서 완전히 이해하지 않으면 안 되기 때문이다. 학자들이 외국의 주택정책을 쓰는 데 선뜻 나서지 않는 이유이다. 그런 점에서 진 박사는 각 나라의 상황을 꼬치꼬치 들여다보고, 하나하나 자료를 챙겼다. 당초 1년 정도면 책 쓰기를 마칠 것으로 봤지만, 무려 3년이나 걸린 이유이기도 하다.

그러나 아쉬움도 많다. 우선 글로벌 주택시장을 살펴보려 했지만, 동아시아 국가들이 모두 빠졌다. 일본은 우리와 가장 유사한 시스템을 가지고 있기에 언제나 거론되는 국가지만 이번엔 다루지 못했다. 동아시아에서 가장 성공한 국가(혹은 도시)라고 할 수 있는 싱가포르, 홍콩, 타이완을 포함해서 중국까지 묶은 두 번째 책을 내는 것은 다음 숙제다. 동아시아적 상상력을 모색해보려는 것이다.

이와 함께 이 책의 자료 자체에 대한 아쉬움도 있다. 더 정확하고 정교한 자료를 찾고 정리하는 일은 정말 해도 해도 끝이 없는 것 같다. 나름대로 노력은 했지만 아직도 부족하다는 느낌이다. 더구나 오늘도 바뀌고 있을 시장 상황과 정책까지는 반영할 도리가 없다. 오류도 상당하지 않을까 걱정이 된다. 다만 독자들이 이 책을 통해, 적어도 전체 맥락을 이해하고 관점을 갖추는 데는 도움을 얻을 것이라고 위안해본다.

마지막으로 오월의봄 박재영 사장님과 편집자에게 감사드린다. 우리나라에서 '안 팔리지만, 사회에는 가장 필요한 책'을 만드는 출판사로 유명한 오월의봄이 출간을 맡아주어서 필자들로서는 영광이다. 뿐만 아니라 이 책에 관심을 갖고 조언해주시고, 또한 기다려주신 많은 분들께 감사드린다.

2017년 1월
필자를 대표해서 김수현 씀

1장

글로벌 주택시장의
10대 트렌드

주택시장은 오랜 퇴적층을 형성해온 정책의 성과이자 여러 변화 요인들로 쉼 없이 변화하는 역동의 장이다. 오늘의 정책은 내일의 새로운 시장을 만들며 주택 소비자들에게 큰 호응을 얻기도 하지만 때로는 외면당하기도 한다. 현재 글로벌 주택시장은 어떤 상황이며 앞으로 어떤 시장을 형성하게 될 것인가?

지구촌의 많은 나라들이 추구해온 주택정책의 목표는 대체로 대동소이하다. 적절한 주택의 보급(Decent Home), 양질의 주거수준(Good Quality), 시장의 안정(Market Stability), 부담능력(Affordability)의 제고, 점유의 안정(Tenure Security) 등이 시대와 국가를 막론한 주택정책의 공통된 목표라고 할 것이다. 그러나 이러한 목표를 어떻게 달성하느냐 하는 방법론의 스펙트럼은 매우 넓다. 시대별로 주택문제의 양상이 변해왔고 이를 해결하려는 접근 방법과 수단이 달랐기 때문이다. 그뿐만이 아니다. 경제 발전 정도와 사회문화적 인식에 따라 주택정책의 프레임이 달라지며, 정치적 이데올로기가 정책의 우선순위를 좌우하기도 한다. '주택정책의 대상이 누구인가?' '주택의 생산과 공급을 누가 담당하는가?' '재원 조달 구조는 어떠한가?' '분배 원칙은 무엇인가?' 등 구체적으로 질문할수록 주택정책 수립 시 고려해야 할 내용은 더욱 늘어난다.

　　주택정책은 흔히 주택체제(housing system)라는 관점에서 몇 가지 유형화된 특성으로 조명되기도 한다. 영미식의 자유시장주의 체제, 북유럽식의 사민주의 체제, 독일과 오스트리아 같은 보수주의 체제, 스페인과 그리스 같은 남유럽 체제, 동아시아 체제 등이 이러한 유형론적 접근 방법으로 구분한 경우이다. 공공임대주택을 어떻게 공급하는가에 따라 잔여적 모델, 대중적 모델, 혼합적 모델로 분류하기도 한다. 이러한 각 유형별 특성에 더해 정부가 주택을 직접 공급하고 시장에 적극 개입하는 방식, 정부의 역할은 최소화하면서 시장 원리를 중시하는 방식도 있다. 국가에 따라 주택 공급보다는 조세나 금융 지원 같은 간접수단을 통해 수요를 지원하는 것을 선호하기도 하며, 임차보다는 소유를 권하는 주거문화를 만들기도 하고 그 반대인 경우도 있다. 공공임대주택에 대한 정책도 일반 중산층보다는 저소득층만을 위한 최소한의 사회안전망으로만 접근하는 국가가 있는가 하면, 다수를 위한 다양한 주택 옵션의 하나로 제공하는 국가도 있다.

주택정책의 발전사적 측면에서 볼 때 정책이 일정 방향으로 수렴되는 경향이 있다고 보는가 하면, 질적으로 다른 형태로 발전된다고 보는 견해도 있다. 전자는 수렴론, 후자는 체제론이라고 할 수 있다. 특정 사안에 대해 수렴되는 경향도 있지만 그동안은 대체로 에스핑 안데르센(Esping-Anderson)의 20세기 복지국가 체제론의 틀 속에서 유형론적 체제론으로 접근해왔다. 그러나 이제 21세기 포스트 복지국가 시대의 새로운 렌즈가 필요하다. 이에 대한 필요성은 우리가 잘 알고 있듯이 2000년대 후반의 글로벌 금융위기라는 쓰나미로 인해 점차 확대되고 있다. 이것은 비단 주택 부문뿐만은 아니다. 시장의 반전과 취약성이 드러나면서, 그동안의 시장 효율성에 대한 지나친 믿음에 기반한 정책은 대대적인 전환을 예고하고 있다.

지난 20세기를 거쳐오면서 많은 국가들은 끊임없이 주택 시스템을 개혁해왔다. 그야말로 길고 점진적인 시스템 개혁이었다. 그럼에도 21세기 후기 복지국가 시대는 세계화(globalization)라는 초국적인 거시환경 속에서 국가별 유형 차이가 커지기보다는 수렴되는 경향이 강하게 나타나고 있다. 글로벌 주택정책은 국가별 강한 경로 의존성과 제도적 유산에도 불구하고 일정 방향으로 귀결되는 듯한 양상을 보이고 있다. 주택시장의 잦은 가격 변동성, 주거수준과 소비의 격차, 부담능력의 악화는 최근의 전 세계적인 긴축재정과 저성장 우려 속에서 소득 양극화, 실업, 저출산·고령화 같은 새로운 도전 과제를 맞아 그 다양성이 점차 줄어드는 양상을 보이고 있다.

그렇다면 글로벌 주택정책은 어떻게 전개되었으며, 그 결과 국가마다 어떤 유사성과 차별성이 생기게 된 것일까? 그리고 이러한 특성에 영향을 미치는 변화 요인은 무엇이었으며 앞으로 또 어떤 변화를 예고하고 있는 것일까? 주택시장은 오랜 퇴적층을 형성해 온 정책의 성과이자 여러 변화 요인들로 쉼 없이 변화하는 역동의 장이다. 오늘의 정책은 내일의 새로운 시장을 만들며 주택 소비자들에게 큰 호응을 얻기도 하지만 때로는 외면당하기도 한다. 현재 글로벌 주택시장은 어떤 상황이며 앞으로 어떤 시장을 형성하게 될 것인가?

이 장에서는 국가별 주택정책을 본격적으로 다루기에 앞서 최근 주택시장의 글로벌 트렌드와 이슈를 찾고자 한다. 포스트 금융위기 8년의 경험이 그동안 주택정책의 틀을 전면적으로 재고하는 계기가 되었다는 점에서, 위기 극복 과정에서 제시된 글로벌 대응 양상과 시장 트렌드에 특히 역점을 두었다. 여기서 다루게 될 비교 국가들은 이른바 선진국으로 불리는 경제개발협력기구(OECD) 회원국과 유럽연합(EU) 소속 국가들이다. 다만 자료의 정확성이 떨어지거나 확보에 어려움이 있는 나라들은 제외하고, 〈표 1〉에서 제시한 29개 국가들의 상황을 살펴보았다.

국가별 주택정책의 특성과 시장 여건은 경제수준과 인구 규모를 감안해서 보아야 한다. 〈표 2〉에서 보듯 소득수준으로만 따지면 룩셈부르크, 노르웨이, 덴마크, 스위스, 스웨덴, 오스트리아 등은 1인당 국내총생산이 5만 달러를 넘는 부국이지만 인구 규모는 1,000만 명도 안 되어 우리나라의 인구 5,000만 명 규모 단위의 주택정책 프레임과 직접적으로 비교하기는 어렵다. 우리나라는 2012

OECD 회원국 (34개국)		EU 가입국 (28개국)
아시아	한국, 일본, 이스라엘, 터키	-
오세아니아	호주, 뉴질랜드	-
북아메리카	미국, 캐나다, 멕시코	-
남아메리카	칠레	-
유럽	룩셈부르크, 에스토니아, 포르투갈, 스페인, 헝가리, 슬로바키아, 슬로베니아, 독일, 이탈리아, 벨기에, 폴란드, 아일랜드, 핀란드, 프랑스, 영국, 스웨덴, 덴마크, 오스트리아, 네덜란드, 그리스, 체코 (21개국)	
	노르웨이, 스위스, 아이슬란드 (3개국)	불가리아, 크로아티아, 키프로스, 라트비아, 몰타, 리투아니아, 루마니아 (7개국)

주: 회색 글자로 표시한 국가는 비교에서 제외했다.

년 '20-50 클럽'(1인당 국민소득 2만 달러에 인구 5,000만 명)에 속하게 되었으며, 2014년 1인당 국민소득은 2만 8,180달러로 조만간 3만 달러에 이르게 되면 '30-50 클럽'(국민소득 3만 달러에 인구 5,000만 명)에 속할 전망이다. 현재 '30-50 클럽'에 해당하는 나라는 6개국(미국, 영국, 독일, 프랑스, 이탈리아, 일본)으로, 우리나라가 국민소득 3만 달러에 이르게 되면 세계 7번째가 될 것이다. '30-50 클럽'에 도달한다는 것은 높은 생활수준과 대외적으로 비중 있는 경제 규모를 함께 갖춰 세계적인 강국의 대열에 올라선다는 의미이다. 따라서 우리가 외국의 주택정책을 비교하거나 지향하는 주택 모델을 찾고자 하는 경우, 일정 규모 이상의 경제 여건과 인구 규모를 감안한 비교 시각이 필요하다.

글로벌 주택시장의 트렌드는 지난 반세기 동안의 주택정책 기조, 주택 공급, 시장 여건, 점유형태, 부담능력, 수요 변화, 주거복지, 주택산업, 공급 시스템 측면에서 다음의 10가지 패턴으로 나타났다. 트렌드 1에서 트렌드 5까지는 1970년대 이후부터 2008년 금융

〈표 2〉 국가별 인구 현황과 경제수준(단위: 만 달러)

구분		1인당 국내총생산 (2014년 기준)				
		5만 달러 이상	4만 달러대	3만 달러대	2만 달러대	2만 달러 미만
인구 규모 (2013년 기준)	1억 명 이상	미국(5.5)	-	일본(3.8)	-	-
	6,000~8,000만 명대	-	독일(4.7)	-	-	-
	3,000~5,000만 명대	캐나다(5.1)	프랑스(4.5) 영국(4.4)	이탈리아(3.6) 스페인(3.0)	한국(2.8)	폴란드(1.4)
	1,000~2,000만 명대	호주(6.3) 네덜란드(5.2)	벨기에(4.7)	-	포르투갈(2.2) 그리스(2.2)	체코(1.9)
	500만~1,000만 명대	스웨덴(5.8) 오스트리아(5.1) 스위스(8.4) 덴마크(6.2) 핀란드(5.0)	-	-	-	헝가리(1.3)
	500만 명 미만	노르웨이(9.9) 아일랜드(5.1) 룩셈부르크(11.7)	뉴질랜드(4.4)	-	슬로베니아(2.4)	에스토니아(1.97) 슬로바키아(1.8)

주: ( ) 안은 1인당 국민소득(만 달러)을 말함.

위기까지의 주된 특성이라고 볼 수 있으며, 트렌드 6에서 트렌드 10 까지는 금융위기 이후 그 여파로 인한 새로운 시장 풍속도라고 볼 수 있다.

글로벌 주택시장의 10대 트렌드

1. 시대별로 달라진 주택정책의 패션이 주택시장의 뉴 트렌드를 만든다.
2. 인구 2명당 1호의 주택 재고가 확보되다.
3. 주택시장은 1990년대 중반 이후 10여 년간 장기 호황을 이어가다.
4. 금융위기로 주택시장이 동반 침체되다.
5. 10가구 중 7가구는 집을 가진 자가 소유 사회가 되다.
6. 포스트 금융위기의 새로운 주택위기는 부담능력이다.
7. 임차 수요 증가로 임차인 사회가 도래하다.
8. 공공임대주택의 공급 부활로 서민 주거복지를 강화하다.
9. 민간임대주택은 경기 활성화를 위한 유망 산업이다.
10. 전통적 주택 공급 시스템이 점차 하이브리드화Hybridity되다.

트렌드 1
시대별로 달라진 주택정책의 패션이
주택시장의 뉴 트렌드를 만들다.

우리는 앞으로 어떤 '주택정책 만들기'를 할 것인가?

주택정책은 시대별로 어떤 유행을 불러왔다고 할 수 있다. 유행은 빠르게 등장했다가도 금방 소멸되기도 했으며 비교적 장기 지속하는 경우도 있고 주기적으로 반복되기도 했다. 이런 유행의 양상을 트렌드라고 한다면, 1970년대 글로벌 트렌드는 주택의 양적 부족 해소를 위한 신도시 건설이었다고 볼 수 있으며, 1980년대는 자가 소유 촉진, 1990년대는 도시재생, 2000년대는 주택금융 증권화, 그리고 위기 이후는 시장 정상화가 아닐까 한다.

장기 트렌드는 패러다임 관점에서도 볼 수 있다. 주택정책 패러다임은 '공급에서 수요로' '양적 확대에서 질적 수준 제고로' '신도시 건설에서 기존 도시의 재생으로' '규제 중심에서 시장 중심으로' '중앙집권에서 지방분권으로' '공공임대주택 육성에서 자가 소유 촉진으로' '직접 보조에서 간접 보조로' 변해왔다고 볼 수 있다. 이러한 주택정책의 유행, 트렌드, 패러다임은 한 국가 내에서의 사회적 동조현상일 뿐 아니라 국가 간에도 모방과 동조, 정책 이식으로 이어졌다. 그 과정은 세계화라는 큰 조류 속에서 더욱 가속화되었다.

지난 반세기를 거쳐오면서 주택정책의 패션은 1980년대를 기점으로 상당한 변화가 있었다. 제2차 세계대전 이후 30여 년간 정부의 적극적인 개입을 내세운 케인스주의는 1970년대 후반부터 작은

〈그림 1〉시대별 주택정책의 주요 기조

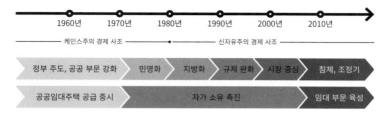

정부를 지향하고 자유시장 논리를 설파한 신자유주의로 대체되었다. 주택정책의 기조도 중앙정부의 강력한 리더십 하에 공공 부문을 통한 직접적 주택 공급 모델에서 점차 시장경쟁 모델로 바뀌었다. 1980년대부터 지금까지 공공 부문의 효율성, 시장경쟁 강화, 정부 비용 절감, 민간 경영 마인드, 공공서비스와 복지의 아웃소싱은 경제적 효율성 달성을 위해 펼쳐졌다고 해도 과언이 아니다. 주택 민영화, 분권화, 규제 완화, 시장 중심 정책은 적어도 2008년 금융위기 전까지의 지배적인 관점이었다고 볼 수 있다. 공공 부문보다는 민간 부문을 활용한 주택 건설과 자가 소유 촉진, 공공임대주택보다는 임대료 보조 같은 수요자 지원 방식의 선호가 분명히 나타났다. 또한 2000년대 이후 저금리 시대의 도래는 정부뿐 아니라 가계 부문에도 자기자본보다는 금융 기법을 통한 적극적인 레버리지 극대화 같은 부채 조달 방식(Debt-financing)을 보편화시켰다.

국가마다 이러한 유행의 전파 시기와 속도는 좀 다르지만 전체적인 방향과 구조는 〈표 3〉과 같은 패턴으로 전개되었다. 주택정책의 글로벌 방향은 공급 확대→수요 지원→규제 완화와 시장 중심→주거복지 강화와 개혁, 임대 부문 육성으로 전개돼왔다. 주택점유형태는 공공임대주택 육성에서 자가 소유 촉진 방향으로 전환되었다. 대부분의 국가들은 1980년대와 1990년대에 이러한 트렌드를 쫓아갔지만, 한번도 공공임대주택 부문을 육성하지 않은 스페인과 그리스 같은 남유럽 국가들도 있다. 동유럽 국가들은 1990년대 체제 전환을 계기로 공공임대주택을 민영화하고 자가 소유 촉진 정책에 합류했다. 자가 소유 확대 정책을 모색했지만 실패한 국가도 있고 임차 문화가 잘 발달되어 있어 굳이 자가 소유를 고집하거나 선호하지 않는 국가도 있다. 한편 금융위기 이후 8년간은 그동안의 정책 성과들이 무너지면서 정책 방향이 전면 재수정되는가 하면 그 추진 양상도 취약계층의 주거복지에 좀 더 초점을 맞춰나

〈표 3〉 시대별 글로벌 주택 트렌드

구분	1970년대 이전	1980년대	1990년대~2007년	위기 이후 2010년대
주요 주택문제	주택의 양적 부족/ 낮은 질적 수준/ 기초 설비 부족/ 환경 열악	열악한 주거환경/ 슬럼 철거/ 주택 재고의 유지관리	주택가격 상승/ 부담능력 악화/ 공공임대주택의 잔여화, 소외	주택시장 침체/ 주택금융 및 가계 부실/ 임차 수요 급증/ 임대료 상승/ 부담가능한 주택 재고 부족
주택정책 방향	**공급자 지원** 양질의 주택 보급 확대/ 신도시 건설/ 공공임대주택 공급 증가/ 주거기준(housing code) 등 설정	**수요자 지원** 자가 소유 촉진/ 공공임대주택 민영화와 개혁/ 저소득층 지원에 초점/ 임대료 보조	**규제 완화, 시장화** 주택 및 도시 재생/ 자가 소유 촉진/ 주택금융 증권화	**주거복지 강화와 개혁, 임대주택 부문 육성,** 임대료 보조 개혁/ 공공임대 건설 부흥/ 민간임대주택 육성/ 정책 혼합(policy mix) 부담가능한 주택 재고 부족
재정 지원 방식	공급자 보조	수요자 보조/ 공공 및 수요 보조 병행	민간자본 유치 강조	민간 참여를 위한 지렛대 역할/ Debt-financing/ Self-financing 강조
전달 체계	정부, 지자체, 공공기관	지자체, 공공 부문 위축/ 비영리 민간 부문 성장/ 제3의 조직 태동	공공 부문/ 비영리 민간 부문/ 민간 부문 참여 확대	공공 부문의 변화: 하이브리드형 사회적 기업으로 재정의, 민간 부문(연기금 등 기관투자자, 개별 투자자 등) 투자 다양화
공공 임대주택 부문	성장, 확대 지속	축소, 매각, 위축	소외, 배제, 빈곤화, 잔여화된 이미지, 아웃소싱	많은 대기수요 투자 확대, 부흥 전략 재등장

가고 있다.

　정부의 재정 지원은 주택 부족 문제가 크게 완화되면서 지원 대상과 방식이 점차 바뀌었다. 공급자를 보조해 더 값싸고 많은 주택을 확대했던 방식(supply subsidy)은 엄격한 소득·자산 심사를 통해 꼭 필요한 계층에게 필요한 만큼을 보조하는 수요자 보조(demand subsidy)로 전환되었다. 이는 제2차 세계대전 이후 30여 년간 광범위한 대상자에게 공공임대주택을 공급한 것이 분배적 관점에서 비효율적이라는 인식의 대두와 함께, 1980년대 민영화와 규제 완화로 임대료가 상승하더라도 수요자 보조가 부담능력 문제를 완화할 수 있었기 때문이다. 즉 이는 시장 규제를 하지 않고도 부담능력을 지원하면서 동시에 민간임대주택 재고를 활용해 정부가 직접 주택을 공급하지는 않더라도 간접적인 주택 공급 효과를 내는 방편이기도 했다. 이러한 시장친화적 방법을 통해 정부는 그동안 시장 규제자(market-regulator)에서 시장 조력자(market-enabler)로 그 역할을 변모시키고자 했다.

　수요자 보조의 방법은 주거비의 일부를 정부가 직접 보조하는 형태이며, 국가에 따라 주택수당, 주거급여, 주택바우처, 임대료 수당, 거주수당 등 다양한 명칭으로 불리고 있다. 공급자 보조에서 수요자 보조로의 전환 속도와 정도는 국가마다 차이가 있는데, 미국과 같이 공급자 보조를 획기적으로 줄이고 주택바우처로 완전 선회한 경우도 있으나 대부분의 국가들은 공급자 보조를 30~40%, 수요자 보조를 60~70% 병행하는 혼합 보조 방식을 이어갔다. 한편 공급자 보조 축소에 따라 대부분의 국가에서 공공 부문은 축소, 통폐합, 민영화의 길을 걷게 된 반면, 민간 부문은 규제 완화와 조세 및 금융 지원 확대로 그 참여 폭이 크게 늘었다.

공공임대주택 부문은 성장·확장기를 거쳐 축소기에 접어들었고 민영화와 자가 소유 촉진 정책에 따라 그 이미지는 더욱 빈곤화되고 잔여화되는 양상을 보이고 있다.

그러나 이와 같은 양상은 2008년 금융위기 이후 큰 변화의 소용돌이를 맞고 있다. 지난 30여 년간 추구해온 자가 소유 부문은 붕괴했고 그로 인해 임차가구는 늘었다. 그동안 도외시된 임대주택 부문에서는 늘어나는 임차 수요로 임대료가 급등했고 이는 특히 젊은 계층의 주거불안으로 이어지고 있다. 주택가격이 하락했다고는 하지만 엄격해진 대출 요건 탓에 주택시장은 진입이 더 어려워졌다. 세계 각지에서는 이제 '주택을 부담가능하게 만들기'(Making Housing Affordable) 혹은 '부담가능한 집을 더 많이'(More Affordable Homes)라는 구호를 외치며 각종 언론매체들은 이 문제에 대한 좌담회와 기획 기사들을 앞 다투어 다루고 있다. 집값 불패론이 지배했던 불과 10여 년 전만 해도 이런 일은 전혀 상상하지 못한 것이었다.

금융위기 이후 8년, 대부분의 국가들이 이제 회복세로 돌아섰고 시장 지표들도 크게 개선되고 있으나 그동안 드러나지 않았던 불편한 진실들은 새로운 주택위기인 '부담능력 위기'(Affordability Crisis)로 확산되고 있다. 많은 국가들은 이 위기를 타파하기 위해 신규 공공임대주택의 공급을 확대하고 민간임대주택을 육성하는 방법으로 대처하고 있으나 정부의 긴축재정으로 공급주체는 자체적인 재정 자립(self-financing)을 주문받고 있다. 재원 조달 방식 변화로 전통적인 공공임대주택 공급주체도 변화할 수밖에 없는 상황이 되었다.

이렇듯 시대별로 달라진 주택정책의 패션은 주택시장의 뉴 트렌드를 만들고 있다. 물론 이러한 트렌드가 오랜 기간 동안 많은 변화의 물결 속에서 형성되었으므로 단선적이거나 일률적이지 않다. 변칙도 있고 이변도 많다. 그러나 우리는 이러한 과거 트렌드를 통해 미래 트렌드를 예측해볼 수 있다. 우리는 앞으로 어떤 트렌드를 원하는가? 주택정책이 어떤 옷을 입는가에 따라 사람들의 인식을 바꾸고 시장도 변화시킬 수 있다는 점에서, 미래 트렌드는 앞으로 어떤 주택정책을 만들어나가느냐에 달려 있다고 할 것이다.

트렌드 2
인구 2명당 1호의 주택 재고가 확보되다.

주택 재고는 많아졌는데, 왜 주택은 여전히 부족한 것일까?

주택문제는 시대에 따라 그 양상을 달리한다. 국가별로 그 시점이나 양상은 다르지만 대다수 선진국들은 제2차 세계대전 (1939~1945) 전후로 극심한 주택 부족난을 겪었으며 이후 20여 년 동안은 어느 나라 할 것 없이 주택 부족 문제를 완화하기 위해 정부 주도로 주택을 대량 건설하고 그에 필요한 자금도 지원했다. 대규모 주택 공급 프로그램은 비단 양적인 측면뿐 아니라 기초 설비도 제대로 갖춰져 있지 못한 주택을 대체하여 주택의 질적 수준과 주거환경을 개선하는 목적도 있었다. 또한 주택의 대량 공급은 각종 건설기준과 인프라 공급기준, 주거수준에 대한 기준 설정 등 주택품질과 주거환경에 대한 전반적인 제도 기반을 굳건히 하는 계기가 되었을 뿐 아니라 주택 건설산업을 육성하고 일자리를 창출

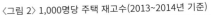
〈그림 2〉 1,000명당 주택 재고수(2013~2014년 기준)

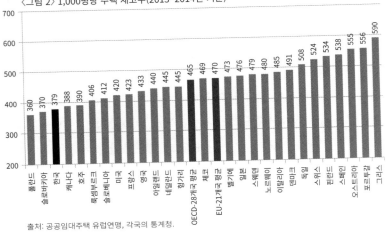

출처: 공공임대주택 유럽연맹, 각국의 통계청.

하는 경제성과로도 이어졌다. 그러나 1970년대 말을 기점으로 10여 년의 시차를 두고 많은 국가들은 더 이상 양적 부족 문제가 없다고 선언하면서 사실상 1990년대부터 대량 주택 건설 시대는 막을 내렸다고 볼 수 있다.

주택의 양적 보급 정도를 나타내는 천인당 주택 재고수는 유럽 선진 7개국(영국, 프랑스, 독일, 네덜란드, 스웨덴, 덴마크, 벨기에)이 1970년 350호에서 1980년에는 404호로 늘었고 2013년에는 463호가 되었다. 2013년 OECD-28개국의 천인당 주택수는 465호, EU-21개국은 470호이다. 즉 인구 2명당 약 1호가량의 주택 재고가 확보된 셈이다. 주택의 보급 상황을 우리나라 개념의 주택 보급률 관점에서 보면, 2013년 말 선진 11개국의 평균 주택 보급률은 107%이다. 네덜란드와 스웨덴이 가구수보다 주택수가 작아 주택수급 불균형의 어려움이 가장 큰 것으로 나타나고 있지만, 그 외 국가는 주택 보급률 100%를 이미 달성했다.

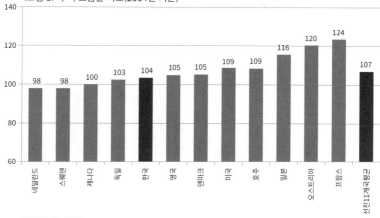

〈그림 3〉 주택 보급률 비교(2014년 기준)

출처: 각국의 통계청.

한편 천인당 주택수와 주택 보급률 산정 시의 주택수에는 공가가 포함되어 있는데, 이를 감안할 경우 실제 이용 가능한 주택 재고는 현저히 줄어들게 된다. 2013년 기준으로 공가 현황을 보면, 천인당 주택 재고가 가장 많은 그리스, 포르투갈, 스페인의 공가 비율이 매우 높다. 국가들마다 공가 통계에는 계절용 주택(여가 주택)과 세컨드 홈, 사람이 거주하고 있지 않는 상태(빈집) 등으로 다양하게 구성되고는 있으나 그래도 공가율이 매우 높다.

그리스의 주택 공가율은 2013년 34.3%로 225만 호에 달한다. 물론 이 범주에는 빈집 73만 호, 계절용 주택 62만 호, 임대용 혹은 매각 준비 중인 공가 90만 호 등이 포함되어 있지만 실제 사람이 거주하고 있지 않고 주택 재고로서의 활용 가치가 떨어지는 주택이 너무 많다. 포르투갈의 빈집은 2001년 이후 35%가 늘었으며, 2013년 현재 전체의 31.9%로 74만 호에 이른다. 스페인의 공가 수는 344만 호로 전체 주택 재고의 28.3%(계절용 주택 14.6%, 빈집 13.6%)

〈그림 4〉 주택 재고 중 공가 비율(2013~2014년 기준, 단위: %)

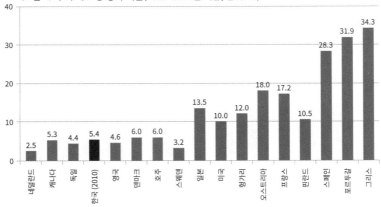

출처: 각국의 통계청.

이며, 프랑스의 공가율은 17.2%로 계절용 주택 9.4%(318만 호), 빈
집 7.8%(264만 호)에 달한다. 오스트리아는 계절용 주택 및 빈집이
80만 호로 이들이 전체 주택에서 차지하는 비율은 18.0%이다. 비
단 이들 국가뿐 아니라 유럽 전역에서 계절용 주택을 제외하더라
도 빈집 수만 1,500만 호가 훨씬 넘는다. 유럽연합 통계청에 따르면
(Eurostat, 2014), 현재 이러한 공가수는 유럽 전역의 홈리스 410만 명
에게 충분히 집을 제공하고도 남는 규모이다.

> **유럽의 빈집 현황(Eurostat, 2014)**
>
> 이탈리아 220만 호, 프랑스 264만 호, 그리스 152만 호, 포르투갈 73.5만 호,
> 스페인 166.7만 호, 독일 180만 호, 영국 70만 호, 아일랜드 40만 호.

이러한 대량의 빈집들은 지난 1990년대 중반 이후 유럽의 부
동산 부침 현상과 과잉 투자로 인한 부실의 일면을 보여준다. 특히

2016년 현재 유럽 재정위기 국가들인 그리스, 스페인, 이탈리아, 아일랜드에서 이러한 현상이 만연하며, 천인당 주택 재고가 많은 국가들이 공가도 많은 특징을 보이고 있다. 일본의 경우 주택 보급률(2013년)은 116%이나 공가율은 13.5%(820만 호)에 이른다. 따라서 주택의 양적 보급 정도를 비교할 때 실제 유효 주택 재고수를 기준으로 한다면 천인당 주택 재고는 410~420호 정도, 주택 보급률은 105%대 수준이 최대치가 아닐까 한다. 주택 보급률이 110%를 넘어선다는 것은 실제 주택 재고수 산정상의 허수가 상당수 존재함을 의미한다. 특히 이들 주택의 70% 정도가 자가주택이라는 점에서 임차주택이 전체 주택 재고에서 차지하는 비중은 낮을 수밖에 없다. 또한 금융위기 이후 신규주택 건설 실적이 거의 반토막이 나면서, 특히 유럽 국가들의 경우 주택 부족난, 특히 임차용 주택 재고 부족난이 매우 심각하다. 이것이 주택 재고가 많음에도 실제 시장에서는 거주 수요를 위한 주택이 부족한 까닭이며, 금융위기 이후 많은 국가에서는 수급 불균형에 따라 특히 임대주택의 임대료가 크게 오르는 원인이 되고 있다.

우리나라의 경우 천인당 주택수는 2014년 378호(2005년 330호, 2010년 364호), 주택 보급률은 103%로 국제 수준에 비해서는 다소 낮은 편이다. 그러나 머지않은 장래에 지금보다 총량적으로는 주택 재고가 더 많아질 것이므로, 정책 기조는 신규주택 공급 중심보다는 기존 주택 재고를 어떻게 하면 보다 효율적으로 잘 관리함으로써 그 유효 이용을 높일 수 있을 것인가에 더 중점을 둘 필요가 있다. 또한 총량적 관점의 주택 보급률 달성이 지역별, 계층별 주택 수요와 반드시 부합되지 않으므로 재고 풍요 속의 선택 빈곤이 발생하지 않도록 하는 전략이 모색되어야 할 것이다.

트렌드 3
주택시장은 1990년대 중반 이후
10여 년간 장기 호황을 이어가다.

글로벌 주택시장이 장기 호황을 누릴 수 있었던 원인은 무엇인가?

지난 1990년대 중반 이후 지구촌의 많은 나라들은 주택시장 장기 호황으로 주택가격이 큰 폭으로 올랐다. 세계 역사상 주택가격의 사이클 주기는 약 10년으로 경기 순환 사이클과 유사한 패턴을 그리며, 주택가격 확장기는 평균 6년 정도 유지되는 것으로 알려져왔다. 그러나 1990년대 중반 이후 주택가격 상승은 약 12년간 지속되어왔는데, 이렇듯 유례없는 긴 확장기로 인해 주택경기 순환 사이클도 일반경기 순환 사이클과 일치하지 않는 특징을 보이고 있다(André, 2010). 특히 2008년 금융위기 이후 경기는 안 좋은데 집값만 오르는 이상 현상들이 일부 국가에서 나타나고 있다.

주택시장은 주택이라는 재화가 가진 특수성으로 인해 호황-불황 사이클(boom-burst cycle)을 가질 수밖에 없다. 다만 그 진폭의 정도가 거시경제 부문과 가계 부문에 주는 영향이 문제이다. 일반적으로 주택가격 붐(boom)은 5년간 실질 주택가격이 25% 상승하는 경우로 정의되는데, 이러한 정의로 본다면 OECD 국가의 4분의 3은 주택가격 붐을 경험했다. 최근의 주택가격 상승기(확장기)에 대해 국제통화기금(IMF)은 2000년에서 2006년으로 보며, 경제개발협력기구(OECD)는 1990년대 중반부터 금융위기가 발발하기 전 주택가격 정점기인 2006년 혹은 2007년까지로 보고 있다. IMF가 제시한 글로벌 주택가격 추이는 〈그림 5〉와 같이 2000년 이후 금융위기

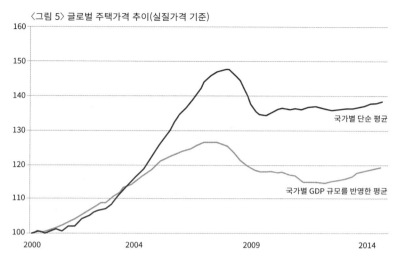

〈그림 5〉 글로벌 주택가격 추이(실질가격 기준)

국가별 단순 평균

국가별 GDP 규모를 반영한 평균

출처: http://www.imf.org/external/research/housing/(데이터 기준: 2014년 12월 10일).

전까지 실질 주택가격은 50%가 상승했고 국가별 경제성장 규모를 감안할 경우 25% 정도 상승한 것으로 나타나고 있다. 글로벌 평균 으로는 주택가격 붐 현상은 동조화된 경향으로 나타나고 있다.

국가별로 1997년에서 2006년까지 실질 주택가격 상승을 보면(〈그림 6〉 참조), OECD 국가의 평균 상승률은 40.5%, EU 국가의 평균 상승률은 44.3%이다. 주택가격 최고 상승 국가는 아일랜드로 174.8%이며, 이어 영국이 130.6%, 스페인이 113.6%, 프랑스가 106.7%, 스웨덴이 100.3%, 노르웨이와 그리스가 97% 올랐다. 글로벌 평균보다 낮은 국가는 우리나라를 포함해 스위스, 독일, 일본이 대표적이며, OECD는 이들 4개 국가를 글로벌 주택가격 붐의 예외 국가로 보았다.

그렇다면 주택가격은 왜 그렇게 오른 것일까? 여기에는 여러 가지 요인들이 복합적으로 작용하고 있다. 지난 1990년대 중반 이후

〈그림 6〉 국가별 주택가격 증감률(2010년 기준, 실질가격)

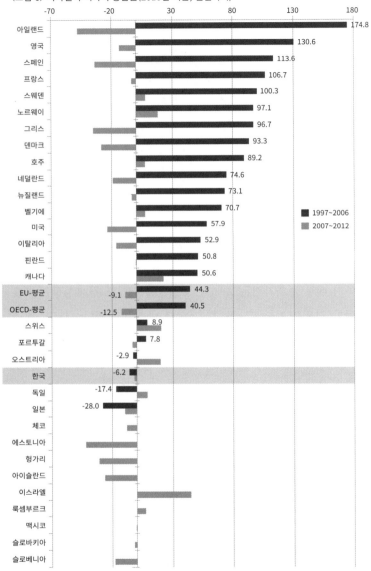

출처: OECD Housing Prices database 원자료를 활용하여 계산.

가구 소득 증가, 저금리, 다양해진 금융 상품과 금융 규제 완화, 자가 소유 촉진에 따른 주택가격 기대 심리 확대 등과 같은 수요 요인이 주택가격 상승에 큰 영향을 주었지만 주택 공급이 수요를 제대로 충족시키지 못한 수급 불균형 요인도 있다. 일반적으로 2000년대의 주택가격 상승은 소득 증가, 고용 확대, 가구 증가 같은 펀더멘털 요인도 있지만, 금융 세계화와 규제 완화, 저금리 여건으로 주택 구입에 대한 수요가 크게 늘어난 것이 촉발제가 되었다. 1990년대 중반 10%를 웃돌던 금리수준은 2000년대 중반 5% 이하로 떨어졌고 주택담보대출(모기지) 상품의 다양화(상환 방식, 기간, 금리 적용)와 대출금 확대로 주택가격 대비 담보대출 비중(LTV: Loan-To-Value ratio)은 90~100%에 이르렀다. 자기자본이 거의 없거나 집값의 10% 정도만 있으면 누구든지 주택 구입 시장에 뛰어들기 쉬운 상황이었고, 주택시장 장기 호황 속에서 집값 불패론에 대한 믿음은 주택가격을 기대 이상으로 부추겼다고 볼 수 있다.

이와 같은 요인과 더불어 소득 증가나 가구 증가에 비해 신규 주택 공급이 제대로 이루어지지 못해 주택가격이 상승한 국가도 있다. 대표적으로 스웨덴, 네덜란드, 영국, 프랑스 같은 나라들이 이에 해당한다고 볼 수 있다.

한편 과다한 주택 투자가 주택가격을 부추긴 나라들도 있다. 아일랜드, 스페인, 미국, 캐나다 등이 대표적이다. 국내총생산 대비 주택 투자 비중의 장기 평균은 4~6% 수준인데, 2006년 주택시장 정점기에 아일랜드는 14%, 스페인은 9% 이상이었다. GDP 대비 실질 주택 투자는 1995년 대비 2006년에 아일랜드는 3배, 스페인은 2.5배, 노르웨이와 덴마크는 2배, 미국은 70%가 늘었다(André, 2010; Pittini 외, 2015).

반면 독일과 일본의 경우 2000~2006년 기간 동안 세계적으로 인구 증가율이 가장 낮고 주택 투자도 매우 저조했다는 점에서 주택가격도 장기 침체를 이어갔다고 볼 수 있다.

　이처럼 주택가격 상승 요인이 다양하기 때문에, 가격 상승이 반드시 버블을 의미하지는 않는다. 주택가격 버블에 대한 명확한 정의는 없으나 일반적으로 소득이나 가구 증가 같은 펀더멘털 요인 이외 요인으로 집값이 크게 올랐다면 버블을 의심해볼 수 있다. 국제통화기금(IMF)은 2009년 6개국(아일랜드, 이탈리아, 영국, 프랑스, 스페인, 호주)에서 주택가격이 정상보다 10% 정도 고평가되었으며, 아일랜드의 경우 14%가 고평가되었다고 밝혔다. IMF는 2008년에는 아일랜드, 네덜란드, 영국의 주택가격이 25% 정도 고평가되었으며, 스페인은 2004년에 이미 주택가격이 30% 정도 고평가된 상황이었다고 지적한 바 있다. 이렇듯 주택가격이 버블인가 아닌가 하는 것은 펀더멘털 요인의 영향도에 따라 평가할 수 있으며, 시점에 따라 그 정도는 다소 엇갈리고 있기는 하다. 무엇보다 중요한 것은 주택가격의 버블로 지목되던 국가들이 2008년 금융위기 이후 그 취약성이 크게 드러났으며, 위기 후 8년이 지난 2015년에도 여전히 고전을 면치 못할 만큼 주택가격의 버블 붕괴는 국가경제에 치명타가 되고 있다는 점이다.

트렌드 4
금융위기로 주택시장이 동반 침체되다.

글로벌 동반 침체 속, 그래도 위기 안전 지대는 있었다.

호황 뒤에는 불황이 오게 마련일까? 2008년 미국발 서브 프라임 사태를 계기로 전 세계를 뒤흔들었던 미증유의 주택시장 붕괴는 주택가격 하락, 거래 감소, 주택 투자 감소 같은 전형적인 주택 불황을 야기했다. 그러나 이러한 현상이 2~3년간의 단기 침체에 그친 국가가 있는가 하면, 아직까지도 침체에서 벗어나지 못한 취약 국가가 있다. 주택시장의 장기 호황 과정에서의 주택가격 동조화 현상은 위기 이후 탈동조화된 양상으로 전개되고 있으며, 이 과정에서 주택시장의 취약성이 크게 부각되었다.

금융위기 이후 주택가격 변화 양상은 크게 3개 국가군으로 대별해볼 수 있다. 제1군은 위기 중립국 및 위기 조기졸업 국가군이다. 금융위기 여파가 주택시장에 큰 영향을 미치지 않았거나(오스트리아, 핀란드, 한국, 스위스, 독일), 큰 영향을 주었으나 2011년 이후 주택가격이 회복세로 접어든 국가(영국, 미국), 그리고 위기와는 무관하게 장기 침체가 계속되는 국가(일본)들로 구성된다.

제1군에 속하는 금융위기 진앙지인 미국은 위기 이후 주택가격이 크게 하락했고 모기지 연체 및 차압 급증 등 주택위기 상황이 심각했으나, 5년 이내 위기에서 탈출할 수 있었던 것은 양적 완화 같은 각종 경기부양 조치와 주택 부실에 대한 구제 금융의 덕이 컸다. 주택가격과 거래수준이 비록 정점 시기인 2006년만은 못하지만 미국의 주택시장 분위기는 크게 개선되었다고 볼 수 있다.

〈그림 7〉 제1군: 위기 중립국 및 위기 조기졸업 국가군(실질 주택가격 기준)

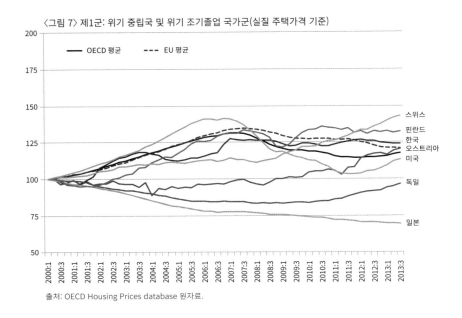

출처: OECD Housing Prices database 원자료.

〈그림 8〉 제2군: 위기 이후 반등 국가군(실질 주택가격 기준)

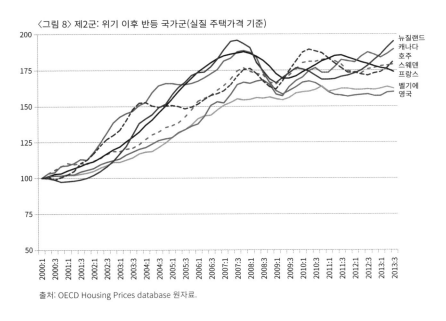

출처: OECD Housing Prices database 원자료.

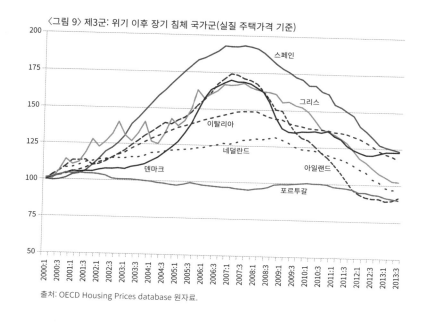

〈그림 9〉제3군: 위기 이후 장기 침체 국가군(실질 주택가격 기준)

출처: OECD Housing Prices database 원자료.

글로벌 경제위기 와중에도 위기를 비껴간 국가들은 오스트리아, 스위스, 독일이라고 볼 수 있다. 오스트리아는 세계적으로 가장 이상적인 주택 모델로 손꼽히는 나라이다. 다른 국가들이 1980년대 이후 수요 지향적인 주택정책을 펼쳐왔던 것과 달리 오스트리아는 신규주택을 꾸준히 공급해온 공급 중심의 주택 모델을 채택해왔으며, 공공, 민간, 비영리 민간들이 이러한 공급을 골고루 담당하면서 어느 부문에도 쏠리지 않는 공급 구조를 띠고 있다. 점유형태 구조도 균형이 잘 잡혀 있다. 오스트리아의 자가 점유율은 51.6%, 공공임대주택 비중은 20.1%, 민간임대주택 비중은 28.3%이다(2013년 기준). 어느 쪽에도 치우지지 않는 점유형태 덕분에 주택담보대출 의존도는 낮을 수밖에 없으며, 주택의 질적 수준이 매우 높고 주거비 부담도 매우 낮은 국가로 꼽히고 있다.

자가 가구보다 임차 가구가 더 많은 두 국가가 있다. 스위스의 자가 점유율은 44.0%, 독일의 자가 점유율은 43.0%이다(2013년 기준). 두 국가의 임차 문화는 오래된 역사적 배경에 근거하며 그만큼 임차인을 위한 주거 보장이 강한 특징을 보인다. 굳이 내 집 마련을 위해 대출을 받지 않아도 되고 집값 상승에 대한 기대수준도 높지 않은 까닭에, 글로벌 금융위기 상황에서 주택시장은 미동도 하지 않았다. 오히려 2011년 이후 세계적인 양적 완화 흐름 속에서 막대한 유동자금이 스위스와 독일의 부동산 안전지대로 몰리면서 주택 가격이 상승하고 있는 상황이다.

제2군은 위기 직후 주택가격이 급락했으나 다시 큰 폭으로 반등한 국가군이다. 캐나다, 뉴질랜드, 호주처럼 자가 점유율이 70% 대인 국가들에서 주택가격 반등세 경향이 강하게 나타나고 있다. 프랑스는 2011년 한때 주택가격이 위기 이전 수준까지 상승한 이후 다시 하락하고 있지만 이미 주택가격 고성장 국가이다. 영국의 경우 위기 직후 회복세가 매우 둔하게 이어졌으나 2013년 이후 주택가격은 점차 상승 국면에 접어들고 있다. 제2군에 속한 국가들의 높은 주택가격은 버블 논란보다는 수급 불균형 탓이 큰 것으로 지적된다. 이들 국가군은 주택 공급보다는 대출 확대나 조세 감면 같은 수요 촉진적인 주택정책을 선호하는 국가들이다. 프랑스는 예외적으로 수요보다는 공급을 중시하고 있음에도 최근의 신규주택 공급이 가구 증가에 크게 미치지 못해 주택 부족난이 심각한 것으로 보고되고 있다.

위기 이후 주택가격 하락세를 벗어나고 있지 못하고 있는 제3군에 속하는 국가군은 네덜란드와 덴마크, 유로존의 재정위기 국가들인 이른바 피그(PIIGS: 포르투갈, 아일랜드, 이탈리아, 그리스, 스페인)이다. 포르투갈의 재정위기는 산업경쟁력 취약으로 인한 성장 잠재력 저하 요인이 크지만, 아일랜드, 이탈리아, 그리스, 스페인의 재정위기는 주택가격 버블 붕괴로 인한 요인이 컸다. 특히 아일랜드의 경우 1990년대 중반부터 2006년까지 세계에서 집값이 가장 많이 오른 국가이다.

아일랜드, 이탈리아, 그리스, 스페인은 1999년 유로화 도입 이후 저금리로 인한 풍부한 유동성이 주택가격을 밀어올려 버블을 키웠고, 가격 상승에 따른 공급 확대로 주택 건설도 크게 늘어났다. 이들 국가의 자가 점유율이 매우 높은 점(아일랜드 69.7%, 이탈리아 67.2%, 그리스 73.2%, 스페인 78.9%)도 주택가격 상승에 대한 지나친 기대감을 키웠다고 볼 수 있다. 그러나 주택가격 폭락은 주택담보대출보다 실제 주택가격이 더 낮은 깡통주택(underwater house 혹은 negative equity)이나 유령 단지(ghost estates)를 양산했고 모기지 연체율과 주택 차압 비율도 크게 늘렸다. 그뿐만 아니라 연이은 금융 부실, 건설산업 붕괴에 따른 대량 실업, 소비와 투자 위축으로 인한 경기 침체 악순환이 지금까지도 이어지고 있다.

네덜란드와 덴마크는 GDP 대비 주택담보대출 비중이 세계 1위와 2위를 기록하고 있다(〈그림 11〉 참조). 이들 두 국가의 LTV는 주택가격 정점 시기에 거의 100% 수준이었으며 주택담보대출 이자에 대한 소득공제와 같이 자가 소유자에게 유리한 금융 지원 및 조세 감면이 주택가격 상승에 영향을 주었다고 볼 수 있다. 이들 두 국가의 주택가격은 2012년 이후 하락세가 다소 주춤해졌으며, 비교적 안정된 금융 구조와 가계경제 덕분에 향후 시장 환경이 개선되면 회복 국면으로 접어들 가능성이 크다.

장기 호황 이후 급락, 반등 혹은 침체와 같은 주택가격의 변화 경로는 금융 세계화에 따른 국경 없는 자유로운 자본 이동으로 향후 더욱 복잡한 전기회로와 같은 구조를 띨 것으로 보인다. 더구나 경기침체 시기 각국이 풀어낸 막대한 유동성과 경기 부양을 위해 기준금리를 역대 최저 수준으로 낮춘 결과 일부 국가에서는 주택가격 과열 양상이 재연되고 있다. 이러한 글로벌 주택가격 트렌드에서 우리가 명심해야 할 것은 저금리에 대한 지나친 환상으로 형성된 주택가격은 미래에 누군가 지불해야 하는 비용이라는 점이며, 주택담보대출 규제 강화와 주택 시스템의 재구성이 이루어지지 못할 경우 그에 따른 피해는 미래 세대가 고스란히 짊어질 수밖에 없다는 점이다.

트렌드 5
10가구 중 7가구는 집을 가진
자가 소유 사회가 되다.

자가 점유율은 어떻게 높아질 수 있었던 것일까?

자가 부문의 큰 성장은 20세기 가장 중요한 사회 변화 트렌드의 하나이다. 1940년대와 1950년대만 하더라도 30~40%에 불과하던 자가 점유율은 1990년대 50%대, 2000년대는 60%대, 그리고 2013년에는 70% 수준에 이르고 있다.

2013년 EU-28개국의 평균 자가 점유율은 70.2%이며, OECD-28개국 평균은 65.8%이다. 10가구 중 7가구는 자가 가구라는 점에서 유럽연합(EU)은 '자가 소유자들의 연합'(Union of Home Owners)

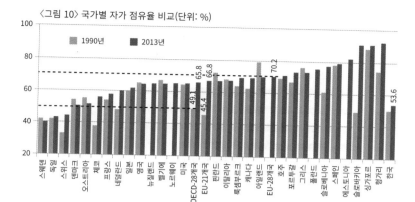

〈그림 10〉 국가별 자가 점유율 비교(단위: %)

출처: 유럽 자료는 Pittini 외, 2015, 그 외 자료는 각국의 통계청 자료.

으로 일컬어지기도 하며, OECD는 자가 소유를 가장 선호하는 점유 형태 혹은 가장 지배적인 점유형태로 간주하고 있다. 예외적으로 자가 점유율이 낮은 국가는 스웨덴(40.0%), 독일(43.0%), 스위스(44.0%), 덴마크(50.5%), 오스트리아(51.6%)인데, 이들 국가는 협동조합주택이 잘 발달되었거나(스웨덴), 임차 주거문화가 보편화되었거나(독일, 스위스), 공공임대주택이 전체 주택시장에서 20%가 넘는다는(오스트리아, 덴마크) 특성이 있다.

자가 부문의 성장과 발달은 많은 국가가 1980년대 이후 자가 소유 촉진으로 정책 기조를 전환하고 공공임대주택의 민영화, 주택금융 지원 확대, 자가에 유리한 조세 혜택에 따른 것이라 볼 수 있다. 금융 및 조세 감면과 같은 수요자 지원을 선호하는 미국, 캐나다, 호주, 뉴질랜드 등은 자가 소유 확대 정책을 정부가 주도하면서 정치 이슈화하기도 했다. 영국은 270만 호의 공공임대주택을 불하하여 자가 소유 부문이 크게 늘었고, 동유럽의 체제 전환 국가들도 공공임대주택을 불하하거나 매각하여 자가 소유 부문이 크

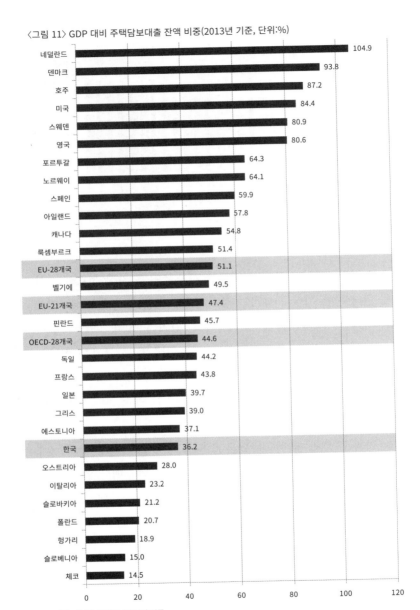

〈그림 11〉 GDP 대비 주택담보대출 잔액 비중(2013년 기준, 단위:%)

국가	비중
네덜란드	104.9
덴마크	93.8
호주	87.2
미국	84.4
스웨덴	80.9
영국	80.6
포르투갈	64.3
노르웨이	64.1
스페인	59.9
아일랜드	57.8
캐나다	54.8
룩셈부르크	51.4
EU-28개국	51.1
벨기에	49.5
EU-21개국	47.4
핀란드	45.7
OECD-28개국	44.6
독일	44.2
프랑스	43.8
일본	39.7
그리스	39.0
에스토니아	37.1
한국	36.2
오스트리아	28.0
이탈리아	23.2
슬로바키아	21.2
폴란드	20.7
헝가리	18.9
슬로베니아	15.0
체코	14.5

주: 미국, 캐나다, 한국은 2014년 기준.
출처: EMF(European Mortgage Federation, 2014).

게 성장했다. 자가 소유 촉진을 위해 대부분의 국가가 선택한 방식은 주택 구입 시 초기 자본금(down payment) 수준을 5~10% 수준으로 획기적으로 낮추거나 주택담보대출 자격 요건 완화 및 모기지 상환 조건 다양화 등 자가 구입을 좀 더 손쉽고 용이하도록 돕는 관대한 대출 확대 방식이었다.

그러나 대출로 주택 구입을 권하는 자가 소유 사회는 높은 자가 점유율 이면에 가계부채 증가라는 새로운 문제를 가지고 있다. EU 국가들의 경우 2004년까지만 해도 GDP 대비 주택담보대출 잔액 비중은 43% 수준이었으나, 2013년에는 51%에 이르렀고, 가처분 소득 대비 주택담보대출 잔액 비중도 2004년 66%에서 2013년 82%로 늘었다. GDP 대비 주택담보대출 잔액 비중이 가장 높은 국가는 네덜란드이며, 이어 덴마크, 호주, 미국, 스웨덴, 영국 순으로 나타나고 있다. 우리나라의 경우 GDP 대비 주택담보대출 잔액 비중은 2008년 31.7%에서 점차 늘어 2013년에는 34.5%, 2014년에는 36.2%로 국제 평균보다는 아직 낮은 수준이지만 대출 의존도는 최근 빠르게 증가하는 양상을 보이고 있다.

그러나 자가 점유율과 주택담보대출의 의존성이 높은 상관관계를 가진 것은 아니다. 〈그림 12〉에서 보듯이 스페인, 포르투갈, 호주, 미국, 영국, 아일랜드, 노르웨이의 경우 자가 점유율도 높고 주택담보대출 의존성도 큰 것으로 나타나지만, 네덜란드, 덴마크, 스웨덴의 경우 집값의 거의 100%까지 대출을 해주고 대출 이자에 대한 소득 감면 혜택이나 이자만 상환하는 조건 등으로 주택담보대출이 자가 구입자에게 유리하게 설계되었음에도 자가 점유율이 높지 않다. 한편 자가 점유율이 매우 높은 헝가리, 슬로바키아, 슬로베니아, 에스토니아, 폴란드의 낮은 대출 의존성은 자가 부문의

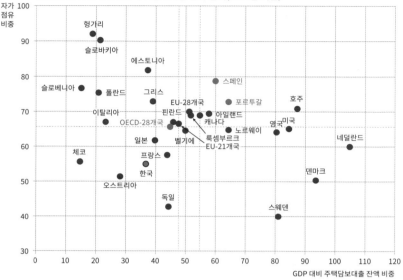

<그림 12> 자가 점유율과 주택담보대출 간의 관계(2013년 기준)

확장이 주로 공공임대주택 불하를 통해 기존 임차인들이 자가 소유자가 되었고 집값 수준도 낮기 때문으로 볼 수 있다.

자가 소유 확대로 늘어난 대출 부담 문제는 주택시장과 거시경제 간의 관계가 과거보다 훨씬 더 긴밀해졌다는 것을 의미한다. 또한 초기 구입 부담과 차입 제약 완화, 대출규모 확대가 단기적으로는 주택 구입을 용이하게 하였을지라도 장기적으로 가구의 부담 능력 자체의 개선을 의미하지는 않기 때문에 향후 자가 소유 부문의 성장이 지속될 수 있을지는 의문이다. 무엇보다 지난 20년간 자가 소유 부문으로의 편향된 주택정책의 후유증으로 자산 양극화나 세대 양극화 같은 문제가 심화되고 있다. 주택자산을 보유한 가구와 그렇지 못한 가구 간의 자산 격차가 커지고 있으며, 금융위기 이후 엄격해진 대출 요건으로 젊은 세대의 내 집 마련은 더욱 어려워지는 형국이다.

지난 반세기 동안의 자가 부문 성장 패턴을 보면, 경기순환이나 주택가격 사이클과 같이 큰 진폭을 띠지는 않지만 일종의 순환기적 사이클이 나타난다(〈그림 13〉에서 〈그림 18〉 참조). 자가 점유율의 정점은 대개 70%선에서 꺾이며 이후 하락과 반등의 소폭 변화를 이어가고 있다. 동아시아 최고 부국이지만 OECD 회원국은 아닌 싱가포르는 2000년에 92%라는 자가 소유율 최고치를 기록한 이후 15년이 지난 지금도 아직 그 수준을 넘어서지 못하고 있다. 저성장의 예고인가? 저출산의 우려인가? 부담능력의 악화인가? 자가 구입 수요는 대체로 주택가격 상승 추이와 거의 궤를 같이 한다. 그러나 주택가격의 지나친 상승은 오히려 자가 소유 시장의 진입을 어렵게 만들며 부담가능하지 않은 시장은 주택 소비자로부터 외면을 당할 수밖에 없을 것이다.

국가별 자가 점유율 변화 추이

출처: 각국의 통계청, 한국 자료 2012년 및 2014년은 국토교통부 주거실태조사 결과.

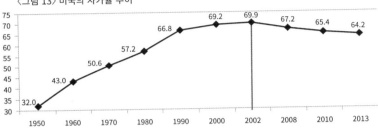

〈그림 13〉 미국의 자가율 추이

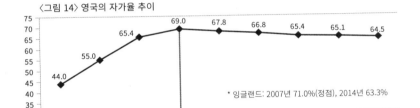

〈그림 14〉 영국의 자가율 추이

* 잉글랜드: 2007년 71.0%(정점), 2014년 63.3%

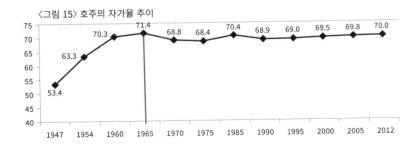

〈그림 15〉 호주의 자가율 추이

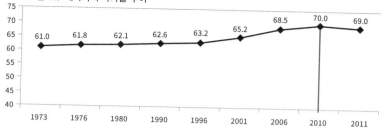

〈그림 16〉 캐나다의 자가율 추이

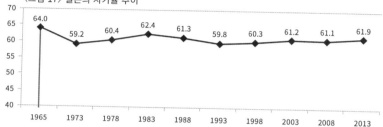

〈그림 17〉 일본의 자가율 추이

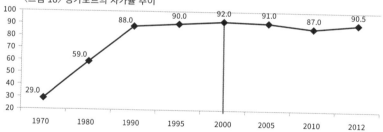

〈그림 18〉 싱가포르의 자가율 추이

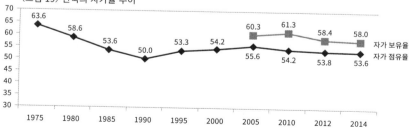

〈그림 19〉 한국의 자가율 추이

트렌드 6
포스트 금융위기의 새로운 주택위기는 부담능력이다.

주택의 부담능력은 왜 계속 악화되고 있는 것일까?

글로벌 경제위기 이후 주택정책의 최대 이슈는 부담능력 문제라고 할 수 있다. 1990년대만 하더라도 이 용어는 그리 보편적이지 않았으나 2000년대 초반 이후 주택가격과 임대료가 크게 상승하면서 집 구하기 어려움을 나타내는 대명사가 되었다. 주택에 대한 부담능력(housing affordability, 혹은 부담가능성)은 주택에 대한 접근성의 정도를 의미하며, 구체적으로 가구소득과 주거비용을 비교하여 그 정도를 판단할 수 있다. 이제 많은 국가(혹은 금융기관)들은 여러 가지 형태의 부담능력 지표(affordability index)를 만들어서 주택시장의 접근성이 좋아졌는지 나빠졌는지를 시뮬레이션하면서 시장 동향을 모니터링하는 중요한 판단 근거로 삼고 있다.

그렇다면 주택 부담능력은 왜 문제시되고 있는 것일까? 이것은 과거보다 주택가격이나 임대료 수준이 많이 올랐지만 소득수준은 그만큼 늘어나지 않았고 안정된 일자리 보장도 점차 어려워지고 있기 때문이다. 특히 금융위기 이후 실업률 증가와 청년 일자리 부족 문제, 늘어난 가계부채와 대출 상환은 주거비 부담을 가중시키는 악재가 되고 있다. 신규주택 건설은 크게 줄어든 반면 점차 늘어나는 임차 수요로 임대주택 부족 문제는 어느 국가를 막론하고 최대 현안이 되고 있다. 이런 상황에서 주택시장에서 눈높이에 맞는 집을 찾기란 점점 더 어려워지고 있는 것이다. 집은 있지만 무리한 대출금을 갚느라 생활이 곤란한 하우스 푸어(house poor), 임대

〈그림 20〉 주택 부담능력 위기에 영향을 미치는 요인들

가격 요인

주택가격, 임대료 등 주거비 증가

수요 요인

소득 감소, 부채 증가

고용 불안, 실업 증가

대출 상환 부담

부담능력 위기

공급 요인

신규주택 건설 저조

임대주택 공급 부족

대출 요건 재강화

료 과부담으로 고통받는 렌트 푸어(rent poor) 같은 상대적 주거빈곤 문제는 2008년 금융위기 이후 부상한 글로벌 풍조라고 볼 수 있다.

자가 가구에 대한 부담능력은 연소득 대비 주택 구입가격 배수(PIR: Price-to-Income Ratio)로 비교할 수 있다. PIR은 중위 연소득과 중위 주택가격을 비교해 산출할 수 있는데, 그 배수가 3을 넘으면 부담하기 어려운 상태로 정의하고 있다. 2015년 국가별 및 도시별 비교 자료를 보면, 378개 도시의 평균 PIR은 3.9, 100만 명이 넘는 도시의 평균 PIR은 4.2로 나타나고 있다. 호주, 뉴질랜드, 영국의 PIR이 5 수준을 넘으며, 시드니, 멜버른, 밴쿠버, 샌프란시스코, 로스앤젤레스, 런던 등의 대도시는 8~9 수준으로 매우 높다.

우리나라의 경우 2014년 전국 평균은 4.7이나, 수도권의 경우 6.9이다(국토교통부, 2014년 주거실태조사 결과). 세계적으로 100만 명 이상 도시에 거주하는 가구가 자가를 구입하려면 연소득을 4년 이상 한 푼도 안 쓰고 모아야 하며, 대도시는 그 기간이 8년으로 늘어난다.

임차 가구의 주택 부담능력은 월소득에서 주거비 혹은 임대료가 차지하는 비중이 어느 정도 되는지로 판단하고 있다. 통상적으로 총소득에서 주거비가 25~30% 정도 지출되면 적정하다는 컨센

〈표 4〉 주택구입에 대한 부담능력의 판단 기준

구 분	PIR 수준 (중위값)
매우 부담하기 어려움	5.1 이상
부담 어려움	4.1 ~ 5
다소 부담 어려움	3.1 ~ 4
부담 가능	3 이하

〈표 5〉 소득 대비 주택가격 구입 배수(PIR: Price-to-Income Ratio, 2015년 기준)

구 분	100만명 이상 도시	전 국
세계 평균(378개 도시)	4.2	3.9
호 주	6.4 (시드니 9.8 / 멜버른 8.7)	5.6
뉴질랜드	9.7 (오클랜드 9.7)	5.2
캐나다	4.2 (밴쿠버 10.8 / 토론토 6.7)	3.9
미 국	3.7 (뉴욕 5.9 / 샌프란시스코 9.4 / 산호세 9.7 / 로스앤젤레스 8.1)	3.5
영 국	4.6 (런던 8.5 / 런던 외곽 7.1)	5.1
아일랜드	4.5 (더블린 4.5)	2.8
일 본	3.9 (도쿄 4.3)	3.9
싱가포르	5.0	5.0
한 국	수도권 6.9	2012년 5.1 2014년 4.7

출처: Day, 2016(2015년 3/4분기 기준 자료). 한국 자료는 2014년도 주거실태조사 결과임.

서스가 있는 것 같다. EU-28개국의 경우, 가처분 소득 대비 주거비 지출 비중은 2013년 평균 22.2%로 2010년 평균 20.4%보다 증가했고, 저소득층(중위소득의 60% 이하 가구)의 경우 이 비중은 38.0%에서 41.0%로 증가했다(Eurostat, 2015). 주거비 지출이 과다한 과부담의 정의에 대해 유럽연합의 공식 통계기구인 유로스타트(Eurostat)는 가처분 소득 대비 주거비 지출 비중이 40%를 초과하거나 총소득 대

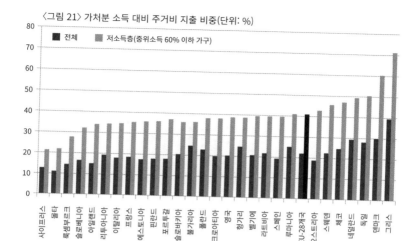

〈그림 21〉 가처분 소득 대비 주거비 지출 비중(단위: %)

■ 전체   ■ 저소득층(중위소득 60% 이하 가구)

주: 주거비: 주택가격을 월단위로 환산, 임대료, 유틸리티 비용 포함
출처: Pittini 외, 2015, p. 17.

비 주거비 지출 비중이 30%를 초과하는 경우로 규정하고 있다. 이러한 기준에 따를 때 EU-28개국의 주거비 지출 과부담 인구 비중은 전체 인구의 11.2%, 저소득층의 경우 38.0%이며, 그리스, 덴마크, 독일, 네덜란드의 주거비 과부담 인구 비중이 높게 나타나고 있다(〈그림 22〉 참조). 주택점유형태별 주거비 과부담 비중을 보면, 민간임대주택은 26.0%, 공공임대주택은 10.0%, 주택담보대출을 받은 자가는 7.5%, 대출 없는 자가는 7.0%로 나타나, 민간임대주택에 거주하고 있는 사람들의 주거비 과부담이 가장 심각한 것을 알 수 있다(Pittini 외, 2015).

미국과 호주의 경우, 주거비 과부담 상황을 모니터링하여 주거 지원 규모와 방법을 강구하고 있다. 호주 정부는 주택 스트레스(housing stress) 지수를 공식 지표로 운영하고 있는데, 소득 하위 40% 이하 가구가 총소득 중 30% 이상을 주거비(임대료, 대출 상환금,

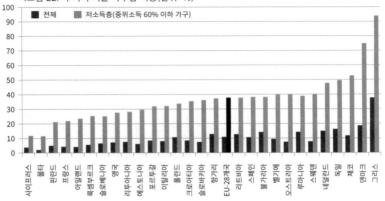

〈그림 22〉 주거비 지출 과부담 비중(단위: %)

주: 주거비: 주택가격을 월단위로 환산, 임대료, 유틸리티 비용 포함.
출처: Pittini 외, 2015, p. 17.

유틸리티 비용 포함)로, 이른바 '30:40 기준'으로 지출할 경우 주택 스트레스를 받고 있는 가구를 규정하고 있다. 호주의 주택 스트레스 상황은 계속 나빠지고 있는데, 저소득층 중 월소득에서 30% 이상을 주거비로 지출하고 있는 가구 비중은 2009년 35.4%, 2010년 40.0%, 2011년 40.7%로 점차 늘어나는 추세이다. 미국은 월소득에서 50% 이상을 임대료로 지출하는 경우를 임대료 과부담으로 규정하고 있으며, 임대료 과부담이면서도 주택의 질적 수준이 열악하고 정부로부터 아무런 도움을 받지 못하고 있는 가구를 주거빈곤 가구(worst case housing need)로 간주하고 있다. 주거빈곤 가구는 2005년 501만 가구에서 2013년 770만 가구로 늘었으나, 극빈층(중위소득 50% 이하 가구)의 42%는 현재 정부로부터 아무런 도움도 받지 못하는 상황이다.

이와 같은 부담능력 상황은 가구소득과 주거비 간의 관계만을 보여주지만 그 근본 원인은 부담가능한 주택 재고의 부족과 맞물려 있다. 특히 2008년 이후 대부분의 국가에서 주택가격과 임대료 상승으로 부담가능한 주택 재고는 매우 찾기 어려운 상황이다. 부담가능한 주택(affordable housing)의 정의는 광의적으로 시세보다 낮은 주택을 말하는데, 우리 식의 용어로는 공공분양주택과 공공임대주택이 이에 해당한다. 국가마다 부담가능한 주택의 가격대를 정확하게 제시하기도 하고 그렇지 않기도 하여 일괄적으로 그 가격대가 어느 정도인지를 명확히 말할 수는 없지만, 대개 시세의 80% 수준대로 수렴되는 것 같다. 중요한 것은 이러한 부담가능한 주택 재고가 시장에서 점차 줄어들고 있다는 것이며, 공공임대주택 민영화로 인한 재고 감소로 이러한 상황이 더 악화되고 있다는 점이다.

트렌드 7
임차 수요 증가로 임차인 사회가 도래하다.

임차 수요 대응을 위해 어떤 해법이 강구되어야 할 것인가?

자가 가구의 감소는 임차 가구의 증가를 의미한다. 임차인 사회(Rentership Society)라는 신조어는 2011년 미국의 투자회사인 모건 스탠리(Morgan Stanley)의 경제분석팀장인 올리브 창(Oliver Chang)이 만든 용어로, 금융위기 이후 자가 점유율 하락에 따른 임차 수요 증가 트렌드를 말한다. 향후 주택시장을 임차인 사회로 조명하게 된 것은 2008년 이후 주택가격 하락과 주택 차압 증가에 따른 임차 수요 증가, 자가 가구의 대출 상환 부담 증가에 따른 탈자가 경향, 주택담보대출 요건 강화, 투자 수요 감소 및 실거주 수요 증가,

임대주택의 낮은 공실률과 신규 공급 저조로 인한 임대료 상승세에 기인한다. 또한 전 세계적으로 평균 가구원수가 감소하고 젊은 1~2인 가구의 증가, 그리고 이들의 경제 능력이 취약하다는 점도 임차 수요 증가 요인이 되고 있다.

임차인 사회의 5가지 요건

①탈소유, ②투자 수요 감소, ③실거주 수요 증가, ④대출시장 규제 강화, ⑤임대용 주택 부족 및 임대료 상승

모건 스탠리의 예측 후 5년, 이러한 경향은 점차 현실로 자리 잡아가고 있다. 해외 많은 주택 전문가와 주요 기관들은 앞으로 자가 점유율이 더 떨어질 것이라고 전망하고 있으며, 실제 2014년 글로벌 주택시장은 점차 임대 수요 증가로 인한 주택 부족 현상이 가시화되고 있다. 특히 전체 주택의 공실률은 늘어나는데, 임대주택의 공실률은 2% 남짓으로 매우 낮으며, 임대주택의 임대료는 계속 증가하는 상황이다. 주택가격과 임대료 수준의 관계를 모니터링하는 지표인 주택가격 대비 임대료 비중(price-to-rent ratio)은 1970~2010년간의 장기 평균을 100으로 할 경우, 2006년 혹은 2007년을 정점으로 대부분의 국가들에서 150을 초과하고 있다. 즉 이것은 임대료 수준에 비해 주택가격이 너무 높다는 것을 의미하며, 많은 사람들이 주택 구입보다는 임차로 전환할 것이라는 점을 시사한다(OECD 및 IMF, 2015). 특히 금융위기 이후 금융권의 인식이 바뀌면서 초기 주택 구입 부담금(down payment)을 20~30% 수준으로 올리는가 하면, 상환 능력 심사를 강화하기 위해 자체적으로 총부채 상환 비중(DTI: Debt-to-Income Ratio)을 30~40%로 규제하는

경우가 속출하고 있다.

이에 월스트리트의 투자자들을 위시하여 많은 투자자들은 '임대주택 투자하기'를 새로운 투자 가치로 재정의하고 초저금리 시대에 새로운 기회 창출을 위한 시장 개척을 서두르고 있다. 투자자들은 금융위기 이후 주택시장은 수요가 없어서 위축된 것이 아니라 수요가 이전(demand shift)되었다고 해석하며, 지난 20세기가 자가 소유 사회였다면 21세기는 임차인 사회가 될 것으로 전망했다. 특히 미국의 경우 임차 5가구 중 1가구는 소규모의 방 두 개짜리 다세대주택에 거주하고 있는 실정인데, 과연 앞으로도 이들이 이러한 규모와 형태의 주택에 계속 안주할 수 있겠느냐고 지적하면서 현재 임차 수요에 맞는 임대주택 공급이 모자라므로 다양한 형태의 고품질 임대주택 공급이 필요하다고 피력하고 있다.

유럽연합 집행위원회(EC: European Commission)도 자가 소유를 명백한 주택정책의 편견(bias)으로 규정하고 임대주택 부문의 육성을 권고했는데, 이에 따라 유럽도 임차 수요 증가에 대한 대응책을 고민하고 있다. 대표적인 자가 소유 대국인 스페인과 포르투갈은 유럽연합 집행위원회 권고에 따라 임대주택 부문을 확대하고 있다. 스페인은 금융기관이 보유하고 있는 차압주택 69만 호(2011년)를 임대주택으로 재활용하는 방안을 모색하고 있으며, 포르투갈은 많은 공가를 임대주택으로 활용하기 위해 공가세(vacancy tax)를 신설하고 2012년 '사회적 임차 시장(Social Rental Market)' 프로그램을 도입해 금융권이 보유한 주택을 시세보다 30% 저렴하게 임대하는 방법 등을 강구하고 있다. 벨기에도 증가하는 임차 수요에 따라 2010년 공가료(vacancy fee)를 도입했다.

인구 51만 명에 불과하지만 1인당 국민소득은 11만 6,500달러로 세계 최고인 룩셈부르크는 2011년 임대료 수당(rent allowance)을 신설하고, 그리스는 2015년 말까지 한시적으로 저소득층에 대한 전기 무상 공급, 2016년까지 임시적으로 임대료 보조 제도(월 70~220유로 수준)를 운영하는 등의 조치들을 취하고 있다. 한편 대표적인 임차인 사회인 독일은 최근 대도시 중심으로 임차 수요 증가에 따른 임대료 상승 문제가 심각해지자 2013년 임대료 규제를 더 강화했다. 2013년부터는 3년간 임대료 상승률 상한 20% 규정을 15%로 낮추었으며, 2014년 16개 주정부 중 9개 주가 이러한 임대료 상승률 제한 규정을 시행 중이다. 또한 2015년 새로운 법률을 제정해 '임대료 브레이크'(rental price brake) 제도를 도입했다. 이는 5년 동안 신규 임대차 계약 시 임대료가 주변 유사동종 주택의 시세와 비교해 10% 이상을 넘어설 수 없도록 규정하는 임대료 억제 방식이다. 다만 신규 건설 주택과 에너지 효율 개선을 위해 현대화 시설을 갖춘 건물은 예외로 하고 있다. 또한 2013년에는 저소득 임차 가구의 주거비 부담을 완화하기 위해 연방정부가 17억 유로를 지원하여 전체 임차 가구의 12%가 주택수당과 난방비 지원 등의 주거 지원을 받도록 했으며, 민간임대주택 지주들도 '부담가능한 주택 동맹'(Alliance for Affordable housing)을 결성해 새로운 부담가능한 주택 건설의 투자 확대 창구의 역할을 다짐하기도 했다(Pittini 외, 2015).

2008년 경제 및 금융위기 여파는 주택 관련 투자를 상당히 위축시켰다. EU-28개국의 GDP 대비 주택 관련 공공투자 지출 비중은 2003년 1.1%에서 2012년 0.8%로 감소했다. 이전보다 양질의 저렴한 주택을 찾기는 더 어려워졌고 최근 임대료 상승으로 인한 '임대시장 버블'은 경제 회복세에도 불구하고 또다시 경제 안정성을 위협하는 요인이 되고 있다. 1970년대 이후 세계적으로 임대차 시장이 이렇게 정치적 핫이슈로 부상한 적은 한번도 없었다.

트렌드 8
공공임대주택의 공급 부활로 서민 주거복지를 강화하다.

복고풍으로 돌아가자. 공공임대주택의 신규 공급 확대는 서민 주거안정의 최선책이다.

　최근 임대주택 부문의 육성은 공공임대주택과 민간임대주택의 신규 공급 확대로 전개되고 있다. 공공임대주택은 1950~1970년대 황금기를 거쳐 1980년대 자립과 책임을 강조하는 자가 소유 정책으로의 전환 이후 민영화, 구조조정의 한파를 맞으며 위축되었고, 사회의 잔여화된 부문으로 묘사되었다. 1980년대까지만 해도 유럽의 평균 공공임대주택 재고 비중은 18~19%였지만 제3자 매각, 불하, 재개발 등으로 2013년에는 EU-28개국 평균 7.3%, EU 선진-21개국 평균 9.3%이며, OECD 평균은 8.1%로 낮아졌다(《그림 23》 참조).
　이렇게 지난 30여 년간 약 절반 정도의 규모로 줄어든 공공임대주택 부문이 다시 주목받게 된 계기는 금융위기이다. 즉 경기침체로 실업 증가, 소득 정체, 근로 빈곤(working poor) 같은 신빈곤 양상이 확산되면서 취약계층의 주거안정과 부담능력 문제가 주요 이슈로 부각되었기 때문이다. 많은 국가에서 공공임대주택의 대기자 수(waiting lists)는 크게 늘었다. 벨기에의 공공임대주택 대기자 수는 2008년 14만 가구에서 2012년 19만 가구로 늘었고, 프랑스는 2010

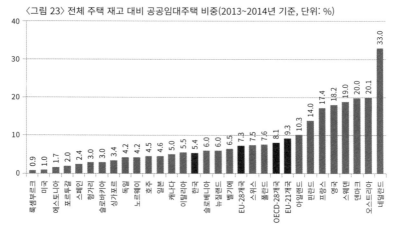

〈그림 23〉 전체 주택 재고 대비 공공임대주택 비중(2013~2014년 기준, 단위: %)

출처: Pittini 외, 2015.

년 120만 가구에서 2012년 170만 가구, 이탈리아는 2008년 60만 가구에서 2012년 65만 가구, 영국은 2008년 177만 가구에서 2012년 185만 가구, 아일랜드는 2008년 6만 가구에서 2012년 10만 가구로 늘었다. 이러한 대기자 수는 〈그림 24〉의 공공임대주택 재고 수와 비교해볼 때 많게는 절반 정도에서 30~35% 정도에 달할 만큼 큰 규모이다.

이러한 요구에 대해 세계 각국은 복고풍의 주거복지 지원 방식을 확대·재생산하고 있다. 경제가 좋지 않을 때 좋았던 과거를 회상하는 경향과 같다고나 할까? 과거에 복지국가 형성의 기틀이자 주거안정의 메카였던 공공임대주택의 가치가 새롭게 부각되고 있다. 1990년대 체제 전환에 따라 공공임대주택을 대대적으로 매각 혹은 불하했던 동유럽 국가들은 공공임대주택의 재건에 나서며 신규 공공임대주택 공급 재개를 주요 정책 목표로 내세우고 있으며, 자가 점유율이 높은 남유럽의 재정위기국도 이례적으로 신규 공공

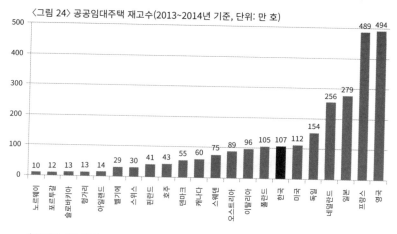

〈그림 24〉 공공임대주택 재고수(2013~2014년 기준, 단위: 만 호)

출처: Pittini 외, 2015.

임대주택 공급 확대 전략을 추진하고 있다. 이탈리아는 2014년 5월에 10조 7,400억 유로를 지원해 신규 공공임대주택의 공급을 확대(5억 6,800억 유로는 재생 지원, 1억 유로는 신규 건설 투자)하는 새로운 주택 계획을 발표했다. 이 계획에는 7년 이상 거주한 공공임대주택 거주자에게 해당 주택을 구입할 수 있도록 불하해, 그 매각 대금을 재원의 일부로 활용토록 하는 방안도 있다. 유로존의 재정위기 국가인 아일랜드, 그리스, 스페인은 금융권이 차입한 유령 주택의 문제도 동시에 해소하는 차원에서 이 주택의 일부를 공공임대주택 재고로 활용토록 유도하고 있으나, 실제 실적은 매우 저조한 상황이다. 주택 구입을 권하는 대표적인 국가인 스페인은 2011년 정부 보조금 감소로 공공임대주택의 신규 건설이 완전히 중단되었으나 2013~2016년간 신규 공공임대주택 공급 확대 정책을 발표했다.

핀란드는 2011년 3만 5,000호의 공공임대주택 공급을 위한 6개년 계획을 발표했고, 룩셈부르크도 재정 지원 확대 및 신규주택 건설 시 공공임대주택 건설 의무 비율을 강제함으로써 신규 공공임대주택의 공급 지원에 역점을 두고 있다. 과거에도 현재에도 세계적으로 공공임대주택 재고가 가장 많은 영국은 지난 30여 년간의 민영화를 계속 추진하면서도 동시에 신규 공공임대주택 공급 재개를 위해 2008년부터 3차례에 걸쳐 '부담가능 주택 신규 공급' 정책을 부활시켰다. 전통적으로 공공임대주택을 가장 터부시한 미국조차도 2014년 국민주택기금(NHTF: National Housing Trust Fund)을 설립해 각 주(50개 주, 워싱턴 DC)에 매년 최대 300만 달러를 지원하고, 이 지원금의 90%는 공공임대주택에, 10%는 저렴 공공분양주택 신규건설을 지원키로 했다. 대표적인 자가 점유 국가인 캐나다는 2001년부터 2011년까지 추진한 부담가능 주택 공급 전략(AHI: Affordable Housing Initiative)을 확대하기로 했다. 즉 고용 창출, 투자 활성화 등 경기 진작을 위해 2011년에서 2014년까지 14억 달러씩을 투자해 공공임대주택의 재생 및 신규 공급을 지원했다. 호주는 2008년 임차 가구의 부담능력 완화를 지원하기 위해 NRAS(National Rental Affordablity Scheme)을 도입해 5년간 5만 호의 신규 임대주택 건설을 추진한 바 있다.

공공임대주택 재고 세계 2위 국가인 프랑스는 2013년 7월에 공공임대주택 재고 비율 17%를 2020년에는 20%, 2030년에는 30%로 점차 높여가겠다는 정책 목표를 발표했다. 목표 달성을 위해 공공임대주택 사업자에 대한 부가가치세를 50% 할인하고 정부 융자 규모를 10% 늘리며, 이를 통해 2013년 신규 공공임대주택 공급 호수 11만 7,000호에서 향후 연간 2만 2,500호 더 추가 공급할 계획이다. 또한 2014년 4월 30일에는 극빈층을 위해 3년간 현재 공공임대주택의 임대료보다 20% 더 낮은 공공임대주택 1만 호를 공급하는 계획을 발표한 바 있다.

이러한 각국의 신규 공공임대주택 부활 전략의 특징은 공공임대주택만이 아니라 공공분양주택과 결합한 소셜 믹스 형태로 추진하고 있으며, 정부재정 지원은 민간 자본 투자를 위한 마중물의 역할에 초점을 두고 다양한 사업주체가 참여해 투자 효과를 극대화할 수 있도록 유도하고 있다는 것이다. 또한 필요한 가구에 제대로 전달하기 위해 소득이나 자산 기준 등을 더욱 엄격히 적용해 중산층보다는 저소득층을 위한 사회안전망의 역할을 강조하는 점이 특징이다.

유럽연합 집행위원회는 2013년 'Europe 2020'을 발표하면서 유럽연합 국가에 대한 공공임대주택 공급의 대원칙을 천명했다. 이 문서를 통해 유럽연합 집행위원회는 공공임대주택을 공익 서비스(SSGI: Social Service of General Interest)로 규정하고 국가재정 지원 근거를 명확히 하여 주거에 대한 접근성 향상을 위한 주거기본권을 강조했다(유럽의회, 2013년 EC's Interest Package). 유럽연합 집행위원회는 유럽연합 회원국들 간의 균형 있고 지속가능한 공공임대주택의 공급 촉진, 고용 등 일자리 창출과 사회적 약자 보호, 경제적 성과 제고, 생활 기준 및 삶의 질 제고를 위해 유럽기금(European Structure Fund)을 지원하여 2013년 현재 유럽 전역의 2,500만 호에 달하는 공공임대주택의 재고를 보전하고 향후 지원의 형평성과 주거안정성을 도모하는 조율 역할을 하고 있다.

공공임대주택의 정의는 국가마다 다소 차이가 있으나, 정부의 재정 보조, 영구임대, 시세보다 낮은 임대료 수준(임대료 규제), 사회적·공익적 목적이라는 공통분모를 가지고 있다. 공공임대주택 70여 년의 역사 속에 이러한 공통된 인식이 퇴색되어 공공임대주택을 저소득층을 위한 전유물, 자가 소유에 비한 열등재, 궁여지책 (last resort)으로 부르거나, 그 주민을 이등 시민으로 인식하고 사회적으로 배제하는 등 부정적 사회 여론이 확산되기도 했다. 공공임대주택 공급 정책은 주택수당이나 주택바우처 같은 임대료 보조 제도보다 후순위 정책으로 밀려나기도 했다. 그러나 금융위기로 그동안 억눌린 수요가 폭발했고 역사적으로 유례없는 많은 대기자들이 양산된 것은 임대료 보조를 하더라도 부담능력을 완화하는 데는 한계가 있음을 반증하는 것이라 하겠다.

공공임대주택 공급은 처음에는 정부의 많은 투자를 필요로 하지만, 한 세대에서 그 다음 세대로 시간이 흐를수록 임대료 규제를 통해 가격 부담을 낮게 유지할 수 있다. 이에 비해 임대료 보조는 처음에는 재정 부담이 낮지만 시장 임대료 상승에 따라 그 부담이 고스란히 재정 부담으로 되돌아온다. 최근 공공임대주택의 부활은 어떤 정책의 좋고 나쁨을 따지거나 공급자 보조와 수요자 보조 양쪽이 서로를 억누르기보다는, 시장 상황에 따라 상호간 대체성과 유연성을 높일 수 있는 교집합 부분을 찾아 병행하려는 노력이 더욱 강조되어야 함을 시사하고 있다.

트렌드 9
민간임대주택은 경기 활성화를 위한 유망 산업이다.

민간임대주택이 제대로 활성화되기 위해서는 어떤 요건이 필요한가?

민간임대주택이 새로운 대안 주거로 급부상하고 있다. 이는 주

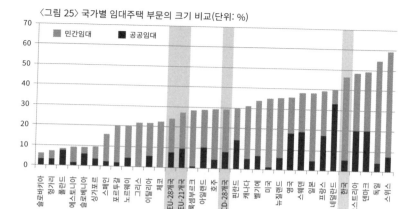

〈그림 25〉 국가별 임대주택 부문의 크기 비교(단위: %)

택시장에서 잘 발달된 임대주택 부문이 금융위기와 같은 시장 충격을 얼마나 잘 흡수하는가를 보여준 데 따른 것이다. 대표적인 위기 안전 국가들인 독일, 스위스, 오스트리아는 임대주택 부문이 자가 부문 못지않게 크며, 공공임대주택과 민간임대주택도 골고루 발달되어 있다. 일반적으로 공공임대주택이 우월한 국가들은 민간임대주택이 상대적으로 취약하며, 공공임대주택이 취약한 국가들은 민간임대주택 부문이 크다. 물론 전체적인 주택시장에서 자가, 공공임대, 민간임대가 공존한다는 점에서 보면, 임대주택 부문의 크고 작음은 자가 부문의 크기에 달려 있다. 자가 점유율이 낮은 독일과 스위스의 경우 임대주택 부문이 50%를 넘으며, 자가 점유율이 높은 이탈리아, 그리스, 노르웨이, 포르투갈, 스페인 같은 국가들은 임대주택 부문이 매우 작다(〈그림 25〉 참조).

전체적인 임대차 시장을 100이라고 할 때, 임대차 시장이 '균형 있다'고 보는 관점은 40~60%을 기준으로 두 부문이 조화롭게 형성된 시장이라고 할 수 있는데, 영국, 스웨덴, 핀란드, 프랑스, 오스

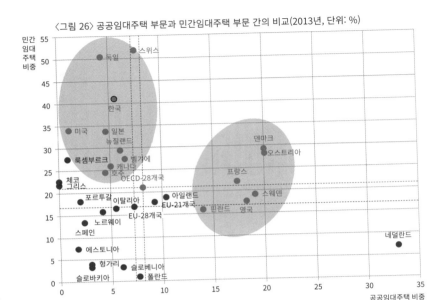

〈그림 26〉 공공임대주택 부문과 민간임대주택 부문 간의 비교(2013년, 단위: %)

트리아, 덴마크가 이러한 범주에 해당한다. 민간임대 절대 우위 시장을 형성하고 있는 국가는 미국, 독일, 스위스, 한국, 일본, 캐나다, 호주, 뉴질랜드, 벨기에 등, 공공임대 절대 우위 시장은 네덜란드, 폴란드, 슬로베니아 등이다.

민간임대주택 부문의 발달 정도는 정부 보조금 지원, 조세 감면 혜택이나 유리한 금융 지원, 임대료 규제나 임차인 보호 정도 등 정책적 지원 및 투자 여건과 관련이 있다. 민간임대주택이 잘 발달되어 있는 스위스, 독일, 덴마크, 오스트리아, 미국의 경우 조세 감면(임대소득세, 양도소득세) 혜택이 주어지고 감가상각비 보조금이 별도로 지원(호주, 프랑스, 독일, 미국)된다. 한편 이들 국가 중 미국을 제외하고는 대표적인 임대료 규제 국가들임에도 불구하고 민간임대주택 시장이 잘 발달할 수 있었던 것은 임대료가 규제되더라도 반

〈표 6〉 국가별 임대차 구성의 특성

구분	임대차 시장 구성(100%)	
공공 대비 민간 비중	• EU-21개국 평균: 공공 부문 30 대 민간 부문 70 • EU-28개국 평균: 공공 부문 34 대 민간 부문 66 • OECD-28개국 평균: 공공 부문 28 대 민간 부문 72	
	자가 소유 국가 (60%이상)	임차 국가 (40% 이상)
임대차 균형 시장	• 영국: 공공 51 대 민간 49	• 스웨덴: 공공 50 대 민간 50 • 프랑스: 공공 44 대 민간 56 • 오스트리아: 공공 42 대 민간 58 • 덴마크: 공공 40 대 민간 60 • 핀란드: 공공 47 대 민간 53
민간임대 절대 우위 시장	• 미국: 공공 3 대 민간 97 • 한국: 공공 12 대 민간 88 • 일본: 공공 12 대 민간 88 • 캐나다: 공공 16 대 민간 84 • 호주: 공공 16 대 민간 84 • 뉴질랜드: 공공 17 대 민간 83 • 벨기에: 공공 16 대 민간 84	• 독일: 공공 8 대 민간 92 • 스위스: 공공 13 대 민간 87
공공임대 절대 우위 시장	• 폴란드: 공공 90 대 민간 10 • 슬로베니아: 공공 67 대 민간 33	• 네덜란드: 공공 82 대 민간 18

대급부로 정부 지원이 안정적이고 임대료 수입도 장기 운영이 가능한 구조이기 때문이다.

임대료 규제에 대한 국가별 인식에는 많은 차이가 있다. 호주, 영국, 미국의 경우 임대료 규제는 투자의 제약 요인이라고 보는 반면, 독일, 스웨덴, 네덜란드, 덴마크, 오스트리아, 스위스의 경우 임대료 규제가 오히려 득이 된다고 인식하고 있다(Crook and Kemp, 2015). 즉 임대료 규제는 임차인의 주거안정을 보장하고 미래 주거 비용에 대한 불확실성을 줄여주므로 지속적인 임차 수요를 담보하며, 투자자들은 이러한 여건에서 임대주택 재고도 점차 늘려갈 수 있고 좀 더 다양한 포트폴리오 구성도 가능하게 되니 임대사업 리스크가 줄어든다고 인식하고 있다. 무엇보다 이러한 안정된 투자 여건은 전문적인 주택임대관리업의 성장으로 이어져, 별도의 펀드 매니저와 관리회사가 이들 민간임대사업자들의 임대주택을 전문적으로 관리할 수 있는 비즈니스 토양을 만들었다. 또한 정부는 공공 부문뿐 아니라 민간 부문에도 중립적 관점에서 동일한 지원 혜택(조세, 금융)을 주고 있다는 점이 공공임대주택과 민간임대주택의 상생 성장의 근원이라고 볼 수 있다.

대부분의 국가에서 민간임대주택 부문의 대표적 특성은 주로 개인 집주인이 1~2호 정도를 보유하는 영세 자영업 구조라는 점이다(〈표 6〉 참조). 이들은 임대 수입을 얻을 목적으로 장기적으로 운영하기보다는 시장 상황에 따라 주택을 매각해 자본 이득을 도모하려는 행태를 보인다. 많은 국가들이 이미 1980년대부터 민간임대주택 부문을 기업형 임대사업자(corporate landlords)로 육성하려고 했지만 성공한 국가는 그리 많지 않다. 민간임대주택 재고 중 그나마 기업이 임대주택을 많이 보유하고 있는 국가들도 스위스가 23%, 미국이 13%, 호주는 6%에 불과하다.

재무적 투자자들이 민간임대주택 부문에서 중요한 역할을 하고 있는 국가들은 오스트리아, 독일, 네덜란드, 미국, 스위스, 스웨

〈표 7〉 민간임대주택 중 개인사업자 비중(2011년 기준)

국가	비중(%)	국가	비중(%)
덴마크	8	영국(잉글랜드)	75
오스트리아	매우 낮음	노르웨이	78
스웨덴	매우 낮음	미국	78
네덜란드	44	스페인	86
핀란드	60	벨기에	86
독일	61	프랑스	95
스위스	63	아일랜드	대부분
		호 주	대부분

자료: Crook and Kemp, 2014, p. 15 재인용.

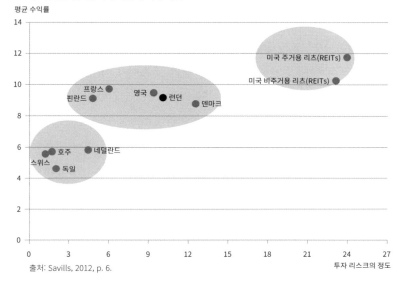

〈그림 27〉임대주택 투자율의 국제 비교

출처: Savills, 2012, p. 6.

덴이다. 재무적 투자자들이 보유한 부동산 자산 중 주거용 자산 비중을 보면, 스위스 52%, 네덜란드 50%, 스웨덴 21%이다. 전체 주택 재고에서 재무적 투자자들이 보유하고 있는 주택자산은 네덜란드 6%, 스위스 16% 정도이며, 다른 국가에서는 거의 없는 상황이다. 세계 리츠 시장 1위(시장 규모 700억 달러)인 미국의 경우 1960년대부터 리츠 시장이 출범해 2014년 200개의 리츠 회사가 있다. 이 중 21%가 주거용 리츠로 현재 이들이 5만 3,000호의 임대주택을 운영 관리하고 있다. 호주, 캐나다의 경우에도 임대주택 리츠를 추진하려고 하나 아직 설립되지는 않았고, 영국은 2014년 공공임대주택 리츠 1호가 탄생했다.

미국의 민간임대주택 부문의 발달은 1980년대 후반 저소득층 주택 세액공제(LIHTC: Low-income housing tax credit)를 통해 10년간 조세 감면 혜택과 투자자가 이러한 혜택을 시장에서 양도할 수 있도록 하는 진출입형 투자 모델로 만들었기 때문이다. 조세 감면을 받는 기간 동안 투자자들은 언제든 다른 투자처를 찾을 수도 있고 신규 투자자들도 언제든 진입할 수 있는 구조이다. 정부는 이러한 유연적 제도를 통해 최소 15년간 의무임대하는 민간임대주택 재고를 확보할 수 있었으며, 금융산업, 주택임대관리업, 부동산 투자산업과 연계 발전시킬 수 있는 토양을 만들 수 있었다. 그러나 미국형 민간임대주택 투자 모델은 고위험-고수익 구조로 시장 변동성이 큰 것이 흠이다. 즉 경기 상황에 영향을 많이 받는 한계가 있다. 스위스, 네덜란드, 오스트리아, 독일은 저위험-저수익 구조이다(〈그림 27〉 참조).

앞에서 논의했듯이 이들 국가에서 임대료 규제는 투자 저해 요인보다는 유인 요인이다. 여기서 투자 유인은 임대 수입의 안정화 측면이다. 즉 경기에 영향을 거의 받지 않으며 오히려 경기가 좋지 않을 때 임차 수요 증가로 임대료 상승이 가능한 여건이 만들어지게 된다. 대개 임대료가 규제되면 임대료가 매우 낮다고 생각하지만, 실제 임대료 규제가 되는 국가들의 임대료 수준은 결코 낮지 않다. 신규 임대차에 대해 초기 임대료를 규제하는 국가들은 없으며, 기존 임대차에 대한 임대료 상승률이 제한되지만 계속 거주를 보장하는 임차권 보호가 강하여 장기적인 주거안정이 임대료 규제의 핵심이라고 볼 수 있다.

국가별로 민간임대주택은 공공임대주택과 상호작용적이다. 공공임대주택을 계속 강화하고 있는 오스트리아, 네덜란드, 덴마크, 핀란드의 경우 민간임대주택 부문은 감소 추세이며, 미국과 독일은 지난 30여 년간 안정세를 보여왔다. 영국과 호주는 2010년 이후 민간임대주택 부문을 공공임대주택의 대안으로 적극적으로 육성하고 있다. 많은 국가에서 금융위기 이후에는 금융권이 차압한 주택을 공공임대주택 혹은 민간임대주택으로 활용하는 방법도 적극 모색 중이다. 특히 공공임대주택보다는 이를 민간임대주택으로 활용하고자 하는 국가들은 전형적으로 자가 점유율이 높고 공공임대주택 부문이 매우 작은 스페인, 헝가리, 이탈리아, 벨기에 등이다.

향후 민간임대주택 부문의 전망은 밝다. 소득 창출 여건이 과거보다 더 어려워진 상황에서 일자리가 있는 노동시장을 찾는 이동 수요가 많아짐에 따라 민간임대주택에 대한 수요가 증가하고 있다. 금융위기로 많은 국가들이 재정 어려움에 처하고 있으나 인구 고령화에 따른 연금 지출은 계속 늘어나면서, 이것이 결국 주택 부문의 재정 지출 축소 요인이 되고 있다. 자가 부문이나 공공임대주택에 대한 정부의 투자가 과거보다 크게 줄어든 상황에서 주택 소비자들도 자가나 공공임대주택보다는 민간임대주택에 대한 선호가 크다. 특히 도시재생 수요와 대학생 등 젊은 계층을 중심으로 이러한 분위기가 확산되고 있다. 또한 초저금리로 마땅한 투자처를 찾지 못한 투자자들은 민간임대주택을 새로운 투자처로 인식하고 있으며, 정부는 규제 완화와 조세 감면 확대로 경제 순환과 경기 활성화를 도모하고 있다.

그러나 기존 재고를 민간임대주택으로 활용하는 방법으로는 전체 시장에서의 주택 재고가 늘어나는 것은 아니다. 신규주택 건설에서 민간임대주택 목적으로 공급되는 주택 비중은 매우 낮으며, 많은 투자자들은 주로 도시재생과 기존 주택을 매입해 민간임대주택을 공급한다. 가구가 증가하고 임차 수요는 느는데 전체 시장에서 재고가 늘어나지 않는다면 이는 민간임대주택의 임대료 상승으로 이어질 것이며, 임차권 보호도 요원해질 것이다. 또한 민간임대주택의 활성화는 민간임대주택 자체보다 전체적인 부동산 투자 여건이 형성되어야 가능하다. 투자자는 다양한 부동산 포트폴리오 중 하나가 임대주택이지 임대주택 자체만으로 성공적인 투자 모델을 만들기는 어렵다. 그리고 건설 혹은 공급에 주력하기 위해서는 사후 운영관리를 전담하고 지속적인 주거 서비스를 제공하는 산업의 발전이 뒷받침되어야 한다. 주택임대관리업, 시설설비업, 가구 집기와 관련된 리스업, 주택 개보수와 같은 리모델링 산업의 발달이 병행되어야만 민간임대주택 산업이 진정한 경기 활성화의 유망주가 될 수 있다는 점을 간과해서는 안 될 것이다.

트렌드 10
전통적 주택 공급 시스템이 하이브리드화되다.

기존 공공주체들이 새로운 사회적 기업으로 거듭나고 있다.
왜 그런가?

공공 부문의 지속적인 축소, 민영화, 시장화, 규제 완화는 전통적인 주택 공급 생태계를 크게 변화시켰다. 지난 30여 년간 작은 정부, 효율성, 성과주의로 인해 공공 부문은 구조조정과 경영 혁신을 거듭했으며, 정부의 지속적인 재정 지원 감소에 따라 M&A(인수·합병)와 활동 다각화를 통해 조직 규모를 키우고 외부 리스크 대응 역량도 강화하게 되었다. 공공 부문을 정의하는 방식도 변했다.

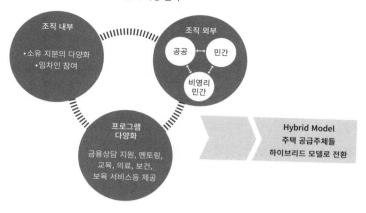

〈그림 28〉 공공주택 공급주체들의 특성 변화

전통적으로 주택정책의 공공 부문은 지자체, 지방 공기업, 중앙(혹은 연방) 공기업을 포괄하지만, 국가에 따라 주택조합이나 유한수익회사(Limited-profit company)를 포괄하는 비영리 민간 부문(non-for profit)도 광의적으로 공공주체에 포함된다. 많은 국가에서 주택 공급주체로 널리 활동하고 있는 비영리 민간 부문(특히 주택조합)은 영리 민간 부문과 대별되는 주체로 주택법에 근거하여 공익적·사회적 목적으로 주택을 공급하며 정부의 각종 지원을 받는 반면 규제도 적용받는 제도적 영역에 속해 있다. 1970년대까지만 해도 주택공급의 전달체계는 지자체 모형(영국, 스웨덴), 비영리 주택조합 모형(네덜란드, 덴마크, 오스트리아), 연방 주도 모형(미국, 호주, 독일) 등의 형태로 구분될 수 있었으나, 이제는 그 성격을 명확하게 구분짓기 어려운 하이브리드 형태로 바뀌었다.

전통적인 공공주택의 공급 조직체의 성격을 새로운 형태로 표현하는 하이브리드화(hybridity)는 복합화를 의미하는데, 조직 내·외부의 구성과 활동 영역에서 구체적으로 나타나고 있다. 우선 조직 내부적 변화는 경영진 선임이나 의사 결정 구조가 조직 내부에 국한된 것이 아니라 임차인이나 지역사회 구성원의 참여를 의무화하고, 조직의 소유 지분 구조가 다양해지는 데서 나타난다. 특히 민영화 과정이 이러한 내부 조직 변화의 가장 직접적 원인이다. 조직 외부적 변화는 조직 간의 통폐합으로 나타나며, 1990년대 이후 지자체 시영주택공사들 간의 M&A와 비영리 주택조합들 간의 M&A가 본격화되었다. 또한 프로젝트를 중심으로 하는 조인트 벤처, 특수목적회사(SPC: Special Purpose Company), 민간 위탁, 민간자본 투자(PFI: Private Finance Initiatives) 같은 방식의 민관 파트너십도 도입되었다.

이것은 특히 소득계층 간 혼합 개발(income-mixed development)이나 민간자본 참여 확대(financing-mix) 같은 정부의 소셜 믹스 전략으로 점차 확대되었다. 활동 영역의 하이브리드화는 주택 공급주체들이 주택의 공급뿐 아니라 다양한 주거 편의 서비스와 복지 서비스를 공급하는 형태에서 나타난다. 이것은 주택이라는 물리적 하드웨어를 50여 년 이상 공급하면서 주택 이외 관련 서비스가 필요하다는 사회적 수요에 부응한 결과이다. 주거 서비스는 공공임대주택에 거주하는 많은 취약계층의 사회 참여를 독려하고 단지의 건강성과 지속가능성을 위해 금융 지원, 상담, 멘토링, 직업 알선, 교육, 교통, 보건, 의료, 보육 등 서비스로 구성되며, 이것은 제3의 다른 주체와 파트너십을 통해 지원되고 있다.

이러한 주택 공급 생태계의 복합화된 특성으로, 이제 많은 국가에서는 공기업과 비영리 부문을 별도로 구분하기보다는 사회적 기업(social enterprise)이라는 새로운 이름을 부여함으로써 이 부문의 새로운 도약을 알리고 있다. 사회적 기업은 사회적 문제를 다루되

기업경영 원칙으로 운영하는 주체로, 사회적 책임이 있는 민간기업 이미지를 표상하고 있다. 많은 국가에서 전통적 공공주체들이 이렇게 새로운 역할로 변모된 것은 지역이 주체가 되는 지방분권화와 공공임대주택의 재개념화 요구에 따른 것이다. 지방분권은 지역 기반의 공공주체들을 육성했고 이들이 주택 공급뿐 아니라 다양한 주거 지원 서비스로까지 사업을 확대하도록 만들었다.

또한 그동안 잔여화된 공공임대주택은 21세기에 새로운 이미지가 필요했다. 영국의 맬퍼스 교수는 그동안 공공임대주택 개혁 과정을 현대화(Modernisation)로 해석하며 새로운 시스템과 인식 전환을 예고한 바 있다(Malpass and Victory, 2010). 금융위기 이후 공공임대주택은 그동안의 '공공' 혹은 '소셜'의 이미지를 탈피하여 '부담가능 주택'(affordable housing)으로 전략적으로 변신했다. 이것은 공공주체가 사회적 기업가로서의 역할을 주문받는 것과 같이 공공임대주택도 사회 다수의 니즈에 부합하도록 그 개념을 확장할 필요가 있기 때문이다. 한편 이러한 변신은 그동안 지속적인 정부의 재정지원 감소에 따른 생존 전략이기도 하며, 특히 금융위기 이후 주택건설 실적이 줄고 판매도 줄고 차입 여건도 좋지 않은 상황에서 자체 자금 조달(self-financing) 능력을 배가하기 위함이다. 비즈니스 마인드, 포트폴리오 구성, 수지 균형, 수익률, 상업용 부동산 개발 등과 같은 시장화 전략이 이제 사회적 기업에게도 중요한 전략이 되었다.

국가들마다 이러한 공공주체의 역할 전환 계기는 차이가 있다. 영국은 민영화와 공공임대주택 재고 이양에 따른 조직 변화가 컸으며, 2002년 주택관리 전담 조직인 알모(ALMOs)가 신설되면서 주택 거버넌스 지형이 크게 바뀌었다. 미국은 1930년대 설립된 연방

주도하의 3,000개에 달하는 공공주택청이 1980년대 이후 지방분권화, 민영화, 저소득층 주택 세액공제(LIHTC) 같은 민간임대주택 확대, 공공임대주택 재개발 프로그램인 HOPE VI, 주택바우처를 시행하는 과정에서 소유 지분 구조가 다양해졌고 이제 다양한 주체들과의 파트너십도 정착되었다. 특히 영국과 미국의 이러한 변화는 잔여화된 공공임대주택 시스템을 시장 개방을 통해 개선시키려는 의도가 강했다. 프랑스, 덴마크, 오스트리아, 독일의 경우 원래부터 주택 공급주체들의 성격이 복합화되어 있었다. 자생적으로 민관 합작회사가 대부분을 차지하고 있으며, 정부재정도 공공 부문뿐 아니라 민간 부문에 지원되었기 때문에 엄격히 공공 부문과 민간 부문을 구별하기 어렵다. 이들 국가에서는 공공 부문과 민간 부문이라는 용어보다는 비영리 민간 부문(non-for profit sector)과 영리 민간 부문(for-profit sector)이라는 용어가 더 보편적으로 쓰인다.

이와 같은 전통적인 주택 공급주체들의 생태계 변화가 주택정책의 성과에는 어떤 영향을 미치는 것일까? 가장 중요한 이점은 시너지이다. 각 부문 간의 장점만을 활용하여 다자간 협력을 엮어내는 구조는 단독 주체보다는 정책 목표를 달성하는 데 빠른 효과를 낼 수 있다. 각 부문은 각자 뛰어난 영역이 있다. 건설 노하우가 있는 조직이 있는가 하면 운영관리에 뛰어난 조직이 있고, 여러 서비스들을 기획하고 연계하는 데에 특출한 조직도 있다. 금융기관이나 생명보험회사, 각종 연기금과 같은 재무적 투자자들은 주택 공급이나 운영관리에는 전문성이 없지만 자본 투자 여력은 있다. 한 조직의 역량보다는 각 조직의 역량들을 엮는 '콤비네이션'(combination)이 보다 중요해진 시대가 되었다. 한편 이러한 방식은 임시적인 사회적 안전망(safety net)으로서의 역할만 할 수 있으며, 복잡한 운영 방식으로 인해 거래 비용 누수 같은 현상이 발생될 수 있어 정부의 조세나 금융 지원의 실질 혜택이 최종 수혜자에게 제대로 전달되지 못하는 한계가 있다. 또한 이들 복합주체(hybrid identity)가 작동하기 위해서는 정부의 정책 기획력, 모니터링, 각종 인센티브가 전제되어야 한다. 시장의 보이지 않는 손에 의해 잘 작동해야 하지만 실제로는 조세 감면 혜택과 같은 정부의 보이는 손이 작동해야지만 가능한 시장 모델이다.

앞으로 전통적인 공공주체들이 사회적 기업으로 거듭나면서 이들의 역할 발휘에 있어 공익성과 수익성 간의 '타협점 찾기'와 '균형 잡기'가 매우 중요할 것이다. 어떻게 하면 사회적 임무를 잘 달성하면서도 재정적으로도 안정될 수 있을 것인가? 물론 이러한 질문에서 자유로운 일부 조직도 있다. 이미 공공임대주택을 건설한 지 40여 년 이상 지난 일부 대형업체들은 건설 집중기에 빌린 많은 정부 융자금도 다 상환했으며 안정된 임대료 수입으로 재정 성숙에 이르렀다. 이들은 굳이 정부의 추가적인 지원이 없이도 이제 임대료 수입으로 신규 투자도 가능하며, 임대료도 더 저렴하게 받으며 공익적 임무에 더 집중하고 있다. 그러나 아직도 대부분의 공급주체들은 정부재정 감소로 인해 신규 투자도 어려울 뿐 아니라 기존 운영관리상에도 많은 어려움을 겪고 있다. 어떻게 보면 지난 30여 년간 지나친 공공 부문의 위축이 금융위기 이후 세계 각국이 경험하고 있는 주택 부족난의 근본 원인이 아닐까 되새겨볼 필요가 있다.

미래 전망: 현재의 주택 이슈들을 어떻게 다뤄나갈 것인가에 달려 있다.

향후 글로벌 주택시장의 뉴 트렌드는 현재 각국이 직면하고 있는 주요 주택 이슈들이 어떤 해법을 찾아갈 것인가에 따라 아주 새로운 패턴이 될 수도 있고 과거의 제도적 경로의존성을 그대로 따를 수도 있다. 정책 노선에 다소 수정은 있더라도 오히려 신자유주의적인 정책 풍토가 더욱 확대·재생산될 수도 있을 것이다.

지금까지의 트렌드로 보자면, 2008년 금융위기 이후 주택시장은 큰 지각변동을 겪었고 그로 인해 주택정책 노선도 크게 선회했다. 금융위기 직후 단기적으로는 주택시장 활성화를 위한 규제 완화, 금융 및 가계 부실에 대한 구제 금융이 주를 이루었으나, 어느 정도 회복이 가시화된 5년 후에는 장기 플랜들이 제시되고 있다. 무엇보다 부담능력(affordability)과 부담가능 주택(affordable housing)에 대한 문제가 핵심 어젠다로 부상하면서 주거복지 강화에 주력하고 있다. 미래 주택시장의 경제적·사회적 지속가능성을 위하여 영리 부문과 비영리 부문을 적극 활용해 다층적인 주택 공급 시스템을 구축하고, '공급'의 개념도 하드웨어뿐 아니라 다양한 케어와 주거 서비스를 제공하는 소프트웨어까지 포괄해 지원하고 있다. 여기서 소프트웨어는 복지를 '부담'이 아닌 '사회적 투자'로 보는 관점이며, 새로운 일자리 창출과 인구 고령화 및 취약계층 증가에 대한 대응 방안이다. 이것은 유럽연합 집행위원회의 미래 주택 비전이기도 하며, 주택시장의 포용적 성장(inclusive growth)을 위한 해법이기도 하다. 주택자산의 격차 문제가 소득 불평등과 양극화 문제와 무관하지 않다는 점에서 이러한 문제의 흐름을 바꾸지 않는 한 주택 상황은 더 나빠질 것이 자명하므로 '모두 함께 성장하는 시장복지 모델'로의 구상은 향후 더 구체적인 내용들로 꾸려지리라 본다.

두 번째로 미래 핵심 어젠다의 한 축을 형성할 것으로 예상되는 것은 자가 점유율이 성숙한 국가들을 중심으로 전개되는 주택자산 기반 복지(housing asset-based welfare) 논의이다. 이는 자가 소유로 축적된 주택자산을 미래의 사적 보험 역할로 보는 관점이다. 즉 주택자산은 개인의 장래 준비금 혹은 비상금으로, 노후의 돌봄 비용과 대체 소득원으로 쓰일 수 있을 뿐 아니라 자녀 세대의 주택시장 진입 자금, 교육 투자 등 다양하게 활용되는 셀프 복지재가 되리라는 것이 주요 논지이다. 대부분의 논의는 영국이 중심 무대였으나 2000년대 후반부터는 세계 어디서나 그 논의가 유행처럼 확산되고 있다. 이것은 정부 입장에서는 고령 사회의 연금 의존성 증가, 공공복지 지원에 대한 재정 지출 삭감 등의 재정적 난제들을 타개하는 정치적 해법으로 일종의 복지 출구 전략이라고도 볼 수 있다. 그러나 실제 주택자산이 노후연금의 대체 기능을 할 수 있을지, 노후 빈곤 완화를 보장할 수 있을지에 대한 명확한 실증 자료는 아직 없으며, 향후 주택가격의 변동과 주택시장 상황에 따라 매우 불확실성이 큰 사안이다. 그럼에도 많은 주택 전문가들은 자가 소유의 선순환 측면에서 이러한 방향을 제시하고 있으며, 자가 소유 확대에 따른 후유증에도 불구하고 향후 주택자산 기반 복지 강화를 위해 자가 소유 중심의 주택정책 틀을 계속 이어갈 것을 주장하고 있다. 로날드 교수와 돌링 교수(2012)는 현재 심각한 유럽 국가들의 부채 규모를 감안할 때 향후에도 복지개혁, 규제 완화, 민영화와 같은 신자유주의적 실험은 계속 이어질 것이며, 자산 기반 복지의 가능성 역시 계속 테스트될 것이라고 전망했다.

세 번째의 미래 핵심 어젠다는 임차인의 주거안정일 것이다. 자가 소유 정책 기조가 우선시된다고 하더라고 그 편향성은 과거보다는 상당히 순화될 것으로 보이며, 임대료 상승과 주거 불안에 대한 정치적 압력이 커지면서 새로운 규제와 제도들이 임차 수요 지원을 통한 시장 회복에 주안점을 두게 될 것이다. 최근 공공임대주택의 공급 확대 부활로 많은 국가에서 공공임대주택 재고가 늘어날 전망이다. 대다수 국가들은 공공임대주택 재고 비중을 현 수준 유지 및 확대를 목표로 하고 있기 때문에 1980년대의 18~19%까지는 아니지만 현재 8~9% 수준이 조만간 10~12% 수준까지 올라갈 수 있을 것으로 보인다. 다만 신규 공급이 중산층보다는 저소득층의 주거안전망에 더 초점을 두고 있는 만큼 공공임대주택의 빈곤층 집중 경향이 계속될 것이며, 이를 보완하는 차원에서 소셜 믹스 형태의 공급 의무화와 다양한 복지 서비스 공급 프로그램이 지역사회의 다양한 주체들과의 파트너십으로 제공될 것이다. 그리고 이러한 소셜 비즈니스 영역은 주택시장의 새로운 소셜 마켓으로 자리매김하게 될 것으로 보인다.

민간임대주택의 위상은 공공임대주택과의 관계가 어떻게 정립될 것인가에 따라 달라질 것이다. 공공임대주택에 대한 육성 의지가 강하다면 상대적으로 민간임대주택에 대한 지원은 미흡할 수밖에 없을 것이다. 역사적으로 볼 때도 한 시기에 두 임대주택 부문의 고른 성장이 달성된 적은 없다. 국가별 주택시장 여건에 따라 신규주택 재고 확보가 중요한지, 기존 주택 재고 활용이 중요한지에 따라 어느 부문을 더 육성할지가 정해질 것이다. 현재 글로벌 시장이 부담가능한 신규주택 재고의 절대적 부족 상황임을 감안할 때 민간임대주택 육성보다는 당분간은 공공임대주택 육성에 더 무게가 실리지 않을까 한다. 민간임대주택은 공공임대주택이 닿지 못하는 틈새시장에 자리 잡아, 이동성이 많은 젊은 계층 중심으로 미래 주거 대안이 될 것이다. 사업자 구조는 지금과 같은 개인사업자 비중이 유지될 것으로 예상된다. 민간임대주택 투자를 적극적으로 육성하는 영국과 호주의 경우 현재보다는 기업 및 기관 투자자 보유 비중이 다소 늘 것으로 보이나 어떤 획기적인 변화가 단기간 내 일어나지는 않을 것이다. 공공임대주택 부문의 구조조정이 지난 30여 년간의 긴 시간 동안 점차 진행되어 지금에 이르렀다는 점에서 민간임대주택의 성장과 사업자 구도의 변화 역시 20~30여 년간의 지속적인 투자가 전제되어야 가능하기 때문이다.

지난 20세기 후반은 국가마다 몇 차례의 경기침체가 있긴 했지만 그래도 지속적인 경제성장, 고용안정, 인구성장으로 복지사회, 균형 사회, 자가 소유 사회를 만들었다. 주택 재고도 크게 늘었고 주거수준과 환경도 좋아졌다. 다양한 주거 지원으로 삶의 수준과 주거복지 인프라도 상당히 확충됐다. 그럼에도 21세기 초부터 엄습한 금융위기 여파로 새로운 주택문제들이 계속 불거지고 있다. 주택 구입, 비용 부담, 집 구하기에서의 불만과 불안은 지난 세기의 풍부하고 많은 제도와 성과에도 불구하고 더 심화되었다. 더구나 저성장, 저출산, 고령화, 양극화, 소득 불평등 같은 사회위기들로 인해 불안 사회, 격차 사회, 세습 사회, 렌터 사회가 지금의 우리 사회를 표상하는 대표명사가 되어가고 있다. 주거안정과 복지가 이러한 사회를 다시 희망 사회로 만들 수는 있지만, 주택정책만으로 이 모두를 해결할 수는 없다. 우리가 어떤 주택시장을 만

들 것인가는 주택정책과 경제정책, 노동정책, 인구정책, 복지정책과
의 합작으로 탄생할 수 있을 것이다.

홈오너십 소사이어티에서 빅 소사이어티로의 긴 여정

요람에서 무덤까지 생애복지를 추구한 영국은 공공임대주택 매각을 통해 주거복지를 아웃소싱하며 이제 자가 소유를 통한 사적 주택자산 복지를 강조하는 가장 시장화된 국가가 되었다. 영국의 자가 소유 사회(homeownership society)로의 여정은 앞으로도 계속 이어질 수 있을 것인가?

유럽 대륙 서북쪽에 위치한 섬나라 영국[1]은 잉글랜드, 스코틀랜드, 웨일스 및 아일랜드 섬 북부의 북아일랜드로 이루어진 연합국가로, 2014년 경제규모는 세계 6위, 1인당 국내총생산(GDP)은 3만 9,567달러(세계 23위)이다. 18세기 중엽 산업혁명의 발원지로 세계에서 가장 먼저 자본주의 경제 체제를 이룬 나라, 근대적 의회 민주주의와 의원내각제를 전 세계에 전파한 나라, 19세기와 20세기 초 세계 인구와 영토의 4분의 1을 차지했던 해가 지지 않는 나라, 요람에서 무덤까지라는 보편적 복지가 최초 출현한 나라, 그리고 2012년 한국인이 가장 좋아하는 나라 5위 등 영국을 수식하는 용어는 그 오래된 역사와 전통만큼이나 풍부하다.

산업화와 도시화를 앞서 겪은 영국은 일찍부터 근로계층의 주택문제 해결을 위해 공공임대주택을 공급했으나, 1980년대 이후 공공임대주택 매각, 대규모 재고 이양 같은 주택 민영화의 1번지가 되었고, 이후 공공임대주택의 민간 투자 사업, 지분형 자가주택 및 공유형 모기지의 최초 시행 등과 같은 실험적이고 혁신적인 정책을 펼쳐왔다. 그런 까닭에 영국은 주택정책사에 있어 주택정책의 패션 리더, 유행 선도자(trend-setter)라고 불리기도 한다.

영국의 국토면적은 24만 3,610km^2(남한의 2.5배)로, 국가적으로 환경보호와 전원생활을 중시하기 때문에 전체 국토의 36.2%가 보호구역(2014년 기준 국립공원 9.2%, 자연경관보호구역 14.6%, 그린벨트 12.4%)으로 지정되어 있다. 국민성에서도 개발을 선호하지 않아 잉글랜드의 경우 전체 면적 중 단 10%만이 개발되었고, 이 중에서 주거용 개발

---

1. 영국의 정식 국호는 그레이트 브리튼 북아일랜드 연합왕국(United Kingdom of Great Britain and Northern Ireland)으로, 약칭하여 브리튼(Britain) 혹은 UK(United Kingdom)라고 부른다.

면적은 1.1%에 불과하다. 2013년 기준 영국 인구는 6,411만 명(잉글랜드는 5,387만 명), 가구수는 2,641만 가구(잉글랜드는 2,198만 가구), 주택 재고수는 2,777만 호(잉글랜드는 2,324만 호)로, 주택 보급률은 105%(잉글랜드는 106%), 천인당 주택 재고수는 433호(잉글랜드는 431호)이다. 주거면적은 가구당 평균 91.7m^2, 1인당 평균 38.2m^2이다(2014년 잉글랜드 기준). 주택의 양적 보급 정도와 주거면적 수준에 비해 주택의 질적 수준은 다소 미흡하다. 전용 욕실 구비 비율은 100%, 수세식 화장실 비율은 99%, 중앙 집중난방 비율은 94%이나, 그 외 항목에서 영국 자체 기준인 적정 주거수준(Decent Home Standard)에 미치지 못하는 것들이 많아, 아직까지 적정 주거수준에 미달되는 가구 비율은 20.6%로 나타나고 있다(DCLG, 2015).

주택점유형태 변화 추이를 보면(〈그림 1〉 참조), 자가 점유율은 1960년대부터 서서히 오르기 시작해 1980년 57%, 1990년 67%에서 2003년에는 영국 역사상 최고 수준인 71%까지 성장했다. 그러나 이후 2008년 금융위기 여파와 부담능력 문제로 계속 줄어들어 2014년에는 1990년 이전 수준인 63%로 감소했다. 공공임대주택에 거주하는 가구 비율은 1979년 최고 수준인 32%에서 점차 줄어 2013년에는 역대 최저 수준인 17%로 감소했다.

2009년 기점으로 지방자치단체(이하 지자체)가 보유한 공공임대주택 재고(236만 호)는 지자체의 신규 공급 감소와 민영화로 인해 주택조합 재고(253만 호)에 추월당했다. 2012년 영국 전체 공공임대주택 재고(494만 호) 중 지자체가 차지하는 비중은 44.4%, 주택조합의 비중은 55.6%이다. 잉글랜드(2015년 기준)의 경우 공공임대주택 재고(404만 호) 중 지자체는 41.6%, 주택조합은 58.4%를 보유하고 있다.

한편 민간임대주택 부문은 공공임대주택과 자가 소유 성장의

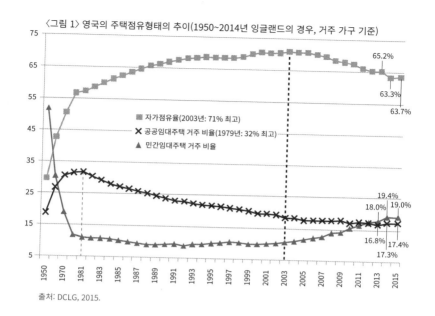

〈그림 1〉영국의 주택점유형태의 추이(1950~2014년 잉글랜드의 경우, 거주 가구 기준)

■ 자가점유율(2003년: 71% 최고)
✕ 공공임대주택 거주 비율(1979년: 32% 최고)
▲ 민간임대주택 거주 비율

65.2%

63.3%

63.7%

19.4%
18.0%   19.0%

16.8%   17.4%

17.3%

출처: DCLG, 2015.

뒤에 가려진 채 고전을 면치 못했다. 민간임대주택 거주 비율은 1980~2000년 기간 동안 전체 점유형태의 10% 수준을 맴돌았다. 그러나 2000년 중반부터 민간임대주택 육성 전략이 탄력을 받기 시작하면서 2012년에는 민간임대주택이 공공임대주택보다 많은 역전 현상이 나타났고, 2014년 민간임대주택 거주 비율은 1980년 대 이후 사상 최고인 19.4%로 크게 늘었다. 그렇다면 이러한 공공 임대주택 부문의 성쇠와 점유형태 간의 역동적인 변화는 왜 일어 나게 된 것일까?

주택정책 어젠다는 1960년대 말 주택의 양적 보급이 충족된 이 후 공공임대주택의 개혁, 양질의 주택 재고 확보, 그리고 1980년 대 이후에는 자가 소유 확대로 이어지고 있다. 그러나 2008년 이후 주택가격 급락과 경기침체로 "수요자는 구입할 수 없고, 대출기관은 충분히 대출해줄 수 없고, 건설업자는 건설하지 않으며, 투자자는 투자하지 않으며, 저렴한 주택은 충분히 공급되지 못하고, 임차인은 고군분투하는 상황"이 되었다. 이는 영국 정부가 2011년 11월 발간한 〈주택전략을 위한 기반 구축(Laying the Foundations: A Housing Strategy for England)〉의 서문에서 언급한 내용으로, 지난 반세기 동안의 많은 제도와 정책적 지원을 무색케 하는 대목이다. 1980년대 이후 30여 년간의 공공임대주택 구조조정은 180만여 가구(450만 명)에 이르는 대기 수요를 낳았고, 지속적인 임대료 상승으로 주거급여 예산은 7배나 늘었다. 또한 신규주택 건설은 전후 최저 수준인 11만 호를 기록했으며, 2010년까지 자가 소유 75% 목표는 이제 63%로 주저앉는 상황이 되었다. 한편 경기침체와 재정위기 속에서도 자가 소유 확대정책은 계속되어, 주택 건설 활성화를 통한 경기부양 차원에서 과거보다 더 확대 재생산되고 있다. 2012년 이후 로컬리즘(localism)의 등장과 복지개혁 속에서 영국의 주택정책은 또 한 번의 큰 능선을 타게 될 것 같다. 영국의 주택정책은 왜 이렇게 변모해갔으며, 누구를 위해, 무엇을 추구하고자 했던 것이며, 아직도 진행 중인 민영화가 우리에게 일깨워주는 것은 과연 무엇인지 짚어보기로 하자.

1979년 이전까지의 주택정책

양적 보급 확대 속에서 성장한 공공임대주택 황금기

영국의 주택정책은 19세기 산업화와 도시화로 인한 노동자들의 건강과 보건 위생 차원에서 국가 및 자선단체들의 빈곤과 슬럼 구제 과정에서 발아되었다. 1848년 '공중보건법'(Public Health Act)이 제정되었고, 1851년 '근로계층의 숙소 제공법'(Labouring Classes' Lodging Houses Act), 1866년 '근로계층의 주택 공급법'(Labouring Classes' Dwelling Houses Act), 1868년 '기능공 및 노동자 주택 공급법'(일명 Torrens Act)이 차례대로 제정되었다. 이들 법은 지자체가 근로계층을 위해 직접 주택을 건설하고 공공융자도 지원받을 수 있도록 규정했다. 이후 이 규정들은 1885년 '근로계층 주택법'(Housing of Working Classes Act)으로 통합되면서 지자체는 부적합하고 비위생적인 주택을 개량하고 필요 계층에게 주택을 직접 건설하는 일을 전담하게 되었다. 이 시기 박애주의 정신하에 많은 자선단체들도 1830년대 '박애주의 5%'(Philantrophy and 5 percent)를 자체 발의해 근로계층을 위해 시세보다 임대료를 5% 낮게 받는 등 주택문제 해결에 동참하기도 했다(Mullins와 Muris, 2006). 그러나 당시 근로계층의 주거빈곤 문제가 매우 심각했기 때문에 이러한 노력들은 한계가 있을 수밖에 없었다.

주택정책의 제도적 기반은 1915~1945년에 형성

1915년에서 1945년까지는 양차 세계대전을 겪으면서 황폐화된 주택과 도시를 재건하기 위한 주요 제도들이 만들어진 형성기이자 공공임대주택의 공급 기반이 다져진 시기였다. 이 시기 가장 큰 이정표는 1915년 임대료 통제(rent control)와 1919년 공공임대주택에 대한 중앙정부의 재정 보조였다. 임대료 통제는 제1차 세계대전 도중이었던 1915년에 한 달여 동안 벌어진 3만 명의 글래스고(Glasgow) 지역 임차인들의 임대료 시위(rent strike)를 계기로, 정부가 그해 말 '임대료 및 모기지 이자 상승법'(The Increase of Rent and Mortgage Interest Act)을 제정하고 임대료를 1914년 8월 수준으로 동결(freezing)시키면서 시작되었다. 임대료 통제는 당시 전시 상황에서 전후 6개월까지만 시행할 전시규제 조치였지만, 제2차 세계대전 발발로 더욱 확대되었다. 또한 1950년대 임대료 상승에 대한 규제 완화와 1960년대 공정임대료(Fair Rent) 도입으로 규제 수위는 다소 낮아졌지만 1988년까지 이어졌다.

영국 역사상 최초의 지자체 건설 주택에 대한 정부재정 지원은 1919년 '주택 및 도시계획법'(Housing and Town Planning Act, 일명 Addison Act) 제정에 따라 이루어졌다. 제1차 세계대전 동안 주택이 제대로 건설되지 못해 야기된 심각한 주택 부족난을 해소하고 일자리를 창출하는 데 신규주택 건설은 매우 시급한 과제였다. 당시 보건부 장관이었던 에디슨은 '전쟁에서 돌아온 영웅에게 주택을'(homes fit for heroes)이란 구호 아래, 3년간 50만 호 주택 건설 계획을 발표했고, 지자체가 임대료 수입으로 건설비용을 충당하지 못할 경우 보조금을 지원토록 했다.

이렇듯 양차 세계대전 사이인 1915~1945년은 주택의 양적 보급 확대라는 시대적 요구에 따라 정부가 지자체를 정책 일선에 내세워 주택의 직접 건설과 운영관리를 책임지게 했다. 즉 다른 국가에서는 찾아볼 수 없는 '지자체 중심 공급 모델'을 만든 시기였다. 신규주택은 1919~1939년간 410만 호가 건설되었고(순증가는 370만 호), 이 중 지자체가 건설한 공공임대주택은 신규주택 건설의 25%를 차지하는 110만 호에 이르렀다. 이는 1941년의 주택 재고 1,060만 호의 10%에 해당하는 상당한 규모이다. 이러한 건설 덕분에 1915년 1%가 채 안되던 공공임대주택 재고 비중은 1945년 12%에 이르게 되었다.

복지국가의 기틀을 마련한 1945년 베버리지 보고서

제2차 세계대전 종전을 앞두고 영국은 전쟁의 참상을 극복하고 복지국가로 발전하기 위한 종합 구상에 착수하게 된다. 영국은 〈베버리지 보고서〉(Beveridge Report, 1942년 12월 발간)에 근거해 복지국가로의 기틀을 다졌다. 베버리지(William Beveridge)는 1941년 6월 전시 연립내각인 처칠 정부가 전후 사회에 대한 비전 마련을 위해 구성한 '사회보험 및 관련 서비스에 관한 정부 부처 간 조사위원회'의 위원장이었다. 그는 국가가 보장해야 할 국민 최저선(National Minimum)을 규정하고, 이 기준선을 보장하기 위해 각종 사회보험 급여가 이루어져야 한다고 역설했다. 아동수당, 실업수당, 장애수당, 노령수당, 주택수당 같은 사회보장제도의 도입 필요성은 베버리지 보고서를 통해 설파되었다. '요람에서 무덤까지'라는 보편적 사회보장 체계는 전후 1945년 노동당이 이 보고서를 채택하고 완벽한 사회보장제도 실시를 주장하며 내세운 슬로건이었다.[2]

주택문제와 관련해 베버리지는 '불결'을 5대 악으로 규정하고, '양질의 충분한 주택이 없다면 우리는 아무것도 못 한 것이다'라고 선언했다. 이는 1946년 '뉴타운법'과 1947년 '도시계획법' 제정의 근간이 되었다고 볼 수 있다. 또한 그는 임대료 문제와 관련해 주거 비용에 대한 수당은 지역마다 다른 주거비 차이로 통합적 형태의

---

2. 〈베버리지 보고서〉(1942)에 근거해 1946년 '국민보험법'(National Insurance Act)과 '국가의료서비스법'(National Health Service Act)이 제정되었고, 1948년에는 '국가부조법'(National Assistance Act)이 제정되었으며, 이러한 법적 기반은 영국이 복지국가로 나아가는 기틀이 되었다.

급여로 지급하는 것은 어렵다고 보았다. 이는 1956년의 임대료 할인(rent rebate) 제도로 실현되었고 이후 주거비 부담 완화를 위해 다른 사회보장제도(생계급여, 가족수당)가 '주거급여'(housing benefit)로 흡수·통합됨으로써 영국이 다른 국가에 비해 주거복지가 매우 강한 사회보장 체계를 띠게 한 근원이 되었다.

전후 35년간(1945~1979) 주택정책은 이렇게 복지국가로서의 기본적인 틀을 갖추면서 주택 공급을 계속 확대하는 방향으로 나아갔으며, 지자체는 '뉴타운법'과 '도시계획법' 하에서 이전 시기보다 더 체계적인 주택 공급자로서의 역할을 강화해나갔다.

1950년대와 1960년대는 주택의 대량 공급 시기

1949년 이후 영국의 신규주택 건설 실적은 〈그림 2〉와 같다. 1950년대와 1960년대 주택 건설 실적은 지자체의 대규모 공공임대주택 건설로 연간 32만 호에 달하는 수준이었으나, 1968년을 정점으로 크게 감소했다. 이러한 감소는 정부가 1968년 〈헌집을 새집으로〉(Old Houses into New Homes)라는 백서(White Paper)[3]에서 밝힌 더 이상의 대규모 신규 개발 대신 기존 주택을 관리하고 재개발로 전환하겠다는 선언이 직접적 계기가 되기는 했지만, 1970대 초 이미 주택의 양적 보급뿐 아니라 질적 수준도 크게 개선되었다는 인식에 근거했다.

지자체는 양차 세계대전 동안 130만 호의 공공임대주택을 건설하고, 1950~1979년까지 482만 호(연평균 24만 호)를 건설함으로써

---

3. 백서(white paper)는 정부가 정책의 현상을 분석하고 미래를 전망하여 그 내용을 국민에게 알리기 위하여 만든 보고서를 말한다.

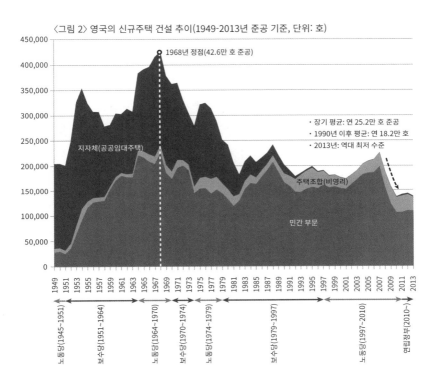

<그림 2> 영국의 신규주택 건설 추이(1949-2013년 준공 기준, 단위: 호)

지자체(공공임대주택)

1968년 정점(42.6만 호 준공)

· 장기 평균: 연 25.2만 호 준공
· 1990년 이후 평균: 연 18.2만 호
· 2013년: 역대 최저 수준

주택조합(비영리)

민간 부문

노동당(1945-1951)
보수당(1951-1964)
노동당(1964-1970)
보수당(1970-1974)
노동당(1974-1979)
보수당(1979-1997)
노동당(1997-2010)
연립정부(2010~)

출처: DCLG 홈페이지(https://www.gov.uk/government/organisations/department-for-communities-
and-local-government)에서 재구성

1980년 약 670만 호의 공공임대주택을 보유하는 세계최고기록을
세웠다. 그러나 1970년대 말부터 주로 고층으로 건설된 공공임대
주택에 대한 부정적 인식이 싹트기 시작했고 급기야 1970년대 말
재정위기를 겪으면서 추진한 민영화로 인해 전통적인 공급자인 지
자체 대신 '주택조합'(HA: Housing Association)이 공공임대주택의 새
로운 건설주체로 등장하게 되었다. 주택조합은 1960년대부터 서서
히 성장하기 시작해 1974년에는 정부의 재정 보조를 받게 되었고
1988년부터 지자체 공공임대주택 재고를 이양받게 되면서 급속도

로 성장하게 되었다.

신규주택 건설에서 지자체가 차지하는 비중은 1950년대 이전
까지 80%를 넘었으나 1980년대는 30%대로 급격히 줄었고 2000
년에는 0.2%에 불과했다. 지자체의 주택 건설 실적이 크게 급감한
데 반해 민간 건설업체와 주택조합의 건설 비중은 크게 늘었다. 주
택조합의 공공임대주택 건설 비중은 1960년대 불과 5%였던 것이
2000년대는 99%에 이르렀다.

보수당 정부(1979~1997년)의 주택정책

민영화, 규제 완화, 자가 소유 촉진

제2차 세계대전 이후 세 차례 집권한 노동당 정부(1945~1951,
1964~1970, 1974~1979)는 복지국가 체제 확립에 기여했다. 그러나 국
가 개입의 강화와 케인스주의에 입각한 경제정책은 재정 지출의
급증을 초래했고, 빈번한 노사분규와 과도한 임금인상 등으로 소
위 '영국병'을 겪게 되었다. 1960년대 말부터 경제호황이 퇴조하면
서 영국 경제는 스태그플레이션(stagflation)에 봉착하게 되고, 외환
시장의 신뢰가 상실되면서 1976년 9월 IMF 구제금융을 요청하게
되었다. 당시 노동당 정부의 제임스 캘러헌(James Callaghan) 총리는
IMF 압력에 따라 불황기임에도 복지 지출을 삭감했으며, 정부 지
출을 늘려 총수요를 관리하는 케인스주의 시대는 끝났다고 선언했
다(배병준, 2013).

자조와 책임을 강조하는 시장주의적 주택정책 추진

1979년 보수당이 집권하면서 총리에 오른 마거릿 대처(Margaret Thatcher)는 케인스주의 대신 신자유주의 이념에 입각한 시장주의를 표방하고 완전고용과 복지국가라는 전후 합의 포기, 국가의 역할 축소 및 자유시장경제를 지향했다. 그는 영국 사회에 널리 퍼진 영국병을 치유하기 위해 대처리즘이라는 강력한 경제정책을 단행했다. 주택정책도 이러한 기조하에 자립과 책임을 강조하며 시장의 기능과 민간의 자유로운 활동을 중시하는 방향으로 재편되었다. 1979년 보수당이 제시한 주택정책 슬로건은 '가족 돕기'(Helping the Family)였다. 가족들을 지원하는 주택정책으로 제시된 것은 공공임대주택 매각, 자가 소유 촉진, 민간 부문 육성이었고 이를 실현하는 수단으로는 민영화, 시장화, 규제 완화였다.

보수당의 첫 번째 주택개혁 조치는 기존 공공임대주택에 거주하는 임차인에게 자신이 거주하는 주택을 구입할 수 있는 권리를 부여해 공공임대주택을 불하하는 것이었다. 지자체 부채 축소, 자본수입 창출이 실리적인 목적이었으나, 명분으로 내세운 것은 '개인을 책임감 있게 만드는 것은 자유로운 주택 구입을 보장하고 이를 합리적으로 선택할 수 있게 해주는 데 있다'는 것이었다. 공공임대주택 구매권(혹은 불하권, Right to Buy)은 보수당 정부의 선거 일등공신이었는데, 당시 3가구 중 1가구가 공공임대주택에 거주하는 상황에서 이들에게 자가 소유의 기회가 열린다는 것이 얼마나 큰 소망이었는지를 방증한 것이라 볼 수 있다.

두 번째 개혁은 지자체 공공임대주택 재고를 제3의 기관에 매각하는 민영화 조치였다. 여기서 제3의 기관은 비영리기관인 주택조합에 국한되었는데, 매각된 공공임대주택이 계속해서 공공임대주택으로서의 역할을 하도록 한 조치였다. 이런 의미에서 주택조합으로의 재고 매각은 전통적인 지자체의 역할을 변모시키고자 하는 의도가 강했다. 또한 공공임대주택 재고의 효율적 관리와 임차인 참여 같은 고객주의적 관점에서 이루어졌다. 이는 그간 지속됐던 정부의 직접 주택 건설과 공급, 관리의 철회를 의미하며, 탈지자체 그 자체가 목적이었다고 볼 수 있다.

　세 번째 주택개혁 조치는 1988년 임대료 규제의 전면 폐지이다. 즉 1989년 1월 이후 임대차 계약에 대해 최초 임대료 설정뿐 아니라 임대료 상승 규제도 없앴다. 이는 민간임대주택 산업을 육성하고 근로자의 노동 이동성을 보다 용이하게 뒷받침하려는 의도였다. 임대료 규제 폐지로 신설된 임대차 유형은 확증 임대차(assured tenancies)이다. 이는 임대료에 대한 규제는 전혀 없으나, 임차인의 계약 갱신이 보장된다. 1997년에는 민간임대주택의 투자 환경 개선을 위해 계약 갱신 보장 규정도 삭제된 단기 임대차(assured shorthold tenancies)를 도입했다. 단기 임대차는 1997년 2월 28일 이후 임대차 계약에 적용했으며, 최소 계약기간은 6개월 이후부터 주, 월, 연 단위로 자유롭게 정할 수 있으나 더 이상의 임차인 보호 규정은 남아 있지 않는 형태가 되었다. 현재 민간임대차 시장의 80% 이상은 단기 임대차가 차지하고 있으며, 이러한 규제 제로 상황은 2000년대부터 민간임대산업이 크게 활성화된 단초가 되었다고 볼 수 있다. 전체 임대차에서 공정임대료가 적용되는 규제 임대차(regulated tenancy)는 1995년 14%에서 2013년 8.5%로 비중이 감소했고, 2012년 말 현재 영국 전역에서 약 10만 호에 불과하다.

주거급여 제도의 본격적인 시행

주거급여(housing benefit)는 1956년부터 시행해왔던 지자체 공공임대주택의 임대료 할인(rent rebate)과 1973년부터 시행한 민간임대 및 주택조합 공공임대주택의 임대료 수당(rent allowance)을 1982년에 통합한 제도이다.

1980년대를 기점으로 대부분의 국가들이 공급자 보조(bricks and mortar subsidies)에서 수요자 보조(income-related subsidies)로 선회한 것은, 수요자 보조 정책이 공공임대주택의 느슨하고 방만한 운영에서 제기된 정책 누수를 막고 꼭 필요한 사람들에게 필요한 만큼만 지원할 수 있어 정책 효과성과 효율성이 높다는 인식에 근거한다. 영국에서도 물론 이러한 시각이 있었다. 그러나 수요자 보조로의 대전환을 한 데는 무엇보다 이것이 수혜자의 부담능력을 위협하지 않는 시장친화적 지원 방법이라는 생각이 있었기 때문이다. 즉 시장 규제를 하지 않고도 펼칠 수 있는 정책이라는 생각이 있어서였다.

보수당 정부도 이러한 인식하에 엄격한 자산 조사를 거쳐 대상을 선별하고, 지역 임차료 수준과 가구 특성을 고려해 주거급여를 지급했다. 그러나 민간임대주택에 대한 임대료 규제 폐지 이후 임대료가 상승하면서 주거급여 예산이 크게 늘게 되었다. 1987년 34억 파운드였던 주거급여 예산은 1997년 114억 파운드로 10년 새 3배가 넘게 올랐다. 같은 기간 지자체 공공임대주택의 임대료 할인(rent rebate) 예산이 24억 파운드에서 56억 파운드로 증가한 반면, 민간임대주택 및 주택조합 공공임대주택에 대한 임대료 수당(rent allowance) 예산은 10억 파운드에서 58억 파운드로 무려 6배 가까이 증가했다. 이렇게 임대료 규제 폐지는 주거급여 재정을 증가시

<표 1> 영국의 민간임대차 유형

규제 임대차 (Regulated tenancies)	확증 임대차 (Assured tenancies)	단기 임대차 (Assured shorthold tenancies)

• 1989.1.15 이전 임대차에 적용
• 공정임대료 적용 대상
	• 1989.1.15~1997.2.27
	  임대차 계약 건에 적용
	• 계약 만료 시 집주인 자동
	  소유권 불허
	• 임차인의 점유 안정성 보호
	  관점
		• 1997.2.28일 이후 임대차
		  계약부터 적용
		• 계약기간을 명시한 임대차(최소
		  6개월부터 임대차 기간을 정함)
		• 계약 만료 시 집주인 자동 소유권
		  허용(임차인 퇴거 가능)

켜 정부 부담으로 귀결되었는데, 이 시점 영국 내에서는 임대료 규제 폐지가 주택 부문을 관장하는 중앙부처인 DOE(Department of Environment, 현재는 DCLG)에게는 적합했으나, 주거급여를 관장하는 중앙부처인 DSS(Department of Social Security, 현재는 DWP)에게는 적합하지 못한 처사가 되었다고 평가하기도 했다.

보수당은 18년간의 집권기간 동안 대대적인 공공임대주택 개혁과 민영화로 주변화(marginalised) 혹은 잔여화된 부문(residualized sector)이라는 용어를 만들어낸 한편, 주거급여가 재정에 상당한 부담을 준다는 경험을 하면서 공공임대주택이 장기적인 관점에서 주거안정뿐 아니라 비용 효과적인 수단이라는 인식을 동시에 하게 되었다(Mullins and Murie, 2006). 그럼에도 주거급여 제도는 1988년에 생계급여와 가족수당을 흡수·통합하면서 재정 지원 규모는 더욱 커졌으며, 2000년대 이후 주거급여 개혁과 복지 삭감은 이전 시기의 공공임대주택 구조조정만큼이나 강하게 추진되고 있다.

자가 소유를 촉진했으나 1980년대 말 시장침체로 한계

자가 점유율은 1980년 57%에서 1996년 67%로 늘었는데, 이러한 증가 요인은 주로 공공임대주택 불하(Right to Buy)로 인한 것이다.

1980년에 근로 중산층을 위한 저렴한 자가 소유 지원 정책(LCHO: Low-Cost Home Ownership Initiative)이 도입되었으나, 1988년 경기침체와 시장 악화로 1990~2001년간 3만 5,000호의 실적에 그쳤다. LCHO의 선조는 1970년대 런던시가 자체 시행한 '도시정주 장려 프로그램'(Homesteading Scheme)과 버밍엄시의 '하프 앤 하프'(half and half) 사례이다. 이러한 지자체 차원의 자가 소유 지원 정책은 일종의 신규주택의 판촉 전략이라고 볼 수 있는데, 초기 주택 구입비 부담을 낮추고 할부로 주택을 구입할 수 있도록 하는 지분공유형 주택 소유(Shared ownership scheme) 방식이었다. 구입자가 집값의 25~75%만 부담하고 잔여 집값은 임대료로 내면서 점차 지분을 구입하여 최종적으로 자가 소유자가 되는 이러한 방식은 이후 여러 지자체가 택지 원가 공급 및 우선권 부여, 지자체의 대출 보증 방법 등을 동원하면서 선보이자 중앙정부가 전국으로 확대 재생산한 것이다.

한편 주택담보대출 이자에 대한 소득공제(mortgage interest tax relief)는 1969년부터 시행되어오고 있었으나, 보수당 정권 말기에 상당한 비판을 받았다. 1980년대 중반까지 집값이 크게 오르고 금리도 9~10%인 상황[4]에서 모기지 이자 소득공제(대상 주택은 1983년 집값이 3만 파운드 이하)는 더 넓고 비싼 주택에 살면서 더 많이 빌리는 사람에게 더 많은 혜택으로 돌아갔다. 1993년 재무부 장관은 이자 소득공제율(20%)을 단계적으로 축소하여 폐지하겠다고 선언했으나 당시 주택시장 침체 속에서 이를 감행하지는 못했다. 다만 1993년 하반기부터 주택가격이 크게 오르고 금리도 크게 떨어지면서

4.　영국의 당시 금리수준은 1985년 9.5%, 1990년 2월에는 15.4%, 1990년 10월에는 14.5%였다.

이자 소득공제에 대한 실효성이 감소하면서[5] 2000년에 완전 폐지되었다.

1988년 말부터 1993년까지의 주택시장 침체는 2008년 금융위기 때보다 더 큰 타격을 주었다. 주택담보대출에 대한 이자 연체율이 크게 증가했고 주택 압류 건수도 1991년 7만 5,540호, 1992년 6만 8,540호, 1993년 5만 8,540호였다. 이후 점차 압류 건수는 감소했지만 이 시기에 집을 매각해도 대출을 다 갚지 못하는 깡통주택(negative equity)은 1992년 177만 호였고 1996년에도 100만 호 이상이 계속 남아 있었다. 이에 정부는 1995년 〈우리의 미래 주거: 선택, 기회, 책임〉(Our Future Homes: Choice, Opportunity, and Responsibility)이라는 백서를 통해 다음 10년간 자가 소유를 150만 가구 늘리겠다는 포부를 제시했다.

주택개혁과 새로운 시도는 이후 주택정책의 토양

보수당 정부의 18년간 주택정책은 복지국가에서 주택 지위를 크게 침식시킨 것으로 평가받고 있다. 토저슨(Torgersen, 1987)의 '주택은 복지국가의 가장 흔들리는 기둥'이라는 표현은 바로 이 시기 영국 상황을 빗댄 말이기도 하다. 물론 이 시기에 추진한 많은 정책은 이후 노동당 정부가 계승해나가면서 확대, 진화, 발전하게 되며, 정책마다의 음양이 존재한다. 어느 한 면만을 보고 평가하기는 어려운 측면이 있다. 임대료 규제 폐지는 민간임대 부문을 육성하는 전기가 되기도 했지만 주거급여는 재정 부담으로 이어졌

---

5.   주택가격이 큰 폭으로 오르면서 주택담보대출 이자에 대한 소득공제 대상 주택가격이 3만 파운드로 올라, 소득공제 적용 대상 주택이 감소했고, 금리 인하로 실제 공제액도 매우 줄었다.

다. 공공임대주택의 민영화는 복지국가의 매각이나 변질로 지탄받기도 했고, 공공임대주택을 더욱 잔여화시켰다. 그러나 자가 소유를 열망하는 많은 가구들에게 내 집을 갖게 해주었고, 지자체의 부채 해소에도 구원투수가 되었다. 지자체 공공임대주택을 주택조합으로 이양하는 과정에서 임차인 참여가 중시되었고 새로운 주거관리 서비스 모델의 발판도 만들어졌다. 지분공유형 주택 소유(shared ownership scheme)를 포함한 저렴한 자가 소유 지원책(LCHO)이 큰 성과를 거두지는 못했지만 이후 2000년대 중후반의 새로운 자가 지원 모델인 HomeBuy, FirstBuy, Help to Buy 시리즈에 기본적 아이디어를 제공했다.

보수당 정부의 주택정책은 공공지출 삭감을 통한 재정적자 해소를 추구하면서 공공 부문이 전담하던 주거복지 역할을 가족, 시장, 비영리 민간기관에게 이양하여 공공과 민간 간의 역할 분담을 통한 정책 혼합(policy mixing)의 가능성을 열었다. 다만 이러한 과정에서 정부 개입을 지양했음에도 이 시기는 그 어느 때보다 가장 강력한 중앙집권기로 평가받고 있으며, 지자체의 급격한 역할 축소로 오히려 중앙의 통제권만 강화된 결과가 초래되었다.

두 단계를 거친 공공임대주택 민영화

1단계: 공공임대주택의 불하(Right to Buy)

공공임대주택 불하는 보수당 정부의 핵심 주택정책 아이콘이긴 하지만, 사실은 그 이전부터 공공임대주택 매각이 계속 이뤄져

왔기 때문에 새로운 것은 아니었다. 지자체가 건설하는 공공임대주택은 처음부터 영구 임대용으로 규정된 것은 아니어서 지자체는 자유 재량으로 일부 재고를 매각하기도 했다.

지자체 공공임대주택의 재고가 250만 호가량되던 1952년(보수당 집권기)에 지자체가 법적으로 공공임대주택을 매각할 수 있는 매각권(Right to Sell)이 제도화되었다. 그러나 공공임대주택의 매각은 큰 반향이 없었다. 임차인들은 지은 지 얼마 안 되는 양질의 공공임대주택에 거주하고 있었을 뿐 아니라 임대료도 매우 저렴했기 때문에 굳이 자가 마련을 위해 비싼 대출이자를 부담할 이유가 없었으며, 당시 제시된 매각 가격도 공공임대주택의 연간 임대료의 20년치 수준이었기 때문에 매각이 순탄할 리 없었다. 더구나 당시 주택부 장관인 해럴드 맥밀런이 자신의 재임기간 동안 연간 30만 호의 공공임대주택을 건설하겠다는 목표도 제시한 상황이었기 때문에 공공임대주택 매각 의지도 거의 없었다고 볼 수 있다.

공공임대주택의 불하가 큰 선풍을 끈 계기는 1967년의 버밍엄(Birmingham)시가 매각 가격을 시세보다 낮게 할인해준 데서 비롯되었다. 거주기간에 따라 10~15년 거주 시 시세 대비 2.5% 할인, 15~20년 거주 시 5% 할인, 20~25년 거주 시 7.5% 할인, 그리고 25년 이상 거주 시 10%를 할인해준 것이다. 이러한 할인은 오랫동안 공공임대주택에 거주하면서 임대료를 납부해온 임차인을 더 우대하는 관점이다. 또한 버밍엄시는 공공임대주택 대기자들에게 불리한 영향이 가지 않도록 선매 조항도 덧붙였다. 공공임대주택을 할인가로 구입한 임차인이 5년 내 해당 주택 매각 시 버밍엄시가 선매하는 조건이다.

이러한 지자체 차원의 공공임대주택 매각 추진에 대해 당시 노

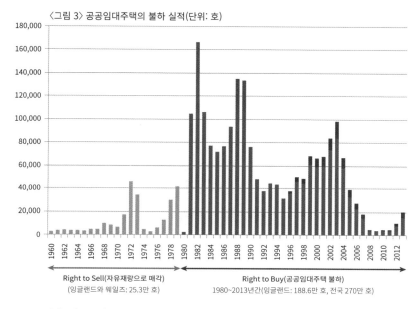

〈그림 3〉 공공임대주택의 불하 실적(단위: 호)

Right to Sell(자유재량으로 매각)
(잉글랜드와 웨일즈: 25.3만 호)

Right to Buy(공공임대주택 불하)
1980~2013년간(잉글랜드: 188.6만 호, 전국 270만 호)

출처: Wilcox and Perry, 2014, pp. 115~116.

동당은 지나친 매각으로 공공임대주택 재고가 줄어들 것을 우려해 해당 단지의 매각률이 10%에 이르면 재심의를 하도록 했다가, 1968년에는 아예 매각을 금지했다. 그러나 1970년 보수당 정부가 들어서면서 공공임대주택 매각은 재개되었고, 1979년에는 이전의 역사적 경험을 극대화하여 공공임대주택 불하를 법적 권리로 규정하고 높은 할인가로 공공임대주택 민영화를 대대적으로 추진하게 되었다.

공공임대주택 구입권(Right to Buy, 이하 RTB)과 이전 시기에 시행했던 매각권(Right to Sell)은 관점이 다르다. 매각권은 지자체 입장에서 공공임대주택을 여건에 따라 재량으로 팔 수 있는 권리이나 구입권은 임차인의 입장에서 법적으로 구입할 수 있는 권리이다. 구입권은 지자체가 이를 수용하지 않을 경우 정부가 개입하여 임차인에게 매각토록 하는 강행 규정이다. 이런 관점에서 민영화 주체는 지자체가 아닌 임차인이라 볼 수 있다. 1980년 이후 2013년까지 RTB로 팔린 공공임대주택 재고는 약 270만 호(잉글랜드 지역은 189만 호)이다. 같은 기간 자가 가구가 563만 가구 늘어난 점을 고려한다면 RTB가 자가 점유 성장에 48% 기여한 셈이다.

RTB의 큰 성공은 시세보다 매우 낮게 주택을 구입할 수 있게 한 할인가 덕분이었다. 1980년 도입 당시 할인가는 3년 거주 시 시세의 33%이며, 거주기간이 1년씩 늘어남에 따라 추가로 1%씩 더 할인되어 최대 50%까지 할인되었다. 그 이듬해에는 불하 자격을 3년 거주에서 2년 거주로 완화하고 할인율도 60%로 높였고, 1986년에는 다시 70%까지 허용했다. 시세 대비 할인금액을 보면, 1980년 최대 할인금액은 2만 5,000파운드, 1989년에는 5만 파운드로 늘었다.

그렇다면 어떻게 이렇게 높은 할인율 적용으로 RTB가 성공할 수 있었던 것일까? 이는 어떤 정교한 설계가 있었다기보다는 시대적 상황 때문에 가능한 것이었다. 지은 지 오래된 공공임대주택의 원가는 매우 낮은 반면 주변 집값이 크게 상승했으며, 1988년에서 1993년까지의 경기침체기에는 오히려 집값이 폭락했기 때문에 할인가를 적용하면 그만큼 낮은 가격으로 주택 구입이 가능하게 되었기 때문이다. 또한 인플레이션으로 상당량의 지자체 부채는 그만큼 절하되었다. 따라서 할인폭이 큼에도 원가 보전에는 아무런 영향을 미치지 않았고 1970년대 말 부채 상환 불능 상태에 처해 있던 많은 지방정부(당시 지방정부의 18%)는 공공임대주택 매각으로 부채를 크게 줄일 수 있었다. 중앙정부 역시 이러한 매각으로 1981~1997년간 50억 파운드 이상의 자본수입을 얻게 되었으므로, 정부재정의 추가 지원 없이도 무난히 자가 소유로의 활로가 펼쳐질 수 있었던 것이다. 한편 주택조합의 공공임대주택 재고도 1997년 4월 이후부터 획득권(Right to Acquire)을 통해 기존 임차인(2년 거주 요건)에게 불하하기 시작했다.

그러나 1980년 이후 2005년까지 잉글랜드 지역에서만 연간 7~8만 호가 매각되던 공공임대주택은 2005년 이후 그 실적이 크게 감소했다. RTB 자격 요건을 2년 거주에서 5년 거주로 강화하고, 할인율도 크게 줄였기 때문이다. 또한 불하받은 주택 매각 시 할인받은 금액을 2~5년간 분할 변제토록 했고, 10년 내 되팔 경우 지자체가 환매했다. 이렇듯 규정이 엄격해진 것은 2005년 이후 부담능력 문제가 악화되면서 공공임대주택 재고 확보가 더 중요해졌기 때문이라고 볼 수 있다. 스코틀랜드의 경우에는 임대시장 여건이 좋지 않은 지역에서 RTB를 일시 중지시키기도 했다. 할인율은 전국 평균적으로 2005년 40%로 감소했고 2007~2008년에는 24% 수준으로 떨어졌다. 따라서 예전과는 달리 집값이 너무 올랐고 할인율이 떨어진 만큼 임차인들은 더 많은 돈을 빌려와야 하기 때문에 공공임대주택 매각은 2008년 1만 2,043호, 2009년 2,869호, 2010년~2012년 사이에는 2,500호 수준으로 급감했다.

2013년 이후 RTB는 다시 1만 호 이상으로 증가하고 있는데, 이는 보수당 연립정부(2010~2015)의 파격적인 할인가 때문이다. 연립정부는 2008년 이후 자가 점유율이 크게 하락하면서 주택거래 활성화와 자가 소유 촉진을 위해 RTB라는 카드를 다시 꺼내어 2012월 4월부터 전국 평균 할인가를 최대 7만 파운드로 제시하고, 2013년 4월부터는 런던 지역 RTB에 대해 최대 10만 파운드를 할인해주고 있다.

2단계: 공공임대주택의 재고 이양(Stock Transfer)

보수당 정부의 두 번째 민영화 조치는 공공임대주택의 재고 이양이다. 이는 지자체가 보유한 공공임대주택 재고를 민간 부문에 이양함으로써 지자체 부채 감축과 민간자본 활용을 동시에 달성하려는 것이었다. 1985년 주택법에 근거해 1988년부터 추진한 공공임대주택 재고 이양 프로그램의 정식 명칭은 '대규모의 자발적 재고 이양'(LSVT: Large Scale Voluntary Stock Transfer)이다.

공공임대주택의 재고 이양은 중앙이 주도했지만 지자체가 자발적으로 선택한 구조조정 옵션이었으며, 재고 이양을 받는 주체는 비영리 민간기관인 주택조합이었다. 따라서 공공임대주택에 민간자본을 활용한다는 의미는 이양되는 공공임대주택이 다른 목적으로 되팔리는 것이 아니라 계속하여 공공임대주택으로 활용하되 그 운영주체만 바뀐다는 의미이다. 이러한 탈지자체(de-municipality)로의 운영주체 변화는 재정적인 문제와 더불어 공공임대주택의 관료주의적 운영 모델을 소비자 참여 모델로 전환하고자 하는 목적에서였다.

시행 초기의 추진 상황은 그리 좋지 않았다. 1990년대 초 보수당은 연간 3만 호의 지자체 공공임대주택을 주택조합으로 이양할 목표를 세웠으나, 지자체의 부실한 공공임대주택 재고를 이양하는 것은 결국 주택조합에 재정적 리스크를 떠넘기는 것이나 마찬가지였기 때문에 원활할 리 없었다. 무엇보다 재고 이양 가격이 해당 주택의 부채도 갚지 못하는 수준일 경우 추가적인 정부재정 지원 없이는 추진이 어려운 상황이었다. 이에 정부는 1996년 단지 재생 지원 펀드(Estate Renewal Challenge Fund)를 설립해 재고 이양에 따른 손실을 보전해주고, 필요한 개보수, 유지관리 그리고 지자체 재고를 이양받기 위해 주택조합이 새로 설립될 경우에는 이들을 위한 준비금 및 정착 비용도 지원하게 되었다.

재고 이양 실적은 1989년부터 1996년까지 잉글랜드에서 총 22만 3,000호(연간 2만 8,000호)가 이루어졌으며, 재고 이양으로 1986년 550개였던 주택조합의 수는 10년 후인 1996년 1,078개로 2배가 늘어나게 되었다(Pawson and Smith, 2009). 1980년대만 하더라도 공공임대주택 재고의 단 2%를 보유했던 주택조합은 저소득층에게 주택을 공급하는 제3의 부문 정도로 인식되었으나, 재고 이양으로 전체 공공임대주택에서 차지하는 비중이 1980년 6%에서 2000년 27%로 늘어났다. 또한 1996년부터 주택조합의 정식 명칭이 '공공임대주택 등록업체'(Registered Social Landlord)로 명명되면서 이후 주택정책의 주된 전달주체로서의 위상을 키워가게 되었다. 반면 공공임대주택 부문에서 지자체가 차지하는 비중은 1980년 94%에서 2000년 73%로 감소했고, 재고 이양으로 더 이상의 운영관리를 포기한 지자체들은 과거의 직접 건설과 관리의 일선에서 후퇴하고 이제 정책의 조력자(enabler)로 그 역할이 크게 위축되었다.

공공임대주택 재고 이양은 이렇게 민영화 기법으로 추진되었으나 1997년 이후 노동당 정부의 새로운 브랜드로 더욱 각광을 받으면서 신공공관리정책의 대표주자로 거듭나게 된다. 1989년 이후부터 2013년까지 공공임대주택 재고 이양은 영국 전체에서는 약 150만 호, 잉글랜드 지역에서는 129만 호가 이루어졌다. 2010년 기준으로 179개의 지자체(전체 388개 지자체의 46%)가 통이양 방법으로 주택조합에 재고를 이양했으며, 이 과정에서 새로 신설된 주택조합의 수는 250개가 넘었다(Pawson and Sosenko, 2012). 이러한 운영주체 변

화는 노동당 정부가 2002년 공공임대주택의 새로운 관리주체인 알
모(ALMOs: Arm's Length Management Organisation)를 설립하게 되면서
과거와는 상당히 다른 운영 모델을 구사하게 되며, 더 나아가 새로
운 주거복지 거버넌스 지형을 창조하는 데 기여하게 되었다.

노동당 정부(1997~2010년)의 주택정책

적정한 주거(Decent Home)와 자가 소유(Homeownership) 촉진

18년간의 보수당 정권이 1997년 5월 막을 내리고 신노동당 정
부가 들어섰다. 신노동당 당수인 토니 블레어(Tony Blair, 재임기간
1997~2007년)는 3선에 성공한 대처(재임기간 1979~1990년)에 이어 연
속 3선에 성공한 두 번째 총리이다. 그는 당내 보수파들로부터 '토
리 블레어'[6]라는 비난을 받을 정도로 보수 개혁 성향이 강했으며,
실제 대처의 많은 정책들을 계승하면서 좌파의 수장임에도 보수의
상징인 대처의 아들로 불리기도 했다. 정권 교체 초기, 이전 정부
와는 다른 급진적 변화를 기대하기도 했지만 노동당의 주택정책은
이전 보수당이 추진해왔던 정책의 연장선상에서 민영화, 시장화, 규
제 완화, 그리고 자가 소유 확대를 계속 추진했다. 토니 블레어 총
리는 보수당의 시장주의 기조하에 이른바 '제3의 길'(a third way)을
채택했다.

---

6. 노동당 내 개혁 반대 세력들이 보수당의 옛 이름인 토리당을 빗대어 토니 블레어를 토리 블레어로
    비난한 데서 비롯된 명칭이다.

그는 신자유주의와 복지국가를 지향하는 사회민주주의를 조화시켜 시장과 사회의 균형을 강조하고, 경제의 효율을 극대화하면서도 사회통합과 연대를 중시하는 중도적 노선을 선택했다. 또한 그는 신공공관리주의[7]를 채택하면서 작은 정부 구현, 관료주의 타파, 시장 경쟁주의를 국정 관리의 기본 원칙으로 삼았다. 공공서비스의 조달 원칙은 최고 가치(Best Value)로, 최고의 성능 발휘는 경쟁을 통한 경제적 효율성으로 달성된다는 것이다. 주택정책에서도 이러한 가치는 지자체의 성능 개선, 경쟁 입찰을 통한 민간자본 투자(PFI: Private Finance Initiative), 민간임대주택 육성 방안에 잘 스며들었다. 또한 공공임대주택 불하로 그동안의 임차인 사회가 점차 자가 소유 사회로 재구성되면서 자가 소유를 지원하고 권하는 것은 선망의 정치(politics of envy)를 넘어 주택 소유 민주주의(property-owning democracy)의 구현과 주택자산 기반 복지(housing asset-based welfare)로 이어졌다. 자가 소유 촉진에 대한 토니 블레어의 정치 철학은 그의 회고록에서도 엿볼 수 있다.

과거 당 지도자들은 노동자 계급을 기념하려 했을 뿐, 그들을 중산층으로 만들고자 하지 않았다. 하지만 노동자들이 원했던 건 바로 중산층이 되는 것이었다. 그들은 국가의 도움을 받아 기회의 사다리로 가고자 했을 뿐 사다리를 올라가는 것은 국가가 아니라 자신들의 몫이라고 생각했다. 그들은 더 많은 돈을 벌고 소비할 자유를 원했다. …… 마거릿 대처가 절대적으로

---

7. 신공공관리론은 전통적인 관료제 패러다임의 한계를 극복하고 작은 정부를 구현하기 위한 정부의 운영 방식과 개혁에 관한 이론이다. 즉 정부관료제의 운영 체제에 경쟁 원리를 도입해 효율적인 정부를 구현하자는 이론이다.

옳았던 점은 사회가 번창함에 따라 사람들이 자신의 의지대로
자유롭게 돈을 쓰고 싶어하며 그런 자유를 방해하는 큰 국가
를 원하지 않는다고 인정한 것이다.

– 《토니 블레어의 여정》(Tony Blair: A Journey) 중에서

공공임대주택 재고 이양 확대 추진

노동당 정부는 2000년 〈양질의 주택과 선택: 모두를 위한 적정
한 주거〉(Quality and Choice: A Decent Home for All)를 발간하고, '적정
주거 달성 프로그램'(Decent Home Programme)을 2000~2010년까지
주력 정책(flagship policy)으로 추진했다.

우선 지자체가 보유하는 공공임대주택의 질적 수준을 높이는
방법은 이전에 보수당이 해왔던 공공임대주택 재고 이양을 확대
하는 것이었다. 노동당 정부는 2000~2002년간 연간 10만 호 재고
이양 목표를 설정하고 '지역사회 오너십'(community ownership)이란
브랜드로 재고 이양 정책을 새로 단장했다. 새 브랜드에는 재고 이
양이 물리적 관점에서 이루어지나 그를 통해 사람들의 행동이 변
화하도록 해야 한다는 의미가 담겨 있다. 이는 공공임대주택의 운
영관리에서 주거 서비스 강화와 임차인의 참여가 필요하다는 관점
이다. '공공임대주택의 재고 이양은 지자체의 대규모 독점 공급을
지역단위(커뮤니티)의 소규모 다수 업체에게 옮겨주는 기회다'라는
공식 선언이 있은 후, 규모가 크고 재고가 많은 지자체(1만 2,000호 이
상의 공공임대주택 재고를 보유하고 있는 지자체)는 단지 전체를 주택조합에
일괄 이양토록 했고, 이는 지역사회 각 참여주체의 권한이 확대될
수 있는 기반이 되었다.

공공임대주택 재고 이양의 이러한 양적·질적 변화로 제2기로

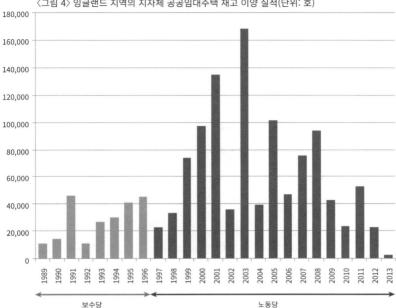

〈그림 4〉잉글랜드 지역의 지자체 공공임대주택 재고 이양 실적(단위: 호)

보수당　　　　노동당

출처: Wilcox and Perry, 2014, p. 179.

접어들면서 또 하나의 추가 옵션이 등장했다. 그것은 지자체가 공공임대주택의 소유권은 그대로 가지고 있으면서 운영관리권만 이양하는 옵션이다. 공공임대주택의 소유권과 운영관리권을 분리하는 이러한 전략은 두 가지 목적에서 추진되었다. 우선 재고 이양 이후 주택으로부터 점차 멀어지는 지자체에 새로운 전략적 역할 모델이 필요했다. 즉 이는 지자체가 주택을 계속 소유하면서 책임을 지되 전문 관리를 통해 주택 성능을 높이고 양질의 좋은 단지 이미지를 만들도록 하는 것이며, 이렇게 관리 부담이 줄게 된 지자체가 신규주택의 공급과 지역 주택계획에 자신들의 역량을 집중할 수 있게 하자는 의도였다. 또 하나는 뉴 거버넌스의 구축이다. 지자체의 직접 통제로부터 벗어난 자율관리경영 기법이 도입되면, 관리 효율화와 임차인 참여가 확대될 것이며, 지역사회 내 다양한 자원들과의 상호작용도 많아지면서 공공임대주택 단지를 소외와 배제로부터 보호할 수 있다는 것이다.

제3의 관리 전담기관인 알모 설립

이러한 목적으로 설립된 주택관리 전담조직이 알모(ALMOs: Arms Length Management Organisations)이다.[8] 알모는 지자체가 설립한 지방공기업으로, 주요 업무는 공공임대주택의 임대료 부과와 징수, 임대료 연체 관리, 긴급 보수와 상시 운영관리이며, 이러한 업무에 대해 매년 지자체의 정기 감사와 성과 평가, 그리고 예산을 지원받고 있다. 알모 중 일부는 지자체로부터 공공임대주택 재고를 이양받아 소유권과 운영관리권을 동시에 가진 조직도 있다. 알모는 2002년 최초 설립 이후 2008년까지 잉글랜드에 70개가 설립되어 지자체 공공임대주택 재고의 절반가량에 해당하는 100만 6,000호를 운영관리하게 되었다. 잉글랜드 전체 지자체(388개) 중 75개 지자체(19%)가 알모를 설립했으며, 한 지자체가 두 개의 알모를 설립한 곳도 있었다.

알모 설립에 대한 비판도 있었다. 신규 공공임대주택 건설에 투자할 재원을 유지관리에 쏟아부었다는 비판이었다. 실제 알모 설립 비용 지원을 위해 투입한 중앙정부 재원은 2002~2010년간 57억 파운드에 달했으며 운영관리 보조를 위해 정부는 매년 지자체

---

8.   알모는 잉글랜드 지역에 있는 지자체만 선택할 수 있으며, 스코틀랜드와 웨일즈 지역에 있는 지자체는 이를 설립할 수 없다.

의 주택수익계정(HRA: Housing Revenue Account)에 비용을 지원하고 있다. 그러나 설립 10주년이 넘어서면서 현재 알모는 주택관리 비즈니스의 성공 모델이라는 인식이 확산되고 있으며, 지역사회와 폭넓은 네트워크를 구축해가며 주거 상담, 일자리, 교육, 다양한 케어 서비스 제공 등 주거 서비스 선진화의 활로를 개척했다는 평가를 받고 있다.

한편 제2기 공공임대주택 재고 이양은 2009년 이후 감소세로 돌아섰다. 이는 공공임대주택의 재고 관리가 2000년부터 시작된 새로운 '적정 주거 달성 프로그램'(Decent Home Programme)에 따라 크게 개선된 데다가 일부는 알모가 전문 관리하게 된 탓에 대상 물량이 크게 줄었기 때문이다. 또한 지자체 입장에서 재고 이양으로 수지 개선이 될 만한 물량이 크게 줄어, 재고 이양의 실익은 이전 시기보다 크게 낮아졌다.

최고 가치와는 거리가 멀었던 공공임대주택 민간 투자 사업

1998년부터 시작된 공공임대주택의 민간 투자 사업인 PFI(Private Finance Initiative)는 적정 주거 달성 프로그램의 일환으로 추진되었다. 1992년 메이저 보수당 정부 때 도입된 PFI는 전 세계적으로 영국이 처음 도입한 것으로 사회간접자본시설 및 도시기반시설의 장기 저투자 해소를 위해 도입되었다. 민간의 자본과 기술을 활용하는 PFI의 도입은 그동안의 공공조달 모델(Public Procurement model)을 민관 파트너십 모델(PPP: Private-Public Partnership model)로 전환하는 일대 변혁이었다.

공공임대주택의 PFI는 지자체가 소유권을 보유하고 운영관리를 민간 부문에 30년간 위탁 계약하는 방식이다. 민간 위탁 방식이

갖는 장점은 지자체가 운영관리상 통제권을 계속 가질 수 있으며 재고 이양 과정에서의 임차인 동의가 필요 없으며 임차인의 주거안정도 보호된다는 것이다. 또한 실제 공공지출은 시간이 지남에 따라 늘어나지만 지자체에는 PFI 계약에 따라 매년 운영관리 서비스 제공에 대한 비용만 회계상 표기되므로 임대운영관리상의 현금 흐름을 크게 개선시키는 장점이 있었다. 즉 이는 운영관리비 마련을 위해 부채에 의존하지 않아도 되는 기법이었다. 공공임대주택의 불하, 재고 이양, 알모, PFI 같은 이러한 기법은 부채 증가 없이 지자체의 자금 부담을 덜면서 재무제표에는 표기되지 않는 부외 거래(balance-off)라는 점이 가장 큰 특징이라고 할 수 있다.

당초 공공임대주택 PFI는 공공임대주택의 재생 목적으로 질적 수준이 낮은 공공임대주택이 대상이었으나, 2003년부터 신규 건설도 대상에 포함되었다. 공공임대주택 PFI는 2010년까지 50개(35개 지자체가 참여, 총 2만 8,000호 대상)가 승인되어 운영 중이다. 그러나 PFI 방식은 그리 오래가지 않았다. 2010년 감사원(National Audit Office)의 평가 결과를 보면 고비용 구조, 복잡한 계약 실무, 제대로 지켜지지 못한 일정들도 문제였지만, PFI가 당초 취지대로 '최고 가치'(Best Value)라는 기치하에 효율성(value for money)을 달성했는지가 가장 중요한 지적이었다. 지자체는 PFI를 통하지 않고서는 직접 신규 주택을 건설할 수 없었기 때문에 신규주택 건설을 위해 궁여지책으로 PFI를 선택할 수밖에 없었고, 중앙정부도 PFI를 평가할 만한 체계적인 데이터를 제시하지 못했다. 게다가 긴 운영관리 기간이라는 특징으로 야기된 사후 모니터링의 사각지대가 드러나면서 PFI는 22년 만에 종지부를 찍게 되었다.

금융위기로 주택시장은 침체, 부담능력은 악화

세계 금융위기의 여파로 노동당 정부 말기의 주택시장은 15년 (1993~2007년)간의 장기 호황을 깨고 집값 하락, 거래 위축, 신규주택 공급 급감, 자가 점유율 감소라는 주택위기에 봉착하게 되었다. 15년간 230%(연평균 15.3%)에 이른 주택가격 상승률은 2007년 3분기에서 2009년 1분기까지 19% 하락했고, 경기침체로 소득 증가율도 크게 둔화되었다. 연소득 대비 주택 구입가격(PIR: Price to Income Ratio)은 2000년대 초반까지 전국적으로 5배 수준이던 것이 2007년 주택가격 최고 시점에는 7배까지 상승했다(〈그림 5〉 참조). 금융위기로 주택담보대출 심사도 엄격해져 이전에는 집값의 95%까지 자금 조달이 가능했던 것이 2008년 이후에는 75%로 떨어졌다(〈그림 6〉 참조). 임대료 수준도 1988년 이후 임대료 규제 폐지에 따라 크게 올랐다(〈그림 7〉 참조). 금융위기로 2005년 이후부터 문제시되던 부담능력(affordability) 문제가 더욱 심화된 것이다.

공공임대주택은 20년간의 민영화와 신규 공급 급감으로 전체 재고에서 차지하는 비중이 32%에서 17%대로 감소했다. 임대료 부담률은 10~15% 수준대를 유지하고 있으나[9](〈그림 8〉 참조), 공공임대주택의 신규 입주 물량 감소로 대기자 수는 1997년 100만 가구를 넘어 2009년에는 176만 가구로 늘어났다. 자가 소유로 가지 못하고, 그렇다고 공공임대주택에도 들어갈 수 없는 계층은 이제 소득의 25% 이상을 부담해야 하는 민간임대주택에 거주할 수밖에

9.　2014년 기준으로 지자체 공공임대주택의 월임대료는 평균적으로 295파운드, 주택조합은 335파운드, 민간임대주택은 668파운드이다. 지자체 공공임대주택의 임대료는 민간임대주택 임대료의 44%이며, 주택조합 공공임대주택은 민간임대주택의 50% 수준이다. 지자체 공공임대주택의 임대료는 주택조합 공공임대주택 임대료의 88% 수준이다.

〈그림 5〉연소득 대비 주택가격 배수(PIR: Price to Income Ratio, 단위: 배)

〈그림 6〉주택 구입가격 대비 모기지 대출 비중 추이(단위: %)

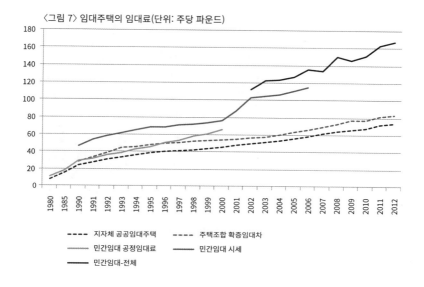

〈그림 7〉임대주택의 임대료(단위: 주당 파운드)

- - - - 지자체 공공임대주택   - - - - 주택조합 확증임대차
──── 민간임대 공정임대료   ──── 민간임대 시세
──── 민간임대-전체

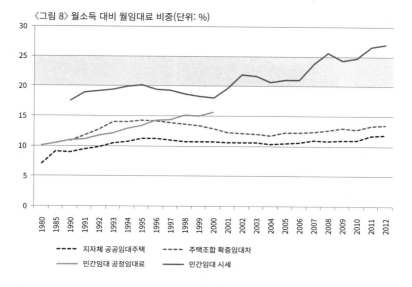

〈그림 8〉월소득 대비 월임대료 비중(단위: %)

- - - - 지자체 공공임대주택   - - - - 주택조합 확증임대차
──── 민간임대 공정임대료   ──── 민간임대 시세

출처: Wilcox and Perry, 2014; UK Housing Review, 2014, p. 185.
주: 민간임대 시세(Market Rent)는 임대료 사정관(Rent Officer)이 주거급여 수급자의 임대료를 정할 때
   적용하는 임대료를 말함

1 런던 동부에 위치한 크랜브룩 단지(Cranbrook Estate)-런던 지하철 중앙선 베스널 그린(Bethnal Green) 역에서 10분 거리에 위치-1955~66년 지자체가 건설한 단지로, 현재는 타워 햄리츠(Tower Hamlets Homes) 주택조합이 운영관리하고 있음.
2 런던 동부에 위치한 킬링 하우스(Keeling House) 공공임대주택 전경.
3 크랜브룩 단지는 2015년 2월 현재 리모델링이 한창 진행 중임.
4 공공임대주택의 전형적 모습으로 1980년대 이후 불하(Right to Buy)로 자가 소유자가 된 거주자와 기존 임차인이 한 동에 함께 거주함으로써 자연스레 소셜 믹스 단지를 형성하고 있음.

5 영국 BBC의 최대 인기 연속극 〈이스트엔더스〉(East Enders) 촬영지. 런던 동부에 자리 잡은 이 단지를 배경으로 30년 이상 드라마가 계속 이어지고 있어 공공임대주택이 보편화된 영국의 사회상을 잘 반영하고 있음.
6 런던 외곽 그리니치(Greenwich)의 키드부룩(Kidbrook Village): 과거 페리어 공공임대주택 단지(Ferrier Estate: 1968~1972년 건설, 2010~2012년 철거)는 민간개발업자인 버컬리(Berkeley Homes)와 주택조합인 Southern Housing이 민관 공동개발을 추진, 지금 한창 재생 중임.
7 **8** 재생단지에 들어선 공공임대주택 단지 전경(2015년 2월).

없는 상황이 되었다. 이에 노동당 정부는 2008년 공공분양주택과 공공임대주택의 신규 공급을 촉진하는 '부담가능한 주택 프로그램'(Affordable Housing Programme)에 착수하게 되며, 이는 보수당 연립 정부에까지 이어지는 핵심 정책이 되었다.

한편 공공임대주택의 이미지는 점차 잔여화, 빈곤화되었다. 공공임대주택 불하로 능력 있는 임차인들은 자가 소유자가 되었지만, 이러한 사다리를 올라타지 못한 임차인들은 공공임대주택에 계속 거주할 수밖에 없었다. 자가 소유 중심의 주택정책에서 배제된 채 공공임대주택은 빈곤 집중과 사회적 배제라는 새로운 숙제를 떠안게 되었다. 그러나 현재에도 5가구 중 1가구는 여전히 시세의 40~50%로 낮은 공공임대주택에 거주하고 있으며, 이제 다음 세대를 맞이하기 위해 리모델링과 재생으로 거듭나고 있다. 1946년생 중 37%, 1958년생 중 39%, 1970년생 중 32%, 그리고 2000년생 중 21%는 유년시절을 공공임대주택에 거주했다(Lupton, 2009). 출생연도에 따라 유년시절을 공공임대주택에 거주한 경험은 점차 감소하고 있지만 공공임대주택은 민영화와 잔여화에도 불구하고 영국 사회의 중요한 사회상이자 역사의 유산으로 계속 이어지고 있다.

홈오너십의 천국, 집값의 5%로 자가 소유자가 되다.

공공임대주택의 불하(Right to Buy)가 영국을 홈오너십의 대국으로 이끌었지만 1969년부터 1999년까지의 모기지 이자에 대한 소득공제(2000년 폐지), 양도소득세 비과세, 획기적인 주택 구입 자금 지원은 다른 자산보다 주택을 유리한 투자재로 만들었다. 특히 1980년대부터의 '저렴 자가 마련'(LCHO: Low-Cost Home Ownership, 이하 LCHO) 프로그램에 이어 2000년대 지분공유형 홈바이(HomeBuy)와 지분공유 융자는 생애 최초 주택 구입자들의 자가 소유 문턱을 크게 낮추었다.

지분공유형 홈바이 시리즈로 초기 집값 부담을 완화

자가 소유 촉진 정책의 핵심은 주택 구입 시 초기 부담금을 낮추고 자금조달을 용이하게 하는 것이다. 1980년대부터 본격화된 LCHO는 지분공유형 자가 소유(shared homeownership) 모델로 반소유-반임대(part buy, part rent)로 불린다. 이는 전통적인 주택담보대출(mortgage)의 파생상품이라고 할 수 있는데 집값의 25%만 최초 부담하고 나머지 75%는 매달 임대료로 내는 방식이다. 주택 구입자는 나머지 집값을 할부로 구입(지분 추가 매입)해나가면서 온전한 자가 소유자가 된다. 지분 추가 매입은 잔여 집값의 10% 단위로 할 수 있으며, 지불하지 못한 잔여 집값은 3%(통상 2.75%로 책정) 이자에 해당하는 임대료로 낸다. 이러한 단계별 자가 구입 프로그램은 2001년 집값이 비싼 대도시 지역에서 밀려나는 핵심 근로계층(key workers)을 돕는 'Starter Home Initiative'(2004년 Key Worker Living Scheme으로 통합[10])를 필두로 주로 교사, 경찰, 간호사, 소방관 등 핵심 근로계층의 주택 구입을 지원했다.

2000년대 중반 주택 구입 부담 문제가 크게 부각되자 이 프로그램은 2006년 '신규주택 홈바이'(New Build HomeBuy)로 확대 개편되었다. 지원 대상자는 신규주택을 구입하고자 하는 연소득 6만 파운드 이하인 핵심 근로계층, 생애 최초 주택 구입자, 기존 공공임대주택의 임차인이다. 특히 공공임대주택 임차인을 위한 '소셜 홈바이'(Social HomeBuy)는 공공임대주택 불하 시의 집값 할인과 더불어 지분공유형 자가 소유 모델을 통해 자가 소유로의 촉진을 권장하는 역할을 했다. 2008년에는 여기에 두 가지 프로그램이 더 추가되었다. 하나는 55세 이상 고령층이 집값의 75%까지 낼 경우 나머지 25%에 대해서는 임대료를 내지 않아도 되는 프로그램이고, 또 하나는 임대를 놓기 위해 주택을 구입하는 임대사업자도 렌트 투 홈바이(Rent to HomeBuy) 프로그램을 통해 최소 3년에서 5년간(대부분 5년) 의무 임대할 경우 지분공유형 자가 소유 프로그램을 이용할 수 있게 한 프로그램이다.

---

10. 2004년 핵심 근로계층을 위한 자가 소유 지원 프로그램인 Key Worker Living Scheme은 정부가 3억 파운드를 지원하여 8,000호의 신규주택을 건설 지원했다. 당초 목표는 1만 1,000명의 핵심 근로계층을 지원하려 했으나, 실제 지원금은 1억 파운드에 그쳤으며 3,300명만 지원받았을 뿐이다. 결국 보조금을 구입자당 1만 파운드에서 2만 파운드 수준으로 증가시켰고 목표 대상가구도 1만 1,000명에서 절반 수준으로 낮췄다(Doling 외, 2010).

지분공유 융자로 추가 대출을 확대 지원

전통적인 주택담보대출 외에 정부, 주택조합, 금융기관이 주택 구입자금을 추가로 더 대출해주는 지분공유 융자(equity loan) 방식도 도입되었다. 이것은 초기 부담뿐 아니라 주택자금 조달의 편리를 도모하기 위한 방법이다. 2006년 홈바이(Open Market HomeBuy: 2006. 10.~2009. 6. 시행)[11]로 출시된 지분공유 융자는 집값의 75%는 전통적인 주택담보대출로 조달하고 나머지 25%에 대해 정부, 주택조합, 금융기관이 그 일부를 추가 대출(equity loan)해주는 것이다.

이어 2007년 말 금융위기로 내 집 마련에 곤란을 겪는 생애 최초 주택 구입자들을 위해 '홈바이 바로 대출'(HomeBuy Direct)이 2008년 9월부터 2년간의 한시 조치로 주택 구입 촉진과 주택 건설 경기부양을 위해 도입되었다. 정부가 3억 파운드를 투자해 신규주택을 구입하는 1만 가구의 생애 최초 주택 구입자를 지원키로 한 것이다. 지분공유 융자는 주택담보대출과 별도로 집값의 30%까지 지원했으며, 생애 최초 주택 구입자는 주택 구입 첫 5년간은 무이자로 거주하게 된다. 정부는 2009년 추가로 8000만 파운드를 지원했고 2012년까지 연장 운영하기로 했다.

퍼스트바이(FirstBuy: 2011. 6.~2013. 3.)는 신규 건설 촉진, 자가 수요 촉진, 주택시장 회복을 목적으로 도입한 자가 소유 촉진책이다. 주택 구입자는 최초 집값의 5%만 지불하고, 지분공유 융자(equity loan)는 집값의 20%, 그 외는 주택담보대출로 조달하는 방식으로, 지분공유 융자에 대한 이자는 첫 5년은 무이자로 제공되었다. 정부는 2억 5,000만 파운드를 지원해 생애 최초 주택 구입자 1만

---

11. 당초 홈바이(HomeBuy) 프로그램은 1990년 웨일즈에서, 1999년 잉글랜드에서 도입되었다.

6,500명을 지원했다.

2013년 4월 1일부터는 '헬프 투 바이'(Help to Buy) 프로그램을 출시하면서 이전의 퍼스트바이의 인기를 계속 이어가고 있다. 이역시 신규주택 건설 촉진과 자가 수요 촉진이 목적이다. 다만 지원대상에서 신규주택(60만 파운드 이하) 요건은 계속 이어가되, 기존의소득 상한이었던 연 6만 파운드 이하 규정은 없어졌고, 대상도 생애 최초 주택 구입자뿐 아니라 모든 주택 구입자로 확대되었다. 이자 부담은 첫 5년은 없으며, 구입 후 6년째부터 1.75% 이자 부과를시작하여 이후 매년 이자 증가율은 소비자물가지수 상승률 +1%p이다. 7년째부터 매년 물가지수 상승률이 3%씩 증가한다고 가정하면 15년째 이자는 2.5%이다. 이러한 낮은 이자 부담 구조로 설계된 헬프 투 바이는 차입자가 충분히 긴 시간 동안 융자금을 충분히 상환할 수 있도록 만들어졌으며, 25년째 완전 상환 조건이다. 당초 3년간만 운영될 예정이었던 이 제도는 2014년 말 잉글랜드에만35억 파운드가 투입되어 7만 4,000가구 이상의 주택 구입자를 지원했으며, 정부는 이 지원책을 2020년까지 연장해 추가로 12만 가구의 주택 구입자를 지원키로 발표했다. 또한 정부는 2013년 10월지분공유 융자의 원활한 지원을 위한 보증제도를 도입하여 대출자에게 120억 파운드를 지급보증했다.

집값이 계속 오르는 한 참여자 모두 윈윈하는 구조

지분공유형 자가 소유 모델(shared ownership)과 지분공유 융자방식은 모두 주택 매각 시점의 주택가격 상승분을 구입자와 사업주체 간 지분 비율대로 나누게 되므로 집값이 계속 상승하는 한누구도 손해 보지 않는 방식이다. 사업주체인 주택조합은 1993년부터 2007년까지의 장기 주택시장 호황 속에서 이러한 프로그램의 주된 수혜자였다. 주택 구입자는 초기 자금 부담을 완화하면서도 시장 이자보다 낮은 이자 부담으로 좋은 입지의 주택을 소유할 수 있는 장점과 더불어, 추가 지분 매입으로 자가 소유자가 될 수 있었으며, 주택 지분을 마이너스 통장처럼 언제든 꺼내 쓸 수 있는 장점도 누렸다. 정부는 자가 소유의 주된 장애요인이었던 부담능력의 갭(gap)을 민간 재원과 매칭 펀드로 지원함으로써 자가 소유 촉진이라는 정책에 매진할 수 있었다.

또한 이 방식은 수요뿐 아니라 신규 공급을 유도하는 방법이기도 했다. 지분공유형 자가 소유 주택의 공급 촉진책은 1990년부터 도시계획 체계(근거: 1990년 Town and Country Planning Act, Section 106)를 통해 지자체가 신규주택 건설 승인 시 사업주체(민간 건설업체, 주택조합)에 부담가능한 주택(affordable housing)을 일정 비율 확보하도록 하는 방법이다. 이는 주택 건설에 따른 개발이익 재투자 명분으로 지자체가 사업주체와 협상하여 지역 주택 수요에 대응하면서도 단일 점유형태(mono-tenure)를 지양하고 소셜 믹스를 유도하는 것이다. 일정 비율에 대한 획일적 기준은 없으나 20% 정도(런던은 30~40%)를 확보하도록 권장하고 있다.

그러나 자가 점유율은 2003년 71% 정점에서 2014년 63% 수준으로 떨어졌고, 런던의 경우 2004년 61%에서 2014년 48%로 급감했다. 가구주 연령대가 25~35세인 가구의 자가 점유율은 2000년대 중반 55%를 넘던 수준에서 2014년 36%로 감소했다(〈그림 9〉 참조). 교체 구입자 및 생애 최초 주택 구입자들의 초기 자기자금 부담은 2009년 이후 각각 35%와 20%를 상회하고 있다(〈그림 10〉 참조). 집값은 상승했는데 빌리기는 더 어려워진 상황에서 모기지로 주택

〈그림 9〉 가구주 연령 25~34세 가구의 주택점유형태 변화 추이(단위: %)

출처: DCLG, 각 연도.

을 구입한 자가 가구수는 줄어들고 있다(〈그림 11〉 참조). Help to Buy
가 과연 이러한 추세를 반전시킬 수 있을 것인가?

지분공유 융자는 2005년 노동당이 2010년까지 자가 점유율을
75%까지 늘리려고 하는 정책 목표에서 비롯되었으며, 2008년 경
기침체기 이후로는 주택 구입자금을 덜어줌으로써 내수 소비를 활
성화시키는 경기부양적 측면이 강하다. 이것은 뒤의 연립정부의 주
택정책에서 재론하겠지만, 헬프 투 바이가 거래 활성화와 주택가격
반등 등 주택시장 회복에는 청신호를 준 것은 분명하나, 신규주택
건설 부진 속에 오히려 집값 상승을 부추겨 생애 최초 주택 구입자
들의 부담능력을 더 악화시킬 우려는 없는 것인지, 실제 주택 구입
비 부담을 얼마나 더 낮출 수 있을 것이며 또한 이것이 자가 점유
율 성장에 어느 정도 기여할 수 있을지에 대해서는 좀 더 두고 보
아야 할 문제인 것 같다.

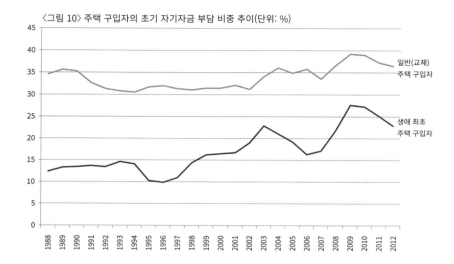

〈그림 10〉 주택 구입자의 초기 자기자금 부담 비중 추이(단위: %)

일반(교체)
주택 구입자

생애 최초
주택 구입자

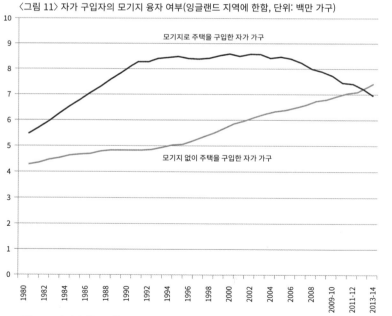

〈그림 11〉 자가 구입자의 모기지 융자 여부(잉글랜드 지역에 한함, 단위: 백만 가구)

모기지로 주택을 구입한 자가 가구

모기지 없이 주택을 구입한 자가 가구

출처: DCLG 홈페이지(https://www.gov.uk/government/organisations/department-for-communities-and-local-government)에서 재구성

새로운 틈새 전략: 집주인 맞춤형 대출(Buy-to-Let)로 급성장한 민간임대주택은 Build-to-Rent로 새로운 시즌을 준비

　민간임대주택이 2000년대 들어 새로운 틈새시장으로 급부상했다. 여기서 '틈새'는 수요가 없어 생긴 틈이 아니라 그동안의 정책 사각지대를 의미한다. 제1차 세계대전 이전까지만 해도 90% 정도의 가구가 민간임대주택에 거주했지만, 1990년대에는 불과 10%만 생활하는 최하위 점유형태였다. 지난 한 세기 동안 공공임대주택의 성쇠와 자가 소유 촉진 속에서 민간임대주택 부문은 정책 어젠다에서 거의 실종된 주제였다.

　민간임대주택 부문이 제대로 자리를 잡지 못한 것은 임대료 규제와 강한 임대차 보호 규정, 조세 및 금융 지원의 부재, 수익 보장의 어려움, 나쁜 집주인 이미지 때문이라고 할 수 있다. 특히 오랜 기간 동안 민간임대주택의 이미지는 오래되고 낡은 집으로 그려졌으며, 집주인은 임대료를 착취하는 부도덕한 사람으로 여겨져왔다. 빈민가 임차인에 대한 집주인의 임대료 착취 행위를 표현하는 '레크머니즘'(Rachmanism)이라는 용어가 1950년대 런던의 집주인이었던 피터 레크먼(Peter Rachman)의 부당하고 악덕한 행위에서 비롯되었음을 보더라도 영국인들에게 민간임대주택의 이미지가 얼마나 부정적이었는지를 알 수 있다. 그러나 1915년 도입된 임대료 규제가 74년 만에 완전 폐지된 1988년을 기점으로, 민간임대주택은 투자자들에게 새로운 투자처로 인식되었고, 자가와 공공임대주택의 틈새에서 이렇다 할 주택을 마련하지 못한 젊은 계층 중심으로 수요가 크게 늘어나면서 점차 그 이미지도 개선되어갔다.

　최초의 민간임대사업 육성책은 1989년 주택시장 침체기에 경기활성화 조치로 제시되었다. 이것은 민간임대사업자가 최소 5년 간 주택을 임차할 경우 조세 감면 혜택을 주는 것이다. 그러나 주로 소규모 영세 집주인들이 운영하는 민간임대주택의 잦은 입퇴거, 임대료 연체, 공가 발생에 따른 손실 등으로 임대료 수입만으로 유지관리나 제반 비용을 감당하는 데 한계가 있어 조세 감면만으로 지속적인 사업을 기대하기에는 실효성이 낮았다. 이어 1996년 특수목적회사(SPC)와 같은 별도 법인을 설립하여 민간임대주택을 투자 및 운영하는 주택투자신탁(HITs: Housing Investment Trusts)[12]이 도입되었다. 이 방식은 연기금, 건설협회, 보험회사 등 재무적 투자자들이 HITs에 투자 시 법인세 및 자본 이득세의 일부를 감면해주는 것이다. 그러나 이 역시 시행 첫 3년 민간임대주택 2만 호 건설을 위한 10억 파운드의 투자 성과가 있었으나, 수익률 저조와 임대 운영관리상의 전문성 결여로 이후 계속 추진되지는 못했다.

Buy-to-Let으로 민간임대사업자도 주택대출 가능

민간임대주택 부문에 본격적인 물꼬가 트인 것은 1998년 도입된 바이투렛(Buy-to-Let, 이하 BtL) 프로그램 덕분이다. 이는 1996년 9월 주택임대협회(Association of Residential Letting Agents)와 선도 대출기관들이 제시한 집주인 맞춤형 대출 방식에서 비롯되었다. 이들은 임대용 주택을 구입하는 집주인이 쉽게 접근할 수 있는 대출 프로그램[13]이 없음에 착안해 임대수입으로 대출 월상환금을 충분히 갚을 수 있도록 하면서 자가 소유자가 주택담보대출을 얻는 조

---

12. 주택투자신탁(Housing Investment Trusts)은 1997년 집권한 노동당 정부의 정책 공약사업이기도 하다.

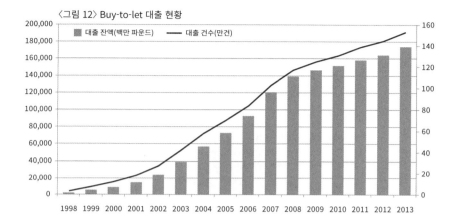

〈그림 12〉 Buy-to-let 대출 현황

■ 대출 잔액(백만 파운드)　—— 대출 건수(만건)

출처: Wilcox and Perry, 2014, p. 163.

건과 유사한 대출 프로그램을 개발했다. 당초 대출 지원은 주택임 대협회 회원만을 대상으로 했으나 점차 전체 개인임대사업자로 확 대되었다. 시행 첫해 3만 건에서 출발한 BtL은 2007년 103만 건, 2013년에는 153만 건으로 급증했고, 대출잔액 규모는 2013년 말 1,744억 파운드에 달해 전체 모기지 대출규모의 10% 수준에 이르 렀다. 어떻게 이러한 급성장이 가능했던 것일까?

　BtL 성장은 수요 요인과 공급 요인의 상호 작용으로 이뤄졌다. 수요 측면에서는 1988년 임대료 규제 폐지와 1997년 임차인 보호 규정의 약화로 투자 환경이 개선되었고 저금리하에서 마땅한 투자 처를 찾지 못한 투자자와 노후 은퇴층에게 민간임대주택 사업은 새로운 수익원이 되었다. 공급 측면에서는 대출기관의 인식 변화와 더불어 대출금액도 크게 늘었다. 대출기관은 1990년대 초 주택시

13.　집주인 대출 제한은 매우 엄격했으며, 금리도 자가 소유자들 대출 이자에 2%p가 할증되었다.

장 침체 시기 때 대출 상환을 연체하는 차입자의 주택을 압류하여 매각하지 않고 임대하게 되었는데, 그때 임대료 연체율이 주택담보대출 연체율보다 낮음을 경험하면서 임대사업이 생각했던 것보다 리스크가 크지 않다고 느꼈던 것이다. 또한 2000년대 초 금융시장 규제 완화로 주택 구입가격 대비 대출금 비중(LTV: Loan to Value Ratio)이 1998년 75%에서 2005년 85%까지 늘었으며, BtL 대출 시 임대료 수입이 월상환 대출금보다 많아야 한다는 규정을 완화했다. 즉 월상환금 대비 임대료 수입 비중이 130%에서 120%로 낮춰졌다. 따라서 집주인들은 좀 더 많이 빌릴 수 있되 임대료가 좀 낮은 주택도 임대주택으로 투자할 수 있는 여지가 생기게 된 것이다 (Kemp, 2010).

이러한 수급 요인 이외 주택가격 상승도 BtL 성장에 영향을 미쳤다. 2004년 BtL 전문 12개 대출기관의 조사에 의하면, BtL 대출자의 대부분은 이자만 납부하면서(특히 20호 이상의 임대사업자) 원금은 대출 만료 시점에 완납하는 조건이었다(Crook and Kemp, 2011). 즉 이는 주택가격 상승 시 매각으로 일시 상환하겠다는 다소 투기적 요소가 내포됨을 의미한다. 또한 2000년대 초 저금리 시기, BtL 대출은 임대사업자가 해당 임대주택의 담보 재설정을 통해 모기지 대출을 늘리고 그것으로 자신의 신규주택을 구입하는 데도 활용되었다. 이른바 떠나려고 집을 구입하려는 자가 소유자('buy-to-leave' owners)도 출현했다. 자신은 BtL 대출로 새 집을 구입해 이사하고 이전 집은 임대 놓지 않고 비워둔 채 집값이 오르기를 기다렸다 되파는 부작용도 발생했다. 이 때문에 BtL의 큰 성공 뒤에 BtL이 집값 상승을 부추겼다는 비판이 뒤따르고 있으며, 그에 따라 생애 최초 주택 구입자들은 높은 집값 부담으로 자가 소유와는 점차 더 멀어지게 되었다는 지적도 있다(Kemp, 2010). 그러나 일각에서는 주택가격 상승 요인은 소득 증가, 가구 증가, 저금리, 낮은 신규 공급과 같은 요인이 절대적이지 BtL의 영향을 거의 없으며, 실제 BtL 대출자들이 자본 이득을 도모하려 했으나 이를 직접 실행에 옮기는 비율은 매우 낮다고 주장하고 있다(Ball, 2011).

BtL에 대한 이러한 긍정·부정적 평가들이 엇갈리는 와중에 불어닥친 2008년 금융위기로, BtL 대출 실적은 이전 시기와는 달리 그 증가폭이 크게 둔화되었다. 그러나 2009년 경기부양책으로 도입된 신규 건설 민간임대주택 지원 프로그램인 빌드투렌트(Build-to-Rent, 이하 BtR)이 BtL에 이어 새로운 민간임대주택 육성 방안으로 등장했다.

BtR로 기업형 민간건설 임대를 육성

신규주택을 건설해 민간임대주택으로 활용코자 지원하는 BtR 프로그램은 개인임대사업자 중심의 장기저리 대출 지원으로 기존 주택(혹은 신규주택)을 매입해 임대용으로 활용했던 BtL과 달리 기업형 민간건설임대 육성 방안이다. BtR은 기업이 양호한 입지에 민간임대주택을 건설하고 5년간 임대 시 정부가 건설 자금을 융자 지원하는 것이다. 기업형 민간임대주택의 발상은 1980년대 이후 대처 정부가 추구하던 민간임대주택 육성 방법이었지만 실제 성공 모델은 없었다. 민간임대주택 부문에서 개인임대사업자가 차지하는 비중은 1976년 55%에서 점차 늘어 2006년에는 74%, 2010년에는 71%로 절대적으로 높다. 민간임대주택 10호 중 7호는 개인임대사업자에 의해 운영관리되는 주택으로, 주택의 질적 수준도 그렇게 높지 않을 뿐 아니라 전문적인 관리 서비스도 지원되지 못하고 있

<표 2> 민간임대주택 부문의 주택 소유자 구성비 변화(단위: %)

구분	1976	1993	1998	2001	2003	2006	2010
개인	55	61	61	65	67	74	71
기업	29	20	22	13	17	16	16
기타	16	19	18	22	16	10	14

주: 개인임대사업자의 임대 호수: 1호 보유 17%, 2~5호 보유 43%, 6~10호 보유 22%, 11~50호 보유 15%,
   51호 이상 보유 3% (Ball, 2011, p. 33).
출처: Crook and Kemp, 2014, p. 186.

다. 민간임대주택 10호 중 단 1.5호 정도만이 전문적인 관리업체가 보유·관리하고 있을 뿐이다(〈표 2〉 참조).

이와 같은 여건하에서 2009년의 몇 가지 성공 사례가 이어지면서 이것이 BtR 프로그램으로 승화되었다. 2009년 대형 보험회사인 아비바(Aviva)가 10억 파운드를 투자해 대학생용 임대주택을 건설했다. 이들은 지방대학과 협약을 맺어 대학생 수요와 연계시켰다. 주택 관리는 미국의 대형 전문 관리업체인 피나클(Pinnacle)이 담당하도록 해 그동안 틈새계층인 대학생 주거 니치 마켓을 공략했다. 이와 유사하게 유나이티드 그룹(United Group, 1991년 설립)과 오팔 그룹(Opal Group, 1982년 설립)은 대학생 및 젊은 전문직 종사자들을 위해 임대주택을 건설하면서 기업형 민간임대주택 시장의 가능성을 열었다(Crook and Kemp, 2011).

2010년 들어선 보수당 연립정부는 약 180만여 가구에 달하는 공공임대주택의 대기 수요를 해소하고 점차 감소하는 자가 점유 가구의 대안적 주거로 민간임대주택 활성화에 박차를 가하고 있다. 이를 통한 경기부양 효과도 기대하고 있다. 2012년에는 10억 파운드의 BtR 펀드를 설립해 3만 가구의 민간임대주택 건설을 지원하고, 민간기업의 대출보증을 위해 100억 파운드를 지원하는 계획을 발표했다. BtR 펀드를 지원받기 위해서는 63㎡이하(2실 기준)의 주택 건설, 근로소득자 25~34세 대상, 5년 의무 임대 기준, 그리고 건설비 5% 인하 등의 요건을 충족시켜야 한다.

민간임대주택 부문은 이렇게 새로운 전기를 맞이하면서 그 성장은 이제 '변화'를 넘어 '변형'에 가까울 정도의 놀라운 속도로 발전하고 있다. 공공임대주택과 자가주택과의 사이에서 새로운 틈새로 각광받고 있는 민간임대주택은 1~2인 가구 증가, 젊은 계층의 임대 선호, 노후 은퇴계층의 안정된 소득 기반이라는 수요 요인으로 향후 그 성장 전망은 밝다고 할 수 있다. 그러나 임대료 규제가 전혀 없는 상황에서 임대료 상승에 대한 우려가 커 저소득층을 위한 장기적인 주거대안으로 자리 잡을 수 있을지는 관건으로 남아 있다.

연립정부(2010~2015년)의 주택정책: 경기부양, 로컬리즘, 복지개혁

2008년 세계 금융위기 여파 속에서 2010년 5월 집권한 보수·자민 연립정부는 경기침체와 주택시장 부진에 대처하기 위해 고강도의 재정긴축 정책과 시장 회복을 위한 긴급조치들을 시행하게 된다.

주택시장 상황은 이 시점의 여타 국가들과 마찬가지로 가격 하락, 거래 급감, 신규 건설 감소, 모기지 대출 감소 등으로 나타났다. 주택가격은 1995년 대비 2007년 251% 증가했으나, 2008년부터 하락하여 2009년에는 2007년 정점 대비 약 15%가 하락했고, 2012

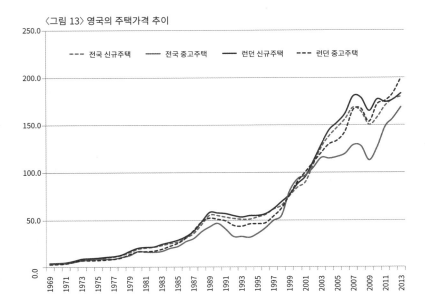

〈그림 13〉 영국의 주택가격 추이

--- 전국 신규주택　—— 전국 중고주택　—— 런던 신규주택　--- 런던 중고주택

출처: Wilcox and Perry, 2014, pp. 152~155를 재구성.

년 말에는 정점 대비 29%가 하락했다. 신규주택의 평균 가격은 2007년 22만 4,000파운드(런던 평균 26만 5,000파운드)에서 2009년 19만 9,000파운드(런던은 22만 2,000파운드)로 감소했다. 주택거래는 2006년 167만 건에서 2009년 86만 건으로 거의 반토막이 났다.

그러나 적극적인 시장 활성화와 각종 경기부양책에 힘 입어 2013년부터 민간소비가 증가하면서 주택시장은 빠른 속도로 회복되었다. 주택가격은 2010년부터 다시 상승하기 시작했고, 주택거래도 장기 평균 수준은 밑돌지만 100만 건을 만회하면서 시장 여건이 크게 개선되었다. 2000년대 주택 건설 붐과 투기적 요인에 의해 주택가격이 급등했던 스페인, 아일랜드, 미국 일부 지역과 달리, 영국의 주택가격 상승은 주로 소득 증가와 가구 증가와 같은 펀더멘

탈 요인이 강했다. 즉 영국의 이러한 빠른 회복세는 부실 대출로 인한 깡통주택 문제나 대출 연체가 있긴 했으나 그 영향이 크지 않았기 때문이다. 오히려 지난 10년간의 신규주택건설이 급감한 상황에서 대출 확대로 구매 수요가 크게 늘면서 2013년 이후 런던발 주택 버블을 우려하는 반전 상황이 연출되었다.

영국의 평균 집값은 2014년 24만 파운드, 런던은 42만 파운드 수준이며, 이는 시장 정점기(2006~2007년)의 가격 수준에는 아직 미치지 못하고 지역 편차도 크지만, 일부 유로존 국가가 5년을 넘어서도 아직 재정위기를 벗어나지 못하는 상황과 비교해본다면 매우 빠른 회복이라고 볼 수 있다.

주택정책을 경기부양의 일환으로 적극 활용

보수당 연립정부의 주택정책은 누적된 재정적자와 국가부채 위기[14]로 재정 지출 삭감과 경제 활성화를 도모해야 하는 긴급 상황에서 주로 경기부양의 일환으로 추진되었다. 앞서 논의했듯이 자가 소유 촉진책인 헬프 투 바이와 민간건설임대주택 활성화 프로그램인 BtR은 주택거래 활성화, 경기부양, 신규주택 건설 확대의 일환이었다. 또한 2000년대 중반부터 심화되기 시작한 부담능력 문제에 대응하기 위해 2008년부터 추진한 '부담가능한 주택'(affordable housing, 공공분양주택과 공공임대주택으로 구성) 건설 프로그램은 연립정부 들어 건설 경기 활성화와 일자리 창출 차원에서 2단계, 3단계로

---

14. 영국의 재정긴축 계획은 재정적자를 줄이고, 국가부채를 감축하는 것이다(GDP 대비 국가부채는 2010년 73%, 2013년 86%임). 이에 재정 지출 삭감, 세입 증가, 임금 및 공공근로 감소, 복지 및 보건지출 감소, 정부 보조금 및 지원 감소를 통해 영국은 2014~2015년간 1,100억 파운드(810억 파운드는 지출 감소, 290억 파운드는 세수 증가)의 재정통합 계획을 추진하고 있다. 이러한 재정 통합 계획이 원활하게 이뤄질 경우, 2014~2015년간 약 2%의 실질 적자 수준을 유지하게 된다.

〈그림 14〉 연간 주택거래 실적 추이(단위: 만 건)

주택거래실적 평균: 연 128만건

2008년 이후 급감
2008~2012년간 연평균 89만호

출처: Wilcox and Perry, 2014, p. 144.

이어지고 있다. 특히 이는 1940년대 전후로 최저 수준이던 신규주택 건설을 극복하기 위한 전략이기도 하다.

20008년부터 추진하기 시작한 '부담가능한 주택' 건설 프로그램은 1단계(2008~2011년, 18만 호 목표), 2단계(2011~2015년, 8만 호 목표), 3단계(2015~2019년, 16만 5,000호 목표)로 이어지고 있다. 이는 신규주택 1호 건설 시마다 신규 일자리 2개가 창출되는 상황에서 경기회복 차원의 지렛대로 적극적으로 활용하기 때문이다. 2008~2013년간 부담가능한 주택 건설 실적(승인)은 전체 신규주택 건설에서 약 40%(32만 8,000호)를 차지했으며, 1단계는 17만 4,000호(공공분양 8만 1,000호, 공공임대 9만 3,000호)가 준공, 2단계는 2014년 말까지 6만 9,000호(공공분양 1만 1,000호, 공공임대 5만 7,000호)가 준공되어 목표 대비 달성도가 높다. 다만 재정 지출 삭감에 따라 호당 재정 지원금은 크게 감소해 1단계에서는 총건설비 대비 41%를 지원했지만 2단계에서는 23%로 줄었고, 3단계에서는 16~18% 수준으로 감소할 전망이다(Wilcox and Perry, 2014).

주택 건설 활성화 위해 로컬리즘법 제정

2011년 3월 제정된 로컬리즘법(Localism Act)은 지역 중심의 주택 건설을 활성화하고 공공임대주택 부문을 개혁하는 법안이다. 주요 목적은 신규주택 건설이 계속 저조하여 수급 불균형이 심화되고 공공임대주택의 대기자도 크게 늘어 지방 주도적인 역량 강화로 이를 개선하려는 것이다.

보수당 연립정부는 그동안 신규주택 건설에 큰 장애 요인이 되었던 택지 부족과 협의 장기화 문제를 개선하기 위해 노동당 정부가 만든 광역계획 전략(Regional Planning Strategy)을 폐지하고 새로운 계획 체계로 국가 도시계획 전략(NPPF: National Planning Policy Framework)을 제시(2012년 3월 발간)해, 계획 과정과 절차의 간소화, 주거용 택지 공급 확대 방안을 마련했다. 지자체는 NPPF에 따라 지역근린계획(Neighborhood Plan)을 수립하고 지역 주택 수요에 충분히 대처할 수 있도록 사전에 택지를 미리 확보해야 한다. 또한 지역의 주택 건설 활성화를 도모하기 위해 1990년부터 적용해왔던 부담가능한 주택 의무건설 규정인 '섹션 106'(Section 106)을 완화해 직접 건설 이외 현금 및 현물 공여도 가능하게 했다. 이는 부담가능한 주택 재고가 확보되지 않더라도 총량적으로 더 많은 신규주택을 건설하는 것이 우선시된 것이며, 특히 대학생 등 최근 젊은 세대의 주거불안이 가중되는 상황에서 다양한 수요계층을 위한 맞춤형 주택 공급이 가능할 수 있도록 하려는 것이다.

이러한 새로운 계획 체계는 지자체가 계획승인권자로서의 권한에만 안주하여 주택 건설에 소극적이었던 태도를 바꾸고, 그동안 장기간 협의와 복잡다기한 계획 승인 과정을 보다 쉽고 예측 가능한 여건으로 바꿀 것으로 기대된다.

이와 더불어 신규주택 건설 확대를 위해 주택 건설업체의 공공택지 접근성을 높이고 지자체에 인센티브를 주는 방안도 도입되었다. 건설업체가 집부터 짓고 택지 대금은 나중에 지불할 수 있는 '선건설 후지불 방식'(Build Now, Pay Later)이 2011년 시행되어, 2015년까지 공공택지에 10만 호의 신규주택을 건설할 계획이다. 뉴 홈 보너스(New Home Bonus)는 지자체가 더 많은 신규주택 건설을 승인했을 때 얻게 될 지방세 수입만큼 중앙정부가 그에 상승하는 금액을 보너스로 주는 방법으로, 신규주택 건설 촉진뿐 아니라 기업 및 재무적 투자자의 민간임대주택 투자 촉진을 위한 당근책이기도 하다. 6년간 시행될 보너스 지원금을 위해 정부는 2011~2012년 1억 9,600만 파운드를 지원했고, 이후 3년간은 매년 2억 2,500만 파운드를 지원할 예정이다. 이외에도 지역의 신규주택 건설 활성화를 위해 2011년부터 The Growing Place Fund[15], The Get British Building Fund[16], Builders Finance Fund[17], Estate Regeneration Fund[18] 같은 기금을 지원하고 있으며, 이는 지역의 성장과 발전을

---

15. 이 펀드는 2011년 11월 7일 도입되었으며, 38개의 로컬기업 파트너십(Local Enterprise Partnerships)이 이 기금의 지원 대상이다. 이 기금은 지역 발의 주도적인 개발을 도모하고 경기 진작과 경제 활성화 목적으로 지원되며, 주택 건설, 일자리 지원 등 광범위한 분야를 지원하고 있다. 연립정부는 2012년 5억 파운드를 지원했고, 2013년 2억 2,500만 파운드를 지원할 예정이다(Wilson, 2014).
16. 주택 개발 금융 지원 확대를 위해 지원되며, 잉글랜드 지역의 180건 개발(1만 2,000호의 신규 건설)에 5억 파운드가 지원될 예정이다(Wilson, 2014).
17. 중소 주택 건설업체(연간 15~250호를 건설)를 지원하기 위한 기금으로, 2014년 신설되었다(Wilson, 2014).
18. 대규모의 주택단지 재생을 지원하는 기금으로 2014년 도입되어 1억 5000만 파운드가 지원될 예정이다(Wilson, 2014).

통해 경제 활성화를 도모하고자 하는 것이다. 또한 공공임대주택
에 민간자본 활용을 위해 2013년 '공공임대주택 리츠'(social housing REITs) 1호인 'Houses 4 Homes'가 설립되었고, 4,000호 건설을 목
표로 7억 파운드의 투자 효과가 기대된다.[19]

지자체의 공공임대주택 운영관리 자율성은 높이되 책임은 강화

로컬리즘법에 근거한 공공임대주택 부문의 개혁 조치는 자립
과 책임을 강조하는 차원에서 유연적 임대차(flexible tenancy), 소득
초과자에 대한 임대료 할증(Pay to Stay), 어포더블 렌트(Affordable Rent), 자체 자금조달(self-financing) 원칙이 도입되었고, 공공임대주
택 불하(Right to Buy)도 확대되었다.

공공임대주택의 유연적 임대차는 거주기간이 정해진 임대차
(fixed-term tenancy)를 말하는데, 기존에 자격이 되는 한 공공임대주
택에 계속하여 거주할 수 있는 수급권 제도를 바꿔 일정 기간 동
안만 거주할 수 있게 하는 것이다. 보수당 연립정부는 공공임대주
택에서 '평생 임차인'(lifelong renters)으로 산다는 것은 더 나은 환경
으로의 이동과 자립을 저해하는 것이며, 공공임대주택에 대기하고
있는 180만여 가구(450만 명)에게 새로운 입주 기회를 열어주기 위
해서라도 거주기간을 제한할 필요가 있다고 역설했다. 즉 이는 그
간의 영구 임대주택 개념을 조건부 임대주택 개념으로 전환하려
는 시도라고 볼 수 있다. 신규로 입주하는 임차인은 5년 거주 요건
을 적용하되, 지자체는 로컬리즘법에 따라 입주자 선정권을 가지

---

19. 공공임대주택 리츠의 예상 수익률은 6%로, 2013년 하반기 런던의 주식 시장(Alternative Investment Market)에 상장되었다.

게 되어 지역 실정과 입주자 특성에 따라 자율적으로 임대차 기간을 정하게 되었다. 또한 공공임대주택 입주자의 연소득 상한을 6만 파운드로 정하고, 이보다 소득이 더 많은 경우는 임대료 할증(Pay to Stay) 규정에 따라 임대료를 더 내도록 했다. 이러한 조치는 연간 9억 파운드에 달하는 불법 전대 및 거주, 소득 허위 보고 같은 부정수급을 불식시키고 필요한 가구에 필요한 시점에 필요한 만큼만 지원해주어야 한다는 인식에서 비롯된 것이라 볼 수 있다.

2011년 4월부터 시행된 어포더블 렌트는 사업주체(지자체, 주택조합)가 공공임대주택의 임대료를 주변 시세의 80%까지 부과할 수 있도록 허용하는 것이다. 이는 재정 삭감으로 공공임대주택에 충분한 지원이 이루어지지 못하는 상황에서 사업주체가 임대료를 더 올려 받아 여기서 얻는 추가 이익을 신규 공공임대주택에 재투자하도록 유도하는 방법이다. 정부는 또한 2012년 4월부터는 지자체의 자체 자금 조달(self-financing) 규정을 명문화했다. 이는 지자체의 주택수익계정(HRA)에 손실이 발생(2012년 말 지자체의 총 부채규모는 760억 파운드에 달함)하여도 정부가 더 이상 이를 보전하지 않는다는 것을 의미한다. 대신 정부는 지자체의 차입 상환 규정을 완화해 연간 지자체당 1억 5,000만 파운드까지 부채 조달을 허용하여 이를 신규 공공임대주택 건설에 투자할 수 있도록 했다.

자체 자금조달 방식에 따라 공공임대주택 불하(Right to Buy)로 인한 수익금도 이제 지자체의 주요 수입원으로 활용할 수 있게 되었다. 공공임대주택 불하 시 할인가격은 2012년 4월부터 전국 평균 최대 7만 파운드, 런던은 2013년 4월부터 10만 파운드이다. 이러한 파격적인 할인 혜택은 원활한 매각을 유도하고 지자체의 재원을 확충하기 위해서이다. 다만 매각으로 인해 공공임대주택 재고가 줄어드는 것을 막기 위해 일대일 대체(one-for-one replacement) 방식도 도입했다. 즉 1호 매각 시 1호를 신규 건설하면서 공공임대주택 재고 비중을 18% 수준대로 유지하는 것이 정부의 목표이다.

이와 같은 제반 조치로 지자체는 공공임대주택 임대 운영상의 자율권은 많아졌지만 책임은 더 막중해졌다. 그동안 운영관리 손실에 대한 정부 보조도 자체 자금조달 원칙으로 중단되었기 때문에 지자체는 앞으로는 어떤 운영관리 전략을 모색할 수 있을 것인지에 관심이 모아지고 있다. 시세의 80%인 어포더블 렌트 부과에 대해 아직 많은 지자체들이 동참하고 있진 않지만, 현재 시세의 30~40% 수준인 지자체의 공공임대주택 임대료는 앞으로 점차 오를 수밖에 없지 않을까 한다.

쉐필드 할렘 대학의 로빈슨 교수는 공공임대주택의 수요 충족을 위해 더 많은 공공임대주택을 공급하기보다는 이 부문의 역할과 기능을 변화시킴으로써 수요를 억제하고 단기간용 임대주택으로 전락시키는 것은 공공임대주택을 더욱 잔여화시키게 될 것이라 한탄했다(Robinson, 2013). 많은 주택 전문가들도 공공임대주택 입주자의 90% 이상은 취약계층[20]인데 정부가 정작 해야 할 일을 뒤로한 채 사회의 맨 아랫부분만의 개혁을 시도하는 것은 결국 정부의 역할을 버리고 리스크를 개인에게 떠넘기려는 것이라고 비판했다. 한편 이러한 수요 억제 관리로, 2012년 185만 가구에 이르던 공공임대주택의 대기자 수는 2014년 137만 가구로 감소했다.

---

20. 공공임대주택에 거주하는 고소득자(연간 10만 파운드 이상 소득자) 비중은 전체 공공임대주택 거주자 중 1.4%, 약 6,000가구이다(Hodkinson and Robbins, 2012).

복지개혁 단행, 주거급여는 2017년부터 통합급여로 전환

지속적인 공공임대주택 부문의 민영화와 개혁으로 공공임대주택 거주자는 점차 줄어드는 반면, 주거급여 수급자는 금융위기 이후 크게 늘어 2012년에는 504만 가구에 이르렀다. 긴축재정에도 불구하고 주거급여 예산은 2009 / 2010~2012 / 2013년간 9%가 늘었으며, 2013년에는 241억 7,700만 파운드에 이르렀다(《그림 16》 참조). 연립정부는 이러한 상황을 '통제 불능'으로 묘사하면서 그동안의 복지 전반에 대한 운영 시스템을 개선하는 대대적인 개혁에 착수하게 된다.

복지개혁법(Welfare Reform Act, 2012년 3월) 제정과 관련해 캐머런(David Cameron) 총리는 "복지개혁의 역사적 순간을 환영한다. 이 날은 지난 60년 이상의 기간 중 가장 큰 복지혁명의 역사적 진전을 이룬 날이다"라고 평가했다. 또한 그는 새 복지 시스템을 통해 "복지에 의존하는 삶이 일하는 삶에 대한 받아들일 만한 대안이 되는 문화를 종식시키고, 일하지 않고 복지에 의존하는 가족이 일하는 평균적인 가족보다 더 많은 소득을 얻지 못하도록 하는 공정한 원칙을 세우겠다"라고 강조했다(배병준, 2013).

복지개혁법에 따라 주거급여(HB: Housing Benefit)는 2013년 10월부터 생계급여, 고용수당, 구직자 수당, 근로세액공제, 자녀세액공제와 하나로 묶인 통합급여(Universal Credit: Welfare that works)[21]로 흡수되었다. 주거급여 개편 필요성은 이미 2000년부터 제기되어왔던 것으로 근로 의욕을 고취하고 지역별 형평성 있는 지급을 위해 2002년 지역주택수당(LHA: Local Housing Allowance)을 시범 운영하고 이후 2008년 4월부터는 전국으로 확대 적용했다. 그러나 이러한 개편에도 불구하고 임대료 상승에 따라 주거급여 지원금은 수급자당

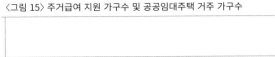

〈그림 15〉 주거급여 지원 가구수 및 공공임대주택 거주 가구수

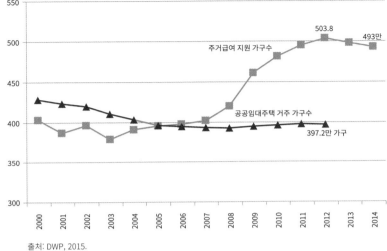

출처: DWP, 2015.

〈그림 16〉 주거급여 및 공공임대주택 재정 지원금(단위: 백만 파운드)

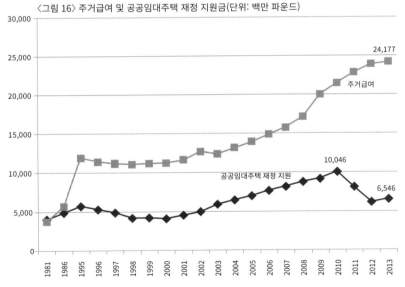

출처: Wilcox and Perry, 2014, p. 167, p. 182.

평균 연간 4,000파운드(월 60만 원 정도)에서 5,000파운드(월 76만 원 정도)에 이르렀다(〈그림 17〉 참조).

복지개혁법에 따라 바뀐 주거급여 기준을 보면, 지원 대상에서 16~24세 수급자는 제외되었고, 주당 상한금은 400파운드(약 73만 원)로 설정했다. 또한 주거급여가 허용되는 최대 방수는 4개로, 만약 가구원수가 필요 방수보다 더 많으면 과소점유 벌칙(under-occupancy penality)을 적용했다. 2013년 4월 시행된 과소점유 벌칙은 '추가 방수 보조금 상한제'(spare room subsidy limit) 혹은 '침실세'(bedroom tax)로도 불리는데, 이는 수급자가 소득에 비해 벅찬 집에 살면서 주거급여를 신청하는 것은 합당하지 않다는 관점이다. 방 하나에 거주해야 하는 가구 요건은 2인(부부 혹은 동거), 16세 이상 1인, 15세 이하 동성 자녀 둘, 9세 이하 이성 자녀 둘, 추가 한 자녀이다.[22] 이러한 방 하나에 거주해야 하는 가구 요건을 벗어나 여분의 방이 하나 더 있으면 주거급여가 14% 삭감되며, 여분의 방이 두 개 더 있으면 주거급여가 25% 삭감된다.

이렇게 지원 대상을 줄이고 지원 기준을 낮춤으로써 기존 주거급여 수급자는 주당 평균 62파운드(약 10만 원 정도)의 급여가 감소하며, 급여 감소자 중 3분의 1은 주당 100파운드(약 16만 원 정도)의 주

---

21. 통합급여(UC)는 그동안 각 부처에 산재되었던 각종 복지급여와 세액공제 방식이 지나치게 세분화되고 복잡하며, 서로 복잡하게 얽혀 있어 복지급여가 비효율적으로 운영(대상자 선정 오류, 부정수급, 과다한 행정 비용 발생 등 문제)되는 것을 개선하기 위해 도입되었다. 정책에 부연된 'welfare that works'라는 문구는 일하는 복지, 기능적으로 잘 작동하는 복지로, 새로운 UC 방식은 기존의 미약했던 근로 인센티브를 크게 강화했다. 통합급여로 전달체계도 고용연금부(Department for Work and Pension)로 일원화되었다. 통합급여에 포함되는 종전 개별 급여 6가지(생계급여, 구직자 수당, 고용 및 지원수당, 주거급여, 근로세액공제, 자녀세액공제)는 2017년 9월까지 단계적으로 폐지된다.
22. 수급자 연령대가 25~34세인 독신의 경우, 독채 사용 시 주거급여가 지급되지 않으며, 부엌 및 화장실 등을 공용으로 사용하는 공동거주 공간(shared accomodations)에 거주해야 한다.

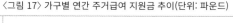

〈그림 17〉 가구별 연간 주거급여 지원금 추이(단위: 파운드)

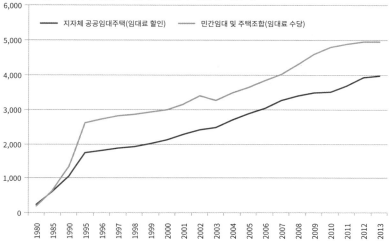

출처: Wilcox and Perry, 2014, pp. 229~234.

거급여가 감소할 전망이다. 특히 가족수가 많은 수급자의 경우 침실세(bedroom tax) 도입으로 5만~10만 수급자가 주당 평균 93파운드(약 15만 원 정도)가 줄 것으로 예상된다(Wilcox and Perry, 2014). 이러한 영향으로 일부 주거급여 수급자의 주택 다운사이징은 불가피하게 되었지만 지역별로 규모가 작은 임차주택이 충분하지 않다면 급여 삭감을 피해갈 방법이 없다. 결국 이러한 복지 삭감 조치는 임대료 연체와 주택의 하향화로 이어질 소지가 크며, 일하는 수급자가 일하지 않는 수급자보다 더 우대되는 복지 기조는 고령이나 장애로 일을 할 수 없거나 일을 해도 높은 임대료와 생활고로 빈곤 상태를 벗어날 수 없는 근로 빈곤층들의 현실을 무시한 처사라고 비난받고 있기도 하다.

그럼에도 불구하고 이러한 복지개혁은 과다한 복지 온정주의에

가구원수별로 1실 거주 요건을 넘어 여분의 침실이 1개 더 있는 경우 주거급여가 14% 삭감되는 상황을 그림으로 나타낸 것.

제동이 필요하다는 국민 다수의 인식과 예산 절감의 큰 효과에 힘입어 단행되었다. 주거급여 예산은 2014~2015년간 20억 파운드가 감축될 예정이며, 복지개혁법 추진으로 190억 파운드의 예산 절감 (경제활동인구 1인당 평균 470파운드 삭감) 효과가 기대되고 있다(Jacobs and Manzi, 2013).

빅 소사이어티(Big Society)를 꿈꾸며

로컬리즘 어젠다는 사실 시대를 달리했을 뿐 지방자치 원조국인 영국이 지난 세기 동안 계속해서 추구해온 정치철학이다. 1970년대 이전 로컬리즘은 지자체가 주택의 건설·공급·관리를 전담하는 방식이며, 1980년 이후는 공공임대주택 불하와 대규모 재고 이양과 같이 소비자의 선택과 참여를 강조하고 효율적인 관리 모델을 강조하는 방식이었다. 그리고 현재 연립정부의 로컬리즘은 지자

글래스고(Glasgow) 지역의 침실세 반대 운동(anti-bedroom tax campaign) 시위 현장 (2013.8.30.).

체의 자율권을 강화하고 지역 주택 수요에 보다 잘 대응하라고 주문하는 방식이다.

이렇게 시대에 따라 진화되어온 로컬리즘의 또 하나의 담론은 빅 소사이어티(Big Society)이다. 빅 소사이어티는 빅 거버먼트(Big Government) 혹은 빅 스테이트(Big State)와 대비되는 개념으로, 정부의 역할을 줄이고 민간과 지역사회의 자발적인 참여를 늘려 사회안전망을 보완하자는 것이다. 이 개념은 2010년 총선 당시 보수당이 내세웠던 선거공약이었다. 공동체와 시민에 대한 신뢰에 바탕을 둔 중앙정부의 권력 내려놓기, 시장기능의 사각지대에 놓인 분야에 대한 다각적 접근 노력, 정부 의존성을 탈피하여 가정·기업·지역사회 등 사회공동체 전체가 힘을 합할 때 훨씬 효율적이고 효과적인 서비스 공급이 가능한 점 등이 빅 소사이어티의 대두 배경이다.

영국 내 현안 사회문제들을 빅 소사이어티 개념과 연계시켜 풍자한 그림.
출처: Social Justice, 2011.6.30.

　　그러나 작은 정부를 가리기 위한 망토, 정부의 재정 지출 축소
를 정당화하는 수단이라는 비난에 직면해 있다. 즉 복지개혁을 위
한 정치적 수사라는 비판을 받고 있다. 이는 위 그림에서 보는 것처
럼 큰 삭감(Big Cuts), 긴 대기 행렬(Big Queues), 긴 대기시간(Big Wait),
큰 빈부 격차(Big Gaps), 큰 보수당(Big Conservative)으로 풍자되고 있
다. 즉 이는 예산은 깎이고, 복지 수급자는 더 많아지고, 공공임대
주택 대기기간은 더 길어지고, 소득양극화는 더 심화된다는 것을
역설하고 있다.

　　특히 소득양극화 문제는 지난 30년간의 자가 소유 촉진의 부작
용으로 인사이더(insiders)와 아웃사이더(outsiders) 문제로 표출되고
있다. 다수인 인사이더(이미 자가를 보유한 사람)는 집값을 높이는 데만
관심 있어 신규주택 건설로 주변지역이 개발되기를 원치 않는다.
집값이 올랐을 때는 자산 축척도 할 수 있다. 반면 소수에 불과한
아웃사이더는 지역사회에 영향력 있는 목소리도 낼 수 없을 뿐 아
니라 임대주택을 전전하며 높은 임대료 부담으로 내 집 마련 사다

리는 아예 꿈도 꿀 수 없다. 영국의 일간지 가디언, 더타임스, 인디펜던트는 2013년부터 '자가 소유로 가지 못한 채 민간임대주택에서 높은 임대료를 부담하면서도 열악한 주거수준에 단기 임대차로 주거불안을 겪는 세대'를 '월세 세대'(Generation Rent)로 네이밍하면서 기존 세대의 자가 소유가 미래 세대의 자가 소유를 희생했다고 논평했다.[23]

웨스트민스터 대학의 만지 교수는 빅 소사이어티는 기껏해야 지역사회에서 시민들에게 좋은 자선을 베풀도록 하는 그 이상의 것은 아니며, 국가보다 자선단체나 자원봉사자들이 사회의 중요한 공공 서비스를 공급할 수 있고 공급해야 하는 것은 위험스럽고도 매우 순진한 신념이라고 비판했다(Manzi, 2013). 더구나 로컬리즘 주체도 모호하다. 로컬리즘이 지자체에게 권한을 이양하는 것인지, 다른 주체를 선호하여 지자체를 간과하는 것인지에 대한 이러한 모호성은 누가 지역 주택문제에 대해 책임져야 할 것인가의 관점도 혼돈스럽게 만들고 있다. 또한 지자체를 대신해 지역대표로 나서게 되는 조직들은 취약계층이라기보다는 정치경제적으로 영향력 있는 사람들이 될 소지가 많기 때문에 정치화, 상업화의 전장이 될 우려도 있다. 로컬리즘이나 빅 소사이어티의 극단은 공공임대주택 건설 반대 같은 지역이기주의로 흐를 가능성도 매우 높다. 무엇보다 지역사회의 다양한 주체의 참여만으로는 긴급하고 복잡한 사안에 즉시적으로 대응하기 곤란하며, 정책 실행으로 곧바로 이

---

23. "Generation Rent: Young people need 30 years to save for a house deposit", *The Independent*, 2013.6.19.; "Generation Rent: housing policy could swing the vote in 2015 election", *The Guardian*, 2014.3.29.; "Generation Rent? We've been here before", *The Guardian*, 2015.2.18.; "Buy-to-let boom creates Generation Rent", *The Times*, 2014.3.3.

어지기 어렵다는 문제도 있다. 결국 실행을 위한 예산과 행정 지원, 전달의 몫은 중앙정부와 지방정부의 고유 역할일 수밖에 없는 것이다. 이런 점에서 하드웨어는 로컬리즘과 빅 소사이어티를 표방하지만 소프트웨어가 그렇게 작동할 수 있을지에 대해서 영국의 주택학자들은 매우 회의적인 반응을 보이고 있다.

자선이 복지국가의 역할을 대신할 수 있을 것인가? 지역의 공공재와 서비스를 개인의 자선행위로 부추기면서 자원봉사와 자선단체에 위임하는 '자선의 정치사회학'은 이렇게 영국에서도 그 실험무대가 본격화되었으나, 아직 관객은 그리 많지 않은 것 같다. 휴면계좌 예금을 이용해 지역과 사회 문제 해결을 위해 사회적 기업이나 자선단체에 기금을 빌려주는 '빅 소사이어티 기금'(Big Society Capital, 6억 파운드)이 2012년 4월 설립되었으나, 아직 그 이용 실적은 매우 저조한 상황이다.

영국 주택정책으로부터의 교훈과 시사점

보편적 복지국가를 선언한 후 70년, 이제 영국은 유로존에서는 가장 빈부 격차가 큰 소득불평등 국가가 되었다. 자가 소유 촉진으로 2000년대 중반 자가 소유 대국으로 우뚝 섰지만 그로 인한 희생도 컸다. 보편적 주거였던 공공임대주택은 저소득층의 사회안전망으로 좁혀졌고 잔여화된 빈곤의 모습이 더욱 부각되고 있다. 이로 인한 사회적 비용은 복지 삭감만큼이나 클 수도 있다. 그럼에도 400만 호라는 공공임대주택 재고는 여전히 세계적인 수준이며, 주거급여 지원까지를 감안한다면 저소득 가구의 55%는 주거복지 수혜자이다. 지난 30여 년간의 민영화로 퇴행적 복지국가라는 비난을 받았음에도 불구하고 영국은 여전히 인정하지 않을 수 없는 복지대국이 분명하다.

우리가 영국 주택정책으로부터 배울 점은 끊임없는 변화의 추구와 변신, 선도와 혁신, 실험과 평가이다. 새로운 자원을 발굴하기 위한 다양한 정책적 실험들은 사회 전체의 인식을 바꾸는 계기가 되었고 다음 단계로의 도약을 위한 동력이 되었다. 민영화, 재고 이양, 알모, PFI, 지분공유형 자가 소유, 지분공유 융자 같은 혁신적이고 다양한 정책 시도들은 나름대로의 한계를 안고 있지만 그에 못지않은 순기능들도 발휘되었다고 볼 수 있다.

특히 정책의 진화성은 눈여겨볼 만하다. Buy 시리즈로 대표되는 자가 소유 촉진책은 Right to Buy에서부터 Help to Buy까지 이어지고 있으며, Shared 시리즈는 공유형 지분 모델로 진화했다. Rent 시리즈와 Build 시리즈도 시즌을 거듭나며 새로운 민간임대 활력소가 되었다. 커뮤니티 시리즈는 로컬리즘과 빅 소사이어티로 재편되었다. 이러한 진화형 모델은 자가 소유 촉진과 시장 활성화 측면에서 일관성을 유지하면서 계승 발전되어왔다고 볼 수 있다.

공공임대주택의 정책 생애도 시사하는 바가 크다. 영국이 30여 년 이상의 민영화 과정으로 공공임대주택을 개혁하고 축소시켜왔지만, 공공임대주택은 사회적 자본으로서의 위용을 자랑하고 있다. 공공임대주택이 불하되어 자가주택으로 전환되었고, 그 집을 다시 임대해서 민간임대주택으로 재활용할 수 있었다. 자가 소유를 확대할 수 있었던 것도, Buy-to-let으로 민간임대주택이 재기할 수 있었던 것도 공공임대주택의 충분한 재고가 없었더라면 불가능한 것이었다. 이는 영국이 680만 호라는 재고를 쌓았기 때문에 가능한 것이었으며, 결과적으로 지난 반세기 공공임대주택은 영국의 주택 지형을 새롭게 만든 촉매제가 되었다고 볼 수 있다.

다만 아쉬운 것은 1980년대 이후 공공임대주택 매각으로 인한 자본 수입이 502억 파운드나 되었지만 이것이 신규 공공임대주택에 거의 투자되지 못한 점이다. 매각 호수는 270만 호인데 신규 건설은 126만 호에 그쳤을 뿐이다. 2012년부터 일대일 대체 방식을 도입했지만, 정작 5개 지자체 중 1개 지자체만 이를 이행하고 있을 뿐이며 이마저도 시세의 40~50% 임대조건이 아닌 어포더블 렌트로 부과되는 공공임대주택으로 채워지고 있다. 또한 공공임대주택 매각을 통한 자가 소유 촉진 방법은 오히려 주택 건설을 늘리지 못한 역효과를 불러왔다. 즉 신규주택이 아니더라도 저렴하게 불하받을 수 있는 공공임대주택이 많았기 때문이다. 매각 조치는 건설업자들에게도 공공임대주택 신규 건설을 꺼리는 원인이 되었다. 공공임대주택의 투자 회임률을 감안할 때 20여 년 이상의 장기 운영이 필요한데 투자 수익률이 나기도 전에 팔려나가버리니까 짓는 것이 의미 없게 된 것이다. 이런 관점에서 향후 영국의 점유형태 변화의 주요변수는 자가 소유를 확대하면서도 공공임대주택 재고 감소를 최소화시키는 타협점을 어떻게 찾을 것인가에 달려 있다고 할 것이다.

구입을 권해온 정책 문화가 주택을 바라보는 인식에 큰 영향을 주었다는 점도 짚어볼 필요가 있다. 자가 소유의 지나친 강조는 부담능력과 같은 중요한 주택문제를 잠재적으로 밀어낸 측면도 없지 않으며, 사람들이 주택가격 상승에 관심을 갖도록 종용했다고도 볼 수 있다. 자가 소유 중심의 주택정책은 복지에 대한 관점도 필요에 따라 배분하던 복지(need-based welfare)에서 자산기반 복지(asset-based welfare)로 전환시켰다. 가계자산의 대부분을 차지하는 주택자산은 이제 국가 의존성을 낮추고 고령기 사적 연금의 역할을 대신하면서 복지 삭감의 합의에 이르게 되었다. 그래서 빅 소사이어티 담론과 같은 자선기반 복지(charity-based welfare)는 그 미완성에도 불구하고 자가 소유 사회 후기의 복지 논의로 이어지고 있는 것이 아닌가 한다.

시장 중심 주택정책의 명과 암

미국은 지난 80여 년간 자가 소유를 확대하는 정책에 매진해왔으나, 금융위기로 차압 위기와 부담능력 위기에 직면하고 있다. 저소득층 주택은 점차 정책에서 소외되고 잔여화되어가고 있다. 민간임대주택 부문은 크게 육성되었지만, 임대료 수준은 부담가능하다고 볼 수 없다. 왜 이러한 현상이 빚어졌을까?

미국의 정식 명칭은 미합중국(United States of America)으로 50개 주와 1개의 특별구로 이루어진 연방제 공화국이다. 미국이 현재와 같은 세계 1위 경제대국으로 발돋움하게 된 것은 대공황과 제2차 세계대전 직후 케인스주의와 포드주의에 기초한 자본주의 황금기를 거쳐 1980년대 신자유주의와 금융자본주의 확대에 기인한다. 2007년 말 금융위기의 진원지라는 오명을 안고 있지만, 세계에서 여전히 가장 부유한 나라로 꼽히고 있다.

미국의 면적은 세계에서 세 번째로 넓은 982만 7,000km^2(남한 면적의 98배)이며, 인구도 세계에서 세 번째로 많은 3억 1,900만 명이다 (2014년 말 기준). 세계 최대 다민족 국가이자 다문화 사회이며, 최대 이민자 국가이기도 하다. 미국의 가구수(2014년 기준)는 1억 2,300만 가구, 주택수는 1억 3,400만 호로, 우리 기준으로 볼 때 주택 보급률은 108.7%이며, 천인당 주택 재고수는 420호이다. 주택정책 기조는 1930년대부터 자가 소유 확대를 목표로 하는 시장 중심적인 정책을 취했으며 자가 점유율은 2004년에 69%로 사상 최고치에 이른 적이 있다.

주택 구입자금을 원활하게 융통하기 위해 연방정부는 주택담보대출 시장과 자본시장을 연계시켜 세계에서도 가장 복잡한 주택 금융 생태계를 조성했다. 특히 2000년대 초중반의 풍부한 유동성과 저금리, 금융 규제 완화, 비우량 대출(subprime mortgage) 같은 리스크가 크고 파격적인 금융 우대 조치로 신용도가 낮은 주택 구입자들까지도 더 많이 빌려쓸 수 있었고, 집값이 계속 오르는 상황에서 대출기관들도 더 많은 주택담보채권을 유통시켜 수익을 추구했다. 그러나 2007년 비우량 대출을 유통시킨 대형 금융기관들이 줄줄이 도산하면서 이른바 '서브 프라임 쇼크'를 일으켰고 이는 미국을 넘어 전 세계적인 금융위기로 확산되었다. 이는 주택가격 버블 붕괴로 이어졌고 미국은 1929년 대공항 이후 최대의 주택 차압과 주택시장 침체로 경제위기에 직면했다.

미국 정부는 2008년 주택경기회복법(The Housing Economic Recovery Act)을 제정해 주택 차압을 구제하기 위해 39억 2,000만 달러를 지원했고, 2009년 긴급경제법(Emergency Economic Act)을 제정해 추가로 42억 5,000만 달러를 주택 건설 자금으로 지원했다. 주택경기 침체의 장기화 우려에 대해 오바마 대통령은 2009년 2월 18일 백악관 연설을 통해 "주택 차압을 구제하기 위한 정부의 공적 자금 지원은 문제 있는 대출을 받은 가구뿐 아니라 근린환경과 지역사회, 그리고 우리 경제 전체가 지불해야 하는 미래 차압 비용을 절약할 수 있다"라고 말함으로써 국가적 차원에서 주택 차압 위기 대응의 중요성을 피력하기도 했다. 하우스 푸어(House Poor)나 깡통주택(underwater mortgage 혹은 negative equity)이라는 용어가 사회적으로 이슈화된 것도 이 즈음이다. 이전에는 집값이 담보가치보다 낮아지는 경우도 드물었지만, 대출금을 갚느라 생활고에 시달리는 상황이 보편적 사회상은 아니었다.

이러한 사태에 대해 예일대학교 경제학과의 실러(Robert Shiller) 교수는 "1990년대 일본의 버블 붕괴 이후 잃어버린 10년(Lost Decade)이 지금도 일본 경제를 괴롭히고 있듯이, 미국은 2007년 금융위기 이후 이제 겨우 붕괴의 절반 정도만을 지나왔을 뿐이다. 집값이 반등하지 않는 한 향후 5년간은 일본과 같은 상황이 전개될 것이다"라고 예견하기도 했다(Reuter, 2010. 7. 15). 다행스럽게도 금융위기 이후 6년차에 접어든 2013년 말부터 미국 주택시장은 서서히 회복되고는 있으나, 그동안 주택시장 침체는 실업난과 함께 미국 경기회복의 큰 걸림돌이 되었다. 그렇다면 세계 경제대국인 미국이 그동안 추구한 주택정책의 모델은 무엇이었으며, 무엇을 얻고자 한 것일까?

경제정책의 일환으로 추진된 주택정책

미국의 주택정책은 주거안정과 복지 관점보다는 경제정책의 일환으로 추진되어왔다. 1950년대 이후 반세기 동안 주택 부문은 국내총생산의 20% 정도를 차지할 만큼 '주택은 미국 경제의 대들보'였다(Schwartz, 2015). 2008년 금융위기 이후 GDP에서 주택 부문이 차지하는 비중이 16~17%로 하락하긴 했지만, 주택 건설은 여전히 일자리 창출, 소득 증가, 세수 기반과 밀접한 관련을 맺으며, 미국 경제를 떠받치고 있다.

민간 부문이 소유한 주택 재고의 총가치는 2011년 17조 6,000억 달러에 달하며, 2008년 한 해에만도 주택 건설은 490만 개의 일자리, 3,680억 달러의 소득 창출, 1,420억 달러의 세수 증가를 가져다준 것으로 분석되고 있다(Bureau of Economic Analysis, 2013; Liu and Emrath, 2008). 전미주택건설협회(NAHB: The National Association of Home Builders, 2009)에 따르면, 대도시 지역에서 신규 100호의 단독주택 건설 시, 해당 지역의 고용은 324인, 소득은 2,100만 달러, 세수는 220만 달러 증가가 예상되며, 이 100호의 집에 거주자가 입주하면 추가로 53인의 고용 창출과 연간 소득도 74만 달러가 증가된다고 한다. 주택 부문이 이렇게 경제 부문에 미치는 영향이 큰 만큼 2008년 금융위기 이후 주택가격 하락, 신규 건설과 거래 급감,

차압주택 증가는 주택 및 부동산, 금융산업 전반에 악영향을 미치고 미국 경기침체의 주요 원인이 되었다.

주택 부문을 경제정책의 일환으로 추진하게 된 배경은 1929년 대공황 시기(1929~1935년)를 거치면서 시작되었다고 볼 수 있다. 당시 1,300만 명의 실업과 대량 빈곤층 양산은 1920년대 동안의 경제 번영에도 불구하고 그 성장의 과실이 고르게 분배되지 못한 허점을 드러냈다. 열악한 주거여건도 큰 문제였다. 1933년에 국민의 30% 이상이 최저 주거기준에도 미치지 못하는 주거에 거주하는 상황이었고 연소득이 1,500달러에도 미치지 못한 계층이 358만 가구(전체 가구의 약 10% 정도)였으나 이들을 위해 7년간(1929~1935년) 지어진 저가 주택은 2만 1,351호에 불과했다(Rosan, 2014). 1920~1930년간 민간 부문이 700만 호의 신규주택을 건설했지만, 이들 주택의 3분의 2는 저소득층에 돌아가지 못했다. 이에 루스벨트 대통령은 대공황 극복을 위해 뉴딜 정책(1933~1939년)을 펴서 정부 주도로 공공사업을 벌여 실업을 구제하고, 공공임대주택을 공급하여 저소득층의 주거안정을 도모하는 등 주택정책도 건설 일자리 창출과 슬럼 철거를 통한 경제 난국의 극복 수단으로 추진했다.

미국의 신규주택 건설은 장기 연평균 실적이 약 140만 호가량이다. 1972년은 222만 호로 가장 많이 건설한 해였다. 1998년부터는 장기 평균을 상회한 160만 호 이상이 건설되었고 2005년에는 215만 5,000호까지 건설되었다. 금융위기 이후에는 신규주택 건설 실적이 급감하여 2009년에는 제2차 세계대전 이후 최저치인 58만 3,000호를 기록했다. 2013년부터 신규 건설이 다소 증가하면서 2014년에는 105만 2,000호가 건설되었다(〈그림 1〉 참조).

금융위기 이후 신규주택의 건설 급감은 주로 자가주택으로 공

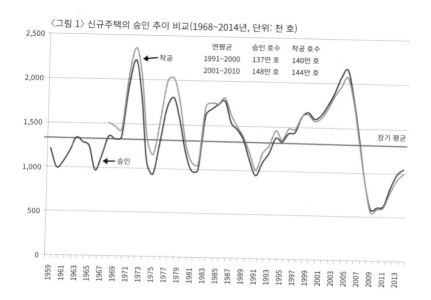

〈그림 1〉 신규주택의 승인 추이 비교(1968~2014년, 단위: 천 호)

연평균	승인 호수	착공 호수
1991~2000	137만 호	140만 호
2001~2010	148만 호	144만 호

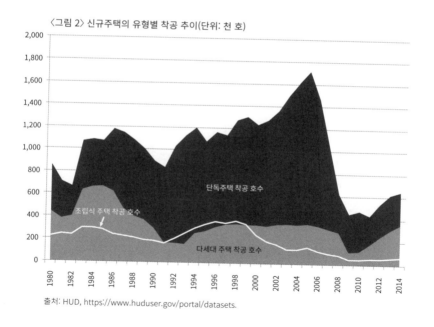

〈그림 2〉 신규주택의 유형별 착공 추이(단위: 천 호)

출처: HUD, https://www.huduser.gov/portal/datasets.

급되는 단독주택의 건설이 크게 감소되었기 때문이며, 이는 차압주택 증가, 주택가격 하락, 대출 규제 강화 등으로 주택 구입 수요가 하락한 데 기인한다. 주로 임차주택으로 공급되는 다세대주택의 공급은 금융위기 이후 대출 규제 강화로 위축되었으나 2010년 이후 임차 수요가 증가하면서 빠른 회복세를 보여 2014년에는 이전 수준을 회복한 상황이다. 임차 수요 증가에 따라 신규주택 건설에서 단독주택이 차지하던 비중은 76% 수준에서 2010년 이후에는 64% 수준으로 감소한 반면 다세대주택의 건설 비중은 증가하고 있다(〈그림 2〉 참조).

자가 소유 중심적인 주택정책: 주택금융시장도 동반 성장

미국 주택정책의 가장 큰 특징은 '자가 소유'를 정책 목표로 하는 '시장' 중심의 정책이다. 미국에서 자가 소유(homeownership)는 아메리칸 드림의 성취이자 중산층을 표상하는 주거규범으로 널리 받아들여지고 있다. 자가 소유는 책임감 있는 시민이자 삶의 안정성의 근원으로 주택의 유지관리, 지역 공공재 투자, 자녀 교육, 정치 참여 등 사회경제적으로 큰 편익을 낳으며, 자산 형성과 노후 삶을 보장하는 가계의 가장 큰 투자 선택이라고 여겨진다. 이러한 자가 소유에 대한 인식은 1920년대 이후부터 계속 이어져온 정치경제적 여건 속에서 조성되어왔다고 볼 수 있으며, 연방정부는 주택자금 융통이 원활할 수 있도록 주택금융시장을 육성하고 각종 세금 감면 혜택으로 자가 소유를 권장했다.

1934년 설립된 연방주택청, 주택금융 시스템의 안정적 토대 마련

자가 소유가 연방정부 정책에서 중요 관심사가 된 것은 1920년 대 초반 이후부터이다. 1921년 당시 상무 장관인 후버는 전미부동산협회(National Association of Real Estate Board, 현재 전미부동산업자협회 NAR:National Association Realtor 전신)와 함께 전국적인 홈오너십 캠페인을 후원했다. 'Own Your Own Home'이라는 이 캠페인은 주택 구입이 금융투자일 뿐 아니라 중산층으로 가는 첩경이라고 홍보했다. 당시 자가 보유율은 전체 가구의 절반에도 미치지 못하는 매우 낮은 수준이었으며 사회적으로도 주택 소유에 대한 기대가치가 높지 않았다. 대부분이 임차인들이었고 임차주택은 구하기도 쉬운 상황이었다. 무엇보다 주택 구입자금을 마련하는 것이 쉽지 않았다. 대출기간도 대부분 단기대출이었고 주택 구입 시 구입자가 부담해야 하는 초기 자금(down payment)도 40% 이상 마련해야 하는 상황이었다.

한편 1929년 대공황으로 인해 예기치 못한 사태들이 발생했다. 1931~1933년간 약 100만 호의 주택이 차압당했고, 1933년 한 해만도 주택담보대출의 절반 이상이 상환불능 상태였다. 당시 하루 평균 차압주택수는 1,000건에 달했다(Schwartz, 2015). 이에 대해 연방정부는 두 가지 긴급조치로 대응했는데, 우선 1932년 연방주택대출은행(Federal Home Loan Bank)을 설립해 주택담보대출 재원의 공급 여력을 키워 유동성을 확보하고 추락하는 저축은행 및 금융산업 전반에 대한 신뢰 회복에 나섰다. 이어 1933년 주택대출공사(Home Owners Loan Corporation)를 설립해 차압 및 상환불능에 있는 기존 주택담보대출을 30년 만기, 고정금리, 할부상환 방식 등으로 재융자(refinancing)해주었다. 그러나 이러한 두 가지 조치로 침체된 주택시장을 개선하기에는 역부족이었기 때문에, 1934년 주택법(National Housing Act)을 제정해 연방주택청(FHA: Federal Housing Administration)을 설립했다. 이는 주택금융 시스템의 안정적인 기반을 만들기 위한 것이기도 하지만 주택 건설 활성화의 일환이기도 했다. 정부는 연방주택청을 통해 주택담보대출 기관이 차입자에게 빌려준 대출금에 대한 상환을 보증해주는 방식으로 채무불이행을 보호해주었다. 이로써 주택 건설업체 및 구입자에 대한 대출도 확대할 수 있게 되었다.

연방주택청은 주택담보대출 지급보증 기능 이외에도 주택금융 시스템 전반을 개선하는 역할을 했다. 대출 시 주택가격의 50~60% 수준에 불과하던 평가 기준 가액을 94%까지 높임으로써 담보대출비중(LTV)을 높였다. 대출금융 기관들이 참조할 수 있도록 주택 건설기준을 만들어, 주택의 구조와 성능에서 집값 평가 가치를 하락시키는 결점들을 보완토록 하는 등 양질의 주택 보급에도 기여했다. 이를 통해 주택 구입자는 초기 주택 구입자금의 25% 정도만 부담하면 주택 구입이 가능하게 되었고 대출기관도 채무불이행 및 차압에 대한 리스크 감소로 저리의 주택자금을 제공할 수 있게 되었다. 이어 연방정부는 1938년 현재 페니메(Fannie Mae)의 전신인 연방주택대출공사(Federal National Mortgage Association)를 설립해 민간금융기관이 실행한 대출을 매입 및 보증하는 업무를 담당토록 했다.

주택금융 트리오(페니메, 지니메, 프레디맥)가 주택담보대출 시장의 메카 형성

1980년대를 기점으로 미국의 주택금융 시스템은 예금저축 중심의 주택담보대출 구조에서 유동화(혹은 증권화) 구조로 전환되었다. 연방정부는 1968년 지니메(Ginnie Mae, 정식 명칭은 GNMA: Government National Mortgage Association)를 설립해 주택금융기관이 취득한 주택담보대출을 한데 모아 주택담보대출증권(MBS: Mortgage-Backed Securities)[1]을 발행, 매각하는 경우 그 원리금 지급을 보증하여 MBS 시장의 매매와 유통을 도모했다. 또한 주택담보대출 자금의 재원 확대를 위해 1968년 페니메를 민영화시켜 MBS 시장의 성장과 촉진을 지원했다. 1970년에는 페니메와 유사한 기능을 하는 프레디맥(Freddie Mac, 정식 명칭은 FHLMC: Federal Loan Mortgage Corporation)을 설립해 연방주택청의 보험이나 재향군인청(VA: Veterans Administration)의 보증을 받지 못해 유동화할 수 없었던 주택담보대출을 구입해 주택금융 기관의 유동성을 제고하고 주택자금을 확대시켰다.

페니메와 프레디맥은 정부가 지원하는 주택담보대출 유동화 전문기관들로 주택담보대출 시장을 확대하고 유동화에 따른 위험을 완화하는 역할을 함으로써, 미국의 대출 시스템을 현재와 같이 장기 고정금리, 분할상환형의 대출 구조로 정착시키고 세계에서 가장 큰 주택담보대출 시장을 형성시키는 데 기여했다. 미국 주택담보대출의 시장 규모는 10조 달러 이상(단독주택 10조 달러, 다세대주택 8,250억 달러, 2012년 기준)으로, 유럽 전체의 주택담보대출 시장의 규모보다 크고, 세계에서 두 번째로 큰 영국의 주택담보대출 시장 규모보다 6배나 크다(Bipartisan Policy Center, 2013).

---

1. MBS는 주택저당증권이라고도 하며, 금융기관이 주택을 담보로 만기 20년 또는 30년 장기대출을 해준 주택담보대출채권을 대상 자산으로 발행한 증권을 말한다.

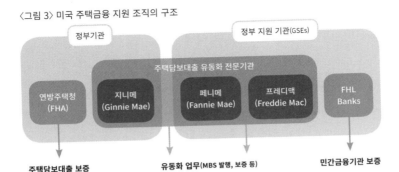

〈그림 3〉 미국 주택금융 지원 조직의 구조

정부기관

정부 지원 기관(GSEs)

주택담보대출 유동화 전문기관

연방주택청
(FHA)

지니메
(Ginnie Mae)

페니메
(Fannie Mae)

프레디맥
(Freddie Mac)

FHL
Banks

주택담보대출 보증

유동화 업무(MBS 발행, 보증 등)

민간금융기관 보증

주: FHL Banks는 연방주택대출은행들(Federal Home Loan Banks)을 말함.

주택담보대출증권(MBS)의 발행 규모는 1990년대까지는 민간 부문의 발행 비중이 20%도 안 되었으나, 2000년대 집값이 크게 오르면서 2006년 56%에 이르렀다. 페니메와 프레디맥은 2000년에 전체 MBS의 40%, 지니메는 4%를 발행했으나, 금융위기 이후 민간 부문의 MBS 발행이 거의 마비가 되면서 이들 두 기관의 MBS 발행 규모는 지니메와 더불어 전체 MBS의 90% 이상을 차지하고 있다.

이와 같은 주택 구입자금 지원 구조하에서 미국인들은 주택 구입 시 집값의 10~20%만 내고 나머지는 30년 이상 장기 저리의 할부 방식으로 대출을 받을 수 있다 보니 주택을 구입하는 것이 임차하는 것보다 더 저렴하다는 인식을 갖게 되었다.

주택 구입을 장려하는 세제 혜택

각종 세제 혜택도 주택 구입을 장려했다. 자가주택 구입자가 대출을 받았다면, 대출금 중 이자분에 대해 소득공제(mortgage interest deduction)를 해준다. 대출 이자에 대한 소득공제는 1913년

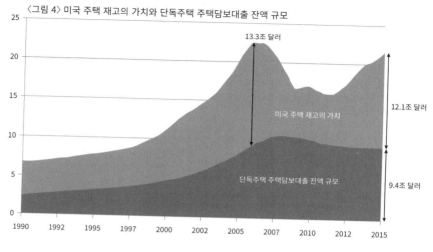

〈그림 4〉미국 주택 재고의 가치와 단독주택 주택담보대출 잔액 규모

13.3조 달러

미국 주택 재고의 가치

12.1조 달러

단독주택 주택담보대출 잔액 규모

9.4조 달러

출처: Freddie Mac, 2015, www.freddiemac.com.

도입되어 1986년까지는 주택담보대출 이외 일반 대출금의 이자까지도 공제 대상이 되었으나, 이후부터는 주택담보대출에 대한 이자로만 제한되었다. 상시 거주주택 및 휴양지 등에서 소유하고 있는 세컨드 주택에 대해 연간 100만 달러까지 이자 지급분에 대해 소득공제가 가능하다. 주택 보유 시 내는 재산세는 상시 거주주택의 가액에 따라 감면받으며, 주택 매각 시 발생하는 양도차액에 대한 양도소득세는 아예 비과세이다. 양도소득세는 1951년부터는 2년 거주 후 주택 매각 시 전액 면제되었고, 1999년에는 거주기간에 상관없이 주택 소유자당 주택가격 상승분의 25만 달러(소득세 합산 신고 시 50만 달러)까지 비과세하고 있다.

연방정부의 조세 지출 규모는 2012년 1,521억 달러인데, 이 중 86%에 해당하는 1,302억 달러가 자가 소유자들에게 돌아갔다. 가장 큰 세제 혜택은 주택담보대출 이자에 대한 소득공제이며 그 규모는 819억 달러(2012년)로 자가 소유자들에게 돌아간 전체 세제 혜택의 63%를 차지한다. 그 다음으로는 양도소득세 비과세 혜택이 309억 달러, 재산세 감면 혜택이 155억 달러에 이른다(Schwartz, 2015).

자가 점유율은 2004년 69%에 도달한 뒤 금융위기 이후 점차 하락

미국의 자가 점유율은 연방정부 주도하의 주택금융 지원과 세제 혜택으로 1930년대 40%에서 1960년대는 55%로 증가했고, 주택담보대출 유동화 시장 확대로 1980년대는 65%까지 이르렀다. 1985~1995년간은 젊은 계층, 저소득층, 소수 인종의 낮은 자가 보유율(40~50% 정도)을 제고하기 위해 대출 요건을 완화하고 서브 프라임 대출(신용도가 일정 수준 이하인 저소득층을 대상으로 한 주택담보대출)을 도입하는 등 파격적이고 다양한 대출 상품도 출시되었다.

1990년대 초 클린턴 대통령(재임기간 1993~2001년)은 국가 홈오너십 전략(National Homeownership Strategy)을 제안했는데, 여기서 자가 소유자 수를 2000년까지 800만 가구 더 늘리는 계획을 발표했다. 이러한 정책 추진으로 1995년 6,354만이던 자가 소유자 수는 2000년에는 7,125만이 되었고, 2001년에는 7,226만이 되었다. 이어 부시 대통령(재임기간 2001~2009년)은 2002년 '아메리칸 드림을 위한 청사진'(Blueprint for the American Dream)을 제시하여 2010년까지 소수 인종 550만 가구가 자가 소유자가 되도록 하는 정치적 포부를 밝혔다. 이에 자가 점유율은 2000년 67%에서 2004년 역대 최고점인 69%까지 증가했고, 2007년 말 금융위기 직전까지 68% 수준을 유지했다.

그러나 자산 여력이 부족한 저소득층과 소수인종, 젊은 계층

〈그림 5〉미국의 자가 점유율 추이(1930~2015, 단위: %)

출처: HUD 홈페이지(http://www.huduser.gov/portal/datasets)

을 위한 파격적이고 공격적인 금융 지원은 결국 2007년 말 금융위기의 근본 원인이 되었다. 물론 여기에 가세해 주택가격이 계속 오를 것이라는 장밋빛 꿈으로 무리한 대출을 감행한 주택 구입자들의 탓도 크다. 투기도 문제였다. 손쉬운 대출은 집값이 오르는 시기에 더 많이 빌려 더 비싸게 내다 팔 수 있는 재테크의 수단이 되기도 했다. 플로리다와 캘리포니아 같은 주에서는 실제 주택담보대출의 25%가 이러한 목적으로 쓰여졌다. 집값 상승은 여타 소비 지출확대로도 이어졌다. 주택 소유자들은 2001~2007년간 1조 8,000억 달러를 재융자로 더 빌렸는데, 이는 1994~2000년의 4,400억 달러 재융자 추가 대출 규모의 4배에 달한다(Schwartz, 2015). 집값이 오른 만큼 더 빌려 더 소비하게 된 것이다.

이러한 주택금융 부실과 투기 수요 가세에 뒤이은 버블 붕괴로 미국 주택가격은 2006년 대비 2008~2009년에는 30% 이상 떨어졌고 집을 팔아도 대출금을 다 갚지 못하는 깡통주택은 2009년 1,200만 호(전체 주택담보대출의 25%)에 이르렀다. 차압된 주택수도

〈그림 6〉 2015년 자가 점유율은 1993년 수준(단위: %)

출처: JCHS, 2015, p. 2.

2007~2012년간 1,250만 호에 달한다(JCHS, 2015). 결과적으로 자가 점유율은 금융위기 이후 계속 하락해 2015년 6월에는 63%대로 떨어졌고, 이는 20년 전인 1993년 수준으로 회귀하는 형국이 되었다 (〈그림 6〉 참조).

임차 가구에 대한 지원은 자가 가구 지원의 20~30% 수준

자가 소유 중심적인 주택정책은 연방정부의 주거지원에 대한 예산 지출 현황(2012년 기준)을 보면 극명하게 나타난다.(〈그림 9〉 참조) 자가 가구에 대한 지원 규모는 1,302억 달러인 반면, 임차 가구에 대한 지원은 415억 달러이다. 임차 가구 지원 수준은 자가 가구의 32% 수준에 불과하다. 랜디와 맥클루(Landis and McClure, 2010)는 조세 지출 측면에서만 볼 때도 저소득 임차인에 대한 조세 지출 1달러 대비 자가 소유자에 대한 조세 지출은 6달러로, 자가 소유자 지원이 임차인의 6배에 이른다고 추산했다. 이들은 자가 점유율이 낮

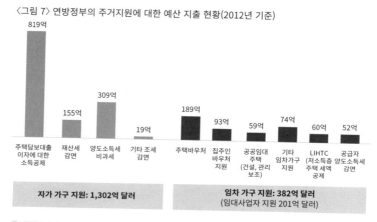

〈그림 7〉 연방정부의 주거지원에 대한 예산 지출 현황(2012년 기준)

주: 주택도시개발부가 지원하는 임차 가구 지원은 주택바우처, 집주인 바우처, 공공임대주택, 기타 임차 가구 지원이며, LIHTC 및 양도소득세는 임대주택 사업자에게 조세 감면 혜택으로 지원.

을 때는 이러한 조세 지출의 사회경제적 편익이 컸으나, 자가 점유율의 한계 증가율이 둔화되고 오히려 감소한 상황에서 이와 같은 지원은 자가 점유율을 늘리기보다는 기존의 자가 소유자들을 보호하는 것이라고 지적했다.

임차 가구에 대한 지원은 주택바우처, 공공임대주택 등의 형태이며, 〈그림 8〉과 같이 702만 가구가 연방정부의 주거지원을 받고 있다. 이 중 임대사업자를 지원하는 저소득층 주택 세액공제(LIHTC) 지원 주택을 제외하고 저소득층 가구 지원 규모는 약 500만 가구로, 전체 저소득층 임차 가구 2,526만 가구(중위소득 80% 이하)의 20% 수준이다. 즉 저소득 임차 5가구 중 1가구만이 정부로부터 주거지원을 받고 있는 셈이다. 반면 자가 소유자 중 주택담보대출 이자에 대한 소득공제 혜택을 받는 가구수는 3,400만 가구이다. 지원 가구수만 보더라도 임차 가구 지원은 자가 가구 지원의 20% 수준이다.

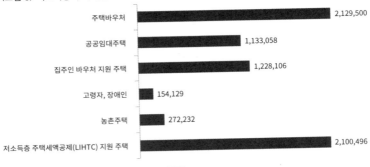

〈그림 8〉 저소득층 주거지원 가구수 현황(2014년 기준, 단위: 가구)

출처: Center on Budget and Policy Priorities, 2015a.

　주택담보대출 이자에 대한 소득공제는 저소득 자가 소유자가 혜택을 거의 받지 못한다. 소득공제가 대출 금액에 따라 차등 적용되는 구조여서 소득이 많고 더 비싼 주택을 구입한 소유자에게 더 많은 혜택이 주어진다. 저소득 자가 소유자는 총공제액이 기본 공제액인 1만 1,900달러(부양가족 1인당 950달러 추가 공제, 2012년 기준)에도 미치지 못하기 때문에 사실상 소득공제 혜택이 무용하다. 소득공제 혜택은 연소득 10만 달러 이상인 주택 소유자가 전체 소득공제 금액의 77%를 가져간다. 재산세 감면 혜택도 마찬가지이다. 연소득 3만 달러 이하인 주택 소유자는 전체 재산세 감면금액 중 0.4%만 해당되는 반면, 연소득 10만 달러 이상인 주택 소유자는 전체 재산세 감면 금액 중 75%를 가져간다(Shwartz, 2015). 이러한 상황은 소득계층 간 지원의 형평성에 문제를 낳았고, 나아가 더 크고 비싼 집에 거주할수록 더 많은 혜택이 주어짐에 따라 주거 과소비 경향을 유발했으며, 무엇보다 주택 버블을 키웠다는 지적이 있다(Glaeser, 2011).

　호프만은 20세기 미국 주택정책을 회고하면서 연방정부의 주택

정책을 이층 구조(two tier)로 설명했다. 위층은 민간금융업계, 주택 건설 및 부동산 산업계 등 민간 부문으로 중상류층의 주택 생산을 담당하며, 아래층은 저소득층을 지원하는 것으로 정부 부문, 공공 및 비영리 민간 부문이 주택 생산을 담당한다(Hoffman, 2012a). 호프 만은 그동안 연방정부는 이 두 층간을 연결시키기보다는 완전 분리해 정책 단절과 계층 분리를 조장하고 저소득층 주거지원은 아 래층에 머무른 채 연방정부의 예산 할당에만 의존할 수밖에 없게 만들었다고 비판했다. 이러한 정책 단절과 이층 구조는 이어지는 공공임대주택 정책의 전개 과정에서 잘 드러나고 있다.

1930년대 도입된 공공임대주택: 수난과 거듭된 진화의 85년

대공황은 미국 역사상 최악의 경제 긴급상황으로, 주택 부문 에도 큰 영향을 미쳤다. 당시 루스벨트 대통령(재임기간 1933~1945년) 은 주택시장 구제를 위해 주택금융의 공적 지원 기반을 마련했고, 저소득층 주거안정을 위해 공공임대주택을 도입했다. 공공임대주 택은 1910년대와 1920년대 영국을 비롯한 유럽 국가의 사회주택 (social housing)에서 영감을 받았으나, 전면적 확대보다는 시범적 성 격으로 인식되었다. 이는 실업률이 높은 상황에서 국민의 복지수당 보다는 일자리 창출을 통한 실업 구제를 더 선호한 루스벨트 대통 령의 철학에서 비롯되었다고 볼 수 있다. 또한 저소득층만을 대상 으로 한 공공임대주택은 정치권이나 일반 대중에게 강력한 지지를 얻지 못했다. 민간주택 건설 부문과의 경합이나 집값 하락 문제도 제기되었다(Rosan, 2014).

그러나 당시의 시대적 상황하에서 공공임대주택은 경기부양을 위한 뉴딜 정책(1933~1938년)의 일환으로, 고용을 창출하면서도 저소득층의 삶의 질 제고와 슬럼 철거를 대체하는 차원에서 1937년 주택법 제정으로 본격화되었다. 이 법의 주요 골자는 연방정부가 공공임대주택 공급을 촉진하기 위해 재정 및 금융을 지원하는 것이다. 연방정부 산하에 설립된 공공주택청(PHAs: Public Housing Authorities)은 이 법에 따라 공공임대주택을 건설, 공급, 운영관리하는 집행기관으로 1937년 설립되었다. 한편 연방정부는 매년 5만 호의 공공임대주택 건설 추진 계획에 착수했으나, 반뉴딜 정치가들의 반발로 실제 건설 및 재정 지원은 제대로 이루어지지 못했다.

제2차 세계대전 이후 공공임대주택 지원이 재개되었는데, 이는 전후 주택 부족과 슬럼지역의 주택 철거를 대체할 목적이었다. 당시 트루먼 대통령(재임기간 1945~1953년)은 주택문제 해법의 주요 수단으로 공공임대주택 공급 확대를 주창하며 집권 6년간 총 81만 호의 공공임대주택 건설 계획을 발표했다. 81만 호는 당시 미국 주택 재고의 10%를 차지하는 비중이었다. 이러한 강력한 정책 의지는 1949년 주택법 제정에 반영되어 6년간 매년 13만 5,000호의 공공임대주택을 건설키로 했다. 그러나 이듬해 한국전쟁으로 이 계획은 다시 수포로 돌아갔으며 81만 호 건설은 20여 년이 지난 1968년에야 비로소 달성할 수 있었다(Schwartz, 2015).

낯선 외관 이미지와 허름한 설계가 불러온 파국

미국의 공공임대주택 재고는 1994년 141만 호를 정점으로, 이후 약 26만 호가 감소하여 2014년 말 115만 호로 줄었다. 전체 주택 재고의 1%에도 미치지 못하는 수준이다. 이렇게 공공임대주택이 제대로 성장하지 못하고 재고도 점차 감소하는 것은 연방정부의 재정 지원이 충분히 뒷받침되지 못한 이유도 있지만 빈곤 집중화에 따른 부정적 인식, 부실한 관리와 관심 부족 때문이다(〈그림 9〉참조).

우선 미국 사회에서 공공임대주택은 빈곤층만이 거주한다는 인식이 강하다. 처음 지을 때부터 제대로 재정을 투입하지 못했기 때문에 건물 외관은 미국의 보편적인 단독주택과는 거리가 먼 고층 고밀의 군대 막사 형태에다가 건축비를 절감(1937년 주택법에 택지비를 포함한 건설비가 호당 5,000달러를 넘지 않도록 규정)하기 위한 복도식 구조, 제대로 갖춰지지 못한 편의시설은 주변 지역과 상당히 부조화될 뿐 아니라 공공임대주택의 입주를 꺼리는 원인이 되었다. 페인트 칠도 제대로 안 된 통행 복도와 계단, 층마다 서지 않는 엘리베이터와 복도식 구조는 범죄 발생에 유리한 환경을 만들어준 셈이 되었다. 결국 연방정부는 도시 미관 악화, 범죄 등 사회문제, 시설 유지관리상의 문제로 1972년 미주리 주의 세인트 루이스(St. Louis)에 있는 프루잇-아이고(Pruitt-Igoe) 공공임대주택 단지를 폭파했고 이를 기점으로 1973년 닉슨 대통령은 공공임대주택 건설 중지령을 내렸다. 그리고 이듬해인 1974년 주택바우처로의 정책 전환에 따라 공공임대주택은 역사적으로 문제 있는 유물로 남게 되었다.

부실한 운영관리는 빈곤 집중화를 더 심화

부실한 운영관리도 공공임대주택 성장을 저해한 요인이다. 임차인 선정 절차, 민원 대응, 주요 시설의 개보수 및 설비 교체 등이 제때 제대로 이루어지지 못했다. 운영관리 역량 부족과 재원 부족으로 1980년대 워싱턴 DC, 뉴저지, 뉴올리언스의 많은 공공주택

1952년 시카고 루미스 단지의 복도(왼쪽)와 1972년 프루잇-아이고(Pruitt-Igoe) 단지 폭파 전경(오른쪽)

청들은 법정관리 상태가 되었고, 1990년대에는 연방정부가 시카고 주택청에 대한 직접 행정, 재정 통제권을 갖기도 했다.

원래 공공임대주택은 연방정부가 건설비만 재정에서 지원하고, 임대 운영관리는 공공주택청(PHAs)이 입주자로부터 받는 임대료로 충당하는 구조였다. 이러한 방식은 1960년대까지는 어느 정도 잘 운영되었다. 그러나 공공임대주택 입주자들의 소득은 오르지 않는 데 비해, 운영관리비는 계속 늘어나는 상황에 접어들었다. 공공임대주택 입주자의 평균 소득수준은 1950년 중위소득 대비 57% 수준이었으나, 1960년에는 41%, 1970년에는 29%, 1995년에는 18%로 떨어졌다. 더구나 1971년 브룩스 수정안(Brooke Amendment)에 따라 임차인의 임대료 부담 상한선을 소득의 25%(1980년대는 30%)로 규정함에 따라 공공주택청은 임대료 수입만으로 공공임대주택을 제대로 운영관리할 수 없는 상황이 되었다.

이에 연방정부는 임대료 수입 감소를 보상하는 차원에서 1968

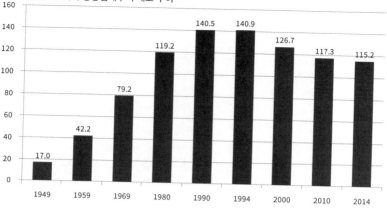

〈그림 9〉 미국 공공임대주택 재고 추이

출처: Schwartz, 2015, pp. 164~165.

년부터 운영관리비를 재정에서 보조하기 시작했다. 운영관리 보조
금 계산과 배분 방식이 여러 번 바뀌긴 했으나, 연방정부의 운영관
리 보조금은 1969년 1,490만 달러에서 1979년 7억 2,700만 달러,
1993년 25억 달러, 2003년 35억 달러, 2009년 45억 달러로 늘어났
다. 공공임대주택에 대한 재정 지원 규모는 2000~2014년간 연평
균 64억 2,000만 달러 규모인데, 이 중 운영관리 보조금은 2000년
48%에서 2014년에는 70%를 차지하고 있다(Schwartz, 2105). 그러나
공공임대주택 노후화로 운영관리 보조금이 늘긴 했지만 이는 전체
운영관리비의 50~80% 정도만을 충당할 수 있을 뿐이었다. 더구
나 미 전역의 3,095개에 이르는 공공주택청이 경쟁 방식으로 이를
배분받기 때문에 규모가 작고 영세한 공공주택청은 이마저도 지원
받기 어려웠다. 전체 공공주택청 중에서 공공임대주택 재고가 100
호 이하인 공공주택청은 절반 정도이며, 500호 이하인 공공주택청
은 90%이다(〈표 1〉 참조). 가장 규모가 큰 공공주택청은 뉴욕 주택청

<표 1> 공공주택청 규모별 공공임대주택 재고(2014년 기준)

공공임대주택 재고수	공공주택청(PHAs)	공공주택 보유호수
100호 이하	1,492(48.2%)	73,297
100~500이하	1,254(40.5%)	280,373
501~1,000호 이하	185 (6.0%)	129,414
1,001~3,000호 이하	123 (4.0%)	206,124
3,001~7,500호 이하	31 (1.0%)	135,901
7,501~15,000호 이하	6 (0.2%)	57,150
15,001호 이상	4 (0.1%)	270,235
뉴욕 주택청	1 (0.0%)	178,914
계	3,095(100.0%)	1,152,494

출처: Schwartz, 2015, p. 165.

(New York City Housing Authority)으로 전체 공공임대주택 재고의 15%
인 18만 호가량을 보유하고 있다.

공공임대주택 입주자의 평균 연소득(2013년 기준)은 1만 3,724달
러인데, 이는 최저 빈곤선인 1만 5,000달러보다 낮다. 공공임대주
택 입주자 중 연소득이 최저 빈곤선 이하인 입주자 비율은 75%이
다. 입주자 소득원의 대부분은 정부로부터 받는 각종 수당, 급여,
연금 등이며, 사회복지급여 수급자 비중은 2009년 27%에서 2013
년 34%로 늘었다. 빈곤계층 입주율이 점차 늘어나는 양상이다
(Schwartz, 2015).

일명 공공임대주택 개혁법이라고 일컬어지는 '양질의 주택 및
근로책임법'(QHWR: The Quality Housing and Work Responsibility)은 이러
한 문제에 대처하기 위해 1998년에 제정되었다. 공공임대주택 단지
의 빈곤 집중을 완화하기 위하여 저소득층 중심의 입주 자격을 소
셜 믹스 관점에서 접근했다. 즉 중위소득 30% 이하 극빈계층을 전
체 단지 호수의 40%만 입주할 수 있도록 했으며, 이 40% 할당 내

에서 주택바우처 수급자 75%를 포함하도록 규정했다. 즉 공공주택청이 중위소득 30% 이하인 주택바우처 수급자 75%를 40%만 입주시키는 이러한 요건을 충족시킨다면, 나머지 입주자의 소득 자격은 다소 재량적으로 운영할 수 있도록 했다. 그래서 소득수준이 매우 낮은 단지에는 상대적으로 소득이 높은 입주자의 입주를 허용하는가 하면, 상대적으로 소득수준이 높은 단지에는 극빈층이 입주할 수 있는 여지가 생기게 되었다. 또한 이 개혁법은 공공임대주택의 삶의 질 제고 차원에서 범죄, 폭력, 약물 복용 등 일탈적 행위에 대해 원스트라이크(One-Strike) 퇴거 규정을 마련했고, 운영관리비 부담으로 재정난을 겪는 공공주택청이 공공임대주택 재고를 시장에 매각해 자금 부담도 덜 수 있도록 했다(Goetz, 2011).

아메리칸 스타일의 공공임대주택 민영화 프로그램인 호프 식스

공공임대주택에 대한 전향적인 이미지 변신은 1993년 호프 식스(HOPE VI) 프로그램을 통해 이루어졌다. 호프(HOPE)는 '누구나에게 어디서건 주택 기회를'(Housing Opportunity for People Everywhere)의미하며, 노후 침체된 공공임대주택을 버리고 뉴어버니즘(New Urbanism)적인 멋진 외관으로 공공임대주택을 새롭게 단장하여 새로운 주거 기회를 제공하기 위해 고안되었다.

호프 식스 프로그램에 따라 연방정부는 1993~2010년간 133개의 공공주택청이 소유, 운영관리하던 262개 공공임대주택 단지를 대상으로 연방정부가 총 62억 달러(호당 2,200달러~5,000달러)를 투자해, 15만 호의 공공임대주택을 부수고 새로운 주거단지로 재개발했다. 정책 목표는 공공임대주택의 물리적 재생(rehabilitation)과 임차인 권한 강화로, 공공임대주택에 집중된 빈곤을 분산시키고 노후

침체된 공공임대주택 단지를 다양한 기능이 어우러진 복합 타운으로 조성해 소셜 믹스를 유도하는 것이었다. 프로그램의 기본 원리는 공공임대주택 임차인에게 주택바우처를 지급해서 재개발이 시행되는 동안 인근의 저빈곤 지역으로 이주시키고, 지역사회는 물리적 환경 개선을 통해 범죄, 실업, 청소년 비행, 반달리즘과 같은 반사회적 문제를 시정하여 공공임대주택의 부정적 이미지를 개선하는 것이다.

그러나 정책 목표는 보다 광의적이고 야심차게 바뀌어갔다. 경제적 통합, 빈곤 분산, 뉴어버니즘, 도시재생이라는 도시 경제정책, 문화정책과 결합되면서 재원 구성도 민간 부문의 자본 투자를 강조하게 되었다. 이러한 목표를 달성하기 위해 정부재정과 공공 부문의 역할만으로는 부족했기 때문에 민간분양주택, 상업시설, 민간임대주택 지원과도 연계시켰다. 공공주택청의 역할도 파트너십 관점으로 전환되었다. 즉 민간자본을 유치하고 비영리 민간 부문의 참여를 독려하는 코디네이터로서의 역할이 강조되었고, 재개발된 공공임대주택 단지의 관리도 민간 위탁관리 방식으로 전환하여 각 단지가 독자적인 운영관리 자립 기반을 갖추도록 했다.

호프 식스 프로그램은 2010년을 기점으로 마감되었는데, 이에 대한 정책 평가는 다소 엇갈리고 있다. 호프 식스에 대한 비판은 멸실된 공공임대주택 중 47%만이 다시 공공임대주택으로 재탄생되어 원거주민의 재정착이 제대로 이루어지지 못했다는 점이다(Schwartz, 2015; Goetz, 2010; Rosan, 2014). 당초 호프 식스에는 공공임대주택 1호 멸실 1호 재개발 원칙(one-for-one replacement)이 적용되었으나, 1995년 미의회에서 재정 부담으로 이 요건을 없앴다. 따라서 멸실 호수만큼 공공임대주택이 제대로 지어지지 않았기 때문에 원

거주민의 재정착률은 단지마다 편차가 있지만 24~61% 수준에 불과하다. 더구나 1998년의 양질의 주택 및 근로책임법(QHWR)에 따라 범죄, 약물, 신용불량 등 문제가 있는 원거주자들은 재개발된 공공임대주택에 입주할 수 없게 되었다.

한편 성공적이라는 평가도 있다. 호프 식스가 노후 침체된 공공임대주택 단지를 민간자본과 결합하여 소셜 믹스 단지로 만들었고, 이 과정에서 연방정부, 공공주택청, 주정부, 지방정부, 금융기관, 민간 디벨로퍼, 사회 서비스 공급자들 간의 협력적 파트너십 기제도 형성할 수 있었다는 것이다. 정부에는 기존의 주거지원 방식을 섞어 '다양한 시도'를 할 필요가 있다는 인식도 심어주었다. 무엇보다 1980년대 후반부터 공공임대주택 공급이 크게 위축되면서 연방부처인 주택도시개발부(HUD)와 공공주택청(PHAs)의 위상과 존립 기반이 위협받던 상황에서 호프 식스 프로그램은 주택도시개발부와 공공주택청이 기업가적이고 혁신적인 주체로 거듭나고, 그 역할도 민관 파트너십 형성, 조율, 시너지 창출로 변화하게 된 계기로 작용했다는 점이 고무적이라는 평가를 받고 있다(Goetz, 2010). 호프 식스에 대한 정부재정 투자는 63억 달러에 불과하나 민간자본 투자는 220억 달러로 추산되며, 이러한 투자가 양질의 주택, 안전한 동네 환경, 일자리 창출, 교육 기회 제고로 이어졌을 뿐 아니라 납세자의 조세 부담을 그만큼 낮추었다는 점에서 현재 그 성과를 인정받고 있다.

호프 식스의 교훈을 확대 발전시킨 CNP

호프 식스의 경험은 '공공임대주택 그 이상의 것'으로 확대되었다. 2010년 도입된 CNP(Choice Neighborhoods Program)는 호프

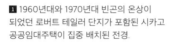 1960년대와 1970년대 빈곤의 온상이 되었던 로버트 테일러 단지가 포함된 시카고 공공임대주택이 집중 배치된 전경.

2 3 시카고 해리 호너 네이버후드(Harry Horner Neighborhood)의 호프 식스를 통한 재개발 이전, 이후 풍경.

식스의 성공 경험과 미국 '경제회복 및 재투자법'(ARRA: American Recovery and Reinvestment Act, 2008년 제정)과 결합되어 노후 침체된 공공임대주택의 재건, 소셜 믹스 사회 구현, 민간자본 투자 확대, 녹색 혁신, 일자리 창출을 목표로 하면서 공공임대주택 단지 이외에도 전체 지역사회로 확산된 복합주택, 도시재생 프로그램이다. 특징적인 것은 연방정부 부처(주택도시개발부, 교육부, 노동부, 보건복지부, 교통부, 환경부 등) 간 통합정책이라는 점과 정부 재원을 가장 낙후된 지역에 집중 투자토록 하는 것이다.

연방정부는 30개 지역을 CNP 대상으로 선정해 총 4억 달러를 지원하기로 했는데, 재원 배분은 경쟁 방식이다. 사업주체는 공

〈그림 10〉 호프 식스의 추진 성과

소셜믹스	민간자본 활용	다양한 지원 수단 연계	
Mixed-income 다양한 소득계층 입주	Mixed-finance 민간 부문의 재원 유입(민간분양주택, 복합용도개발, 공공임대주택 민간위탁관리)	Mixed-policy 다른 주거복지 연계 수단과 접목: 주택바우처, 저소득층 주택세액공제(LIHTC), 집주인 바우처 지원 등	연방부처 HUD 및 공공주택청(PHAs)의 역할 변모: 민관 파트너십, 자산관리의 중요성 환기

〈그림 11〉 공공임대주택 재생과 연계한 복합주택 도시재생 CNP의 정책 목표

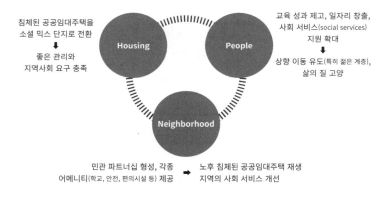

공, 민간, 비영리 민간 부문 등을 포괄하여 민관 파트너십 형태로 지역사회의 다양한 요구들을 반영하고 각종 사회 서비스도 제공하는 사업계획서를 제출해야 입찰 자격을 얻을 수 있다. CNP의 핵심 요체는 주거(Housing), 사람(People), 지역(Neighborhood)에 대한 재생이며, 주택도시개발부는 이미 계획이 수립되어 진행 중인 지역에 대해서는 이행 보조금(Implementation Grant), 계획을 수립하고자 하는 지역에 대해서는 계획 보조금(Planning Grant)을 지원한다. 2010~2013년간 CNP를 추진하는 9개 지역에, 2억 3400만 달러가 지원되었으며, 정부는 이러한 재정 투자로 20억 달러의 민간 투자

효과가 있을 것으로 추산했다(Rosan, 2014). CNP는 백악관이 중심이 되어 재정적, 사회적, 경제적, 환경적 지속가능성을 목표로 추진되었으며, '20년 후의 번영'을 위한 투자라는 집권 2기 오바마 정부의 주택 철학을 반영하고 있다.

1970년대 주택바우처와 민간임대주택의 결합

주택바우처는 1973년 닉슨 대통령의 공공임대주택 모라토리엄 선언 이후 공공임대주택을 대체하기 위한 정책으로 도입되었다. 주택바우처의 정책 목표는 저소득 임차 가구가 민간임대 시장의 적절하고, 안전하고, 위생적인 주택에서 부담가능하게 거주할 수 있도록 지원하는 것이다. 기본 전제는 저소득 임차 가구들이 민간임대 시장에서 거주할 주택을 직접 '선택'(choice)할 수 있도록 하는 것이며, 소득의 30%(대도시는 40%)를 넘는 임대료와 정부가 정한 임대료 상한선인 지불기준(payment standard, 공정임대료의 90~110%) 간의 차액을 '바우처 쿠폰'으로 지급하는 방식이다.

공공임대주택에 대한 회의론적 시각에서 대두된 주택바우처

주택바우처는 1937년 공공임대주택 도입 시에도 고려된 바가 있었으나, 그 당시의 시대적 여건상 저소득층 주거문제 해결에 있어 저렴한 신규주택 공급이 급선무라는 주장에 따라 유보되었다. 주택바우처는 1953년 대통령 자문위원회인 '주택정책위원회'에서 재론되었다. 그러나 이때도 주택바우처가 곧바로 도입되지 않고 1965년 주택도시개발법(Housing and Urban Development Act)을 제정하여 임대료를 보조할 수 있는 법적 근거만 만들고, 기존 주택 매입 후 재임대사업(Leased Housing Program, Section 23 프로그램으로 명명)을 시행하는 방법의 일환으로 도입되었다. 기존 주택 매입 후 재임대 사업은 우리의 다가구 매입임대사업과 유사한 방식이다. 즉 공공주택청이 기존 주택을 매입하여 임차인에게 재임대하는 방식으로, 이때 임대료 보조는 집주인인 공공주택청이 수령하는 형태였다.

주택바우처 설계가 본격화된 것은 1971년으로, 당시 닉슨 대통령(재임기간 1969~1974년)의 정책 기조와 부합하면서부터였다. 주택바우처 도입 취지는 그동안 공공임대주택에서 문제시되었던 높은 건설 비용, 재정 부담 과중, 빈곤 집중에 따른 사회문제를 회피하는 데 두었다. 특히 공공임대주택은 한정된 일부 저소득층 가구만 수혜를 받을 뿐 정부가 지원해야 할 필요 계층을 충분히 포괄하고 있지 못하며, 공공임대주택 수혜자의 복지 의존성과 도덕적 해이 문제도 지적되었다. 또한 공공임대주택 입주자의 18.5%가 임대료를 연체하고 있었고, 문제가 있는 임차인을 퇴거시키는 것이 거의 불가능하며, 그로 인해 공공임대주택의 운영관리도 매우 어려웠던 점도 주택바우처 시행의 근본배경이 되었다.

한편 주택바우처 시행은 임대료 상승과 같은 주택시장 인플레이션 우려로 당장 시행보다는 시범사업부터 하자는 의견이 지배적이었다. 이에 10년간(1971~1980) '주택수당'(Housing Allowance)이라는 명칭으로, 12개 도시에 대한 시범사업을 우선 추진한 이후 그 결과에 따라 본격적으로 실시키로 했다. 시범사업의 목적은 얼마나 많은 가구들이 주택수당을 이용할 것인가? 어떤 유형의 주택과 입지를 선택할 것인가? 추가적으로 생긴 구매력이 주택시장에 어떤 영향을 미칠 것인가? 행정 지원에 얼마 만한 비용이 들 것인가? 등을 실험하는 것이었다. 그러나 시범사업의 성과가 나오기도 전인 1974년 전면적으로 도입이 되었는데, 이는 1973년 공공임대주택 중지령을 내린 바로 이듬해였다.

주택바우처 40년, 연방 주택도시개발부(HUD)의 가장 큰 예산 항목

주택바우처는 1974년 주택 및 커뮤니티 개발법(Housing and Community Act)에 근거한 '섹션 8(Section 8) 프로그램'으로 도입되었다. 섹션 8 프로그램은 임차인 바우처(Tenant-based voucher)와 집주인 바우처(Project-based voucher)로 구성되는데, 이 중 임차인 바우처가 현재의 주택바우처에 해당한다. 주택바우처는 1974년에는 '임대료 증서'(Rental Certification Program)로 불렸고, 1984년에는 '임대료 바우처'(Rental voucher)로 불렸으나, 1998년 양질의 주택 및 근로책임법(QHWRA)에 근거하여 이 두 제도가 통합하면서 현재의 정식 명칭인 'Housing Choice Voucher Program'(HCVP)이 되었다.

주택바우처 지원 대상자는 18세 이상으로 소득기준은 중위소득의 80% 이하여야 하나, 임차료 부담이 과중한 극빈층(지역 중위소득의 30% 이하)의 수급률 제고를 위해 연간 주택바우처 지원 대상자 중 극빈층이 75%가 되도록 규정하고 있다. 대상 임차주택은 민간임대주택으로, 공공주택청의 주택상태조사(housing inspection)를 통과한 양질의 임대주택이어야 한다. 주택바우처 지원금은 지불기준(공정임대료의 90~110%, 임대료가 비싼 지역에서는 120%까지도 허용)과 소득의 30%를 초과하는 임차료 간의 차액이다.

주택바우처 지원 가구수는 2013년 212만 가구이며, 1995년을 기점으로 공공임대주택 지원 호수를 넘어섰다(《그림 12》 참조). 주택도시개발부의 예산 중 주택바우처는 단일 항목으로는 가장 큰 비

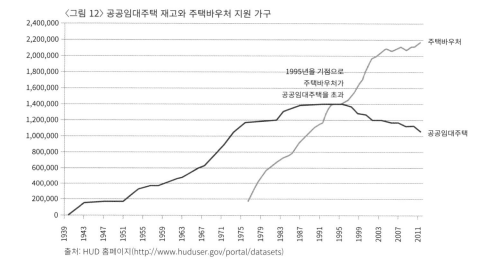

〈그림 12〉공공임대주택 재고와 주택바우처 지원 가구

1995년을 기점으로
주택바우처가
공공임대주택을 초과

주택바우처

공공임대주택

출처: HUD 홈페이지(http://www.huduser.gov/portal/datasets)

중(43~48%)을 차지하며, 연간 예산 지출실적은 2000년 113억 달러
에서 2012년 189억 달러로 크게 늘었다. 이러한 예산 증가에 대해
그동안 주택바우처 반대론자들은 주택시장에서 임대료 상승만 부
추겼을 뿐 저렴한 주택 공급은 실패했다고 비판하는 반면, 찬성론
자들은 민간임대주택 재고를 활용했기 때문에 공공임대주택 건설
에 비해 비용효과적이고, 특정 지역에 빈곤이 집중되지 않아 그만
큼 사회적 비용 절감 효과가 있다고 주장하고 있다. 미회계감사원
(GAO: General Account Office)의 2002년 보고서에 따르면, 30년간을
비교할 때 호프 식스 프로그램으로 재개발된 공공임대주택이 주택
바우처보다 27% 비싸며, 민간임대주택 지원 사업인 저소득층 세액
공제(LIHTC)가 주택바우처보다 15% 비싸다고 보고했다.

그러나 지난 40년간 주택바우처의 경험은 근본적인 한계를 드
러내고 있다고 지적하는 이들도 있다(Shwartz, 2015). 임대료가 높은
지역에서 주택바우처는 실효성이 크지 않으며, 이동성 제약이 큰

고령자, 장애인, 대가족과 같은 경우 주택바우처 대상 주택을 찾기 매우 어렵다는 것이다. 주택바우처를 지급받은 가구는 60일간 공정임대료 수준[2]에 해당하는 민간임대주택을 찾고 공공주택청의 주택상태조사를 통과해야 실제 주택바우처를 쓸 수 있게 된다. 해당 임대차 시장 내 적정한 양질의 민간임대주택이 부족할 경우 집 찾기도 어렵지만 임대료가 올라가는 부작용이 커서 2000년대 중반 실제 주택바우처를 쓸 수 있는 성공률은 60% 수준(뉴욕과 같은 경우 40%~50% 수준)에 불과하기도 했다.

또한 주택바우처 지원 대상이 새로 늘어나기 어렵다는 비판도 있다. 미국 주택바우처 시스템은 연방정부가 예산 범위 내에서 매년 공공주택청에게 주택바우처 물량을 할당하는 방법이다. 따라서 재계약 가구들을 지원하는 데도 부족한 경우가 많아, 2003년에서 2008년까지는 신규 신청은 모두 대기자로 기다려야 했다. 더구나 임대료가 오른 반면 예산은 그만큼 늘지 못한 상황에서 2014년에는 8만 5,697가구가 수급 탈락되는 초유의 사태를 낳기도 했다. 주택바우처 예산은 이러한 점을 반영하여 2015년 193억 달러가 배정되었고, 2016년에는 신규 신청 6만 7,000가구를 반영하여 211억 달러의 예산을 의회에 신청한 상태이다. 주택바우처 수급자의 소득수준은 1만 2,758달러(2013년 연소득 기준)로, 공공임대주택 거주자와 비슷한 수준이며, 최저빈곤선인 1만 5,000달러 이하 가구 비중

---

2. 공정임대료는 연방정부의 각종 저소득층 주거지원에 대한 정책 가이드라인으로, 1984년까지는 민간임대주택의 중위 임차료(median rent)의 하위 45분위 수준이었으나, 1995년부터는 중위 임차료의 하위 40분위가 적용되어왔으며, 임차료 수준이 높은 39개 대도시 지역의 경우 2001년부터는 중위 임차료의 하위 50분위를 공정임대료로 책정해오고 있다. 2013년 2침실 한 달 기준의 공정임대료는 50개 주 대도시 평균 1,073달러(최저 583달러~최고 1,795달러)이며, 한 달에 1,000달러가 넘는 공정임대료 수준에 이르는 지역구는 16%이다 (Schwartz, 2015).

이 70%이다. 한 달 평균 주택바우처 지원금은 2014년 가구당 658달러(약 75만 원) 수준이다.

민간임대주택 집주인 바우처 지원에 대한 정책 선호는 점차 증가

민간임대주택 집주인 바우처(PBRV: Project-based rental voucher)는 공공주택청이 집주인과 임대차 계약을 하고, 통상 10년간 저가 임대주택으로 운영하는 조건(경우에 따라서는 15년 혹은 20년간 계약)으로 집주인에게 바우처를 지급하는 방식이다. 대상 주택은 공공주택청의 품질 검사를 통과한 주택으로, 질적 수준이 낮은 주택이나 재건축 비용이 호당 1,000달러를 넘으면 지원 대상에서 제외되며, 임대료 수준은 공정임대료의 110%를 초과해서는 안 된다. 공공주택청은 연방정부로부터 매년 배정되는 주택바우처 물량 중 20%까지만 집주인 바우처로 활용할 수 있다.

집주인 측면에서의 장점은 임대료를 매달 제때 보장받을 수 있을 뿐 아니라 공공주택청이 입주 대상자의 자격 요건을 사전에 검증할 수 있다는 점이다. 그러나 의무임대 기간인 10년 만기 이후 해당 주택을 연방정부가 추가 지원을 해주지 않는다면 계속하여 저가 임대주택으로 유지되기는 어려우며, 임차인이 이사를 나갈 경우에 그 임차인은 더 이상 저렴한 임대료 혜택을 누릴 수 없는 단점이 있다. 집주인 바우처를 지원받고 있는 임차 가구수는 2014년 122만 8,000가구이며, 연방정부는 집주인들에게 2005년 53억 달러, 2012년 93억 달러를 지원했으며, 2015년 및 2016년에는 각각 97억 달러와 107억 6,000달러 수준으로 늘릴 계획을 세웠다(Center on Budget and Policy Priorities, 2015b).

임차인 주택바우처와 집주인 주택바우처를 합할 경우, 2014

년에 민간임대주택 집주인에게 지급된 바우처 총지원금은 163억 4,420만 달러이다. 정부는 이러한 지원으로 집주인이 재산세 등 각종 세금을 납부하고 양질로 주택관리도 계속해나갈 수 있을 뿐 아니라 저소득 세입자도 돕는 윈윈 방법으로 인식하고 있다. 반면 바우처 지원 예산에 비해 공공임대주택 예산은 2005년 52억 달러에서 2012년 60억 달러, 2015년에는 63억 달러로 주택바우처 예산의 22% 수준에 불과하다(《그림 13 참조》).

주택바우처는 미국 저소득층 주택 프로그램 중 가장 큰 지원 규모라는 점 이외에도 지난 반세기 동안 주거복지 전달 체계에도 큰 변화를 가져왔다. 무엇보다 정부가 직접 공급하는 공공 소유권(public ownership) 중심의 공공임대주택을 민간임대주택 재고를 활용한 새로운 모델로 전환하면서 공공주택청의 위상과 역할이 바뀌는 계기가 되었다. 공공주택청은 1980년대와 1990년대 공공임대주택 운영관리 부담에 따라 법정 관리를 신청하는 곳이 늘면서 상당수가 매각되었고(주로 주정부 혹은 시정부에) 지분 구조도 다양해지면서 자체적인 재정 자립을 주문받게 되었다. 공공주택청은 여전히 1937년 주택법에 근거하여 연방정부의 주택정책 집행기관으로서의 법적 위상을 갖고 연방정부의 예산 지원과 규제 및 감시하에 운영되고 있으나, 주정부 및 시정부의 재원도 활용하여 지역 주거복지사업에도 참여하고 있다.

주택바우처 행정을 집행하고 있는 공공주택청은 2,230개(2014년 기준)이다.[3] 주택바우처와 연계하여 시행되고 있는 상향 주거이동 및 빈곤분산 프로그램인 MTO(Moving to Opportunity, 1992년 시행), 일자리 연계 프로그램인 MTW(Moving to Work, 1994년 시범 실시, 2014년 확대 시행), 수급자 자활 프로그램인 FSS(Family Self-Sufficiency, 1990년

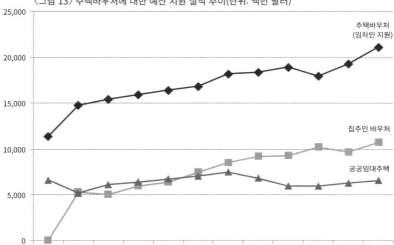

〈그림 13〉 주택바우처에 대한 예산 지원 실적 추이(단위: 백만 달러)

주택바우처
(임차인 지원)

집주인 바우처

공공임대주택

주: 2016년은 예산 지출 계획.
출처: HUD, 2015, www.hud.gov.

시행) 등 연방정부의 각종 시범사업과 추가적인 지원 사업들이 계속 늘어나면서, 공공주택청도 지원, 상담, 민간 집주인과의 계약, 지역 주거복지 자원을 조율하는 일 등 해야 할 업무가 증가하고 있다. 민관 파트너십 차원에서 민간자본 유치를 도맡는 역할도 수행해야 하는 여건이다. 이런 점에서 클라이트 교수는 공공주택청 조직의 하이브리드화된 특성이 향후 저소득층 주거안정에 얼마나 시너지 효과를 낼 수 있을 것인가에 대해서는 의문이라고 평가했다(Kleit, 2015).

---

3. 미 전역의 공공주택청은 3,095개로, 이들 중에는 공공임대주택의 공급 및 운영관리만 전담하는 기관이 있는가 하면, 주택바우처 행정만 전담하는 기관도 있으며, 공공임대주택 및 주택바우처 모두를 전담하는 기관이 있다.

민간임대주택 공급의 활력소: 저소득층 주택 세액공제(LIHTC)

1960년대와 1980년대 초까지 약 20년간 연방정부는 민간 부문에 대한 이자 보전 방식으로 민간임대주택 부문을 육성하고자 했다. 최초 지원 프로그램은 1961년 섹션 221(d)3의 이자율 보조 프로그램(20년 임대조건)이다. 이는 민간업체(영리, 비영리)가 공공임대주택 건설 시 연방주택청 보증하에 시장 이자율보다 낮은 담보대출이자(이자율 3%)로 민간 대출업자에게 자금을 조달하고, 민간 대출업자는 이 담보대출을 즉시 페니메(Faennie Mae)에게 시세대로 매각하여 이자 차액을 얻을 수 있도록 한 것이다. 시장 이자율보다 낮게 이자율을 책정한 것은 민간업체가 임대료를 낮게 책정할 수 있는 유인을 주기 위해서이다. 그러나 이 프로그램은 중위소득의 100%, 즉 중간층까지 지원 대상으로 한데다, 회계적으로 매우 비싼 정책이란 비판을 받고 1966년, 18만 4,000호 지원을 끝으로 종결되었다.

이후 1968년 섹션 236에 근거한 이자율 보조정책(20년 임대조건)이 도입되었고, 중위소득 80% 이하 가구를 정책 대상으로 했다. 이 역시 섹션 221(d)3과 유사하게 연방정부가 민간업체가 민간대출업자로부터 조달한 자금의 시장 이자율(7%)과 정책 이자율(1%) 간의 차이를 보조함으로써 민간임대주택을 확보하는 방법이었다. 섹션 236은 섹션 221(d)3에 비해 비용도 낮고 보조금 효과도 커 섹션 221(d)3 보다 임대료가 저렴했다. 그러나 이후 닉슨 정부의 공공임대주택 건설 중지령이 선언된 1973년에 이 프로그램은 54만 호로 종결되었다.

1974~1983년에는 공정임대료와 임차인 소득 간의 30% 차액

을 민간 임대사업자에게 지원하는 섹션 8 '임대료 증서' 프로그램이 도입되었다. 이는 주립 주택금융공사(state housing finance agencies)를 통해 지원하며, 운영관리 시 감가상각에 대한 보조금도 지원했다. 그러나 이 프로그램은 1970년대 고유가, 고금리, 고물가라는 악재 속에서 추진되다보니 임차인의 임대료 부담 문제와 운영비 충당 문제로 1983년 종결되었다.

조세개혁으로 추진된 1986년 저소득층 주택 세액공제

이전보다 전향적이고 혁신적인 민간임대주택 육성 방안이 도입된 것은 1980년대 레이건 정부 때이다. "시장의 자유로운 경쟁이 최선의 결과를 낳는다"는 신자유주의적 사고에 근거하여 세율을 낮추는 것이 경기 회복에 유리하다는 래퍼 효과(Laffer Effect)가 채택되면서, 경기회복조세법(1981년), 조세형평 및 재정책임법(1981년), 조세개혁법(1986년)등 일련의 감세법들이 도입되었다. '저소득층 주택 세액공제'(LIHTC: Low-Income Housing Tax Credit)는 바로 1986년의 조세개혁법을 통해 도입된 민간임대주택 육성 방법이다. 정책 목표는 주택시장을 장려하고 활성화시키기 위해 민간주도적으로 임대주택을 공급하는 것이다.

LIHTC는 주택바우처, 호프 식스와 더불어 미국에서 성공한 정책으로 인정받고 있는데, 그 주된 이유는 재정 절감과 민간 투자 유인 효과 때문이다. 연방정부는 연간 60억 달러 정도만을 지원하지만 LIHTC를 통한 민간 투자는 1,000억 달러에 이르고 있다. LIHTC를 통한 민간임대주택 공급 실적은 25년간(1987~2013년) 약 210만 호(신규 건설 133만 호, 재개발 77만 호)인데, 이는 지난 반세기 이상 연방정부가 힘들게 이끌어오던 공공임대주택 재고 115만 호에 비한다면 약 2배의 성과를 올린 셈이다.

LIHTC는 재무부가 운영하고 있으며, 임대사업자는 15년간 의무임대 조건을 준수하고 일정 비율의 저소득층을 입주시킬 경우 10년간 개발비용의 4% 혹은 9%에 해당하는 세액만큼 세금 감면을 받는 방법이다. 4% 세액 감면 대상은 이미 연방정부 면세채권이나 보조금으로 일부 지원받고 있거나 토지 취득, 재개발, 소규모 개발이 해당되며, 9% 세액 감면은 신규 건설 및 대규모 재개발 사업이 해당된다. 세액공제 규모는 매년 연방정부가 각 지역의 인구 수를 감안하여 할당하고 있는데, 1987년에 1인당 1달러에서 출발했으나, 물가 상승에 따라 증가하여 2007년에는 1인당 2달러가 되었다. 이 방식은 저소득층 등 지원 대상 가구가 많은 지역에 세액공제 대상 물량이 많이 배분되는 것이 아니라 인구수가 많은 곳에 많이 할당되는 구조이다. LIHTC로 개발된 임대주택의 입주자격은 지역 중위소득의 140%까지 가능하나, 50:20 원칙(지역 중위소득의 50% 이하 계층을 최소 20% 확보) 혹은 60:40원칙(지역 중위소득 60% 이하 계층을 최소 40% 확보)이 적용되고 있다.

의무임대 기간은 15년이나 진출입이 가능한 투자 구조

LIHTC를 통한 민간 지원방식은 우리나라의 조세 감면 혜택과는 상당히 다르다. 임대주택 건설주체가 15년간 의무임대 기간을 채우지 못하더라도 다른 투자자에게 이를 양도할 수 있도록 해주고 있고, 양도받은 투자자는 법에 따라 임대기간까지 임대해야 하며 세액공제도 승계되는 방식이다. 즉 투자의 진출입이 언제든 가능한 구조인 셈이다. 초기 민간 투자자는 소득공제와 지분 매각 시 양도차익을 향유하며, 또한 매각(이때는 세액공제를 현가로 할인)을 통해

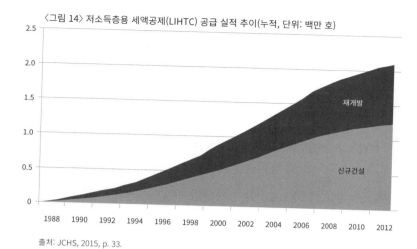

<그림 14> 저소득층용 세액공제(LIHTC) 공급 실적 추이(누적, 단위: 백만 호)

재개발

신규건설

출처: JCHS, 2015, p. 33.

현금 흐름도 개선할 수 있다는 장점이 있다.

미국 정부는 이러한 방식이 가능하도록 하기 위해 양도 전담 회사(LIHTC 유통을 전담)의 설립을 허용하고, 국세청은 사업주체 및 양도 전담회사가 법을 제대로 준수하는지의 여부를 감시·감독하고 있다. LIHTC의 참여주체는 1987~2010년간 영리회사 78%, 비영리 회사 22%로 구성되었는데, 이들은 신디케이터(유통 전담 기관, 90%가 금융기관임), 공공주택청, 페니메, 프레디맥, 민간 개발업자, 주립 주택금융공사, 지역의 커뮤니티 개발공사(CDC: Community Development Corporation), 주정부 및 지방정부, 재무적 투자자(보험회사, 금융기관 등) 등으로 다양하다. 이들이 LIHTC에 투자하는 패턴은 주로 지분 투자 방식이며, 특히 재무적 투자자들은 일정 비율 이상을 지역 내 금융기관이 참여하도록 규정한 지역재투자법(Community Reinvestment Act)에 따라 투자하고 있다. 민간 기업의 경우 저금리 상황에서 투자 목적도 있지만, 좋은 기업 이미지와 사회적 기여라는 명분도 크다. 또한 LIHTC는 부담가능한 주택 공급을 위해 그동안의 정부 지원 모델을 획기적으로 전환한 사례로 투자 패턴과 재원 구성을 바꿔서 사업 구조를 경쟁력 있게끔 만들었다는 점이 가장 큰 장점이라고 볼 수 있다.

복잡하고 난해한 유통 경로와 임대료 부담 문제는 한계

LIHTC 성공에도 불구하고 단점으로 지적되고 있는 것은 프로그램의 복잡성과 비효율성이다. 다양한 주체가 참여하는 다자간 모델이다 보니 지분 매각 등에 따른 수익 구조가 복잡하며, 투자자 수익 배분 및 지분 유통에 소요되는 수수료(10% 정도)를 제외할 경우 실제 개발에 쓰는 돈은 50~60% 수준이다. 또한 LIHTC를 통해 건설된 민간임대주택의 임대료가 과연 입주자들에게 부담가능한가에 대한 논란도 있다. LIHTC 단지에는 중위소득 30% 이하의 극빈층들이 43% 입주해 있지만, 이들 중 70%는 주택바우처 등 정부로부터 다른 지원금을 받고 있는 상황이다. 즉 이는 조세 감면 혜택만으로 장기적인 임대료 부담 완화에는 한계가 있으며, 그로 인하여 LIHTC 단지는 임차인 주택바우처뿐 아니라 집주인 바우처와 결합한 지원이 불가피한 상황이다.

LIHTC가 현재 당면한 과제는 초창기 건설된 단지의 의무임대 기간 15년이 종료되면서 이러한 재고가 계속 유지될 수 있을 것인가 하는 문제이다. 이에 미의회는 30년까지 의무임대 기간을 연장 조치함으로써 대응하고 있으나, 세액공제는 10년이라는 점에서 의무임대 기간이 연장된다고 하더라고 추가 조치가 뒤따르지 않는다면 임대료가 부담가능한 수준으로 계속 머물러줄 것인가에 대해서는 의문이다. 2010년 이후 의무 임대기간에서 졸업하게 되는

LIHTC 재고수는 약 40만 호에 달하며, 이 수는 2020년이 되면 약 100만 호에 이를 것으로 전망된다(Abt Associates Inc., 2012). 무엇보다 금융위기 이후 민간 부문의 투자 감소로 LIHTC 시장은 크게 위축되었으며, 2000년대 중반 활황기로 되돌아가기는 어려우리라는 관측이 지배적인 상황에서 향후 신규 재고 확보보다는 기존 재고를 어떻게 잘 유지, 보전해나갈 것인지가 관건이다.

저소득층 주거안정을 위한 지역 차원의 참여

미국은 연방정부 주도의 주택정책 이외에도 주정부 및 지방정부가 주도한 정책들도 많다. 주정부와 지방정부는 지역 기반의 비영리 민간조직과 연대해 지역의 주거문제와 도시재생에 대한 투자를 해오고 있다. 특히 레이건 대통령 재임기(1981~1989년)의 레이거노믹스(Reaganomics) 체제가 연방정부 재정 지출을 줄이고 주택정책의 지방분권화를 추진하면서 주정부, 지방정부, 비영리 민간 부문의 역할은 점차 커졌다.

지방 참여의 문을 연 제1기 포괄 보조금

미국 주택정책사에서 제1기 분권화는 1974년 '주택 및 커뮤니티 개발법'(Housing and Community Development Act)에 따라 추진되었다. 이 법으로 새로 도입된 지역개발보조금(CDBG: Community Development Block Grant)이라는 포괄 보조금은 그동안 각기 다른 프로그램에 따라 시행되던 8개의 개별 보조금(categorical grant)을 하나로 통합한 것으로, 지방정부는 지역 특성에 맞게 이 포괄 보조금을

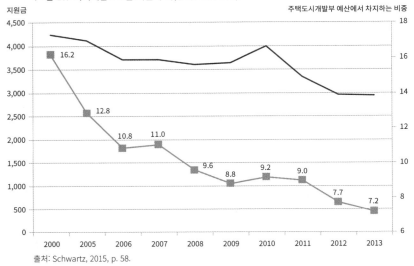

출처: Schwartz, 2015, p. 58.

쓸 수 있는 재량권을 가지게 되었다. 연방정부로부터 지역개발보조금을 받고자 하는 주정부와 지방정부는 지역의 주택 요구에 대응하기 위해 5개년 계획(1년마다 수정)을 제출하여 이 포괄 보조금을 어디에 어떻게 사용할 것인가를 승인받아야 한다. 이 5개년 계획은 연방정부에서 운영하는 각종 주택도시개발 프로그램을 포함하여 지역의 자체적인 프로그램의 추진 방법도 반영한 '주택도시개발 통합계획'(일명 ConPlan으로 명명, Consolidated Plan)이다.

지역개발보조금의 지원 목적은 중위 소득층과 저소득층을 위한 적정한 주택 공급과 양질의 주거환경 조성 및 경제적 기회의 확대이다. 지역개발보조금은 토지 취득, 주거용 및 비주거용 건설, 도시 개발과 재생, 경제 개발, 사회 서비스 지원 등 다양한 분야에 쓸 수 있으나, 공공청사, 학교, 공항 건설, 도로 및 공원과 같은 공공시설의 관리 및 보수는 제한된다. 또한 지원 대상 요건에서 지역개발

보조금(CDBG)은 지역 중위소득의 80% 이하인 저소득층에게 총지출금의 70% 이상을 써야 하며, 나머지 30%의 지출은 슬럼 철거 및 도시 안전과 재난 예방 목적에 쓰도록 되어 있다.

연방정부가 지방정부에 지원한 지역개발보조금은 1990~2000년간 연평균 약 48억 달러였는데, 이후 계속 감소 추세로 금융위기 직후 2009~2010년간 다소 증가했으나 2013년에는 29억 달러 수준에 그치고 있다. 주택도시개발부(HUD)의 전체 예산에서 차지하는 비중도 2000년 16.2%에서 2013년 7.2%로 크게 줄었다(〈그림 15〉 참조). 지금까지 지역개발보조금은 주정부가 30%, 시정부가 70%를 받았으며, 전체 지원금 중 주택 부문에는 평균적으로 약 25% 정도가 쓰였다. 2011년의 경우 주택 재개발에 가장 많은 58.6%가 지출되었다(Schwartz, 2015).

제2기 포괄 보조금인 HOME은 주택 부문에만 특화하여 지원

1990년에는 제2기 포괄 보조금인 주택투자 파트너십(HOME Investment Partnership, 일명 HOME) 프로그램이 '부담가능한 주택법'(Cranston-Gonzalez National Affordable Housing Act)에 근거하여 도입되었다. HOME 프로그램은 지역개발보조금이 지역 전반의 개발 활동에 광범위하게 지원되던 것과는 달리 중위 소득층 및 저소득층을 위한 부담가능한 주택 공급에만 사용되도록 계획된 포괄 보조금이다. HOME의 정책지원 대상 가구는 지역 중위소득의 80% 이하인 저소득층이나, 임대주택의 경우에는 지역 중위소득 50% 이하 가구를 대상으로 한다.

그동안 지원 규모를 보면, 1991~2012년간 총 234억 3,140달러(연평균 약 11억 달러)로 모두 137만 호를 지원했다. 이 중 임대주택

〈그림 16〉 HOME 보조금 지원 추이(단위: 백만 달러)

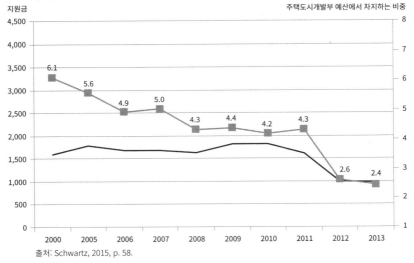

출처: Schwartz, 2015, p. 58.

건설 43만 호(52.6%)에 가장 많은 지원을 했고, 분양주택 46만 호
(26.5%), 자가주택 개보수 21만 호(17.6%), 임대료 보조 27만 가구
(3.4%)를 지원했다. 주택도시개발부는 HOME 지원금을 각 지역의
주택 필요도(need-based formula)에 따라 할당했으며, 주정부가 40%
를 받았고 시정부가 60%를 받았다. HOME 지원금을 받은 지방정
부는 5년 이내 이 지원금을 다 써야 하며, 지역 내 비영리 조직에
이 지원금의 15% 이하를 배분해야 하는 요건을 지켜야 한다.

연방정부 주택 프로그램과 달리 HOME 지원금으로 건설되는
임대주택은 영구적으로 임대용이 아닌 5년 임대 혹은 15년 임대
(지역에 따라 20년 임대도 있음) 조건으로 건설되며, 임대료 보조도 주택
바우처 같은 형태가 아니라 5년간 한시적으로 지원하는 방식이다
(Schwartz, 2015). 또한 지원 요건에 있어서도 지역 중위소득 80% 이
하 가구로 정해져 있지만, 지역에 따라 이러한 자격 요건이 엄격하

게 지켜지고 있지는 않으며 대개 중위소득의 50~88% 범위에 해당하는 가구들이 HOME 지원의 수혜자들이다. HOME 지원금도 지역개발보조금과 같이 금융위기 직후 다소 증가했으나, 2012년과 2013년에는 9억 달러 수준으로 크게 감소하여 주택도시개발부 예산에서 차지하는 비중도 6%대에서 2%대로 줄어들었다(〈그림 16〉참조).

이렇게 제1기와 제2기의 포괄 보조금은 주정부, 시정부, 비영리 조직들을 중심으로 지역 실정에 맞는 정책을 개발하여 주택정책의 지방화를 실현한 계기가 되었다. 그러나 재원의 대부분은 여전히 연방정부 의존적이어서 주정부와 시정부가 자체적으로 재원을 조달한 규모는 1981~2010년 기간 동안 1~3% 수준에 그쳤다. 이마저도 금융위기 이후에는 지역 자체 재원 투자로 줄어들고 있는 상황이다.

제3의 주택 재원 '지역 주택기금'과 비영리 조직의 활동

새로운 제3의 재원으로 지역 주택기금(Housing Trust Fund)이 있다. 주택기금은 1970년대 후반 최초 설립된 이후 1980년대 이후 연방정부 재정 지원이 큰 폭으로 줄어들면서 급격히 증가했다. 2012년 말 기준으로 미 전역에 주정부 및 시정부가 설립한 주택기금은 525개(주정부 51개, 시정부 389개, 군지역 82개)로 연간 16억 달러 이상을 지역의 주거문제 해소를 위해 지원하고 있다(Schwartz, 2015). 주택기금의 장점은 연방정부의 기준에 따른 용도가 엄격히 정해져 있지 않아 지역의 긴급한 주거문제들에 신속히 대응할 수 있는 유연성이 있다는 점이다. 그러나 주택기금의 지원은 주로 단기 지원으로, 소득에 따라 차등 지원되거나 운영비가 별도로 보조되는 것은 아니어서 장기적으로는 부담능력 측면에서 한계가 있다. 또한 기금의 수입원이 주로 주정부 및 지방정부로부터의 출자, 개발이익, 부동산 양도세 및 등록 수수료 등으로 구성되기 때문에 부동산 경기에 따라 재원 확보에 어려움을 겪기도 한다.

한편 미 전역에서 다양한 활동을 펼치고 있는 비영리 조직들도 지역 주거 지원 체계에서 네트워크의 역할을 하고 있다. 비영리 조직들은 신규주택의 공급뿐 아니라 재개발, 개보수, 부동산 개발 사업에도 참여하며, 고용, 의료, 상담, 홈리스 지원, 청소년 지원, 긴급 푸드 제공 등 다양한 서비스를 제공하고 있다. 비영리 조직들은 연방정부와 주정부의 주택 프로그램에도 참여하며 예산 지원을 받는다. 주정부가 운영하는 LIHTC 사업에서는 10%, HOME 프로그램에는 15% 참여하며, 지역의 주택기금 지원도 받는다. 비영리 조직들이 주택을 공급하는 경우 지원받은 연방정부 지원금 내역을 보면, 지역개발보조금에서는 40%, HOME 프로그램에서는 53%, 저소득층 주택 세액 공제에서는 28%를 받았다. 이러한 비영리 조직들에 대한 지원은 지역 업체에 지역 사업을 맡기도록 규정하고 있는 지역 재투자법에 따른 것이다.

비영리 조직들 중 가장 오래된 단체는 커뮤니티 개발공사로 약 4,600여 개가 활동 중이다. 이들은 지역에 분산된 저소득층 주거지원 네트워크를 구축하는 역할을 주로 수행하며 연방정부와 주정부(혹은 지방정부) 사이에서 중재자로, 정부와 민간 부문 간의 가교 역할을 수행하고 있다. 2011년 커뮤니티 개발공사가 보유하고 있는 주택은 공공임대주택 재고보다 많은 125만 호로 여기에는 Section 202(d)3 및 Section 236, 그리고 LIHTC로 개발된 주택도 포함되어 있다. 그 외 주택파트너십 네트워크(HPN: Housing Partnership Network)

조직이 98개, 커뮤니티 토지신탁(Community Land Trust) 조직이 246개, 유한지분협동조합(Limited Equity Cooperatives) 등이 비영리 조직으로 활동하고 있다(Bratt, 2012). 커뮤니티 개발공사가 보유한 주택을 포함해 이들 전체 비영리 조직이 보유한 주택수는 2011년 말 238만 호에 이른다(Bratt, 2012).

그러나 지역 주택기금이 한시적 지원이고 지속가능한 안전망에 한계가 있듯이 비영리 조직들의 주거지원 사업도 종합적인 접근이나 체계적 대응에 한계가 있다는 점은 도전 과제로 여전히 남아 있다.

금융위기 이후 주택 버블 붕괴와 시장 현안

금융위기로 미국의 주택가격은 2006년 최고점을 기록한 후 2011년까지 33%가 급락했고, 약 7조 달러에 이르는 자산 손실과 총소비 감소로 이어졌다(미국 의회, 2012). 집값 하락으로 주택거래도 급감했고 신규주택 건설도 크게 줄었다. 신규주택 구입 건수는 2000년대 초반 90만 건 수준에서 2006년 130만 건으로 증가했으나 2011년에는 30만 건으로 역대 최저 수준을 기록했다. 기존 주택 거래도 2006년 600만 건 수준에서 2011년 400만 건을 밑돌았다. 2013년 말부터 주택가격과 거래 실적은 다시 회복세를 보이고 있으나, 2006년 고점 대비에서 보면 여전히 낮은 상황이다. 신규주택 건설도 장기 평균 140만 호 수준에서 2011년에는 58만 호 수준으로 떨어지는 이변이 일어났다.

이러한 거래 절벽과 신규 건설 감소에 대해 미국 경제학자들은

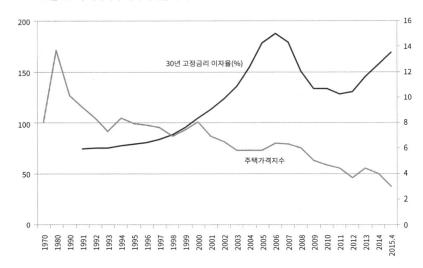

〈그림 17〉 주택가격 추이와 이자율 추이

30년 고정금리 이자율(%)

주택가격지수

〈그림 18〉 주택가격 상승률 추이(단위: %)

10개 주요 도시   20개 주요 도시   전국

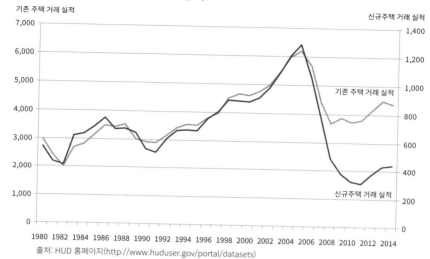

〈그림 19〉 주택거래 실적 추이(단위: 천 호)

기존 주택 거래 실적

신규주택 거래 실적

기존 주택 거래 실적

신규주택 거래 실적

출처: HUD 홈페이지(http://www.huduser.gov/portal/datasets)

'집주인이 집을 팔면 새로운 이주자가 그 집에 이사 오고, 집을 판 집주인은 더 좋은 집을 구입하는' 일련의 주택시장 내 연쇄 고리가 무너졌다고 평가하기도 했다. 이러한 주택 필터링 기제의 마비 상태는 선택을 중시하는 미국 사회의 주거문화에도 큰 위기였다고 볼 수 있다.

주택시장의 버블 붕괴는 가장 먼저 자가 소유 시장의 붕괴로 나타났다. 금융위기 이후 2015년 2분기까지 자가 거주자가 154만 가구가 줄었고,[4] 집값이 담보가치보다 낮은 깡통주택이 속출하면서 대출금 연체와 차압주택이 크게 늘었다. 깡통주택은 2011년 1,210만 호(전체 주택담보대출 중 25%, 전체 자가주택의 15%)에 이르렀고, 상

---

4. 자가 점유자 수(owner-occupied units)는 2008년 759.5만 가구에서 2015년 2분기에는 744.1만 가구로 감소하여, 154.4만 가구가 줄었다(http://www.statista.com/statistics/187576/ housing-units-occupied-by-owner-in-the-us-since-1975/).

환 불능에 따라 차압당한 주택수는 2007~2012년간 1,250만 호나 되었다(〈그림 20〉 참조).

주택가격 회복으로 전체 주택담보대출 중 차압된 주택 비중은 2008~2009년 10%대에서 2013년 4.5%로 감소했고(〈그림 21〉 참조), 깡통주택도 2014년 500만 건으로 감소했다(〈그림 20〉 참조). 총 주택담보 가치가 주택담보대출 잔액(9조 달러 규모)보다도 낮았던 것도 2013년 들어서는 주택담보대출 잔액보다 많아졌다. 그러나 저소득층이 주로 보유한 중저가 주택의 깡통주택 비중은 별로 개선되지 못했다. 주택담보 가치가 20만 달러 이상인 자가주택 중 깡통주택 비중은 6%인데 비해 소수인종 등 저소득층이 보유한 자가주택 중 깡통주택 비중은 27%에 이른다(JCHS, 2015).

주택 차압은 왜 그렇게 단기간 내 급증한 것일까?

주택 차압의 증가 원인은 무엇보다 주택가격 하락이 근본 원인이지만 주택시장 외적인 요인들도 상당히 작용했다. 주택 차압은 대출자가 90일 이상 대출금을 연체할 경우 채무불이행 통보를 받게 되고, 이후 보통 30일 이내에 지급되지 않을 경우 차압 절차에 들어가게 된다. 이 과정에서 차입자는 대출조건을 변경하거나 차압 절차가 진행되기 전에 소유주택을 급매도(short sale) 혹은 대출자에게 자발적으로 권리를 양도하여 차압을 피할 수 있다.

주택 차압은 금융위기 이전에도 매년 80만 건에서 100만 건 정도에 이르렀는데, 금융위기로 4배 이상이 늘었다. 차압 건수는 2010년 400만 건에 이르렀고 특히 주택가격이 크게 올랐던 플로리다, 캘리포니아, 애리조나, 네바다, 뉴욕, 뉴저지, 미시건, 오하이오 지역이 미국 전체 차압주택의 상당수를 차지하고 있다. 깡통주택

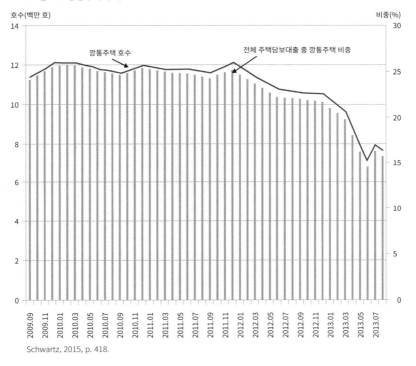

〈그림 20〉 깡통주택 추이

호수(백만 호)   비중(%)

깡통주택 호수

전체 주택담보대출 중 깡통주택 비중

Schwartz, 2015, p. 418.

비중도 네바다 24%, 플로리다 23%, 애리조나 19%에 이르고 있다
(JCHS, 2015).

　이렇게 집값 하락으로 갑자기 늘어난 주택 차압 현상은 미국의
재판 제도와 관련이 깊은데, 워싱턴 DC와 22개 주에서 주택 차압
은 법원이 승인해야 대출기관이 차압을 이행할 수 있는 반면 나머
지 주에서는 이러한 절차가 없다. 결국 사법 절차가 필요 없는 나머
지 주에서는 주택대출금이 제대로 상환되지 못할 경우 곧바로 무
재판 차압 절차에 들어가게 된다. 자가 소유자가 차압당한 자신의
주택을 직접 구입하는 경우도 있는데, 이때는 대출금을 모두 상환

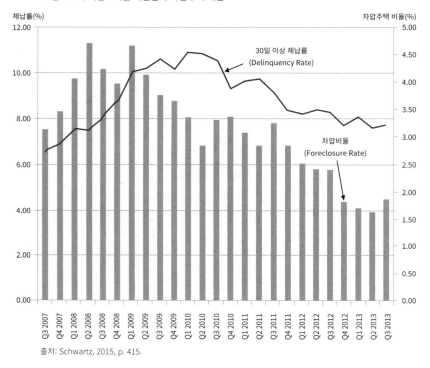

〈그림 21〉 주택담보대출 체납률과 차압주택 비율

체납률(%) 　　　　　　　　　　　　　　　　　　　　　　　　　　　　차압주택 비율(%)

30일 이상 체납률
(Delinquency Rate)

차압비율
(Foreclosure Rate)

출처: Schwartz, 2015, p. 415.

해야 한다. 직접 구입 의사가 있지만 주택을 팔더라도 대출금을 다 못 갚는 경우 해당 주택은 곧바로 경매 절차에 들어가게 된다. 대출 기관은 경매로 매각한 돈은 받지만 잔여 부채는 받을 수 없다. 이를 규정한 상환청구불가 주택담보대출법(Non-Resource Mortgage Law)은 11개 주에서 시행하고 있는데, 이 법에 따라 집을 팔아도 갚지 못하는 주택담보대출 잔액에 대해 자가 소유자는 그 잔여 부채를 탕감받게 된다. 즉 이러한 점이 채무불이행을 유도했을 가능성이 높다.

　　또한 2005년 제정된 소비자 파산법도 주택담보대출 채무불이행을 부추겼다는 지적이 있다. 파산을 어렵게 한 이 법은 경제적 어려움에 처한 자가 소유자들이 주택 이외 부채가 파산으로도 소멸되지 않기 때문에 주택 이외 부채 상환을 위해 주택담보대출 상환금을 써야 했다는 것이다(Ellis, 2011). 이러한 법제들뿐 아니라 주택담보대출 이자에 대한 관대한 소득공제 혜택도 대출금을 굳이 조기 상환을 할 필요가 없게 만들었다.

오바마 정부는 2009년 2월 주택담보대출 요건 변경 프로그램(HAMP: Home Affordable Modification Program)을 시행하여 경기침체나 해고로 갑자기 수입이 줄어 대출금 상환을 감당하기 힘든 자가 소유자들을 대상으로 금리 인하, 상환기간 연장 등 대출조건을 완화하는 방법으로 주택 차압이 유예될 수 있도록 지원했다. 주된 지원 대상자는 신용불량자나 채무불이행이 임박한 차압자로 2014년 말까지 약 110만 가구가 HAMP를 통해 주택담보대출의 융자조건을 재조정받았다. 주택담보대출 차환 프로그램(HARP: Home Affordable Refinancing Program)은 HAMP의 추가 조치로 시행되었다. HARP는 집값이 너무 낮아서 재융자를 받지 못하는 사람들에게 저금리로 재융자의 기회를 주는 것이다. 당초 700만 가구에서 800만 가구를 지원할 목표였으나 2014년까지 약 300만 가구가 재융자 지원을 받는 데 그쳤다. 그러나 주택 차압이 더 늘어나는 것을 예방하는 역할은 했다.

그러나 이 두 가지 프로그램에도 불구하고 근본적으로 대출기관이 주택 차압을 선호할 수밖에 없는 금융산업 관행과 상환청구 불가 주택담보대출, 파산법과 같은 요인들도 향후 집값이 더 회복되지 않는다면 주택 차압은 단기간 내 큰 폭으로 줄어들기는 어렵다고 볼 수 있다.

부담능력 위기는 저렴한 임대주택 재고의 절대 부족에서 비롯

자가 소유 시장 붕괴는 연이어 임대료 상승이라는 부담능력 위기(affordablity crisis)로 이어졌다. 2007~2011년간 240만 호의 주택이 자가주택에서 임차주택으로 전환되었고, 경기침체와 실업으로 인한 소득 감소로 임차 가구수는 2010~2014년간 900만 가구나 더 늘었다(JCHS, 2013). 비율로 보자면 임차 가구 비중은 2004년 31%에서 2014년 36%로 증가했다. 부담능력의 위기 상황은 저렴한 임대주택의 재고 부족, 임대료 과부담, 주거빈곤 심화 문제로 부각되고 있으며, 이는 금융위기 이전부터 꾸준히 제기되었던 사안이었지만 자가 소유 시장의 붕괴로 더욱 악화되었다.

미국에서 저렴 주택의 기준은 월임대료가 400달러 이하(종일근무의 최저임금 수준)인 주택으로 정의되고 있는데, 이러한 저렴주택 재고는 2001~2011년간 65만 호가 줄어들어, 2011년 말 저렴주택 재고는 전체 주택 재고의 단 5%에 불과하게 되었다. 무주택 빈곤층(중위소득 50% 이하)[5]은 2013년 1,120만 가구로 이들이 부담가능한 임대료 수준(소득의 30% 수준)에서 이용가능한 주택 재고수는 730만 호에 불과하다. 즉 100가구당 부담가능한 주택 재고는 65호인 셈이다. 중위소득 30% 이하인 극빈층의 경우에는 100가구당 단 39호만이 부담가능한 주택 재고이다(HUD, 2015).

더군다나 신규주택의 개발사업비는 늘어나고 보조금은 줄어드는 상황에서 기존의 저렴한 주택 재고 유지가 중요하나, 의무임대

---

5. 미국의 소득계층 구분은 저소득층(low income, 지역 중위소득의 80% 이하), 빈곤층(very low income, 지역 중위소득의 50% 이하), 극빈층(extremely low income, 지역 중위소득의 30% 이하)을 말한다. 미국의 평균적인 지역 중위소득은 2014년 63만 200달러로, 최저소득층은 28만 100달러 이하, 극빈층은 16만 800달러 이하이다(HUD, 2015).

기간 종료에 따라 기존 재고 상실 우려가 크다. 10년 후인 2025년에는 저소득층 주택 세액 공제 재고가 120만 호, 집주인 바우처 지원 주택 53만 호, 그 외 정부가 보조하던 주택 47만 호 등 총 220만 호의 저가 임대주택이 임대 의무기간 만료에 따라 시장에서 사라질 전망이다(JCHS, 2015)(〈그림 22〉참조). 특히 임대료가 높은 지역에서 이러한 움직임이 가속화될 가능성이 높다.

이러한 저렴주택 재고의 부족으로 미국 내에서는 2013년 약 60만 명의 홈리스들이 있다. 홈리스의 3분의 1은 가족 단위이며, 18세 이하 자녀가 있는 경우도 13만 명에 이르고 있다. 연방정부는 침상 1개를 구비한 영구지원 주택(permanent supportive housing)을 2007~2014년간 60% 이상 늘려 현재 30만 개를 갖추었으나 홈리스 수에 비하면 턱없이 부족하다. 최근 경기침체로 홈리스 수는 더 증가하고 있는 추세인데, 2007~2014년간 워싱턴 DC에서는 46%, 뉴욕에서는 29%, 매사추세츠에서는 40%가 더 늘었다. 2014년에는 가족 단위 홈리스 비중이 더 늘어 45%를 차지하고 있으며, 뉴욕에서만도 가족 단위 홈리스는 4만 1,600명에 이른다(JCHS, 2015).

임대료 부담 가중으로 주거빈곤 가구 크게 증가

주택도시개발부가 1973년부터 격년 단위로 발표하고 있는 주거빈곤 가구도 늘어나고 있다. 주거빈곤 가구(worst case housing needs)는 '지역 중위소득 50% 이하 무주택 임차 가구 중 정부로부터 아무런 지원을 받지 못한 채 소득에서 임대료를 50% 이상 지출하면서도 최저 주거기준이 미달되는 주택에 거주하는 경우'로 정의하는데, 이 규모는 2001년 501만 가구에서 2011년 848만 가구로 크게 늘었다. 연방정부의 잠재적인 지원 대상인 빈곤층(중위소득 50% 이하)

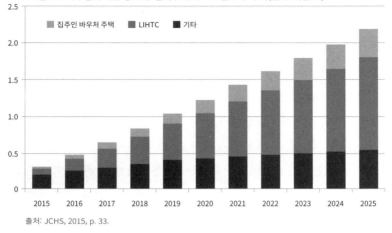

〈그림 22〉 의무임대 기간 종료 후 임대주택 재고 소실 호수 추이(단위: 백만 호)

출처: JCHS, 2015, p. 33.

임차 가구수는 2007년 1,590만 가구, 2011년 1,930만 가구로 340
만 가구가 더 늘어났으나, 실제 지원은 440만 가구에서 460만 가
구로 겨우 20만 가구가 늘어났을 뿐이다(JCHS, 2013). 2013년에는
주거빈곤 가구수는 772만 가구로 2011년에 비하여 다소 줄었지
만 2013년의 최저소득 임차 가구 1,850만 가구의 41.7%를 차지하
고 있으며, 특히 이들 주거빈곤 가구 중 93.6%는 임대료 과부담이
원인이다(HUD, 2015). 임대료 부담 측면에서만 본다면, 소득에서 임
대료를 50% 이상 지출하는 임대료 과부담 가구수는 2000~2015
년간 약 300만 가구가 늘었으며, 현 추세대로 간다면 2025년에는
1,310만 가구에 이를 전망이다(Charette 외, 2015).

부담능력 악화는 임대료 상승에 기인하기도 하지만 임차인의
실질소득 감소가 주된 원인이다. 자가 소유 촉진 정책에 따라 임
차 가구 중 구매력 있는 가구는 자가 점유 시장으로 이동해 간 반
면, 그렇지 못한 임차 가구는 임대주택에 그대로 머물러 있게 됨으

로써 임차 가구의 2011년 실질소득 수준은 1980년대 소득수준의 62%에 그치고 있다. 이러한 현상은 지난 20년간 미국의 소득불평등의 원인이기도 하다. 한편, 임대료는 실질가격으로 1980년대 이후 16% 이상 상승했고 에너지 비용(연료 및 유틸리티 비용)은 1999년에서 2010년간 27% 상승하여 임차 가구의 소득과 주거비 격차는 더욱 벌어지게 되었다(Collinson, 2011). 따라서 자가주택 상실로 임대주택에 거주하게 된 가구는 차압으로부터의 경제적·정신적 고통과 함께 이제는 임대주택의 임대료 상승으로 인한 이중고를 부담하는 상황이다.

부담능력 악화에 대응하는 중앙정부의 조치

연방정부는 2008년 7월 국민주택기금(National Housing Trust Fund)을 승인하고, 2018년까지 150만 호의 신규 부담가능한 주택(new affordable housing)을 건설하겠다는 목표를 제시했다. 주 투자자인 페니메와 프레디맥이 법정 관리 상태로 국민주택기금은 한때 무기한 유보되기도 했지만, 2014년 5월에 창설되었다.

오바마 정부는 이 기금을 기반으로 각 주(50개 주, 워싱턴 DC)에 매년 최대 300만 달러를 지원하고, 이 지원금의 90%는 공공임대주택에, 10%는 생애 최초 주택구입 지원금을 위한 저렴 공공분양주택 신규 건설을 지원키로 했다. 공공임대주택의 신규 공급은 2013년 말 미국 전역 공공임대주택 대기자 70만 가구의 수요를 감안한 것이다. 워싱턴 DC의 경우 공공임대주택 재고는 8,000호뿐이나 대기자 수는 7만 가구에 이른다.

한편 금융위기 이후 '저소득층 주택 세액 공제'의 투자 감소에 따라 향후 민간임대주택 재고 확대 전망도 녹록치 않다. '저소득

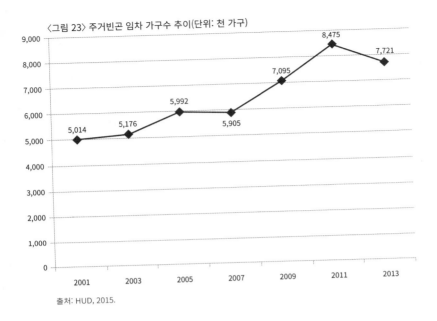

〈그림 23〉 주거빈곤 임차 가구수 추이(단위: 천 가구)

출처: HUD, 2015.

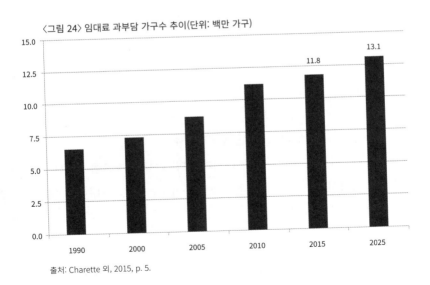

〈그림 24〉 임대료 과부담 가구수 추이(단위: 백만 가구)

출처: Charette 외, 2015, p. 5.

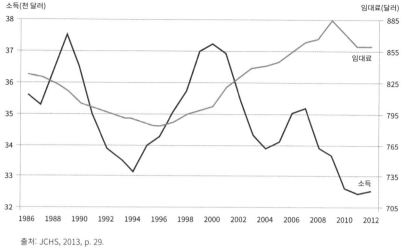

〈그림 25〉 임차 가구의 소득수준과 임대료 상승 추이

소득(천 달러)

임대료(달러)

출처: JCHS, 2013, p. 29.

층 주택 세액 공제'의 민간투자 규모는 2007년 90억 달러에서 2009년 40~45억 달러로 절반가량 줄었다. 민간기업의 수입 감소에 따라 세액 공제에 대한 메리트도 그만큼 줄어들었기 때문이다. 공공주택청의 신규 투자도 공공임대주택 운영관리비 부담으로 어려운 상황이고, 법정관리 상태인 페니메와 프레디맥의 지속적 투자 전망도 어둡다. 이에 오바마 정부는 두 가지 방책을 제시하고 있는데, 하나는 민간투자 시 실제 수익과 기대 수익 간의 차액을 정부가 메꿔주는 방식인 '세액 공제 지원 프로그램'(Tax Credit Assistance Program:TCAP)이다. 미국 정부는 2008년 '주택경기 회복법'(The Housing Economic Recovery:HERA)에 근거해 1인당 세액공제 금액을 2.25달러까지 높여주었고, '미국 경기회복 및 재투자법'(American Recovery and Reinvestment Act)에서 22.5억 달러를 지원했다. 두 번째는 세액 공제 교환 프로그램(Tax Credit Exchange Program:TCEP)이다.

이것은 디벨로퍼가 팔지 못한 세액공제권을 정부가 1인당 85센트로 교환해주는 방법이다. 그러나 이러한 투자자들에 대한 수익 보전 방법은 임시방편이자 미봉책에 불과하다고 볼 수 있을 것이다.

향후 공공임대주택은 국민주택기금 지원으로 신규 투자가 어느 정도 확대될 수 있을 것이나 민간임대주택은 주로 임대사업자가 재융자를 받아 임대사업을 계속 영위해야 하기 때문에 의무임대 기간 종료 이후 계속 사업 여부는 장담할 수 없는 상황이다.

이와 함께 공공임대주택의 재고를 유지관리하고 보전하는 새로운 해법이 제시되었다. 이는 저렴한 주택 재고 상실을 더 이상 방치할 수 없다는 특단의 대책이기도 하다. 공공임대주택 재고 115만호의 운영관리에 소요되는 자본 투자 요구액은 2010년 말 256억달러(호당 2만 3,365달러)로 추산된다. 기존 공공임대주택에 이러한 개보수 비용을 모두 지원했다고 해도 매년 35억 달러(호당 3,155달러)의 신규 개보수 요구가 발생하며, 향후 20년간 공공임대주택의 운영관리에 소요되는 총 자본투자소요는 890억 달러(호당 82,125달러)에 달할 것으로 전망된다(Abt Associates Inc., 2010). 그럼에도 불구하고 공공임대주택 재고는 연간 1만 호에서 1만 5,000호 가량이 소실될 것으로 추산되고 있다. 이에 연방정부는 2012년 민간자본을 활용하여 노후 공공임대주택의 재고를 보전하기 위해 '임대주택 지원 시범사업'(RAD: Rental Assistance Demonstration)을 도입했다. 이는 정부의 재정 소요를 해소하고 매년 1만 호 이상의 공공임대주택의 재고 소실을 예방하기 위한 고육지책이다.

RAD 지원 사업은 소유권 및 운영관리권은 공공주택청이 계속 보유하면서 노후 공공임대주택을 개보수, 유지관리, 경우에 따라서는 전면 재개발하는 방식이다. 비용 부담은 연방정부의 추가적인 예산 지원 없이 공공주택청의 차입 상한 규제를 완화하여 민간 자본 조달을 확대 허용하는 해법이다. 민간자본 조달은 기존의 20년 만기 조건에서 30~40년까지 확대되었고, 공공주택청은 연방정부가 지원하는 자본 투자 및 운영관리 보조금 중 80%까지를 부채 상환(기존에는 30% 상한)에 쓸 수 있도록 되었다. 운영 방식은 연방정부가 공공주택청과 40년간 임대차 계약을 맺고 해당 공공임대주택을 집주인 바우처와 같은 형태로 운영하는 것이다.

또한 저소득층 세액공제 지원 주택(LIHTC)도 점차 노후화에 접어들고 있기 때문에 연방정부는 여기에도 RAD 방식이 적용될 수 있도록 허용했다. RAD는 2013년 6만 호를 시범사업으로 출발했으나, 2014년에는 추가로 12만 4,000호를 더 승인해 총 18만 5,000호가 추진될 예정이다.

미국 주택정책의 교훈과 시사점

주택 건설과 금융을 결합해 자가 소유를 확대해온 미국의 주택정책 모델은 자립형 주거복지를 지향했다고 볼 수 있다. 주택은 자산을 형성하는 기초였으며, 이렇게 만들어진 부가 다시 소비로, 신규 건설로, 일자리로, 경제성장으로 이어지는 연결고리였다. 그러나 지나친 자가 소유 확대 정책은 금융위기 이후 8년이 지난 시점에도 회색의 그림자를 길게 드리우며 경제의 발목을 붙잡고 있다.

금융 지원이나 세제 혜택이 임차보다 자가에 이로운 상황에서, 미국의 자가 소유는 다민족 국가를 하나로 결집하고자 했던 아메리칸드림이라는 이데올로기까지 가미되어 '당연히 그렇게 해야 하는 주거가치'로 오랫동안 인식되어왔다. 또 미국에서 자가 소유는 최상의 셀프 복지 카드라고 볼 수 있지만, 누구나 다 이를 좋아하고 열망하고 실현할 수 있는 것은 아니다. 그렇게 될 수도 없다. 그런 점에서 자가 소유가 과연 최선이었는가에 대해 미국 내에서도 회의적인 시각이 많다. 글레이즈 교수는 연방정부의 자가 소유 친화 정책의 정당성은 미국 국민의 번영 보장, 주택금융에 대한 공적 지원, 좋은 시민상이라는 점에서 추진되었으나, 국민 번영 보장은 차압 위기로, 주택금융에 대한 공적 지원은 금융 버블과 부실을 초래했다고 지적했다. 또한 그는 그동안 저밀의 단독주택 중심의 자가주택 건설 모델은 상대적인 고밀의 다세대주택의 건설을 규제하는 조닝(Zoning) 방식을 고착화시켰고, 도심 내 다세대주택보다는 교외 단독주택의 자가로 이사하도록 강제하여 결국 도심은 쇠퇴하고 교외 지역은 에너지 비효율적인 분산된 주거지로 만들어지게 되었다고 비판했다(Glaeser, 2011).

무엇보다 무리하고 야심찬 자가 소유 촉진책은 결국 금융위기로 물거품이 되었으며, 이것이 일깨워준 교훈은 손쉽고 저렴한 금융이 주택 구입의 일시적인 지렛대가 되긴 하지만 장기적으로 결코 부담능력을 개선해주는 것은 아니라는 사실이다.

자가 소유 위축으로 미국에서는 이제 임차 수요가 크게 늘고 있다. 임차인 사회의 도래를 준비하는 새 정책이 필요한 시기로 접어든 것이다. 그러나 수요에 비해 임대주택 재고는 턱없이 부족하며, 소득은 늘지 않는데 임대료와 에너지 비용은 계속 증가하여 주거비는 고공행진 중이다. 금융위기로 민간 부문의 투자가 위축된 상황에서 민간임대주택 확대도 쉽지 않다. 이런 점에서 최근 새로운 해법으로 제시된 복합 주택·도시재생 프로그램인 Choice

Neighborhood Program, 공공임대주택의 신규 건설 확대를 지원하는 국민주택기금, 공공임대주택 노후 유지관리 사업 RAD에 대한 추진이 기대된다.

이들 새로운 해법의 공통분모는 공공임대주택이다. 공공임대주택이 지속적으로 위축되어왔던 지난 80여 년간의 정책 전개에도 불구하고, 이 공공자산을 기반으로 한 새로운 모델을 개발할 수 있을 것이다. 주택바우처는 임대료 규제가 없는 상황에서 시장 임대료가 오르면 재정 부담으로 고스란히 돌아오게 된다. 물론 미국 방식은 주어진 예산 범위 내에서만 할당하는 구조여서 신규 수급자를 받지 않거나 기존 수급자 수를 줄여 시장 상황에 맞춰가고 있다. 집주인 바우처는 의무임대 기간이 만료되면 지원도 종료되는 사업이다.

반면 공공임대주택은 최장수 저소득층 주거 지원 프로그램이다. 공공임대주택의 임대료는 시장 상황과 무관하게 소득의 30% 이상을 내지 않도록 영구적으로 설계되었다. 문제는 많지만 가장 확실한 주거안전망인 셈이다. 1990년대 이전까지는 저소득층 이미지가 문제였다고 한다면 30~40년이 지난 현 시점에서는 노후화에 따른 운영관리 부담 비용 문제가 부각되고 있다. 장수 프로그램이었기에 각 시기별로 어떤 문제가 있었고, 이를 치유하기 위해 어떤 접근을 취했고, 그 성과가 어떠했는지를 종합적으로 비교 평가해볼 수 있을 것이다. 주택바우처는 40년, 집주인 바우처는 30년, 저소득층 주택 세액공제(LIHTC) 지원 주택은 28년이 되었다. 과거 경험과 더불어 앞으로 이들 정책의 진화와 발전도 계속 눈여겨보아야 할 과제이다.

미국의 주택정책 역사는 아직 끝나지 않은 이야기이다. 금융위기 이후 페니메가 국영화되었고, 지방분권 중심이 다시 연방정부 역할 강화로 전환되었다. 향후 홈리스 같은 주거불안 계층이 더 늘어나고 임대료 부담에 따른 주거빈곤 계층도 더 많아지리라는 전망이 우세한 가운데, 미국 사회가 심화되는 양극화 문제를 어떻게 다뤄나갈 것인지는 주택문제 해결에 달려 있다고 해도 과언이 아닐 것이다.

4장. 스웨덴
복지 천국에서도 주택은 상품

스웨덴은 1930년대 '국민의 집' 이념하에 보편적 복지 대국을 이루었다. 그러나 1990년대 중반 정부 지원의 축소와 폐지, 규제 완화, 시장주의적 정책으로 스웨덴 고유의 모델은 좌초 위기에 처해 있다. 앞으로도 스웨덴 모델은 계속될 수 있을 것인가?

북유럽 스칸디나비아 반도 동반부에 입지한 스웨덴은 동쪽으로는 핀란드, 서쪽으로는 노르웨이, 남쪽으로는 덴마크와 인접해 있다. 이들 국가는 북유럽 복지 대국으로 일컬어지며, 2008년 글로벌 금융위기에도 비교적 큰 충격을 받지 않았다. 보편적 복지를 추구하지만 그렇다고 시장경제와 대치되는 것이 아닌, 복지가 성장의 동력이 된 대표국들이다. 이 중 스웨덴은 경제성장과 복지라는 두 마리 토끼를 잡은 나라, 높은 세금에도 국민 행복수준이 매우 높은 나라, 여성과 아이가 가장 살기 좋은 나라로 손꼽히고 있다. 2014년 스웨덴의 1인당 국민소득은 5만 7,558달러(세계 7위), 세계경제포럼의 2013년 국가경쟁력 순위 6위, OECD의 2013년 행복지수 세계 2위에 올랐다.

스웨덴의 국토면적은 45만km^2(남한 면적의 4.5배)이지만, 73.5%가 산림으로 뒤덮여 있어, 인구의 85%는 단 1.3%에 불과한 도시지역에 거주하고 있다. 2014년 기준으로 스웨덴 인구는 975만 명, 가구수는 477만 가구, 주택 재고수는 467만 호이다(스웨덴 통계청, 2015). 천 인당 주택 재고수는 479호로 EU-21개국 평균인 470호보다는 높으나, 주택 보급률은 98%로 가구수에 비해 주택이 부족한 실정이다. 주택의 질적 수준은 매우 높다. 1인당 전용 주거면적이 EU-28개국 평균 40m^2보다 넓은 49m^2로, 유럽 국가 중에서는 네 번째로 넓다[1](Eurostat, 2015). 스웨덴은 국민 100%가 전용 수세식 화장실, 전용 온수 욕실, 난방 시설을 갖춘 집에 살고 있기 때문에 최저 주거기준 미달이라는 개념이 없는 나라이다. 자가에 거주하는 가구 비

---

1. EU 국가 중 1인당 전용 주거면적이 가장 넓은 국가는 덴마크(61㎡)이며, 이어 노르웨이(58㎡), 스위스(51㎡), 스웨덴(49㎡) 순이다(Eurostat, 2015).

중은 41.6%로 매우 낮은 수준이며, 임차인 협동조합주택에 거주하는 가구 비중은 23.2%, 공공임대주택은 16.0%, 민간임대주택은 19.2%이다. 다른 국가에서는 찾아볼 수 없는 스웨덴 특유의 고른 점유형태 분포이다. 공공임대주택은 저소득층뿐 아니라 전 소득계층에 개방되며, 모든 임대차에 대한 임대료 규제로 임차인의 주거 안정 기반이 잘 갖춰져 있다.

스웨덴이 이러한 복지 강국과 주거 강국이 된 것은 1930년대부터 추진한 '국민의 집' 이념하에 보편주의 정책 기조와 시장경제주의와의 조화 덕분이다. 그러나 1970년대 중반 주택 집중 건설기가 끝나고, 주택의 양적 질적 풍요 속에 1990년대 초 정부의 관대한 보조금이 단계적으로 폐지되었다. 1995년 EU 가입에 따른 경쟁 원칙으로 현재 스웨덴 모델은 유럽의 평준화된 모델로 가고 있다. 다른 유럽 국가에 비해 스웨덴은 신자유주의에서 상당히 비껴가 있었으나, 이제 기류 변화에 따라 그 고유성이 침식되고 있다. 언젠가부터 스웨덴 모델의 원류라고 할 수 있는 '사회적'이라는 용어보다 '경제적'이라는 용어가 정책의 서두를 장식하고 있으며, 주택정책의 목표 또한 '모든 국민을 위한 기회 평등'보다는 '주택시장의 안정과 효율'로 전환되고 있다. 주택정책의 북극성이라 칭송되는 스웨덴에는 무슨 일이 일어난 것일까?

스웨덴 복지 모델의 근간: '국민의 집' 과 보편적 복지 기반

스웨덴 주택정책을 이해하기 위해서는 첫 번째로 스웨덴 사회의 존재 방식과 스웨덴 복지 모델을 살펴볼 필요가 있다. 스웨덴 복지국가의 기틀은 '국민의 집' 이념, 노사 합의주의, 완전고용과 물가안정을 동시에 추진한 경제정책에서 찾을 수 있다. '국민의 집'(Folkem)은 1920년대 어수선한 사회 불안기에 당시 사회민주당 당수가 된 페르 알빈 한손(Per Albin Hansson, 총리 재임기간 1932~1946)이 1928년에 한 연설에서 비롯되었다. 국민의 집 이념은 제2차 세계대전 이전부터 사회민주당이 주장해왔던 것으로, 계급사회의 반대 개념이라 할 수 있다. 다음에 인용한 페르 알빈 한손의 연설문을 보면, 국민의 집인 스웨덴이라는 국가는 하나의 가족을 의미한다. 국가가 아버지로서 자식인 국민을 돌봐야 한다는 것이다. 국민의 집에서 가족 구성원인 국민은 자유와 평등을 보장받는다. 국민의 집은 국민 모두가 서로 도와가며 사는 공생의 사회이다.

공동체 의식과 공감이 집의 기반이 된다. 이렇게 훌륭한 집에서는 누구나 특권을 갖지 않으며, 무시당하지도 않는다. 독식하는 사람도 없고 천대받는 아이도 없다. 다른 사람을 희생해서 유리한 위치에 서지도 않는다. …… 훌륭한 집에서는 모두 동등하고 배려하며 협력해서 함께 일한다. 이런 이념을 키우고, 국가 또는 시민의 집에 적용하면, 특권계급과 그렇지 못한 자, 지배자와 피지배자, 부자와 빈자, 가진 자와 못 가진 자 등 지금 시민을 가르는 모든 사회적이고 경제적인 장애물이 사라질 것이다.
　－ 레그란드 츠카구치 도시히코, 《스웨덴 스타일》, 2013, 39쪽.

국민의 집 이념은 학교, 직장, 지역 그리고 가정에 이르기까지 모든 곳에서 양성 평등, 인권과 개성 존중을 호소하고 있다. 이러한 이념 아래 자녀 양육에 대한 책임도 개별 가정에서 국가로 옮겨갔으며, 아이들 양육은 부모가 아니라 국가가 책임져야 한다는 발상의 전환을 하게 되었다. 모든 국민이 행복한 공정사회를 이루자는 국민의 집 이념은 스웨덴의 보편적 복지와 사회적 연대의 모태가 되었으며, 자본주의와 사회주의의 중도를 취한다는 의미에서 스웨덴의 제3의 길을 상징하는 것으로 여겨지기도 한다. 이후 1932년부터 1976년까지 44년간 사회민주당이 장기집권하면서 국민의 집 사상은 일관되게 현실 정책으로 실현되었다. 모든 국민을 대상으로 한 기초연금(1935년), 실업보험(1935년), 출산수당(1937년), 아동수당(1948년), 의료보험(1955년) 도입 등 보편적 복지제도의 기틀이 바로 이러한 이념의 실천으로 가시화되었다. 주택정책에서는 자가와 임대주택 중 어느 한쪽으로 치우치지 않는 중립성과 점유형태 간 형평성 있는 지원, 소득계층과 무관하게 입주할 수 있는 공공임대주택, 주택수당(housing allowance) 등에 잘 나타나 있다.

두 번째, 스웨덴 복지국가 모델의 형성 기반은 노사 합의주의에서 찾을 수 있다. 스웨덴은 1910년대와 1920년대만 하더라도 유럽에서 파업이 가장 잦고 공장 폐쇄가 가장 많은 나라였다. 더구나 1929년 불어닥친 대공황으로 1931년에서 1933년까지 실업률이 20.8%에 다다랐으나, 계속되는 노사 합의 불발로 사태는 더욱 심각해졌다. 그러나 정부의 개입을 원치 않았던 노사는 투쟁보다는 타협 노선을 택했다. 노사 간 타협의 카드로 노동자 측에서는 임금 인상 자제를 내놓고, 고용자 측에서는 완전고용과 복지개혁을 내놓아 교환하는 방식이었다. 이것이 스웨덴 노사 합의주의 모델의 원조라고 할 수 있는 1938년 체결된 '살트셰바덴(Saltsjöbaden) 협약'이다. 이 협약에서 비롯된 합의와 타협 문화는 주택정책에도 고스란히 이어지고 있는데, 공공임대주택 임대료를 임차인 조합과 임대인이 협상해서 정하는 독특한 방식이 대표적이다.

세 번째, 보편적 복지가 가능하도록 설계된 경제정책이다. 스웨덴은 제2차 세계대전 이후 경제호황기에 노동력 부족과 임금 상승 및 이로 인한 물가 상승 압박에 직면했다. 이러한 상황에서 완전고용과 물가안정을 동시에 이루는 렌-마이드너(Rehn-Meidner) 모델이 1950년대 채택되었다. 렌-마이드너 모델은 동일노동-동일임금의 연대임금 제도와 적극적 노동시장 정책으로 완전고용을 달성하고, 긴축적 총수요 관리 정책을 통해 물가안정을 도모하는 방식이다. 동일노동-동일임금이라는 연대임금 제도는 직종 간 합리적 임금 격차는 유지하면서 동일 내용의 노동에 대해서는 기업과 부문의 생산성이 높고 낮음을 불문하고 동일임금 수준을 적용하는 것이다. 연대임금 정책을 통해 동일노동이 동일임금으로 평준화되면, 생산성이 떨어지는 기업이나 산업 부문에서는 임금수준을 감당하기 어렵게 될 것이며, 생산성이 높은 기업이나 산업 부문에서는 상대적으로 낮은 수준에서 임금이 결정되기 때문에 높은 이윤이 발생할 것이다. 초과이윤을 낳는 기업과 산업 부문에서는 기금을 축적하고 경쟁력을 비축하는 반면, 성과가 낮은 기업과 산업 부문에서는 생산성 향상 혹은 구조 변화를 모색하게 될 것이다. 즉 산업구조의 고도화 정책이 추진되는 것이다. 기금은 정리된 부문의 노동자들을 재훈련, 재취업시키는 적극적 노동시장 정책의 재원으로 활용되며, 노동자들은 끊임없이 사양산업에서 경쟁력 있는 신산업으로 재편되어 들어가게 될 것이다. 이러한 관점에서 스웨덴의 노동시장 정책은 단순히 직업 소개나 실업수당 지급 같은 수동적 대응이 아니라, 고생산성 부문의 고용 촉진을 이끌어내고 실업자에 대한 직업훈련을 강화하는 적극적인 노동시장 정책이라 할 것이다. 한편 사회 전체의 임금이 적절한 수준으로 통제됨으로써 인플레이션이 억제될 것이라고 보았다.

이러한 경제 운용 방식에 따라 완전고용은 과세 기반 확충에 기여하고, 낮은 실업률은 복지 지출을 최소화할 수 있도록 했으나, 국민의 집 이념 실현에 필요한 재원 확보를 위해서는 1960년대부터 증세정책을 펼 수밖에 없었다. 오늘날의 '고부담-고복지' 스웨덴 모델은 이러한 세 가지 이념과 정책에 따라 그 기반을 형성하고 발전되어왔으며, 1990년대 초 경제위기를 겪은 후에도 여전히 이어지고 있다.

주택정책의 목표: 지원의 중립성과 형평성

스웨덴도 여타 국가들과 마찬가지로 1920년대와 1930년대 주거수준은 매우 열악했으며, 주택 부족 문제도 심각했다. 그러나 1948년 의회가 '주택 부족난 해소'를 정책 목표로 명시한 때부터, 국가적 차원에서 주택문제를 해소하기 위한 본격적 기틀을 마련하기 시작했다. 정부는 이를 위해 신규주택의 지속적 건설과 양질의 주택 보급, 불량 주택의 현대화를 지원했다. 특히 양질의 주택 보급 확대에 가장 크게 기여한 것은 정부의 보편적 보조금이었다. 이 보조금은 '국민의 집' 이념에 따라 주택점유형태나 주택 유형에 상관없이 모든 가구에 형평성 있게 지원되었다.

정부 지원의 중립성으로 골고루 발달한 주택점유형태

스웨덴은 다른 나라와 달리 자가 소유를 권장하지 않았다. 그렇다고 국민들이 자가 소유를 열망하지 않은 것은 아니지만, 특정 점유형태나 유형과 상관없이 정부의 보조금이나 세제 혜택이 골고루 지원되는 구조하에서 대다수 국민들은 굳이 자가 소유로 인한 세금 부담과 시장 리스크를 떠안으려 하지 않았다. 특히 1990년대 초 경기침체로 인한 주택가격 폭락 사태는 스웨덴 사회에서 자가 소유자가 되는 것이 좋은 경험이 되지 못한다는 선례를 남겼다.

자가 점유율은 1990년 42.3%에서 이후 20여 년간 큰 변화 없이 이어져왔으나 2000년대에는 1%p 정도 감소했다. 2013년의 자가 점유율은 41.6%인데, 이는 EU-28개국 평균 자가 점유율(2013년) 70.2%에 비해 매우 낮은 수준이다. 대신 임차인 협동조합주택은 2013년 23.2%에 이른다. 분류 기준에 따라 임차인 협동조합주택을 자가에 포함시켜 스웨덴의 자가 점유율을 64.8%로 보는 관점도 있으나, 협동조합주택은 임차인이 지분을 소유하고 소유권 행사도 가능하지만 조합이 소유주체라는 점에서 자가 점유에서 배제하는 것이 일반적인 견해이다. 지난 20년간의 주택점유형태 추이를 보면, 자가 점유율은 2000년대 이후 41%대를 유지하고 있는 반면 임차인 협동조합주택 비율은 1990년대 이후 계속 증가하고 있다. 공공임대주택 거주 비율은 1970년에 23.0%의 최고점에서 계속 줄어 2013년에는 16.0%이다. 특징적인 것은 1990년을 기점으로 특정 점유형태에 치우지지 않고 점유형태별로 비교적 고른 분포를 보인다는 것이다.

이러한 점유형태의 고른 발달은 스웨덴의 주택정책 중립성에 기인한다. 좀 더 구체적으로 말하자면 점유의 중립성(tenure

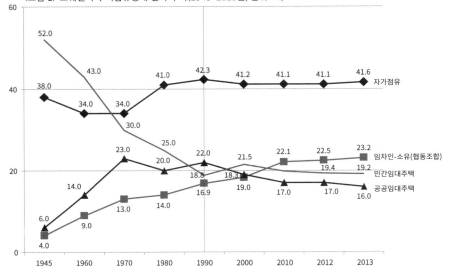

〈그림 1〉 스웨덴의 주택점유형태 변화 추이(1945~2013년, 단위: %)

출처: 1945~1980년까지는 Eva, 2007. 1990~2013년까지는 스웨덴 통계청(http://www.scb.se).

neutrality) 원칙 때문이다. 점유의 중립성은 주택 소비의 평등, 형평성 있는 부담, 자유로운 선택, 원활한 주거이동을 보장하는 것으로 특정한 점유형태에만 이롭게 되지 않도록 정부가 보조금, 금융, 세제, 사회적 및 법적 주거안정성을 보장하는 것이다. 즉 점유형태가 달라도 유사한 소득수준의 사람에게는 정부 보조금을 동일하게 지원하는 것이 원칙이다. 스웨덴의 사회학자인 짐 케메니 교수는 "주택정책은 점유 중립적이어야 한다. 정부의 역할은 이를 위해 다양한 유형의 점유형태가 발달할 수 있는 기반을 조성해주는 것이며 그를 통해 소비자는 선택의 자유를 극대화할 수 있다"라고 말한 바 있다(Kemeny, 1981). 이러한 원칙은 '국민의 집' 이념과 부합되는 것으로, 주택에 대한 접근 기회의 형평, 비용 부담의 형평, 주거

소비의 평등, 모든 계층의 주거안정을 지향하고 있으며, 1990년대 중반까지는 이러한 주거 평등이 스웨덴에서 잘 실현되었다고 볼 수 있다.

역사상 최대 주택 건설: 밀리언 프로젝트(1964~1975)의 추진

주택 부족난 해소와 양질의 주거수준 확보를 위한 주택 건설 정책은 1964년에서 1975년까지 추진한 '밀리언 프로젝트'로 실현되었다. 10년간 매년 10만 호씩, 총 100만 호의 신규주택을 공급하겠다고 했는데, 실제 100만 6,000호가 건설되었다. 1965년 당시 스웨덴의 주택 재고가 300만 호도 안 되었다는 점에 비춰볼 때 100만 호 건설은 당시 주택 재고의 3분의 1 이상에 해당하는 상당한 규모였다. 이러한 성과로 스웨덴의 주거수준은 크게 향상되었을 뿐 아니라 과밀 주거 비율도 35%에서 5%로 획기적으로 낮아졌다.

이러한 건설 성과에는 정부의 보조금이 큰 역할을 했다. 스웨덴의 주택 건설 보조금은 정부재정에서 직접 할당해 지원하지 않는다. 정부 보조금은 부채 조달과 자기자본 조달 간의 중립성(혹은 균형) 관점에서 이자 보조 방식을 통해 지원된다. 즉 정책금리와 적용금리[2]와의 차액을 정부가 보조하는 방식이다(시장금리는 〈그림 7〉 참조). 정부가 정하는 정책금리는 시기별로 상이하나 보통 2~5% 수준에서 결정된다. 1970년대 중반부터 1990년대 중반까지의 시장 이자율이 8%를 넘어 최고 16%까지 치솟았다는 점을 감안할 때, 이러한 이자 보조금은 주택 건설에 큰 역할을 했다. 정책금리는 시

---

2. 적용 금리는 'SubA'로 정의되는데, 이는 5년 만기 대출금리와 주택담보대출 기관이 부과하는 이자율, 행정비용을 감안해 정해지며, 통상 시장금리보다 1%p 정도 높은 수준이다(Turner, 2002).

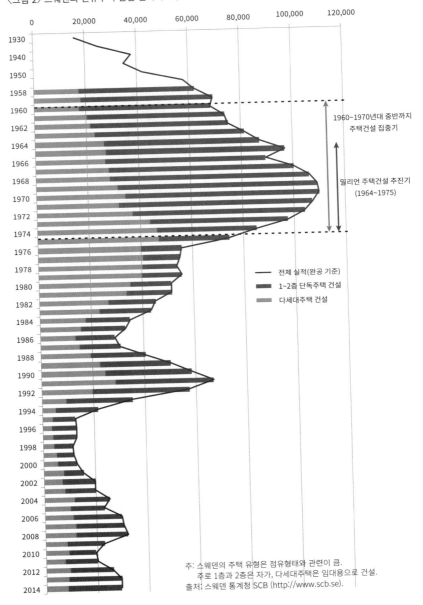

〈그림 2〉 스웨덴의 신규주택 건설 실적 추이(준공 기준 1930~2014년, 단위: 호)

1960~1970년대 중반까지
주택건설 집중기

밀리언 주택건설 추진기
(1964~1975)

— 전체 실적(완공 기준)
1~2층 단독주택 건설
다세대주택 건설

주: 스웨덴의 주택 유형은 점유형태와 관련이 큼.
　　주로 1층과 2층은 자가, 다세대주택은 임대용으로 건설.
　　출처: 스웨덴 통계청 SCB (http://www.scb.se).

1 밀리언 프로젝트의 일환으로 조성된
스톡홀름 링케비(Rinkeby) 지구(1965년 건설).
2 건설 40년을 맞이하여 노후화된 건물 외관.
3 분양주택: 형태는 주로 엘리베이터가 없는
5층 아파트 구조임.

4 공공임대주택: 건물 1층은 주로 커뮤니티
센터 및 상가로 구성되어 있으며, 엘리베이터
시설이 없는 6층 이하로 계획.

장 이자율을 감안해 신규 건설 시에는 2~3% 수준, 자가 소유자에
게는 4.9% 수준, 개보수에 대해서는 5.25~10% 수준으로 정해졌다
(Turner, 2002). 자가 소유자에 대한 정책금리가 신규 건설 시보다 높
은 것은 자가 소유자들에게 이러한 이자 보조 이외에도 주택대출
금 이자에 대한 소득공제 혜택이 주어지기 때문이다. 정책금리의
차등은 점유형태별 중립성을 실현하기 위한 조정 방법이었다. 또한
점유 중립성 차원에서 1968년부터 주택수당도 지원하고 있는데,
임차 가구뿐 아니라 자가 가구에도 지원되고 있다.

스웨덴이 이러한 방식의 이자 보조 정책을 구사한 것은 세 가지 목적에서 비롯된다. 첫 번째는 앞서 설명한 지원의 중립성과 형평성이며, 두 번째는 물가 안정 목적이다. 매년 지원되는 이자 보조금은 사업주체의 재정 건전성을 유지토록 하는 데도 목적이 있었다. 세 번째는 대출에 대한 부담(원금, 이자)이 대개 대출 초기 시점에 쏠리는 데 따라 발생할 수 있는 유동성 제약을 완화하고자 한 것이다. 정부의 이자 보조, 주택담보대출 이자에 대한 소득공제, 주택수당 등을 합한 정부의 주택 보조금 규모는 1976년 80억 크로나(GDP의 2.7%)에서 1982년에는 267억 6,000만 크로나(GDP의 4.1%)까지 크게 증가했다. 신규 건설에 대한 이자 보조금 규모만을 보더라도, 1992년 390억 크로나(명목, GDP의 2.2%)로 역사상 최고치를 갱신했다.

한편 1960년대 말과 1970년대 중반까지 밀리언 프로젝트로 건설된 주택들은 40년이 경과하면서부터 노후화 문제에 직면하고 있다. 소셜 믹스(social mix)를 지향했으나, 공공임대주택의 민영화로 점차 잔여화되는 양상도 나타나고 있다. 더구나 대부분이 스톡홀름의 외곽(지하철로 40분~1시간 소요)에 자리 잡고 있어 도심의 주택 수요를 흡수하지 못하는 한계가 있다. 그러나 1990년대 중반 이후 정부의 건설 보조금 중단으로 신규주택 건설은 크게 줄었고, 2000년대 중반 한때 3만 호 수준까지 이르렀으나 2008년 금융위기 직후 다시 감소했다(〈그림 2〉 참조). 연평균 주택 준공 호수는 2010~2014년간 2만 5,000호 수준이나, 착공 호수는 2013년 1만 5,000호, 2014년 1만 7,000호에 불과하다. 이에 우파 온건당(Moderate Party, 집권기간 2006~2014)이 물러나고 2014년 10월 사회민주당 연정(녹색당과 연합정부)이 집권하면서 주택 건설을 확대하기 위한 정부 보조금이 다시

도입되었다. 신정부는 2015년 3월에 32억 크로나(약 5,000억 원)를 1
만 5,000호의 신규주택 건설 자금으로 지원하고, 지자체의 주택 건
설 참여 확대와 밀리언 프로젝트 리모델링을 위해 35억 크로나(약
4,500억 원)를 지원하는 방안을 발표했다(Pitinni 외, 2015).

임차인 협동조합주택의 태동과 성장

스웨덴의 협동조합주택[3]은 아직 주택정책의 기틀이 제대로 갖
춰져 있지 않았던 1920년대 태동했다. 최초의 협동조합주택은 19
세기 중반 독일 베를린에서 시작된 이후 유럽 전역으로 확산 보급
되어 2012년 말 유럽 인구의 10%가 협동조합주택에 거주하고 있
다. 협동조합주택은 19세기 중엽 산업혁명과 급속한 도시화 과정에
서 도시에 거주하는 노동자들의 주택 수요 급증, 높은 임대료와 불
량 주택의 확산 등 노동자의 주거안정이 매우 중요한 사회문제로
등장하면서 시장과 국가의 사각지대에 놓인 계층의 대안적 주거
프로그램으로 자리 잡았다. 국가마다 성공 혹은 실패를 경험하기
도 했지만, 스웨덴을 비롯한 북유럽 국가의 협동조합주택 비중은
높다. 협동조합주택의 비중(2012년 기준)을 보면, 노르웨이와 덴마크
가 각각 15.0%와 7.0%이며, 오스트리아 8.0%, 폴란드 19.4%, 독일
5.0%, 스위스가 4.4%에 달하고 있어, 유럽에서 협동조합주택은 낯
설지 않은 점유형태라고 볼 수 있다.

---

3. 주택협동조합은 공동으로 소유되고 민주적으로 운영되며 주택을 필요로 하는 사람들의 욕구를
    충족시키기 위해 자발적으로 결성한 법인체를 말한다(ICA Housing and CECODHAS, 2012).

열린 공간과 상호 교류를 중시하는 스웨덴의 협동조합주택 단지 전경.

임차인 주거운동에서 시작해 협동조합으로 조직화

스웨덴의 협동조합주택 비중은 세계에서 가장 높은 23.2%로, 거의 100여 년이 넘는 역사 속에서 그 자생력과 성과가 돋보인다. 스웨덴의 협동조합주택은 19세기 말부터 대도시의 심각한 주택 부족난과 투기, 높은 임대료에 대응하기 위한 임차인 주거운동에서 시작되었으나, 1920년대 초까지 조합의 투기, 자금 횡령, 부실 건설로 그다지 성과를 거두지 못했다. 본격적인 출발은 1923년 HSB[4] Riksförbund(임차인 저축 및 건축 협회)가 설립되면서부터이다. 이 시기는 제1차 세계대전 이후 엄격한 임대료 통제가 폐지되고, 주택시장은 만성적 투기와 가격 상승이 심각했기 때문에 HSB의 설립은 사회민주당의 적극적인 지지와 사회민주적 대중운동 연대가 뒷받침

---

4. 스웨덴어인 HSB는 Hyresgästernas Sparkasse och Bygnadsföreningen이며, 영어로 Tenants' Saving and Building Association(임차인 저축 및 건축 협회)이다.

되었다. 스톡홀름에서 최초 설립되었으나, 연이어 대도시인 말뫼와 예테보리에서도 설립되었고 설립 1년 만에 전국 총괄 조직이 만들어졌다.

HSB는 '주택저축'을 통해 회원을 모집하는 소비자협동조합으로 출범한 이후 각 지역의 임차인 연합과 통합·연대 체계를 갖추게 되었다. 당초 설립 목적은 저소득층을 위한 주택 공급이었으나, 저소득층만을 대상으로 하기에는 재원 확보와 운영관리상의 어려움이 나타나면서 주택저축 가입 대상자를 모든 계층으로 확대했다. HSB는 디벨로퍼의 역할뿐 아니라 저축조합의 역할을 동시에 했다. 조합원은 매달 최소 5만 원 정도 이상을 납입하는 적금에 가입함으로써 협동조합주택의 입주권을 가질 수 있다. HSB는 이 조합원의 저축을 기반으로 추가로 필요한 건설 재원을 금융기관으로부터 조달한다. HSB는 1930년대와 1940년대 초 스웨덴에 공공임대주택과 비영리 주택이 없었던 시기에 민간 주도적 시장에 '비영리주택'이라는 아이디어를 심어주었다. 또한 HSB를 성공적인 비즈니스로 만드는 데 결정적 역할을 했던 발란데르(Wallander)는 이러한 활동을 민간 임대인에 대한 임차인 운동이라는 투쟁 수단으로 삼으려는 좌익 급진파에 반대하며, 새로운 주택점유형태의 하나로 자리매김할 수 있도록 제도화하는 데 기여했다. 그리고 실제 그렇게 되었다.

또 하나 협동조합주택의 획기적 발전을 이끈 주체는 1940년대 초 설립된 릭스뷔겐(Riksbyggen)이다. 릭스뷔겐은 건설노동조합이 자금을 지원하는 주택협동조합으로, 건설업계의 실업 해소 차원에서 설립되었다. HSB와 유사하게 주택저축을 통해 조합원을 모집한다.

이 두 기관은 2012년 현재 스웨덴 협동조합주택 재고(99만 8,000호)의 75%를 보유하고 있다. HSB는 전체 협동조합주택의 50%를 보유하고 있으며, 2012년 54만 명의 회원이 있다. 릭스뷔겐은 50만 명의 회원이 있다. 협동조합주택의 단지 규모는 평균 80호 정도(보통 20호~100호)이며, 가장 큰 단지 규모도 1,000호 정도이다.

거주 중심의 실리적 주거 가치가 지속 성장의 배경

협동조합주택의 꾸준한 성장의 배경은 주택을 '소유'보다는 '거주 공간'으로 인식하는 사회경제적 여건과 주거문화, 정부의 재정 지원, 그리고 참여자 간 파트너십을 통한 협력 체계라고 할 수 있다. 무엇보다 여기에는 소비자의 실리주의가 자리 잡고 있다. 매달 소액의 저축만으로 협동조합주택의 지분을 소유할 수 있을 뿐 아니라, 저축금액보다도 저축기간에 따라 배분하는 방식 덕분에 누구든 원하면 주택 마련이 가능하기 때문이다. 또한 양질의 부담가능한 주택을 공급하고 다양한 교류 공간과 활동이 영위될 수 있도록 조성된 단지 디자인도 소비자의 만족도를 크게 높인 요소이다. 이는 평등, 기회, 협력, 공유 의식을 강조한 스웨덴의 주택정책 기조에도 부합하는 방식이었다. 협동조합주택은 자가를 소유하는 것에 비해 세금 부담이 없고 주택가격 변동 리스크가 낮은 반면, 전대, 담보 제공, 승계 및 상속이 가능하며, 담보대출 시 이자에 대한 소득공제도 받는다. 입주자는 매달 저축한 금액에 비례해 남아 있는 집값의 일부를 매달 임대료로 납부하며 유지관리 및 제세 공과금 명목으로 수수료를 지불한다.

정부는 초창기에 지적되었던 투기 문제를 해소하고 재정 건전성 확보를 위해 1942년 '임차인 소유권 규제법'(Tenant-Ownership

1 스웨덴 생태형 재생 신도시 하마비(Hammarby)의 공공주택 전경.
2 2000년 건설된 하마비 회스타드(Hammarby Sjöstad) 단지는 스웨덴 도심으로부터 전철로 30분 거리이며, 직주 근접용이, 교통 편리성를 위해 단지 입구가 트램의 종착지임.

3 **4** 건물은 한 가지가 아닌 여러 가지 형태로 다양하게 구성. 분양주택과 임대주택이 같은 동네에 배치되어 공공임대주택에 대한 사회적 편견을 설계 단계에서부터 배제하고 있음.

Control Act)을 제정해 전대를 허용하되 전대 가격을 임차인이 조합에 낸 부담금(지분 소유분)보다 더 높아서는 안 되도록 규정했고, 조합의 재무 상태 공시, 보증 시스템 도입으로 부실 피해를 최소화했다. 그러나 1968년 조합원 지분의 거래 및 처분 등 재산권 강화 차원에서 이 법이 폐지되고[5] 전대 가격 규제도 무력화되면서 이후 협동조합주택은 그동안의 '탈상품화된 사회적 주택'으로서의 기능은 희석된 채 시장의 가치재로서 높은 기대를 받고 있다. 1980~1990

년간 협동조합주택의 실질가격 상승률은 80%에 이르렀고 1990년 대는 소폭 증가세를 이어갔으나, 2000~2010년간 실질가격 상승률은 200%를 넘어섰다. 수요 증가에 따라 입주 대기 소요기간은 스톡홀름을 비롯한 대도시에서는 현재 약 20~30년이다. 1990년 중반 정부의 재정 지원이 중단되고 대도시의 높은 지가로 건설이 부진하여 최근 협동조합주택의 수급 불균형은 매우 심각한 상황이다.

스웨덴 방식의 공공주택 공급과 지자체 시영주택공사의 변모

누구나 입주 가능한 공공임대주택: 자연스러운 소셜 믹스의 산실

공공임대주택은 협동조합주택이 태동한 지 20여 년이 지난 1940년대에 도입되었다. 1930년대의 대규모 실업난 해소를 위해 도입된 측면도 있지만, 무엇보다 계층 구별 없는 사회 건설을 위한 사회민주당의 정치적 이념에 근거했다. 사회민주당은 스웨덴의 지속적인 주택 공급 기반을 만들기 위한 주택정책을 구상했는데, 그 결과 공공임대주택을 '국민의 집' 이념에 통합했다.

스웨덴의 공공임대주택 모델은 '지자체 주도의 비영리 주택 모델'이다. 정책의 집행과 자금 조달, 운영관리 모두 스웨덴 290개 코뮨(지자체)의 294개 지자체 시영주택공사(MHCs)가 담당하고 있다. 공공임대주택과 시영주택공사는 '밀리언 프로젝트'(1964~1975)로 크

---

5. 현재 협동조합주택에 대한 관리 및 조합 운영에 대한 규정은 '협동조합주택법'(Co-operative Housing Act)와 '협동조합 경제연합법'(Co-operative Economic Associations Act)에 근거하고 있다.

게 성장했다(100만 호 중 40%를 시영주택공사가 담당). 1970년대 공공임대주택 재고 비중은 역사적으로 가장 높은 23%를 기록했고, 시영주택공사도 자신들의 사회적 역할을 공고히 하는 발판을 마련했다.

스웨덴의 공공임대주택은 소득수준에 관계없이 누구나 입주 가능하며, 임대료는 민간임대주택과 크게 차이나지 않는다. 즉 공공임대주택은 민간임대주택 시장과 단절되지 않고 동일한 소비층을 대상으로 한다. 소비자는 입지, 가격, 품질을 비교하여 공공임대주택에 입주할 것인지 민간임대주택에 입주할 것인지를 '선택'하게 된다. 이러한 선택을 통해 낙인 효과를 배제하고, 자연스레 소셜 믹스를 유도하는 효과를 거둘 수 있다. 이런 점에서 스웨덴 사람들은 공공임대주택을 저소득층만을 대상으로 공급하는 영국의 '소셜 하우징'(social housing)과 차별화해 '퍼블릭 하우징'(public housing)으로 부르고 있다. 슬럼, 차별, 낙인의 대명사인 소셜 하우징이라는 용어는 스웨덴에서는 금기시되고 있다. 터너 교수(Bengt Turner)는 스웨덴 모델과 소셜 하우징 모델의 차이점에 대해 "스웨덴에서는 공공임대주택 입주자의 소득이 늘어나면 삶의 수준이 좋아지고 노동 여건이 개선되었다고 시영주택공사가 흐뭇해하나, 소셜 하우징 모델을 취하고 있는 나라에서는 퇴거 대상이 된다는 점이다"라고 설명하고 있다(Turner, 2002).

공공임대주택이 민간임대주택과 차별화되지 않는 이러한 공급 방식은 스웨덴뿐 아니라 독일, 덴마크, 네덜란드, 스위스, 오스트리아 같은 국가에서도 유사하게 나타나며, 케머니 교수는 이러한 시스템을 '통합적 혹은 단일화된 임대주택 시스템'(integrated or unitary rental system)으로 이론화한 바 있다(Kemeny, 1995).

시영주택공사의 역할 전환 요구: 공공주택이 수익 모델로 갈 수 있을 것인가?

스웨덴의 공공임대주택 재고는 2014년 75만 호로 전체 주택의 16%를 차지하고 있다. 1950~1970년간의 공공임대주택 황금기를 거친 후 공공임대주택 재고 비중은 1990년대 중반 이후 정부 지원 중단(재정 지원, 조세 감면), 노후 주택의 멸실, 민영화로 계속 감소하고 있다. 정부의 재정 지원 중단은 비단 공공임대주택에 국한한 것은 아니며, 1975년 밀리언 프로젝트 이후 주택의 양적·질적 수준을 달성했다는 인식에 따라 협동조합주택뿐 아니라 자가주택에 대한 재정 지원도 1993년부터 단계적으로 폐지되었다.

공공임대주택과 관련해 2000년대 이후 계속 제기되는 현안들은 주로 민영화와 관련된 문제들과 EU 경쟁정책과의 타협 노선에 대한 부분이다. 공공임대주택의 민영화는 1990년대 이후 시영주택공사의 민영화, 공공임대주택의 매각 및 임차인 불하 방식으로 전개되었다. 영국 등 구미 각국에서 1980년대부터 확산된 신자유주의는 스웨덴에서는 10년 정도 이후인 1990년대부터 스며들었다고 볼 수 있다. 좀 더 분명하게는 스웨덴이 1995년 EU에 가입하면서부터이며 이즈음 정부의 재정 지원이 점차 삭감되고 나중에는 폐지되었다. 우선 시영주택공사는 정부의 재정 지원 축소에 따라 그동안의 역할 모드를 바꿀 수밖에 없었다. 정부가 공공임대주택 건설에 대한 부담을 민간자본시장으로 전가함에 따라 시영주택공사는 자금 조달을 위한 자구책이 필요했으며, 이를 위해 조직 혁신과 변화를 하지 않을 수 없었다. 조직적으로 시영주택공사는 지자체로부터 독립해 주식회사 형태(대부분 유한회사)로 전환되긴 했지만, 여전히 택지 무상 혹은 저가 지원, 세제 지원, 대출 보증 등의 형태로 지자체의 지원을 받고 있고, 재정 자립이 어려운 경우에는 지자체의 재정에서 무상 지원도 받았다. 그러나 시영주택공사는 경영 실적이 부실한 경우 지자체도 공동으로 책임을 질 수밖에 없는 구조이기 때문에 시영주택공사의 재정 건전성과 운영 합리화는 공공임대주택 재고의 유지에도 매우 중요했다.

한편 2005년 스웨덴의 '민간 부동산 소유자 연합'은 계속되는 시영주택공사의 특권적 지위에 대한 불평을 유럽연합 집행위원회(EC)에 제기함으로써, 시장의 공정경쟁 강화를 촉구했다. 유럽연합(EU)은 단일 시장으로 형성된 유럽에서 시장 내의 기업들이 동등하고 공평한 조건 아래서 활동하면서 공정한 경쟁을 해야 한다는 경쟁 원칙을 두고 있다. 구체적으로는 기업 간 담합 금지, 특정 기업의 독점적 지위 금지(독점적 지원의 남용뿐 아니라 독점적 지원의 형성 자체를 규제), 국가 보조금 규제를 EU 가입국에 강제하고 있다. 스웨덴은 이러한 규정을 준수하지 않은 셈이며, 따라서 시영주택공사에 대해 새로운 방향 모색을 하지 않을 수 없게 되었다.

두 가지 대안이 있었다. 하나는 시영주택공사를 민간회사와 똑같이 만드는 것이고, 또 하나는 EU 경쟁 원칙에서 예외 규정인 저소득층만을 위한 소셜 하우징(social housing)으로 전환하는 것이다. 스웨덴의 시영주택공사뿐 아니라 네덜란드의 주택조합(housing association)도 이러한 선택의 기로에 동일하게 놓여졌다. 결과적으로 스웨덴은 2011년 법 개정을 통해 시영주택공사를 민간회사와 똑같이 '비즈니스 방식'으로 전환하도록 선택했고, 네덜란드는 '소셜 하우징'을 선택했다. 이로써 스웨덴 시영주택공사는 모든 소득계층을 여전히 대상으로 하되, 비즈니스를 위해 임대료 수입을 이제 '수익 창출'의 근원으로 활용할 수밖에 없는 상황에 직면했다. 반면 네덜란드는 주택조합의 공공임대주택에 일정 소득 이하 계층만이 입주하게끔 하는 소득 상한제를 도입했다. 이런 선택에 대해 마리아 엘싱하와 한스 린 교수는 스웨덴에서는 중산층이 승리자가 되었지만, 네덜란드에서는 패배자가 되었다고 비평했다(Elsinga and Lind, 2013). 물론 아직 스웨덴 내에서 '비즈니스 방식'을 어떻게 구사할 것인지, 수익률을 어느 정도 수준에서 설정할 것인지는 논쟁 중이지만, 이것은 70여 년간의 '지자체 공공주택 모델'의 변화를 예고하는 변곡점이 될 것으로 보인다.

3자 간의 협상으로 정하는 독특한 임대료 책정 방식

스웨덴은 세계적으로 임대료 규제가 매우 강한 국가로 임대료를 정하는 방식이 특징적이다. 공공임대주택의 임대료는 3자 합의 하에 '협상'으로 진행된다. 3자란 전국 임차인 연합, 지역 임차인 연합, 사업주체(혹은 임대인)이다. 원래 공공임대주택의 임대료는 건설 원가에 근거해 산정되었으나, 1968년부터는 건설 시점에 따라 발생하는 원가 차이로 인한 동일 지역 내의 단지 간 임대료 격차 문제와 입지적 편익성이 감안되지 못하는 문제가 부각되어 '사용자 가치 임대료 산정 체계'(Use-value rent setting system)로 바꾸었다.

이러한 방식의 임대료 산정은 '임대료 협상법'(Rent Negotiation Act)에 근거하며, 건축년도, 구조 및 설비 상태, 내부 공간 배치, 입지 여건 등 건물의 효용성을 평가하는 기준에 따라 사업주체가 임대료를 1차적으로 산정한 후 3자가 협상하여 최종 정하는 방법이다. 임대료뿐 아니라 임대기간 등 임대차 관련 규정도 임대료 협상 시 함께 정한다. 임대차 기간은 1년에서 3년, 5년, 10년, 그 이상 등 협상 내용에 따라 정해진다. 보통 단기 임대차인 경우 임대료는 다

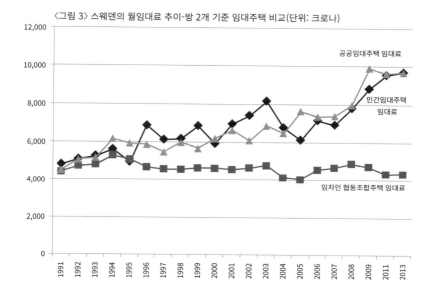

<그림 3> 스웨덴의 월임대료 추이-방 2개 기준 임대주택 비교(단위: 크로나)

공공임대주택 임대료

민간임대주택
임대료

임차인 협동조합주택 임대료

주: :1크로나(SEK)=130.91원; 2017. 1월 말 기준.
출처: 스웨덴 통계청(http://www.scb.se).

소 높고 유지관리비는 낮은 반면, 임대차 기간이 길 경우 임대료가 낮은 반면 유지관리비 부담은 높은 수준에서 결정된다. 이렇게 정해진 시영주택공사의 공공임대주택 임대료는 민간임대주택의 견본 모델이 되는데, 민간임대주택의 임대료는 공공임대주택 임대료보다 5% 이상 높지 못하도록 규정하고 있다. 이런 스웨덴 방식의 임대료 규제는 '연성적 임대료 규제'(soft rent regulation)로 불리고 있으며, 시영주택공사는 법적으로 민간임대주택의 가격 통제자이자 품질 견인자로서의 역할을 하고 있다.

그러나 2011년 법 개정 이후 시영주택공사가 비즈니스 모델로 전환되면서 공공임대주택의 임대료 상승 우려가 크다. 공공임대주택의 임대료는 1990년대 중반 정부의 재정 지원 감소 이후 점차 상승하는 추세이며 2000년 이후 연평균 4% 수준으로 계속 올랐다. 입지와 규모에 차이는 있지만, 방 2개를 기준으로 할 때 공공임대주택의 월평균 임대료는 2000년 5,936크로나(약 85만 원)에서 2013년 9,728크로나(약 138만 원)로 상승했다.

반면 방 2개인 협동조합주택의 월평균 임대료는 20여 년간 월평균 4,400~4,900크로나(약 62~70만 원선)로 큰 기복 없이 공공 및 민간임대주택의 임대료보다 낮은 수준이다. 이는 집값의 일부를 장기간 저축을 통해 이미 선납하고 남아 있는 잔금만을 월임대료로 부담하고 있기 때문에 거주 비용 측면에서는 공공 및 민간임대주택보다 저렴하게 된 것이라 볼 수 있다. 또한 협동조합주택의 임대료는 협동조합주택 위원회(cooperative board)가 규제하는 임대료 수준보다 높지 않은 선에서 정해진다. 이런 이유로 어느 정도 매달 저축 여력이 있는 소비자들은 임대주택보다는 협동조합주택을 선호하는 경향이다.

공공임대주택의 불하: 임차인 중심이나 남아 있는 임차인은 점차 잔여화

스웨덴에도 영국식의 공공임대주택 불하(Right to Buy)가 도입되었다. 중도 우파 연립정권이 들어선 1992년부터 공공임대주택은 임차인의 70%가 동의하는 경우에 해당 주택을 불하받거나 제3자에게 매각할 수 있게 되었다. 그런데 임차인들은 해당 주택을 불하받아 자가 소유자가 되기보다는 주로 협동조합에 매각하는 행태를 보였는데, 이는 낮은 불하 가격으로 상당한 시세 차익을 얻을 수 있었기 때문이다. 즉 공공임대주택의 임차인들은 시세의 40~60% 수준으로 불하를 받은 다음 이것을 곧바로 주택협동조합에 매각했다. 일례로 2000~2009년간 스톡홀름에서 공공임대주택에서 협동조합주택으로 전환된 3만 호의 양도 차익은 거의 500억 크로나(약 7조 원)에 이르렀다(Christophers, 2013). 임차인들은 호당 약 2억 3,000만 원 정도의 시세 차익을 얻은 셈이다.

공공임대주택의 협동조합주택으로의 전환은 2000년 이후 크게 증가하고 있는데, 2000~2012년간 전환 호수는 총 16만 호이며, 스톡홀름에서는 11만 5,000호(전체 전환 호수의 72%)가 전환되었다(스웨덴 통계청). 사민당이 집권한 2002년에는 이러한 전환을 규제했으나, 2006년 중도 우파인 온건당이 집권하면서 그러한 규제를 폐지했다. 온건당의 이러한 조치는 공공임대주택에 대한 차별적 시각을 없애고 자가 점유율을 제고하면서 주택시장의 효율성을 중시하고자 하는 정책 기조에서 비롯되었다. 또 한편 스웨덴의 강한 임차인 권익 보호에 대한 법 규정의 영향도 있었다. 스웨덴에 불법 전대란 없다. 공공임대주택의 임차인은 언제든 제3자에게 전대(sublet)가 가능하며 그 전대 계약도 제3자에게 전전대할 수 있다(Lind, 2014). 이러한 특성으로 스웨덴에서 공공임대주택 불하는 자가 부문 확대 혹은 운영관리상의 효율성을 높였다기보다는 협동조합주택 부문의 성장으로 재편되었다고 볼 수 있다.

스웨덴에서 민영화가 진행됨에 따라, 누구나 입주할 수 있고 입주한 후에도 전대 및 전전대 같은 임차권 이양이 가능한 공공임대주택에서 점차 다른 나라에서와 같은 주거지 차별과 잔여화 문제가 나타나고 있다. 경제적으로 불하를 받기 어려운 취약계층의 공공임대주택 거주 비중이 점차 늘어나고 있는 것이다. 그 정도는 그리 심각하지 않다고 볼 수 있으나, 일부 도시 외곽지역과 밀리언 프로젝트 단지에서는 저소득층 집중화 문제가 가시화되고 있다. 또한 매각에 따른 공공임대주택 재고의 감소로 대기자(waiting lists)도 점차 늘고 있다. 스웨덴 전체 공공임대주택의 대기자수에 대한 통계는 없으나, 스톡홀름 주택청(Stockholm Housing Agency)에 따르면, 2012년 한 해의 경우 4년 동안 기다린 대기자의 단 12%만이 공공임대주택에 입주했다(Lind, 2014). 공공임대주택에 대한 신규 건설이 점차 줄어드는 상황에서 앞으로 공공임대주택 대기자수는 더 늘어날 전망이다. 점차 취약계층이 집중되고 소수인종이 몰리는 공공임대주택에 대한 경제적·인종적인 차별 문제도 해결해야 할 숙제로 남겨진 상황이다(Turner, 2008). 한편 이와는 상반되게 이제 임대료 수입으로 비즈니스 역량을 구축해나가야 할 시영주택공사로서는 복지와 효율 간의 딜레마의 골이 더 깊어질 수밖에 없는 상황에 놓이게 되었다.

최근 스웨덴 주택시장 상황: 주택가격은 왜 그렇게 오른 것인가?

스웨덴의 주택가격 추이는 장기적 관점에서 볼 때 1950년대 이후 1990년대까지 두 차례의 경기침체 국면이 있긴 했지만 평탄한 추세 속에서 약간의 변동이 있었을 뿐이다. 주택가격이 크게 상승하기 시작한 것은 2000년대부터이다. 이러한 가격 상승 추세는 전 세계적인 주택가격 동조현상으로 해석될 수 있지만 자가 소유를 그리 권장하지 않는 스웨덴에서 이러한 가격 동조화 양상은 의외가 아닐 수 없다.

주택가격 상승세는 2008년 글로벌 경제위기로 다소 주춤했으나, 이후 경기가 빠르게 회복됨에 따라 스웨덴에서는 2012년 이후

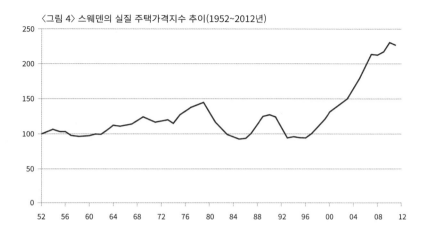

〈그림 4〉 스웨덴의 실질 주택가격지수 추이(1952~2012년)

출처: Peter Birch Sørensen, 2013, p. 6.

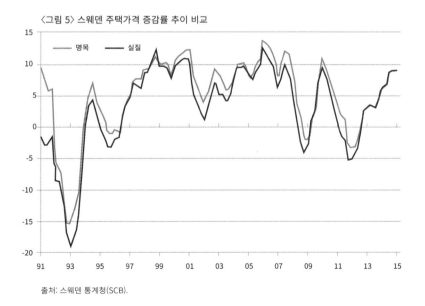

〈그림 5〉 스웨덴 주택가격 증감률 추이 비교

출처: 스웨덴 통계청(SCB).

부터 오히려 버블 우려가 제기되고 있다. 스웨덴 주택가격은 1995
년 이후 250%가 상승했으며, 스톡홀름, 말뫼, 예테보리 같은 대도
시에서는 300%까지 상승했다(스웨덴 통계청). 연평균 실질 주택가격
상승률은 2010~2011년간 전국 평균 9.2%(스톡홀름 10.3%, 예테보리
11.4%, 말뫼 13.0%)이며, 2012~2013년간 3.11%로 다소 완화되었으나,
2014년에는 전국 평균 8.8%, 스톡홀름은 13.3%나 올랐다. 이는 스
웨덴 경제성장률 2012년 0.9%, 2013년 1.6%, 2014년 2.1%에 비해
매우 높은 수준이다.

OECD는 2012년 스웨덴 주택가격이 30% 정도 고평가되었
다고 보고 있으며, 로버트 실러(Robert J. Shiller)와 폴 크루그먼(Paul
Krugman)은 스웨덴의 높은 가계부채를 감안할 때 향후 주택가격
붕괴는 경제에 심각한 타격을 줄 것이라 경고하기도 했다(Bloomberg
News, 2014. 1. 13; 2014. 1. 16). 그렇다면 스웨덴의 주택가격은 왜 이렇
게 오른 것일까?

자가 소유에 유리한 조세 지원: 자가 수요 증가에 따른 집값 상승

2000년대 이후 스웨덴의 급격한 주택가격 상승은 여러 복합적
인 원인들과 관련 있다. 표면적으로는 조세개혁, 저금리, 낮은 주택
건설 실적이 원인이지만, 근본적으로는 1993년부터 단계적으로 폐
지 및 중단된 정부의 건설 보조금, 규제 완화 및 시장주의적인 정
책의 결과라고 볼 수 있다. 우선 정부가 공식적으로 드러내지는 않
았지만, 조세 체계가 자가 소유자들에게 더 이롭게 변화했다.

지금까지 조세 체계는 두 차례 개정되었는데, 첫 번째는
1990~1991년간 주택가격이 크게 떨어진 시점에 이루어졌고, 두
번째는 2008년 금융위기 시기에 이루어졌다. 스웨덴의 자가 소유

자는 일반적으로 네 가지 종류의 세금을 부담한다. 자가 소유에 대한 귀속임대료(imputed rent), 재산세, 부유세(wealth tax), 양도소득세이다. 이 중 귀속임대료에 대한 세금은 1991년에 폐지되었으나, 이 당시 오히려 재산세는 과세 기준 주택평가액의 0.47%에서 1.5%로 증가했고, 양도소득세도 더 강화되었다. 즉 1990년대에서 2008년 이전까지는 적어도 점유의 중립성 차원에서 특정 점유형태를 선호하지 않도록 하는 조세 체계가 여전히 이어졌다고 볼 수 있다. 그러나 2008년부터는 그동안 국세였던 주택 관련 조세가 모두 지방세로 이전되면서, 부유세가 폐지되었고 재산세는 크게 감소했다. 그동안 주택평가액에 따라 비례 부과하던 재산세는 이제 연간 최대 납부액 이하 범위 내에서 단독주택은 주택평가가액의 0.75%, 아파트는 0.4%가 되었다. 연간 최대 납부액은 단독주택이 6,000크로나(약 84만 원), 아파트가 1만 2,000크로나(약 168만 원)로 설정되었다. 대부분 고가 자가주택으로 구성된 단독주택의 과세평가액이 아파트보다 3.6배나 더 높은데도 최대 납부액은 더 낮게 설정된 것인데, 이러한 부과 방법은 주택자산이 더 많은 가구에게 더 큰 혜택을 주는 결과를 초래했다(Christophers, 2013). 이에 정부는 2009년에 아파트 재산세율을 0.3%로 낮추긴 했지만 고가 자가 소유자에 대한 형평성 시비를 해소하지는 못했다.

한편 정부는 재산세 감소분을 대체하기 위해 양도소득세율을 기존 20%에서 22%로 인상했다. 그러나 양도 차익의 일부를 다음 번의 주택 구입에 재투자할 수 있도록 납부시기를 이연해주었다. 이연금의 최대 상한액은 160만 크로나(약 2억 3,000만 원)이며, 이연 시에는 이연금의 1.67%를 내도록 했다. 이러한 양도소득세 부담은 다른 투자재에 비해서는 꽤 낮은 수준이어서 상대적으로 주택을 투자재로 인식하는 계기를 만들었다고 볼 수 있다. 따라서 2008년 금융위기 이후에도 지속적으로 주택가격이 상승하게 된 원인에는 그동안 자가 소유자에 대한 주택담보대출에 대한 이자 소득공제와 더불어 부유세 폐지, 재산세 감소, 양도소득세 이연 등 조세 체계가 자가 수요가 증가하는 방향으로 작용한 탓이라 할 것이다.

저금리하에서 주택담보대출 수요 증가

주택금융에 대한 접근성 확대와 저금리도 집값 상승에 기여했다고 볼 수 있다. 신규주택 구입가격 대비 주택담보대출 비중(LTV)은 2002년 60% 수준이었으나, 2008년에는 70%를 넘어섰다. 2012년 주택가격 거품 우려로 신용평가 강화 등 대출 요건이 다소 까다로워졌으나, 스웨덴 주택정책 역사에서 볼 때 이러한 LTV 수준은 매우 높은 편이다(〈그림 7〉 참조). 또한 주택담보대출 기간도 2002년 49년에서 2009년에는 89년으로 연장되었고, 이렇게 긴 분할 상환 기간 덕분에 연평균 상환금도 주택 구입가격의 2%에서 1.1%로 낮아졌다.

지속된 저금리도 주택 구입비용을 낮추었다. 주택담보대출 이자율은 2000년대 6% 수준에서 점차 하락해 2005년에는 3%대로 낮아졌다. 2009년 금리는 역사상 가장 낮은 수준인 1.6%였고, 2010년에는 2%였다. 이러한 저금리는 주택담보대출에 대한 수요를 증가시켰는데, 스웨덴의 주택담보대출은 2000년 GDP의 27%에서 2011년에는 47%로 크게 증가했고, 2014년에는 50%에 육박했다. 주택담보대출 규모는 2013년 1조 8,000억 크로나, 2014년에는 1조 9,000억 크로나로, 2000년 이후 14년 동안 220%나 증가했다(〈그림 8〉 참조).

〈그림 6〉 스웨덴의 이자율 추이(단위:%)

재무부 대출금리

국고채 10년

출처: Riksbank, 스웨덴 통계청.

한편 경기침체와 디플레이션 대처 차원에서 유럽 대부분 국가들은 초저금리에서 더 나아가 마이너스 금리 체제로 들어갔다. 유럽중앙은행(ECB)은 2014년 1월 0%인 기준금리를 2015년 2월에는 -0.1%로 낮추었다. 이에 따라 스웨덴의 중앙은행(Riksbank)도 기준금리를 0%로 정하고, 주택담보대출 금리도 2015년 2월에는 사상 최저치인 1.82%로 낮췄다. 그러나 스웨덴 주택담보대출은 24%만이 고정금리이고 68%가 변동금리인 점을 감안한다면, 향후 미국발 금리 인상 요인 등으로 인한 시장불안이 상존하고 있다. 하지만 기우일 수도 있다. 2015년 2월 13일자의 블룸버그(Bloomberg) 보도에 따르면, 스웨덴 가계 총자산의 절반 이상은 금융자산으로 총자산 규모가 가처분 소득의 600% 이상에 이르러 가계 부실 우려는 약하며, 집값 상승의 원인은 대출 수요 증가로 인한 부추김이나 어떤 투기적 요소보다 주택 공급 부족에 있다고 볼 여지도 있다.

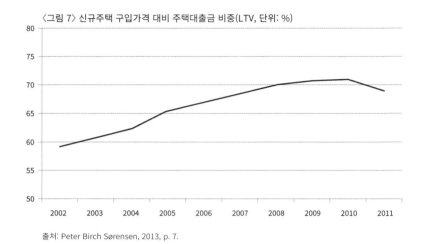

〈그림 7〉 신규주택 구입가격 대비 주택대출금 비중(LTV, 단위: %)

출처: Peter Birch Sørensen, 2013, p. 7.

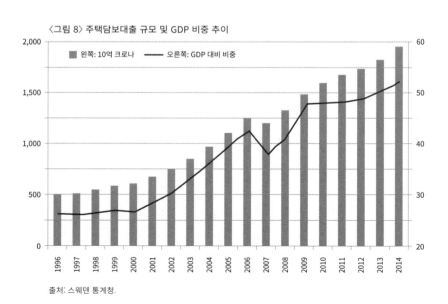

〈그림 8〉 주택담보대출 규모 및 GDP 비중 추이

■ 왼쪽: 10억 크로나   — 오른쪽: GDP 대비 비중

출처: 스웨덴 통계청.

신규주택 건설 감소에 따른 수급 불균형: 주택 공급 부족에 따른 집값 상승

스웨덴의 주택 건설 실적은 영국, 네덜란드와 더불어 유럽 국가 중에서도 매우 낮다는 평가를 받고 있다(OECD, 2012). 이러한 저 생산은 우선 1975년 밀리언 프로젝트 완성 이후 스웨덴 내에서 더 이상의 신규주택 공급은 '과잉이다'라는 인식이 팽배했기 때문이다. 1980~1990년간 연평균 4만 2,000호의 신규주택이 준공되었고, 1995~2011년에는 연평균 1만 2,000호가 준공되었다. 2007년과 2008년에는 각각 3만 527호와 3만 2,021호가 준공되기도 했지만, 2000년~2012년간 연평균 신규 공급은 2만 3,000호에 불과하다(〈그림 2〉 참조). 착공 호수로 따지면 2013년 1만 5,000호, 2014년에는 1만 7,000호에 불과하다. 이러한 낮은 주택 공급 수준은 스웨덴의 인구 및 가구 증가율에 비해 크게 못 미치는 것으로, 특히 스톡홀름, 말뫼, 예테보리 같은 대도시권에서 주택 부족난은 매우 심각한 상황이다(Sørensen, 2013).

주택 건설 실적이 이렇게 낮은 원인으로는 정부의 건설 보조금 중단과 임대료 규제 문제가 지적되고 있다. 정부의 신규주택 건설에 대한 보조금은 앞서 살펴보았지만, 점유의 중립성 차원에서 이자 보전 형태로 지원되었다. 그러나 1993년 8월 이후 이러한 보전 방식은 시장 이자율의 지속적인 하락과 건설비를 상승시키는 부작용, 그리고 양적·질적 주택 공급 달성으로 더 이상 적절치 않다는 판단에 따라 단계적으로 축소 및 폐지되었다. 신규주택 건설에 대한 정부의 이자 보전 지원 규모는 1992년 390억 크로나(명목, GDP의 2.2%)로 사상 최고치를 갱신했고, 이후는 그 이전에 건설된 신규

주택에 대한 건설 지원의 연장선상에서 1993년에는 360억 크로나, 1999년에는 70억 크로나, 2002년에는 50억 크로나가 지원된 후 종결되었다.

임대료 규제가 신규주택의 건설을 감소시켰다는 주장도 있다. 주택건설업체들이 주로 이러한 견해를 피력하고 있는데, 임대료 규제는 주거이동을 저해하고 신규주택 수요를 감소시키는 자물쇠 효과(lock-in effect)가 있다고 주장한다. 임대료 규제는 민간임대주택의 수익률을 제한하므로 건설업체들의 적극적인 참여를 기대하기 어렵게 한다는 것이다. 한편 임차인 조합 측은 규제를 폐지하더라고 주택 부족 문제가 해결되지 않을 것이라고 반박한다. 오히려 규제를 폐지하면 임대료가 상승하게 될 것이고 이를 부담하지 못하는 임차인들은 더 열악한 주거로 옮겨가게 될 것이라 주장한다. 그리고 상호간 협상에 따라 정해지는 임대료 수준은 주변 시세와 주택 품질을 충분히 반영하고 있기 때문에 규제를 폐지하는 것이 반드시 더 나은 대안이 될 것이라고 보장하기는 어렵다고 주장한다.

민간임대주택의 임대료는 2003년에서 2008년까지 감소했고 2009년부터 다시 상승하긴 했으나 2011년에는 -2.8%가 떨어졌고 2013년과 2014년에는 각각 2.2%와 1.7% 올랐다. 임차 수요에 비해 임대료 수준이 매우 낮으며, 높은 주택 매매가 상승률에 비해 민간임대주택의 임대료는 상당히 저평가되었다는 인식이다. 이러한 상황에서 건설업체들은 임대주택 공급을 외면하고 있으며, 정부에 계속해서 임대료 규제 폐지를 건의하고 있다(Global Property Guide, 2015년 4월 13일자).

시장안정 및 주거불안을 덜기 위한 주택 건설 확대 추진

2015년 3월 신규주택 건설에 정부 보조 재개, 리모델링도 지원

스웨덴은 계속되는 신규 건설 실적의 저조로 향후 인구 및 가구 증가를 감안할 때 2008~2013년간 27만 6,000호의 주택이 부족한 상황이며, 2020년까지 신규주택 건설 필요 호수는 43만 6,000호로 추산되고 있다(Pittini 외, 2015). 다른 어떤 요인보다도 이러한 주택 수급 불균형 현상은 주택가격 상승의 직접적 원인으로 지목되고 있으며, 가격 상승 여파로 사회적 균열에 대한 우려의 목소리도 높다.

스웨덴의 '개혁 연구소'는 최근 스웨덴 주택정책은 집을 구입하려는 젊은 세대를 희생하면서 기존의 자가 소유자들에게만 부(wealth)를 집중시켰다고 힐난했다(The Reform Institute, 2013). 개혁 연구소는 주택 공급 제약으로 스톡홀름의 자가 소유자는 호당 약 80만 크로나(약 1억 1,000만 원)의 이득을 취했으며, 이러한 자가 소유자에게로의 주택자산 집중은 현재 스웨덴의 다른 재분배 정책의 근간을 흔들고 있다고 지적했다. 또한 현재의 더딘 주택 공급은 장기간에 걸친 계획 과정, 건축 규제, 지자체의 특별한 요구 조건들로 인한 건설비 상승뿐 아니라, 높은 지가와 임대료 규제 때문이라고 지적하고 있다. 결국 주택 건설 장애는 사회적 이동 둔화, 더 나은 일자리로의 이동 기회를 제약하는 등 악순환의 고리로 이어질 것이라 경고했다.

스웨덴 정부는 2010년 '계획 건설법'(Planning and Building Act)을 개정해 신규주택 개발 시 지자체가 특별한 요구 조건을 제시할 수 없도록 하고, 신속한 진행을 위해 '지자체' 차원이 아닌 '광역적'

차원에서 승인 절차를 거치도록 했으나, 아직 그 실효성이 가시화 되고 있지는 않다. 개혁 연구소는 스웨덴의 더욱 즉각적인 주택 건설 활성화를 위해 기존의 지역 규제적 틀에서 벗어날 수 있도록 중앙정부 차원에서 뉴타운 형태의 건설 방식이 필요한 것이 아니냐는 제안을 내놓기도 했다(The Reform Institute, 2013).

스웨덴 전국건설노동조합의 대표인 한스 틸리(Hans Tilly)는 스웨덴 시사경제지인 The Swedish Wire(2010. 6. 16.)에 '현재 스웨덴의 주택정책은 실패했다'는 기고문을 실었다. 그는 북유럽 국가들의 천인당 신규주택 건설 호수는 스웨덴의 2배 이상이며, 공공임대주택 건설도 신규 건설에서 차지하는 비중이 스웨덴의 2배라는 점에서 현재의 수요 충족과 시장안정을 위해 몇 가지 대안을 제시했다. 그는 최소한의 인구 증가에 대응하기 위해서는 연간 4만 호의 주택 건설이 이루어져야 하며, 젊은 세대의 주거안정을 위해 공공임대주택의 건설 확대를 주문했다. 또한 밀리언 프로젝트 노후화 문제를 해결하기 위해 약 70억 크로나(약 1조 원)를 연간 5만 호 리모델링를 위해 지원하자고 주장했다. 주택부 신설도 건의했다. 스웨덴은 1974~1991년간 중앙부처에 주택부가 있었을 뿐 현재 주택 업무는 사회보장부, 재무부 등 여러 부처에 분산되어 있어 주택정책을 전담하는 총괄 부처는 없다.

이러한 각계 여론에 따라 2014년 10월 집권한 사회민주당 연정은 시장안정을 도모하고 일자리 창출 등 경제 활성화 차원에서 2015년 3월 신규주택에 대한 건설 보조금을 새로 도입했고, 리모델링을 위한 개보수 지원금도 신설했다. 또한 신정부는 주택담보대출 상환에 대한 형평성 부담 차원(fairer rule)에서 현재 변동금리 중심의 주택담보대출을 고정금리로 전환하도록 하여 대출자가 매달 안정적으로 대출금을 상환할 수 있는 여건을 마련했다.

취약계층의 주거비 부담 완화를 위해서도 주택 건설 확대는 절실

스웨덴에서 민영화는 영국처럼 그렇게 보편화되지는 않았지만, 공공임대주택 불하를 받을 수 있는 있는 계층과 그렇지 못한 계층 간의 차별은 부각되었고, 그로 인한 사회적 빈부 격차는 집값 상승으로 인한 자가 소유자들의 불로소득만큼 커지고 있다. 시영주택공사의 민영화로 임대료도 지속적으로 상승했다. 1990년대 중반 이후 2012년까지 소득 대비 임대료 비중(RIR)은 140%나 올랐다(스웨덴 통계청). 그럼에도 주택수당 지원 대상자는 크게 감소했다.

저출산 문제에 대응하는 차원에서 자녀가 있는 가족에 대한 경제적 지원 필요성에 따라 1968년 도입된 주택수당(housing allowance; 스웨덴어로는 Försäkringskassan)은 저소득층을 대상으로 하며, 임차 가구에게는 임대료 보조를, 자가 가구에게는 주택대출 이자 및 유지관리비를 보조해왔다. 그러나 1997년 개혁을 통해 주거비 포함 항목에서 주택대출에 대한 이자는 삭제되었고, 소득 상한 및 주거비 지출 상한선을 하향 조정함으로써 지원 가구수가 1995년 57만 6,000가구에서 2012년 15만 7,000가구로 3분의 1가량 줄었다.

주택수당 지원 대상자의 범위도 점차 축소되어, 현재는 자녀가 있는 가구와 젊은 계층(18~28세)으로 좁혀졌다. 지원 기준(2015년 기준)은 월임대료를 1만 4,000크로나(약 20만 원) 이상 지불하면서 가구 연소득이 42만 3,000크로나(약 6,000만 원) 이하인 가구이다. 가족 중심적 전통과 청년실업 문제에 초점을 두어 자녀가 있는 가구(특히 편부모 가구)와 18~28세의 독신 및 기혼자에 특화되어 있는 점이 특

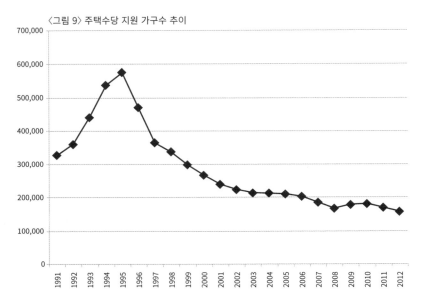

〈그림 9〉 주택수당 지원 가구수 추이

주 1: 스웨덴 주택수당은 중앙부처인 사회보장부 및 스웨덴 사회보험청(Swedish Insurance Agency)이 담당.
주 2: 지원 대상은 월임대료가 1,400크로나(약 20만 원) 이상이면서 가구 연소득이 42만 3,000 크로나 이하에
　　해당하는 가구로, 자녀가 있는 가구와 젊은 계층(18~28세)을 주대상으로 함.
출처: Swedish Social Insurance Agency (http://www.forsakringskassan.se).

징적이다. 지원금은 소득수준, 주거비, 주택 규모에 따라 차등 지급
하며 최대 지급액은 가구원수에 따라 3,200크로나(약 45만 원)에서
4,900크로나(약 70만 원)이다(스웨덴 사회보험청, 2015). 주택 규모를 제한
하고 규모에 따라 지원금을 차등 지급하게 된 것은 주택수당에 대
한 수요를 억제하고 지급액도 더 낮추려는 의도에서이다.

임대료 부담이 점차 가중되고 집 찾기도 어려워진 시장 여건에
서 주택수당 제도의 축소는 그동안 스웨덴이 추구한 보편적 주거
복지와 지원의 중립성과는 상당히 거리가 멀다. 주택수당은 자격이
되는 모든 가구를 대상으로 하는 수급권 제도이지만, 자격 요건을
까다롭게 하고 지원금 수준도 줄어들면서 주거비 부담을 완화하는

데도 한계가 있다. 지금으로서는 상승하는 주택가격과 임대료를 제어하고 취약계층의 주거안정을 위해서는 신규주택 건설 확대가 최선의 해법이라고 볼 수 있다.

스웨덴 주택정책의 교훈과 시사점

스웨덴에서 '국민의 집' 이념이 자리한 시기는 1930~1980년의 50년간이었다. 이 기간 주택정책은 평등, 기회, 선택의 관점에서 이루어졌고 이를 실현하기 위해 정부의 보편적 보조금의 역할이 컸다. 균형적이고 중립적 견지의 정책 조율은 협동조합주택도 잘 발달시켰다. 공공임대주택에 거주하는 것은 소외가 아니라 개인의 내실적 성장에 보탬이 되었다. 임대료 규제도 스웨덴 방식의 소통과 합의하에 협상 방법으로 정착했다. 이러한 일관된 정책은 1930년 이후 60년을 집권했던 사회민주당의 정치 철학과 주택정책 기조에서 비롯한 것이다. 스웨덴이 사회민주주의 복지국가(social-democratic welfare state)의 대표 모델로 자리매김한 것도 이러한 정치 역사와도 관련 깊다.

1990년대 중반부터는 정부의 재정 보조가 단계적으로 축소되고 폐지되었으나, 주택정책의 기조는 여전히 평등, 기회, 선택이었다. 1998년 스웨덴 의회가 제시한 주택정책의 목표는 "주택은 사회적 권리이며, 주택정책의 책임은 누구나 합리적 가격에서 좋은 집에 거주할 수 있도록 하는 환경의 조성"이었다. 그러나 2006년 중도 우파 연립정권이 들어서면서 주택정책 목표는 '주택 수요 충족'과 '잘 작동하는 주택시장'으로, 형평보다는 효용과 효율성 강조로 바뀌었다. 또한 정부 지원은 중립적이 아닌 자가 소유자 편향적으로 바뀌었다. 자가 소유자는 주택담보대출 이자에 대한 30%의 소득공제, 주택 개보수 비용에 대한 소득세율 50% 할인, 재산세 인하 혜택을 누리며 다른 점유형태에 비해 우대받았다. 한편 공공임대주택 부문은 정부재정 지원 감소로 1990년대 이후 점차 축소되고, 2010년대 들어서는 시영주택공사의 역할 전환, 공공임대주택 불하 확대와 같은 시장주의적 정책이 계속 강화되고 있다. 이러한 결과로 공공임대주택은 다른 점유형태에 비해 점차 위축되고 있으며 취약계층의 집중화와 차별 같은 문제들도 나타나고 있다.

터너 교수는 스웨덴의 보편적 주택정책은 이제 선별적 주택정책으로 전환되고 있다고 지적하고 있다(Turner, 2008). 시장주의적 주택정책은 시장 소외계층을 양산하고 사회 양극화를 야기하고 있다는 인식이 확대되고 있다. 더구나 수요에 비해 공급이 충분히 뒷받침되지 않아 주택가격만 계속 오르는 부작용도 커지고 있다. 무엇보다 주택 공급 부족 문제는 노동시장뿐 아니라 경제성장에도 큰 걸림돌이 되고 있어, 새로 살림을 꾸리거나 더 나은 일자리를 찾아 이사하려는 계층이 자신의 형편에 맞는 집을 찾기란 너무나 힘든 상황이 되었다. 공공임대주택의 입주 대기기간은 점점 길어지고 민간임대주택은 제대로 공급조차 되지 않는다. 그렇다고 자가를 구입하기에는 가격이 너무 많이 올랐다. 지난 반세기 이상 주거복지 천국이었던 스웨덴에서 이제 젊은 세대들은 그 수혜자가 될 수 없는 상황이 되었다.

최근의 이러한 양상에도 불구하고 우리는 지난 세월 스웨덴 주택정책이 걸어온 발자취 속에서 주택정책의 중립성과 형평성이 보편적 복지국가의 근원이 되었다는 점과 일관된 정책 기조하에 소통과 합의 문화가 스웨덴만의 모델을 만들 수 있었다는 점은 배워야 한다. 아쉬운 점이라고 한다면 보편적 복지 모델 역시 지속적인 진화를 통해 거듭나야 하지만 1990년대 중반 정체된 이후 새로운 발전 동력을 찾지 못했다는 사실이다. 현재 나타나고 있는 주택문제들은 주택 소비자들의 다양한 욕구를 제대로 반영하지 못하고 과거 정책의 관행에 젖어 변해가는 시장 여건에 적극적으로 대처하지 못한 결과가 아닐까 한다.

2014년 10월 사회민주당이 재집권하면서 향후 스웨덴 모델은 규제 전통을 유지하면서 적극적인 정부의 역할과 책임을 강화할 것으로 전망된다. 스웨덴 고유 모델인 중립적이고 형평성 있는 금융 및 조세 지원 원칙이 재정립되고 있으며, 주택 공급 확대를 위해 건설 보조금을 신설하고, 공공임대주택 공급 확대, 기존 주택의 리모델링 등에서 이제 사회민주주의 복지 모델이 재연될 가능성이 높다. 우리가 스웨덴에서 배울 수 있는 점은 보편적 복지는 다년간의 정책적 노력과 일관된 이념하에 굳건해진다는 것이다. 그러나 궤도에 올랐다고 해서 그만둔다면 금방 깨져버릴 수 있는 물거품임을 잊지 말아야 할 것이다.

공공임대주택 천국에 드리운 그림자

보편적 임대주택 문화와 규제 전통은 지난 반세기에 걸친 네덜란드 주거복지의 일등 공신이다. 네덜란드는 세계에서 공공임대주택 거주 비율이 가장 높은 나라이다. 그러나 1990년대 이후 자가 소유로의 정책 전환, 금융위기 이후 6년간의 시장침체, 만성적인 주택 부족난 등으로 주택정책은 새로운 국면에 접어들고 있다. 무엇이 네덜란드의 전설적 성취에 영향을 주었으며, 최근 논의되는 주택정책 개혁의 쟁점은 무엇인가?

북서부 유럽에 위치한 네덜란드는 남한의 42% 정도에 불과한 작은 나라(국토면적 4만 1,543㎢)이지만 1인당 국민소득은 5만 2,249달러(2014년 세계 10위)에 달하는 대표적인 강소국이다. 네덜란드라는 이름은 '낮은 땅'이란 뜻으로, 국토의 25%가 해수면보다 낮은 지리적 특성에서 비롯되었다. 네덜란드의 대표적 이미지인 풍차와 튤립도 이러한 지리적 특성과 관련이 있다. 풍차는 네덜란드인이 벌여온 물과의 투쟁을 상징한다. 튤립은 그렇게 형성된 간척지 이용의 순환속도를 높이는 데 적합했다. 좁은 국토라는 자연적 불리함을 극복하기 위해 네덜란드인들은 16세기부터 간척사업을 추진해 왔으며, 인공의 땅을 정주 기반으로 만드는 과정에서 '폴더' 모델[1]이라는 네덜란드 특유의 끊임없이 협상하는 민주적 의사결정 방식이 싹터왔다고 볼 수 있다.

네덜란드의 인구는 1,683만 명(2014년 기준)으로, 우리나라 인구의 약 3분의 1 수준이며, 1㎢당 거주 인구는 406명으로 인구 밀도가 매우 높다. 실제 정주 가능한 면적만 본다면 네덜란드의 인구 밀도는 이보다 더 높으며, 수도인 암스테르담의 인구 밀도는 3,506 / ㎢이다. 네덜란드의 가구수는 757만 가구, 주택 재고수는 749만 호(2014년 기준)이며, 주택 보급률은 98%, 천인당 주택 재고수는 445호이다. 주택 보급률은 유럽 선진 11개국 평균 109%에 비해서는 매우 낮은 편이며, 천인당 주택 재고수도 EU-21개국 평균

1.　폴더(polder)는 제방에 둘러싸인 저지대로, 그 수위를 조절할 수 있는 토지(간척지)를 지칭하는 네덜란드어이다. 폴더 모델은 간척지를 메우는 과정에서 많은 사람의 도움이 필요하다는 의미에서 네덜란드식 사회적 합의 모델을 상징한다. 이 모델은 1982년 네덜란드 노사가 경제 체질 개선을 위해 임금 인상 자제와 근로시간 단축을 통한 일자리 나누기 대타협을 주요 골자로 한 바세나르 협약(Wassenaar Accord)을 성사시킨 것을 상징해 붙여진 이름이기도 하다.

470호보다 낮다. 전용 수세식 화장실 및 전용 온수 욕실 구비 비율은 100%, 난방시설 구비 비율은 98%로 주거수준은 매우 높으며, 1인당 주거면적은 41㎡로 EU 국가 평균 40㎡과 유사하다.

현재 주거상황은 주택의 질적 수준보다는 양적 부족 문제가 크게 대두되고 있으며, 주택시장은 1983~2008년간 전례 없는 주택가격 상승세가 지속된 이후 2008년 금융위기를 맞아 가격 급락, 거래 부진, 신규 공급 감소로 이어지고 있다. 지난 6년간의 경기침체는 대외 무역 흑자에도 불구하고 부동산 버블 붕괴가 그 직접적 원인으로 지목되고 있다. 네덜란드는 다른 유럽 국가가 1980년대 이후 민영화로 전환한 것과는 달리 1990년대까지 공공임대주택의 신규 투자를 이어갔으며, 정책 기조 또한 규제 전통이 유지되면서 주택시장에 강하게 개입해왔다. 네덜란드는 제2차 세계대전 이후 유럽에서 가장 주택 부족이 심각했던 국가로 공공임대주택 모델은 평등주의 이념하에 저소득층뿐 아니라 중·고소득층에 이르는 다양한 계층을 대상으로 하고 있다. 1990년 공공임대주택 재고 비중은 41%로 세계 최고를 기록했으며, 1990년대 중반 공공임대주택에 대한 공급자 보조 중단과 자가 소유로의 정책 전환으로 공공임대주택 비중이 다소 줄었으나, 2013년 33%로 여전히 세계 최고 수준이다. 그러나 2008년 이후 이러한 세계 최고기록과 더불어 주택담보대출 이자에 대한 소득공제가 가장 관대한 국가, 주택가격 대비 주택담보대출 비중(LTV)이 가장 높은 국가, 가계부채가 가장 많은 국가라는 직함까지 얻게 되었다.

2010년 이후 네덜란드에서는 주택정책에 대한 개혁 논의가 한창이다. 그동안 세계 최고의 공공임대주택 유지국이라는 자긍심은 계속되는 주택 부족난으로 약해져가고 있다. 그 대안을 모색하고 주택시장의 성능을 개선시키고자 하지만 재정긴축으로 주택공급 활성화를 위한 충분한 지원은 이루어지고 있지 못하다. 네덜란드의 주택정책은 무엇을 추구하려고 했으며, 왜 개혁이 필요한 것일까? 그리고 금융위기 이후 침체 일로인 주택시장은 앞으로 어떤 출구 전략을 통해 회생할 수 있을 것인가?

주택정책의 기조: 강한 규제 전통에서 1990년대 이후 시장 중심적으로 전환

　네덜란드의 주택정책은 정부의 관대한 보조금과 주택시장에 대한 강한 개입으로 형성되어왔다. 개발 가능지가 적고 인구 밀도가 높은 상황에서 정부의 적극적인 시장 개입은 주택문제를 해소하는 데 필수적이라고 생각했기 때문이다.

　주택정책의 기틀은 한 세기 전인 1901년 제정된 주택법에 근거한다. 주택법은 당시 만연했던 열악한 주거환경을 개선하기 위해 지자체의 토지 이용계획 수립 의무화와 건축 규제 신설, 비영리 조직인 주택조합의 법적 성격과 역할 등을 규정했다. 정부의 주택 공급에 대한 직접적 관여는 제2차 세계대전 이후 본격화되었다. 전쟁의 여파로 당시 8만 호의 주택이 멸실되고 40만 호 이상의 주택이 심하게 파손되었다. 급속한 인구증가와 전쟁으로 인한 이사 수요로 주택 부족난은 가장 심각한 사회문제였다. 이 시기의 두 가지 주택 해법은 주택 공급 확대와 임대료 규제였다. 주택 부족 문제는 대규모 공공임대주택 건설로 해소하고자 했으며, 치솟는 임대료는 임대료 통제 방식으로 억제시켰다.

전후 심각한 주택 부족난을 해소하기 위해 정부는 지자체의 시영주택공사(municipal housing companies)를 중심으로 주택 공급을 확대했으나, 1960년대 들어 긴급한 수요는 해결되었다고 인식하면서 이후부터는 비영리 주택조합에 주택 공급 기능을 일임했다. 주택조합은 양질의 저렴한 공공임대주택 공급의 전담주체로서 정부 보조금을 받았으며, 1990년대 중반까지 이러한 방식의 공급자 보조는 네덜란드 주택의 양적·질적 성장의 토대가 되었다. 임대료 규제는 제2차 세계대전 전후(1940~1951)의 '동결'이라는 가장 엄격한 통제 방식에서 시작해 이후 다소 완화되었으나, 1989년 규제 완화가 있기 전까지는 공공임대주택뿐 아니라 민간임대주택에도 최대 임대료 상한선과 연간 임대료 인상률이 규제되었다. 이러한 두 가지 주택문제 해법은 1990년대 이전까지는 큰 변화 없이 이어졌다고 볼 수 있다.

1970년대와 1980년대는 주택시장 활성화를 위해 주택공급 확대

주택정책의 방향과 이행 방법은 정부의 '주택 각서'(Housing Memorandum)에 따라 추진된다. 주택 각서는 네덜란드 중앙부처인 주택·공간계획·환경부(VROM)[2]가 초안을 만들고, VROM 위원회와 전문가 위원회, 그리고 관련 단체들의 협의를 거쳐 최종적으로 국회가 승인하는 형태를 취한다. 주택 각서는 의무적인 특정 기간

---

2. VROM은 네덜란드 중앙부처인 주택·공간계획·환경부(The Ministry of Housing, Spatial Planning and Environment)를 말한다. 2010년 4월 VROM은 Ministry of Transport, Public Works and Water Management와 통합하여 Ministry of Infrastructure and the Environment가 되었고 이후부터 주택정책은 내무부(Ministry of the Interior and Kingdom Relations)가 담당해오고 있다. 주택 및 중앙정부부(Ministry of Housing and the Central Government Sector)는 주택 관련법 및 주택조합 관련 업무를 수행하고 있다.

을 명시하고 있지는 않으며, 정책적으로 중대 변화가 있을 경우 작성되어 협의 과정을 거쳐 확정된다. 노동당 정부(1973~1977)가 수립한 1974년 주택 각서는 '임대료 및 보조금 정책'(Rent and Subsidy Policy)이라는 이름으로 발간되었다. 1970년대 이전까지는 정부가 주택을 지원하지 않는다면 사람들 스스로 더 좋은 주택에 살고자 노력하지 않을 것이며, 자력으로 열악한 주거환경이 개선되기 어렵다고 보는 관점에서 주택정책 기조를 세웠다. 더 나아가 정부는 양질의 주택이 양질의 주거환경 조성에서 비롯되므로 좋은 정주 여건을 만드는 것 또한 정부의 중요한 역할이라고 보았다. 따라서 정부가 주택 공급을 위해 많은 보조금을 지급하는 것은 주택의 입지 고정성과 긴 수명을 고려한다면 양질의 주거수준을 장기간 유지하는 데 필수적이라고 인식했다.

한편 노동당은 애초 이 주택 각서를 계기로 계속해서 늘어나는 공급 보조금을 좀 더 효과적으로 운영하고 공급 보조 방식의 한계를 극복하는 수단으로 임대료 보조 제도를 제안했다. 그러나 당시 높은 금리와 주택시장 침체로 인해 여전히 정부의 지속적인 주택 공급 확대와 공급자 보조 강화론이 지배적이었기 때문에 개별 수요자 보조에 대한 선호는 크지 않았다. 결과적으로는 공급자 보조가 오히려 확대되었고, 1975년 임대료 보조 제도인 주택수당(housing allowance)이 새로 도입되면서 당초 정부 지출을 줄이고자 했던 의도와는 반대로 정부 부담은 더 늘어나게 되었다.

보수 연립정부(기독민주당과 자민당)가 들어선 1977년에는 자가 소유 촉진, 공급자 보조 축소라는 정책 목표가 제시되었으나, 1978~1982년간 경기침체로 인해 주택가격이 30%나 하락하는 상황에서 이러한 정책은 실현되지 못했다. 정부는 침체된 주택시장과 건설산업 경기 진작을 위해 주택 공급을 확대하지 않을 수 없었으며, 이 과정은 공공임대주택 부문이 더욱 성장하는 계기가 되었다. 1978년의 주택 공급 목표는 분양주택 7만 4,000호, 공공임대주택 3만 2,000호였으나, 결과적으로는 분양주택 3만 4,000호, 공공임대주택 7만 3,000호가 건설되었고, 공급자 보조도 그만큼 증가했다.

이어 1981년 새정부(기독민주당)[3]가 들어서면서 공공임대주택에 대한 재정 지출 삭감을 포함한 정부재정 지출 감축안이 발표되었다. 공공임대주택에 대한 임대료 인상 조치도 주택조합의 부채 감소를 위해 추진되었다. 또한 침체된 주택시장 활성화와 수요 회복을 위해 1983년 주택담보대출 이자에 대한 소득공제 제도가 도입되었다. 1980년대는 영국을 위시한 많은 국가에서 공공 부문 축소, 재정 감축, 자가 소유 촉진, 규제 완화 등이 유행처럼 번져갔다. 네덜란드도 이러한 정책 유행을 좇아가려는 의도를 비쳤지만 실제로는 공공임대주택을 비롯한 주택에 대한 지출이 더 늘어났다. 1970년 이후 주택 부문의 정부재정 지출은 지속적으로 증가해 1987년에는 GDP의 5%에 이르렀다.

1990년대, 시장주의적 정책 기조 도입

주택정책의 극적인 변화가 일어난 것은 1989년, '건설에서 거주로'(From Building to Living)라는 주택 각서가 공표되면서부터이다. 정부는 이제 국민들이 스스로 주택 선호를 실현할 수 있다고 판단하면서 이 시기부터 주택정책은 시장주의적 기조로 전환되었다.[4] 이

---

3. 기독민주당(CDA)은 1981~1994년까지 집권했다.
4. 1995~2002년까지는 좌파-중도-우파를 포괄한 3당 연정 체계로 내각이 운영되었다.

러한 배경에는 크게 두 가지 요인이 작용했다.

첫째, 그동안 정부의 지속적인 정책 개입 효과에 대한 근본적인 의문이 제기되었다. 정부의 지나친 관여는 재정 지출만 늘린 결과가 되었고, 공공임대주택을 통한 재분배도 제대로 이루어지지 못했다는 비판 여론이 일었다. 이는 공공임대주택의 수급 불균형 문제에서 크게 부각되었는데, 임대료가 다소 높은 공공임대주택(당시 600길더)에 저소득층의 50%가 거주하는 반면, 임대료가 다소 낮은 공공임대주택(당시 450길더)에 중·고소득층의 31%가 거주하는 문제가 제기되었다. 이러한 현상은 그동안 막대한 재정을 투입한 공급자 보조 정책의 허점으로 인식되었다(Boelhouwer and Priemus, 1990). 네덜란드의 공공임대주택은 저소득층뿐 아니라 중·고소득층까지 거주할 수 있었다. 그런데 중·고소득층이 소득 증가에도 불구하고 계속해서 공공임대주택에 남아 있음에 따라 주거비와 소득계층 간 불일치 문제가 점차 커졌다. 따라서 정책 수혜자 간 부담의 형평성과 효율적 배분 관점에서 이러한 문제를 시정하는 것이 중요한 목표 중 하나가 되었다.

둘째, 인식의 변화가 있었다. 그동안 정책 기조가 '시장 실패'에 따른 정부 개입 당위성을 강조한 반면, 이때부터는 '정부 실패' 가능성이 부각되었다. 이제 국가보다 시장이 주택 자원을 좀 더 효과적으로 배분할 수 있다고 보았다. 물론 이러한 시장 중심적인 사고로의 전환은 당시 유럽에 만연했던 신자유주의 이념에서 비껴가기 어려웠던 정치·경제적 상황과도 관련 있다고 할 것이다. 특히 제조업 중심의 전통 산업 구조가 붕괴되고 도시가 쇠퇴 일로에 접어들면서 네덜란드 정부는 세계화 시대의 도시 경쟁력 강화를 위해 주택·부동산 시장을 도시의 자본 유치와 축적의 수단으로 활용하지 않을 수 없었다. 따라서 주택 부문은 주거안정과 사회복지 기반이라는 공공재적 가치를 넘어 경제성장 정책의 한 축이 되었고 정부의 관심도 저가 주택에서 고가 주택으로 이동해가면서 주택 구입과 투자환경 조성이 보다 중요한 정치적·정책적 어젠다가 되었다.

1990년대 이후, 자가 점유율 확대 정책

이러한 문제 인식과 환경 변화에 따라 1990년대 이후 주택정책의 방향은 중·고소득층을 위한 고가 주택 공급을 확대해 주택시장의 수급 불일치를 해소하고, 도심 내 자가 점유율을 높여 도시 경쟁력을 강화하는 것이었다. 공공임대주택 재고 중심(1990년 41%)의 시장 구조하에서는 이를 달성하기 어렵다는 점에서 주택 공급의 방향은 재고 주택의 구조조정과 더불어 경쟁력 있는 신규 분양 주택 공급의 확대였다. 정부는 우선적으로 중·고소득층이 거주하는 비교적 저렴한 공공임대주택 재고를 1989년 77만 호에서 2000년까지 55만 호로 축소시키고자 했다. 이는 연간 약 2만 호씩의 공공임대주택 매각을 의미하는 것이었다.

자가 점유율은 1990년 43%에서 2000년 55%로 높이는 것이 목표였다. 이러한 목표는 공공임대주택 매각과 더불어 매년 신규 주택 건설에서 분양주택이 75% 이상 공급되어야 가능한 것이었다. 자가 점유율 확대 정책은 비넥스(VINEX)[5] 계획을 통해 공간적으로 실행되었다. 이 계획은 1996~2005년간 45만 5,000호의 신규주택(이 중 분양주택은 80%)을 도심 내에 공급해 공공임대주택에 거주하는

---

5.   VINEX 계획은 제4차 공간계획 수정안으로 네덜란드어로 Vierde Nota Ruimtelijke Ordening Extra이며, 영어로 Fourth Memorandum Spatial Planning Extra이다.

중·고소득층을 유인하는 것이 목적이었다(Kadi, 2011). 그러나 지역 간 소득계층 차별 문제가 제기되면서 비넥스 계획은 도심뿐 아니라 그 주변지역도 포함하여 추진하게 되었고, 이 과정에서 공공임대주택의 일부가 매각, 멸실, 세대 합병, 용도 전환 등의 방법으로 고가 주택으로 변모했다. 비넥스 계획은 주택의 공급 측면 이외에도 각종 랜드마크와 국제 업무시설 건설, 수변 공간의 적극 활용, 뉴어버니즘(New Urbanism)적 디자인을 통한 건축의 다양성과 창의 실현, 20~30분 내 직주 근접을 위해 새로운 교통수단으로 고속 트램을 도입하는 등 네덜란드의 정주 여건을 높이고 국제 이미지를 크게 고양시킨 계기가 되기도 했다.

2000년대, 공공임대주택 민영화를 도시재생과 연계

2001년의 주택 각서는 사람들이 그동안 거주하기를 원하는 지역과 방법에 대해 제대로 의사 결정을 하지 못했던 점에 착안해 '국민이 원하는 것, 국민이 사는 곳'(What people want, Where people live)이라는 슬로건으로 공표되었다. 이 주택 각서는 시장 원칙을 재강조하고 '소비자 우선'(Consumer-First)이라는 관점을 부각시키면서 주거 선택의 자유, 매력적인 주택 공급 확대, 자가 소유 촉진, 공공임대주택 매각을 명시적인 주택정책 목표로 제시했다. 보수 정당인 기독민주당 정부(2002~2010)는 구체적으로는 자가 점유율을 2001년 53%에서 2010년 65%로 제고시키며, 이를 위해 임대주택 70만 호(공공임대 53만 8,000호, 민간임대 16만 2,000호)를 매각하는 조치를 발표했다(Kadi, 2011).

2007~2010년간 주택정책은 도시에서 침체된 지역의 주택 및 주거환경 개선에 초점을 맞추었다. 정부는 네덜란드 전역에 40개

의 노후침체 지구를 선정하고, 주택 리노베이션뿐 아니라 교육, 일자리, 사회통합과 연계시켜 복합 개발을 추진하고자 했다. 도시재생은 지자체와 주택조합 간의 협력 체계로 진행했는데, 주택조합은 같은 기간 동안 자체 자금을 총 28억 유로(매년 7억 유로) 투자하기로 했다.[6] 네덜란드의 도시재생은 주로 도심에 입지한 공공임대주택의 재개발과 연계되었으므로 주택조합은 공공임대주택의 소유자로 중추적 역할을 담당했고, 이것은 공공임대주택 민영화의 일환으로 추진되었다. 그러나 금융위기 이후 주택시장 침체와 주택조합의 역할 재정립이 이슈로 부상하면서 공공임대주택 매각과 연계한 도시재생보다는 임차 수요 증가에 따른 임대주택 공급 확대가 더 시급한 현안이 되었다.

거듭되는 주택 부족난: 신규주택 건설 저조로 수급 불균형 심화

네덜란드의 신규주택은 1970년대 초 연평균 14~15만 호로 역사상 가장 많이 건설된 이후 점차 감소하여 1980년대는 연평균 11만 호, 1990년대는 연평균 9만 호대로 감소했고, 2000년대 중반에서 금융위기 이전까지 증가하다가 2010년 이후에는 급감했다(〈그림 1〉 참조). 만성적인 주택 부족난 해소를 위해 신규주택의 건설 목표는 1995~2004년간 비넥스 계획을 포함해 총 65만 호였고, 2005~2009년간은 42만 호(실제 42만 7,000호 건설)였으나, 이러한 목표 달성에도 불구하고 노후 주택의 멸실로 2005~2009년간 순공급은 연간 7만 호 수준에 머물렀다.

---

6. 주택조합의 자체 자금 투자는 정부가 새로운 부담금제를 도입하고 그동안 지원하던 법인세 감면을 폐지하여 부과하는 형태이다.

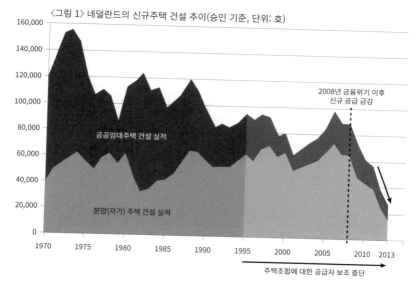

〈그림 1〉 네덜란드의 신규주택 건설 추이(승인 기준, 단위: 호)

공공임대주택 건설 실적

분양(자가) 주택 건설 실적

2008년 금융위기 이후
신규 공급 급감

주택조합에 대한 공급자 보조 중단

출처: 네덜란드 통계청(Statistics Netherlands: http://www.cbs.nl).

    신규주택은 2008년 금융위기 이후 주택시장 침체가 이어지면서 2010년 6만 1,000호(분양 4만 2,000호, 임대 1만 9,000호), 2011년 5만 6,000호(분양 3만 8,000호, 임대 1만 8,000호), 2012년 3만 7,000호(분양 2만 5,000호, 임대 1만 2,000호)로 감소했고, 2013년에는 2만 6,000호(분양 1만 5,000호, 임대 1만 1,000호)에 불과하여 1953년 이후 최저치를 보였다(네덜란드 통계청, 2014). 주택시장이 회복세로 접어들기 시작한 2014년은 3만 9,000호(분양 2만 6,000호, 임대 1만 3,000호)의 신규주택이 건설(승인)되었다.

    공공임대주택의 신규 건설은 1990년대 시장주의로의 정책 전환이 있기 전까지는 전체 신규주택에서 절반가량을 차지했다. 공공임대주택은 1961년에서 1970년까지 약 100만 호가 건설되었고, 1970년대 동안에는 70만 호 이상이 공급되었고 1980년대 동안에

<표 1> 네덜란드의 주택 부족률 추산

구분	1986	1990	1994	1998	2002	2005	2010	2012	2020
주택 부족수(호)	127,400	126,000	137,000	110,000	166,000	185,000	108,000	160,000	285,000
주택 부족률 (전체 주택 재고수 대비)	2.4%	2.2%	2.2%	1.7%	2.5%	2.7%	1.5%	2.0%	4.0%

출처: Haffner 외, 2009, p. 217, 2012년 이후 자료는 Ministry of the Interior and Kingdom
Relations(BZK) 참조(https://www.government.nl/ministries/ministry-of-the-interior-and-
kingdom-relations).

도 신규주택 건설에서 약 35%를 차지했다. 그러나 1990년대 이후
자가 소유 촉진과 1995년 공공임대주택에 대한 재정 지원 중단으
로, 공공임대주택의 신규 건설은 점차 줄어들어 2000년대는 신규
주택의 약 25% 수준으로 공급되었다. 그러나 다른 유럽 국가들에
서 1990년대 이후 공공임대주택의 신규 건설이 현저히 감소한 것
에 비한다면 네덜란드 공공임대주택의 신규 건설은 2000년대까지
그 명맥이 계속 유지되었다고 볼 수 있다. 2010년 이후에는 전체적
인 신규주택 건설 감소로 공공임대주택 건설 비중은 30~40%를
차지하고 있다.

네덜란드는 좁은 국토와 이용가능한 택지 부족으로 만성적인
주택 부족난을 겪고 있다. 주택 부족 호수는 2012년 16만 호로 추
산되며, 2012~2020년간 48만 3,000가구가 새로 증가하는 데 비해
주택 공급 호수는 35만 8,000호가 가능할 뿐이어서 12만 5,000가
구의 주택난이 예상된다. 2012년의 16만 호 주택 부족 호수를 감안
한다면, 2020년 네덜란드의 주택 부족 호수는 약 29만 호로 예상
된다. 한편 이러한 주택 부족난은 주로 암스테르담, 로테르담, 헤이
그, 위트레흐트 같은 대도시에 집중된 반면, 도시 외곽지역의 3분
의 1은 인구가 계속 감소하고 있어 지역별 수급 불균형이 심한 상

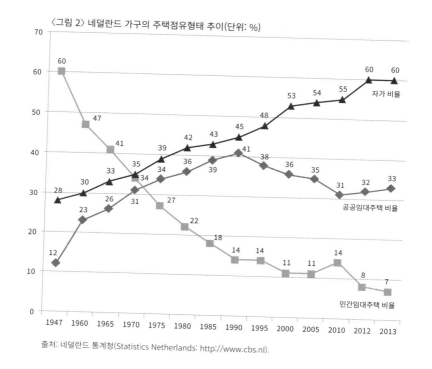

〈그림 2〉 네덜란드 가구의 주택점유형태 추이(단위: %)

황이다(Pittini 외, 2015).

공공임대주택 비중 33%로 세계 최고, 자가 점유율은 60%

네덜란드는 1990년대 이전까지만 하더라고 임차인 사회였으나 2000년대를 기점으로 자가 소유 사회로 전환했다. 시기별 주택점유형태 변화 추이를 보면, 1970년에는 자가, 공공임대주택, 민간임대주택이 각각 35%, 34%, 31%로 거의 균등한 분포를 보였으나, 1990년대 이후 점유형태 간 격차가 커졌다. 자가 점유율은 조세 및 금융 지원을 통한 자가 소유 촉진 정책으로 1990년 45%에서 2013년 60%로 지속적으로 증가했다. 공공임대주택은 1995년 재정 지원 중단으로 신규 공급이 감소하고 기존 재고의 멸실과 매각으로 1990년 41%에서 2013년에는 33%로 감소했다.

민간임대주택은 1970년대 이후 계속 사양 추세이며 2013년에는 7%에 불과하다. 민간임대주택은 1980년대 초반까지만 해도 재무적 투자자(민간임대주택 재고의 40% 보유)들이 공공임대주택과 유사한 조건으로 정부의 공급자 보조를 받아 건설해왔으나, 이후 이러한 보조금이 점차 줄고 1995년에는 완전히 중단됨에 따라 건설이 크게 감소했다. 민간임대주택 재고의 60%를 차지하던 개인임대사업자의 임대주택도 주택조합 혹은 일반인에게 매각되면서 그 비중이 점차 줄어들었다. 이와 같은 민간임대주택 위축 현상은 임대료 규제(상한가 및 연간 인상률)와 높은 임대소득세 체계로 재무적 투자자와 개인임대사업자의 참여가 어려워졌기 때문이다.

주택 보조금 지원 체계: 공급 보조에서 수요 보조로 전환

1995년 정부재정 지원 중단 이후 수요자 지원 확대

네덜란드의 주택정책은 1990년을 기점으로 공급자 보조 위주의 지원 방식에서 수요자 보조 방식으로 전환했다(〈표 2〉 참조). 정부의 역할도 직접 공급과 시장 규제자에서 간접 지원과 시장 조정자로 변화시키고자 했으며, 주택에 대한 리스크와 책임을 중앙정부에서 광역 및 기초자치단체로 분산하고자 했다. 중앙정부는 이제 지방정부가 적절한 주택 공급에 대한 책임을 지고 공공임대주택 공급주체인 주택조합에 대한 감시감독 의무도 수행하도록 했고, 주택조합에게는 임대 운영관리에 좀 더 자율성을 부여하면서 그만큼

<표 2> 네덜란드 정부의 주택 보조금 지원 수단 변화

시대	공급자 지원			수요자 지원		
	정부 융자	재정 지원	정부 보증	세제 감면	임대료 보조	임대료 규제
1945년	++	+++				+++
1960년대	+	+++	+			+++
1970년대	+	++	+		+	++
1980년대	+	+	+	+	++	++
1990년대		1995년 중단	++	++	+++	+
2000년대			+++	+++	++++	+

경영 책임도 강화할 것을 주문했다. 즉 지방분권, 자율성, 독립성 강화가 시장주의적 주택정책 기조에서 새로운 틀로 등장하게 된 것이다.

정부재정 지원이 중단된 1995년 이전까지 공급자 보조는 신규 주택 건설의 투자 촉진, 주택의 질적 수준 개선, 저렴한 임대료 수준 유지를 위해 시행되었다. 특히 1980년대는 경기부양 차원에서 공공임대주택 건설은 건설산업의 지렛대 역할을 했다. 한편 1990 년대와 2000년대에도 주택 부족 문제가 완전히 해결되지 않았지만, 정부는 자가 소유 촉진을 통해 수급 불균형을 해소하려고 했다. 그 결과 자가 점유율은 크게 높아졌지만 재정 보조가 중단된 임대주택 부문은 위축될 수밖에 없었다. 한편 정부재정 보조는 중단되었지만 주택조합의 원활한 자금 조달을 위해 1983년 정부가 설립한 공공임대주택 건설보증기금(WSW: Guarantee Fund for Social Housing)과 1987년 설립된 주택조합의 연대 책임 성격인 상호주택 기금(Central Housing Fund, CFV)이 그 역할을 대체해오고 있다.

공급 대안으로 채택된 개별 수요자 보조 방법은 '보다 효과적 인 소득 재분배를 위하여'라는 취지에서 1990년대 이후 확대되었다. 주택 구입자에게는 구입비용을 낮추고, 저소득 임차 가구에게는 임대료 부담을 덜 수 있도록 수요자 보조를 해오고 있다.

자가 소유자에 대한 정부 보조: 조세 감면 및 금융 지원 혜택

자가 소유자는 양도소득세 비과세, 주택담보대출 이자에 대한 소득공제 같은 조세 감면 혜택을 받는다. 그동안 자가 소유자에 대한 조세 지원 규모를 보면, 2000년 169억 유로(약 22조 원)에서 2011년 334억 유로(약 46조 원)로 2배 이상 증가했다. 이 중 가장 큰 조세 혜택은 주택담보대출 이자에 대한 소득공제인데, 그 규모는 2011년 말 323억 유로로 주택 구입 관련 조세 지원의 96.7%를 차지하고 있다(네덜란드 통계청, 2014). 2011년 한 해 기준으로 보면, 자가 7가구 중 6가구(365만 가구)가 현재 이러한 주택담보대출 이자에 대한 소득공제 혜택을 받고 있으며, 정부는 140억 유로(약 18조 원)를 환급해주었다. 자가 가구는 한 가구당 월평균 290유로(약 37만 원)를 환급받았지만, 국가적으로는 GDP의 2%에 해당되는 세수가 덜 들어온 셈이다(네덜란드 통계청, 2014).

자가 소유자는 이러한 조세 감면 혜택뿐 아니라 주택 구입 시 주택담보대출을 주택가격의 100% 이상으로 받을 수 있으며, 1993년부터 도입된 주택담보대출 보증제도(NMG: National Mortgage Guarantee System)[7]를 통해 주택 구입 시의 자금 조달도 원활히 할 수 있는 이점을 누린다. NMG는 자가 소유자가 대출금을 제대로 갚지 않았을 때를 대비해 정부가 대출기관에 보증하는 형태이며,

---

7. 네덜란드어로는 Nationale Hypotheek Garantie (NHG)라고 불리며, 정부가 설립한 주택소유기금(WEW: Stichting Waarborgfonds eigen Woning)에서 지원한다.

2011년 NMG에 대한 정부의 누적 채무보증 규모는 1,410억 유로로 GDP의 24%에 이른다.

임대료 부담 완화 위해 저소득 임차 가구에게 주택수당 지급

저소득 임차 가구의 임대료 부담 완화를 위한 임대료 보조 제도인 주택수당(housing allowance, 네덜란드어로는 Huurtoeslag)은 1975년부터 시행되었다. 소득이나 자산이 일정 수준 이하인 저소득층이 수혜 대상이며, 도입 당시 35만 가구에서 1990년 95만 가구, 2000년 99만 가구, 2010년 110만 가구, 2013년에는 140만 가구가 지원을 받았다. 최근 주택수당 지원 가구수 증가는 실업 증가와 임대료의 지속적 상승으로 인한 것이며, 현재 임차 5가구 중 1가구가 주택수당의 수혜를 받고 있다. 주택수당 지원 가구수가 점차 늘면서 재정 지원도 증가했는데, 1975년 1억 5,500유로에서 1980년 2억 8,600유로, 1990년 8억 유로, 2000년에는 15억 5,100유로, 2010년에는 22억 유로, 그리고 2013년에는 24억 유로(약 3조 원)로 증가했다(Priemus, 2010; Ministry of Interior and Kingdom Relations, 2015).

주택수당을 지원받기 위해서는 임대료 규제 대상인 월임대료 700유로 이하(2015년 7월~2016년 6월 기준)인 임차주택에 거주해야 하며, 18세 이상으로 자산이 2만 1,500유로 이하인 가구여야 한다. 소득 자격 요건은 18~23세 미만[8]인 경우 연간 가구소득이 2만 2,500유로 이하여야 하고, 23세 이상인 경우는 3만 유로 이하여야 한다. 주택수당은 소득, 임대료 수준, 가구원수에 따라 차등 지급되

---

8. 18~23세 미만의 경우 월임대료가 403유로 이하에 거주해야 하며, 방수 기준에 적합해야 주택수당을 제대로 지급받을 수 있다.

며, 월평균 가구당 주택수당 지급액은 2010년 26만 유로에서 2013년 19만 유로로 줄었다. 이러한 지원 규모를 자가 가구에 대한 주택담보대출 이자 소득공제 지원 규모와 비교해보면, 주택수당 지원 규모는 이자 소득공제 지원 규모의 17% 수준이다. 자가 가구 지원에 비해 저소득 임차 가구에 대한 지원 규모는 상당히 낮다고 할 수 있다.

1990년대를 기점으로 공급자 보조에서 수요자 보조로의 정책 전환은 시장 원칙과 효율성 추구를 의미하는 것이었지만, 결과적으로는 재정 부담은 오히려 더 늘어났고 2008년 금융위기 이후 최대 국가부채와 가계부채라는 위기에 봉착하게 되었다. 무엇보다 자가 부문에 치우친 정책은 중·저소득 임차 가구의 주택 공급 부족 문제를 심화시켰고, 역사상 최저 수준의 신규 공급과 주택거래 부진 속에서 이제 새로운 좌표를 설정할 수밖에 없는 상황에 이르게 했다.

세계 최고의 사회주택 모델: 3가구 중 1가구 공공임대주택에 거주

네덜란드의 공공임대주택은 그 규모나 질적 수준이 가히 세계적이다. 공공임대주택이 전체 주택 재고에서 차지하는 비중은 33%로 국민의 3가구 중 1가구는 공공임대주택에 거주하고 있다. 주택시장의 신입생들 중 50%는 첫 주택을 공공임대주택에서 시작하며, 자가 소유자 75%의 직전 주거는 공공임대주택이다(Haffner 외, 2009). 공공임대주택은 네덜란드 사람이라면 누구나 거의 한 번씩은 살아본 경험재인 것이다. 이러한 공공임대주택의 보편성은 1960년대와 1970년대 공공임대주택의 집중적인 공급과 정부의 지속적인 재정 보조의 결과인데, 1980년대 초 자가 소유 시장의 붕괴 경험은 이후 자가 소유로의 촉진 정책에도 불구하고 공공임대주택을 장기적으로 저렴하게 거주할 수 있는 가장 안전한 주거라는 인식을 갖게 했다.

100여 년간의 임차문화 속에서 싹튼 네덜란드식 비영리 주택조합 모델

네덜란드에서 공공임대주택이 보편적 주거로 자리 잡게 된 것은 다음의 세 가지 요인이 결합하여 만들어낸 오랫동안의 임대 전통에서 비롯된다고 볼 수 있다. 첫 번째 요인은 누구나에게 입주 기회가 주어진다는 점이다. 저소득층, 고령자, 장애인 등 사회취약계층을 우선적으로 배려하고 있으나 소득 자격 요건이 따로 없어 중·고소득층도 입주할 수 있다. 이렇다 보니 공공임대주택 단지는 자연스레 소셜 믹스가 이루어져, 이곳에서는 주거지 차별이나 낙인, 슬럼과 같은 현상을 찾아보기 어렵다. 공공임대주택 거주는 주변의 민간임대주택과 가격, 품질, 이미지를 비교한 후, 합리적 선택에 따라 이루어진다. 누구든 입주가 가능하며 장기 거주도 보장받을 수 있다는 점이 네덜란드 공공임대주택의 가장 큰 인기 비결이라고 볼 수 있다.

두 번째 요인은 주택조합이 네덜란드 공공임대주택 모델을 만드는 데 역할과 기여는 했다는 점이다. 네덜란드의 주택조합은 영국의 주택조합과 태생 배경이 유사한데, 1850년대 사회운동과 박애주의에서 싹튼 건축협회(Building Society)로 출발했다. 이후 노동자조합이나 공무원조합 등 조합 형태의 조직들이 생겨났으나, 1901년 주택법에 근거하여 국가 공인기관으로서의 위상을 갖게 된 이들은 조합원만을 위한 주택이 아닌 국민 전체를 위한 주택 공급 전문기관으로 발돋움하게 되었다. 주택조합의 법적 지위는 공공 부문이 아닌 정부의 규제를 받는 비영리 민간 부문으로, 주택법에 따라 공공임대주택의 건설, 공급, 운영관리만을 전담하는 공적 기능을 수행하고 있다. 즉 주택조합은 공공임대주택만을 전담하는 주택건설업체라고 볼 수 있다. 주택조합의 역량은 1960년대 이후 공공임대주택의 공급이 크게 늘어나면서 주택시장 내 그 지위가 점차 공고해졌으며 1997년부터는 도시재생 사업에서 핵심 역할을 하게 되면서 주택, 도시 분야의 전문성을 강화해나갔다.

주택조합의 수는 2012년 389개이며 이들이 보유하고 있는 공공임대주택 재고는 240만 호로 전체 임대주택 290만 호의 82%(2012년 기준)를 차지하고 있다. 1990년대 중반까지는 지자체의 시영주택공사도 공공임대주택을 직접 건설 및 운영했으나, 1997년 이후 구조조정 차원에서 공공임대주택 매각, 주택조합으로의 재고 이양 및 흡수 합병으로 2012년에는 12개만 활동하고 있다.[9] 주택조합의 법적 지위는 주택법에 근거하며, 구체적인 공적 활동의 범위와 규제 사항은 1993년 제정된 '공공임대주택관리령'(BBSH: The Social Rented Sector Management Decree)[10]에 따른다. BBSH에서 규정하고 있는 주택조합의 여섯 가지의 공적 업무는 자력으로 주거욕구 실현이 어려운 가구에 주택 기회 우선 제공, 의사 결정 시 임차인 참여, 양질의 주택 재고 확보, 삶의 질 개선을 위한 주거환경에 대

---

9. 지자체 시영주택공사는 1990년 213개, 2000년 23개로 감소한 후, 2012년 현재 활동하는 시영주택공사는 12개에 불과하다(Elsinga and Frank, 2014).

10. BBSH는 네덜란드 축약어로 Besluit Beheer Sociale Huursector를 말한다.

한 투자, 재정적 건전성 유지, 주택과 보호 서비스(care services)의 통합 지원이다. 이 중 삶의 질 개선과 주택과 보호 서비스 연계 제공은 2001년 추가된 업무로 공공임대주택 단지 내 헬스 케어 센터, 교육 지원, 문화공간 조성, 커뮤니티 복합시설 등을 개발하고 운영토록 하는 것이다. 특히 우선 배려 대상인 고령자, 장애인 등 신체적·정서적 취약계층에게 주택을 제공하고 홈리스에게 지붕의 역할을 하는 것은 비단 이러한 BBSH 규정을 지키기 위함만은 아니다. 그보다는 100여 년 이상의 활동 역사에 배어든 주택조합의 문화이자 전통이라 할 것이다.

따라서 다수의 주택조합에 의한 다양한 디자인과 품질 경쟁은 현재 활기 있는 네덜란드 임대주택 문화의 형성 기반이 되었다고 볼 수 있으며, 이러한 임대주택 공급 시스템은 스웨덴과 마찬가지로 케머니(Kemeny)는 일원화된 혹은 통합된 구조로 분류하고 있다. 즉 공공임대주택은 저소득층의 전유물이 아니며 소외나 차별을 받지 않을 뿐 아니라 민간임대주택과의 경쟁 속에서 주택시장의 한 축이 되고 있다. 1970년대 이전에 건축된 전형적인 공공임대주택은 사진 1과 사진 2에서 보듯 동일한 구조와 패턴이었으나, 1990년 이후 의료, 교육, 문화, 상업시설과 결합한 복합 구조 형태로 건설되고 있다. 무엇보다 다양한 건물 형태와 구조, 독특한 디자인과 차별성은 공공임대주택의 주거 가치를 한층 돋보이게 하며, 이러한 심미성과 거주성 강화는 주택시장에서 품질 및 가격 면에서 공공임대주택을 경쟁력 있는 주거형태로 만들었다고 볼 수 있다.

1 **2** 전형적인 네덜란드의
공공임대주택 전경.
(**1** 델프트 소재, **2** 헤이그 소재
공공임대주택 단지).1970년대
이전에 건설된 전형적인
공공임대주택은 현관문의 색채가
동일하게 구성.
3 네이메헌 시의 Hatert 타워.
1층은 헬스케어 센터, 2층부터는
공공임대주택으로 구성된 13층
구조의 공공임대주택(2011년
입주).
4 네덜란드 암스테르담 보르네오
섬에 있는 공공임대주택
단지(1996년 입주).

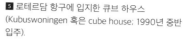

5 로테르담 항구에 입지한 큐브 하우스
(Kubuswoningen 혹은 cube house; 1990년 중반
입주).
6 큐브 하우스의 입구.
7 큐브 하우스 내부. '도시 지붕 아래 거주'(living
under urban roof)라는 디자인 모토로 설계. 45도
각도의 육각형의 큐브 하우스가 38개로 구성. 전체
큐브 하우스는 숲의 형태를 띠며, 각 큐브 하우스는
숲의 나무를 상징화함. 1층은 상가 등 상업시설,
학교가 들어섬으로써 공공임대주택은 하나의 큰 복합
타운으로 구성됨.

8 9 암스테르담
오스도르프의 고령자
전용 공공임대주택 단지
(1997년 입주 8: 전면
9: 배면). 오픈 스페이스
확보와 소통 원활화를 위해
100호 중 13호가 돌출
구조로 디자인됨. 창문의
위치, 발코니 규모와 발코니
재료의 다양화를 통해
개성을 강조.

임대료 규제로 장기간 저렴하고 안정적으로 거주

세 번째 요인은 임대료 규제와 무기한의 임차기간인데, 이러한 제도는 공공임대주택을 가장 저렴하면서도 이사 걱정 없는 주거로 만들었다. 네덜란드 임대료 규제는 스웨덴 다음으로 엄격하다. 임대료 산정 방법과 규제사항은 임대료법(Rent Act)과 임대료령(Rent Decree)에서 다루고 있다.

공공임대주택과 민간임대주택은 이른바 자율화 영역이라고 하는 높은 수준의 임대료가 아닌 한, 모두 임대료 상한제의 적용을 받는다. 월임대료 규제를 받는 임대료 수준은 임대주택의 질적 수준을 판단하는 25개 항목[11]을 가점제 방식(point system)으로 산출해 정해지며, 정부는 이를 근거로 매년 최대 임대료(maximum rent)를 갱신 및 공표한다. 2012년은 631유로, 2013년은 652유로, 2014년은 664유로, 그리고 2015년은 710유로, 그리고 2015년 7월에서 2016년 6월까지는 이전 시기보다 내린 700유로이다.[12] 즉 2015년 7월 이전까지는 월임대료 710유로(약 92만 원) 이하인 주택만 임대료가 규제되고 이를 초과하는 주택은 임대료 규제 대상이 아닌 자율화 대상이다. 공공임대주택의 임대료는 대체로 이러한 최대 월임대료 상한선의 72% 수준에서 정해지며, 민간임대주택의 임대료는 78% 수준에서 정해진다. 임대료 규제 적용을 받지 않는 임대주택의 월임대료 수준은 750유로에서 900유로 정도이다(Rabobank, 2014a).

한편 정부는 2004년 계속되는 주택 부족난 속에서 주택 매매

---

11. 임대주택의 질적 수준을 판단하는 지표의 구성은 주택 내부 시설과 설비 상태, 규모, 방수, 주거환경(쇼핑, 대중교통, 학교 등)으로 구성되어 있다.
12. 적용 시점은 매년 7월에서 이듬해 6월까지이다.

<그림 3> 임대주택의 임대료 규제 대상

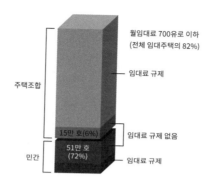

월임대료 700유로 이하
(전체 임대주택의 82%)

임대료 규제

주택조합

15만 호(6%)

임대료 규제 없음

51만 호
(72%)

임대료 규제

민간

주: 임대주택 재고수: 2014년 300만 호.

가가 크게 오르자 임차인 및 젊은 가구의 자가 구입이 점차 어려워
진다고 인식하고, 새로운 임대료 정책을 발표했다. 당시 전체 임대
주택에서 임대료 규제 대상인 주택이 95%였는데 이를 75%로 줄
이는 방안을 발표했다. 규제 대상이 아닌 고가의 임대주택을 더 늘
려 공공임대주택과 민간임대주택간의 주거 이동 및 임대주택 부문
과 자가 소유 부문 간의 주거이동을 원활하게 함으로써, 수급 불균
형을 완화하고자 하는 목적이었다(Elsinga and Frank, 2014). 이는 2000
년대 중반 EU 차원의 시장 규제 완화에 부응하면서, 공공임대주택
재고를 줄이기 위한 목적도 있었다. 이러한 조치 이후 10년이 지난
2014년에는 전체 임대주택에서 규제 대상 임대주택 비중은 82%,
비규제 임대주택 비중은 18%이다(《그림 3》 참조). 10년 전에 비해 전
체 임대주택 중에서 비규제 임대주택 비중은 3배 이상 늘었다.

물가 상승률보다 높은 임대료 상승률, 주거비 부담 점차 가중

임대료 규제 대상인 임대주택은 연간 임대료 상승률도 규제받

으나, 1989년 이후부터는 공공임대주택에만 적용하고 있다. 임대료 상승률은 물가 상승률을 기초로 정치적 의사 결정에 따르는데, 매년 국회가 1월 1일 공표한다. 기존 단지라도 신규 입주자가 입주 할 때의 임대료 산정은 1989년부터는 기존 임차주택의 임대료 수준과 연동되지 않는 '임대료 조정'(rent harmonisation) 방식을 적용하고 있다. 즉 신규 입주자는 기존의 임차인들이 내는 임대료가 아니라 입주 시점의 공공임대주택 가치 평가에 따라 새로 산정한 임대료를 적용받게 된다.

공공임대주택의 임대료는 1990년대 이후 지속적으로 상승해 2013년까지 연평균 6.5%씩 인상되어왔으며, 2014년과 2015년 임대료 인상률은 각각 4.2%와 2.4%이다. 2007년에서 2010년간은 물가에 연동되는 측면이 있었으나, 2010년 이후부터는 물가 인상률을 크게 상회하고 있다(《그림 4》 참조). 여기에는 네덜란드 정부가 월임대료 상한 규제선은 억제하고 임대료 인상률은 높여 비규제 임대주택 대상을 늘리려는 의도가 담겨 있다. 2015년 7월부터 적용되는 월임대료 상한선인 700유로는 2018년까지 동결된다(Rabobank, 2014a).

한편 매년 임대료 인상은 주택조합의 재정 건전성 확보와 관련이 깊다. 주택조합이 보유한 공공임대주택의 월평균 임대료는 2010년 430유로(약 55만 원)에서 2014년 월 469유로(약 60만 원)로 증가했으며, 주택조합의 연간 임대료 수입은 135억 유로(약 17조 4,000억 원), 월임대료 수입만 11억 2,500만 유로(약 1조 5,000억 원)에 달한다. 그러나 이러한 지속적인 임대료 상승은 주택조합에는 수입이 크게 늘게 한 반면 정부에는 그만큼 주택수당에 대한 정부 보조가 늘어나게 한 원인이 되었다. 임대료가 규제된다고는 하지만 시장 특성

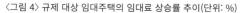
〈그림 4〉 규제 대상 임대주택의 임대료 상승률 추이(단위: %)

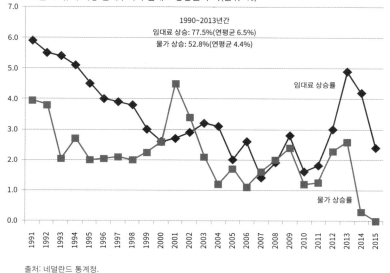

1990~2013년간
임대료 상승: 77.5%(연평균 6.5%)
물가 상승: 52.8%(연평균 4.4%)

임대료 상승률

물가 상승률

출처: 네덜란드 통계청.

을 그대로 반영하는 임대료 산정 체계 탓에 임차 가구 중 소득에서 40% 이상을 주거비로 지불하고 있는 가구 비중은 9%에 이른다. 소득 대비 임대료 부담 비중(RIR)은 2013년 27%로 EU-28개국 중에서 다섯 번째로 높다. 또한 주택수당 지원 가구수가 늘었지만, 재정은 크게 늘지 않아 주택수당으로 월임대료를 충당(통상 임대료의 33%를 주택수당으로 지급)하는 데 점차 한계를 드러내고 있다.

비영리 주택 모델의 변화: 공공임대주택 90% 저소득층에게 지원

네덜란드도 스웨덴과 마찬가지로 2005년부터 특정 기관에 대한 특권적 지위 불허라는 EU 경쟁 원칙에 따라 비영리 주택조합과 공공임대주택 정책은 새로운 전환을 맞게 되었다. 정부는 그동안 지켜왔던 공공임대주택의 보편성 추구 대신, 소득이 더 낮은 가구

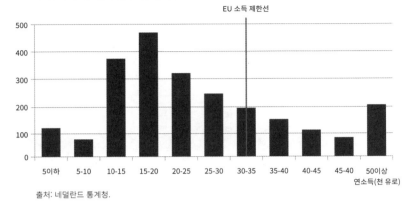

〈그림 5〉 주택조합 공공임대주택 입주자의 연소득 분포(2012년)

출처: 네덜란드 통계청.

에 공공임대주택을 우선 공급하도록 했다. 주택조합 공공임대주택
은 공급량의 90%를 저소득층(연소득 3만 3,000유로 이하, 2010년 기준)에
게 공급해야 하며, 나머지 10%는 긴급한 필요가 있는 가구 및 일
반 가구에 공급하게 했다. 만약 주택조합이 이러한 조치를 수용하
지 않을 경우에는 공공임대주택 건설보증(WSW)에 대한 정부 보증
철회 등의 불이익을 받게 되므로, 주택조합은 연소득 3만 3,000유
로를 넘는 소득 초과자에 대한 처리 방법을 어떻게든 마련하지 않
을 수 없는 상황이다.

공공임대주택 입주자 중 연소득이 3만 4,085유로(2012년 기준)[13]
보다 높은 가구는 24%에 이른다. 정부는 이러한 소득 초과자의 퇴
거 유도를 위해 전체적인 임대료 인상률 체계와는 별도로 소득수
준에 따른 차등화된 임대료 상승률을 적용하기로 했다. 저소득층

---

13. 공공임대주택 입주자의 연소득 상한 기준은 2011년 3만 3,614유로, 2012년 3만 4,085유로,
2013년 3만 4,229유로, 2014년 3만 4,678유로, 2015년 3만 4,991유로이다.

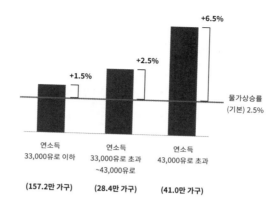

〈그림 6〉 소득수준에 따른 임대료 상승률 차등 구조 예시(2012년 기준)

(연소득 3만 3,000유로 이하)은 물가 상승률에 1.5% 추가 적용, 중소득층 (연소득 3만 3,000유로에서 4만 3,000유로 이하)은 물가 상승률에 2.5%, 그리고 중산층 이상(연소득 4만 3,000유로 초과)은 물가 상승률에 6.5%를 추가 적용했다. 2012년 물가 상승률이 2.5%이므로, 소득수준별 임대료 상승률은 각각 4.0%, 5.0%, 9.0%이다.

이는 그동안 적용하지 않았던 소득수준에 따른 임대료 할증 체계라고도 볼 수 있는데, 무엇보다도 중산층 이상이 공공임대주택을 떠나도록 하는 일종의 강제 조치인 셈이다. 이제 공공임대주택 입주 소득 상한을 초과하는 가구(약 69만 가구)는 임대료 추가 상승 부담을 감내하거나 아니면 다른 주택으로 이사 가야 하는 상황이며, 특히 소득 4만 3,000유로 초과자(입주자의 18% 정도)는 이러한 조치에 타격이 클 것이다(Boelhouwer, 2011). 또한 정부는 이렇게 늘어나는 임대료 수입에 대해 2012년부터 임대소득세와는 별도로 추가 부담금을 부과·징수했다. 임대료 규제를 받고 있는 10호 이상을 운영하는 임대사업자는 2014~2017년 기간에 연간 20억 유로

(주택조합은 17억 유로, 민간은 3억 유로)에 달하는 추가 부담금을 내게 되었다. 이러한 추가 부담금은 연간 임대료 수입 중 약 두 달치의 임대료에 해당하는 규모이다.

1940년대 이후 반세기를 풍미했던 네덜란드의 공공임대주택은 1995년 재정 지원 중단이라는 위기 이후 18년 만에 최대 위기를 맞고 있다. 세계 최고의 통합형 임대주택 시스템은 이제 저소득층으로만 좁혀져 잔여화, 차별화라는 숙명을 떠안게 되었다. 무엇보다 현재 주택시장 내에서 중산층(연소득 3만 3,000유로에서 4만 3,000유로)이 부담가능하게 선택할 수 있는 주거 대안이 없다는 것이 큰 문제로 부각되고 있다(Elsinga and Lind, 2013). 또한 보편화된 임대문화 전통의 위기는 주택조합의 위기로도 이어지고 있다.

주택조합의 경영과 정치: 1995년 재정 보조 중단 이후 생존 전략과 위상 변화

공공임대주택에 대한 재정 보조가 중단된 1995년을 딜러먼은 '네덜란드 주택정책의 조용한 혁명'이라고 일컬을 만큼(Dieleman, 1996), 이 시점 이후의 공공임대주택 논의는 주로 주택조합의 역할과 관련한 이슈들이다.

1995년 재정 보조 중단과 이후 몇 년간의 이행기 조치는 '부루터링'(Brutering, 영어로는 Grossing and Balancing Operation) 방식을 통해 이루어졌다. 이는 주택조합이 그동안 정부로부터 받은 보조금(재정, 융자)을 정부가 일시에 모두 탕감해주는 '총부채 상계 방식'이며, 이와 더불어 주택조합이 정부로부터 받기로 되어 있던 보조금도 일시에 미리 지급한 조치였다.[14] 정부의 이러한 선택은 지속적으로 늘어나는 공공임대주택의 운영관리비 보조에 대한 부담에서 벗어나려는 특단의 조치였다. 물론 여기에는 1990년대 이후 자가 소유 촉진정책의 가시화로 공공임대주택이 더 이상 정책 우선순위가 아님을 명백히 하려는 의도도 있었다. 또한 당시 주택조합의 바람직하지 못한 자금 운용도 재정 보조의 직접적 중단 사유가 되었다. 주택조합은 1980년대 후반 저금리 상황에서 이전 시기에 지원받았던 다소 높은 금리의 정부 보조금을 자본시장에서 더 낮은 금리로 조달하여 갚는 일종의 돌려막기식의 상환 전략을 취하면서 상당한 잉여금을 확보했음에도 계속해서 정부재정 지원을 받는 이중 행태를 보였다. 이러한 주택조합의 태도를 확인한 정부는 더 이상 정부 지원이 필요 없다는 인식을 갖게 되었다. 실제로 재정 보조 중단 시점의 주택조합의 재무 상태는 전체 주택조합의 단 4%만이 적자일 뿐 대다수 업체의 자산 보유 수준은 상당한 규모로 나타났다 (Priemus, 1996). 그러나 재정 보조가 그동안 주택조합을 지탱해왔던 근간이었던 만큼, 부루터링 조치 이후 주택조합은 자립의 길의 걷기 위해 변모하지 않을 수 없었다.

정부의 건설 보증 제도를 통한 자금 조달과 지자체의 택지 및 융자 지원

그렇다면 주택조합은 지금까지 어떤 생존 전략을 통해 계속해서 공공임대주택 전담 조직으로서의 역할을 수행해왔던 것일까? 이를 가능하게 했던 첫 번째 장치는 정부의 간접적인 지원이었다.

---

14. 당시 주택조합이 정부로부터 빌린 부채 규모는 186억 유로였으며, 주택조합에 약속한 보조금 규모는 159억 유로였다(Boelhouwer, 2011).

재정 보조가 중단되었다고는 하나 정부는 1980년대 두 개의 기금으로 주택조합이 시세보다 낮게 장기 저리로 자금을 원활히 조달할 수 있게 지원했다. 이는 재정 보조 중단이 곧바로 공공임대주택의 공급 급감으로 이어지는 것을 막았다. 공공임대주택 건설보증기금(WSW, 영어로는 Guarantee Fund for Social Housing)[15]은 1980년대 초 심각한 재정 부담과 늘어나는 국가부채 문제로 정부가 주택조합에 대한 직접 융자를 중단하면서 설립한 대안적 기구였다. 설립당시 이 기금은 주택 개보수에만 지원토록 되었으나 5년 후 신규 건설, 토지 취득, 주택 매입, 근린생활시설 공급 등 주택조합의 모든 활동을 지원했다. WSW의 재원은 정부 출자와 주택조합의 보증 수수료이다. 그러나 자본 규모는 4억 8,100유로(2012년)인데 반해 대출 규모는 874억 유로여서 현재 기금 수지는 매우 취약하다. 정부 보증과 높은 자금 순환율로 스탠다드앤푸어스와 무디스의 신용평가 등급은 AA- 및 AAA이나, 향후 원활한 자금 지원을 위해서는 추가적인 정부 출자가 요구되는 상황이다.

또 하나의 건설 보증을 위한 기금으로 1987년 설립된 상호주택기금(CFV, 영어로 Central Housing Fund)[16]은 일종의 연대책임 성격의 기금이다. 재원은 각 주택조합이 자산 규모에 따라 출자한 분담금으로 구성되며, 재정적으로 문제가 있는 주택조합이 이 기금의 수혜자이다. 기금 지원 조건은 주택조합의 자립 지원을 위해 3년간 무이자이며, WSW에서 대출 자격 요건이 안 되는 주택조합도 CFV를 통해 회생 자금을 지원받을 수 있다. CFV의 기능은 주택조합에

---

15. 네덜란드 축약어인 WSW는 Waarborgfonds Sociale Woningbouw이다.
16. 네덜란드 축약어인 CFV는 Centraal Fonds voor de Volkshuisvesting이다.

대한 재정적 감시감독과 구조조정이며 일부 지자체에는 재원 분담 책임도 부여하고 있다. 주택조합은 이러한 두 기금을 통한 정부의 간접 지원 이외에도 2005년 유럽연합(EU)의 경쟁 원칙이 적용되기 전까지는 법인세 감면 혜택, 지자체로부터의 저렴한 택지 지원과 융자 지원 등의 특혜를 누려왔다.

사업 다각화와 공공임대주택 단지의 재생 사업 추진

주택조합은 사업 다각화와 공공임대주택 매각을 통해 스스로 재정문제 해결에 나섰다. 사업 다각화는 공공임대주택 이외에도 분양주택, 상업시설, 도시재생, 부동산 투자사업 등 자신들의 활동 영역을 개척하는 차원이다. 이러한 활동은 일종의 로빈 훗 전략 혹은 교차 보조 방식(cross-subsidy)이라고 볼 수 있다. 즉 수익사업을 통해 비수익사업에 재투자하는 사업 방식을 구사했던 것이다. 주택조합의 조직 운영 방식도 크게 변화했다. 주택조합 간 합병을 통해 규모의 경제를 도모하고 활동 범위도 광역화했으며, 재정 운영 역량도 키웠다. 주택조합은 이제 기업가적 경영 마인드를 가지고 사업 포트폴리오를 재구성하거나 수익 창출 모델도 만들어나갔다.

공공임대주택 매각 방안은 1990년대 초 제안되었다. 당시 300만 호의 공공임대주택 재고의 3분의 1에 해당하는 100만 호의 공공임대주택을 매각하여 자가주택으로 전환하고자 했다(Aalbers, 2004). 그러나 이는 공공임대주택의 잔여화 문제와 매각권리를 주택조합에 부여할 수 없다는 정치권의 반발로 실현되지 못했다. 이 당시만 하더라도 영국식의 공공임대주택 불하(Right to Buy)는 최악의 시나리오라는 공감대가 있었다. 그러나 이후 2000년 자가 소유 촉진법(Promotion of Home Ownership Act)이 제정되었고, 공공임대주택 매각의 구체적 방안이 제시되었다.

공공임대주택의 매각 방법은 영국에서처럼 큰 할인 혜택을 주면서 기존 임차인들에게 공공임대주택을 불하하는 형태가 아니라 기존 임차인들이 구입 자격이 될 경우 구입 보조금을 주는 권유 방식이었다. 이런 점에서 네덜란드는 영국의 불하 정책과는 차별적인데, 네덜란드는 이를 구매 제안 방식(Offer to Buy)으로 규정하고 있다. 그러나 까다로운 구입 조건, 담보대출 상한 및 월상한선 제약 때문에 공공임대주택의 매각은 순조롭지 않았다.[17] 따라서 기존 임차인에 대한 구입 권유보다는 주로 세입자가 나가고 비어 있는 공공임대주택을 대상으로 매각이 이루어졌다. 주택조합은 정부의 공공임대주택 매각 조치에 대해 시큰둥한 반응을 보였다. 주택조합은 자신들의 공공임대주택이 시세 70% 수준(제3자는 90%)의 할인 가격으로 매각되기를 원치 않았고, 매각이 장기적으로 재고 감소로 이어질 것이라 보았다. 한편으론 부루터링 조치 이후 정부 부채로부터 자유로워진 주택조합은 굳이 매각이라는 강수를 두지 않더라고 임대주택 사업 유지가 가능했으며, 장구한 역사 속에서 쌓아온 임대 전통을 깨는 선택을 하려 하지 않았다. 또한 질적 수준이 낮은 주택 매각 시에는 나쁜 평판을 받을 수 있고, 양질의 주택만 매각하면 결국은 질낮은 나쁜 주택만 남게 되므로 이러나저러나 이미지 훼손이 될 것을 우려했다.

그러나 2001년 주택 각서 이후 자가 소유 촉진책이 도시재생 사

---

17. 공공임대주택의 매각가격(2003년 기준)은 12만 3,500유로를 초과해서는 안 되며 구입한 임차인들의 담보대출 금액은 9만 8,775유로를 초과해서는 안 되도록 규정했다. 또한 구입자의 소득 수준에 따라 매달 상환해야 하는 대출금이 다르긴 하지만 평균적으로 월 159유로를 초과할 수 없도록 규정했다(Aalbers, 2004).

업과 연계되면서 공공임대주택 매각도 탄력을 받게 되었다. 즉 재개발을 통해 자연스럽게 공공임대주택이 철거되는 계기가 마련되었다. 이제 주택조합은 양질의 주거환경 조성이라는 명분으로, 공공임대주택 매각을 하면서도 사회적 비난을 면할 수 있었다. 이것은 네덜란드식의 공공임대주택 민영화라고 볼 수 있다. 도심의 노후 공공임대주택이 재개발 이후 중대형 분양주택으로 바뀌면서 도시의 계층 구조도 변화했다. 주택조합은 이 과정에서 상당한 이익의 수혜자가 되었다. 그러나 이러한 형태로 공공임대주택 매각이 큰 갈등 없이 진행은 되었으나, 주택 각서에서 추진키로 했던 공공임대주택 53만 8,000호 매각 목표는 2010년까지 20만 호 수준에도 미치지 못했기 때문에 실적 달성 측면에서 성공적이라고 볼 수는 없다. 1990년대 이후 주택조합 보유의 공공임대주택 재고는 2013년까지 약 60만 호가 줄어들었다.

재정 자립도는 크게 높아졌으나 무분별한 경영 행태로 신뢰 추락

주택조합은 재정 보조 중단 이후 2008년 금융위기 이전까지 주택시장 호조세에 따라 사업 다각화, 공공임대주택 매각, 임대료 수입 증가로 점차 건실해졌다. 주택조합은 조직 및 사업역량, 전문성 강화를 위해 조직을 통폐합하여 1990년대 824개에서 2000년 678개, 2013년에는 389개로 줄었다. 이 과정에서 주택조합들의 재정 상태는 더 개선되었다. 주택조합의 88%는 현재 재무 상태가 매우 양호하며 단 1%(4개)만 재정불량 상태이다.[18] 2012년 말 주택조

---

18. 주택조합의 재무 상태는 CFV의 평가 기준에 따라 A1, A2, B1, B2, 무등급, 구조조정 필요의 6단계로 구분되며, 2012년 말 388개 주택조합 중 342개(88%)는 A1 등급이다(RaboBank, 2013).

<표 3> 주택조합 보유의 공공임대주택 재고 현황(2013년)

재고 구분	주택조합 수	비중	공공임대주택 재고수	재고 비중
100호 이하	10	3%	548	0%
100호 초과~800호 이하	60	15%	24,086	1%
800호 초과~3,000호 이하	130	34%	224,336	10%
3,000호 초과~1만 2,000호 이하	136	35%	818,355	35%
1만 2,000호 초과~2만 5,000호 이하	35	9%	550,371	24%
2만 5,000호 초과~5만 호 이하	13	3%	456,783	20%
5만 호 초과	4	1%	245,299	11%
총계	388	100%	2,319,778	100%

출처: Rabobank, 2013.

합이 운영관리하는 공공임대주택 재고수는 232만 호이며, 주택조합당 평균 약 6,000호(1990년대는 약 3,000~4,000호 수준)의 공공임대주택을 운영관리하고 있다.

네덜란드에서 가장 큰 주택조합은 로테르담에 본사를 두고 있는 베스타(Vesta)로 9만 호의 공공임대주택을 보유하고 있으며, 암스테르담 기반의 이메르(Ymere)와 아메르스포르트 기반의 디알리안티(De Alliantie)는 약 6~7만 호를 보유하고 있다.

주택조합의 역할과 사업타당성에 대한 논의는 2005년 7월 유럽연합 집행위원회의 경쟁 원칙이 유로존 국가에 적용되면서 다시 불거졌다. 특히 이 시점에는 주택조합의 하이브리드형 사업 활동이 지탄받는 등 부정적 여론이 확산되고 있었다. 네덜란드 언론은 고액 연봉과 퇴직금, 고급 원자재를 쓰면서 원가를 부풀리거나 부적절한 투자를 하는 행위, 금융 범죄 등을 꼬집으면서 주택조합을 국민의 주거욕구를 충족시키지 못하는 '잠자는 거인'(sleeping giants)으로 비유하기도 했다(Boelhouwer, 2007; Nieboer and Gruis, 2011). 특히 2000년대 들어 급격하게 줄어든 주택조합의 공공임대주택 신규 투자도 이들의 진정성에 의문을 품게 했다. 2009년 12월 유럽위원회는 네덜란드 공공임대주택에 대한 정부 지원과 관련해 주택조합에만 WSW의 대출 자격을 주는 것은 공정 경쟁 원칙의 위배이며, 공공임대주택 공급도 저소득층에게 더욱 집중할 것을 주문했다. 이에 따라 네덜란드 정부는 2010년 공공임대주택 입주계층에 대한 소득 상한 기준을 도입하고, WSW 대출은 주택조합의 모든 활동이 아닌 공공임대주택 건설 시에만 지원하도록 했다. 또한 주택조합의 공공성 강화 차원에서 수익사업은 33% 이내로 축소토록 했다.

무엇보다 정치적 논쟁을 불러온 것은 2000년대 후반 주택조합의 막대한 자산 축적과 초과 이득에 대한 처리 방안이었다. 정부는 주택조합의 막대한 수입이 지난 세월 동안의 정부 보조금으로 형성되어왔으므로 그 일부를 정부에 귀속시켜야 한다고 보았다. 2011년 주택조합에 대한 법인세 감면 전면 폐지[19] 역시 이러한 인식에 근거하며, 2012년 신설된 추가 부담금도 이러한 맥락에서 추진되었다. 10호 이상 공공임대주택을 운영하는 주택조합(전체 주택조합의 90%)은 2014~2017년 동안 매년 17억 유로의 임대소득세[20]를 내야 한다. 이러한 정부의 조치에 대해 주택조합은 억울하다는 입장이다. 주택조합의 총괄협회인 에이데스(Aedes)는 2011년 주택조합은 신규 건설, 주택 개보수, 리노베이션, 에너지 절감에 91억 유로와 임대주택 운영관리에 34억 유로를 투자했으며, 정부의 아무런 도움이 없었음에도 이러한 공익사업을 했고, 부가가치세도 매년 25억 유로를 납부

19. 주택조합의 법인세는 2005년까지는 전체 사업에 대하여 100% 감면이었으나, 2006년부터는 공공임대주택 사업에 대해서만 100% 감면, 그 외 수익사업에 대해서는 부과해왔다.
20 공공임대주택에 대한 임대소득 과세 기준을 보면, 2013년은 집값의 0.014%(호당 20유로), 2014년은 집값의 0.231%(호당 356유로), 2017년은 집값의 0.575%(호당 886유로)이다(Aedes, 2014).

해왔다고 대응했다(Aedes, 2014). 또한 이들은 임대료를 올린다 해도 임대소득세를 충당하기 어려우며 결국 이러한 조치는 2020년까지 22만 4,000호의 신규 공공임대주택을 건설하고자 하는 주택조합의 계획을 지연 혹은 취소시키게 될 것이라 보았다. 민간주택 건설 업계도 주택조합의 신규 건설 투자 감소 시 연쇄적으로 연간 12억 유로의 건설 활동 손실이 예상된다(Aedes, 2014).

한편 2012년 네덜란드 최대 주택조합인 베스타(Vesta)가 2010~2011년간 금리 스왑(interest rate swap deal) 같은 금융파생상품에 대한 무리한 투자로 20억 유로의 손실을 낸 사건은 주택조합의 공신력을 크게 추락시킨 계기가 되었다. 베스타는 보유하고 있던 공공임대주택 3만 호를 대폭 할인하여 매각 조치하고 임대료를 올려 13억 유로를 갚았으나, 7억 유로는 CFV에서 갚아야 하는 상황이 되었다. 이에 따라 연대보증 책임이 있는 다른 주택조합은 베스타의 손실에 대해 추가 분담금을 CFV에 내야 하는 상황이 되었고, 베스타에 14억 유로를 보증한 WSW도 타격을 받게 되었다. 베스타 이외에도 148개 주택조합이 이러한 무리한 금융파생상품 투자 행위를 일삼아왔다. 이러한 사태는 그동안 지자체의 주택조합에 대한 감시감독의 허점이 적나라하게 드러난 셈이며, 중앙정부 차원에서 내외부적인 감시와 규제 체계가 필요하다는 인식을 환기시킨 계기가 되었다.

이에 정부는 주택조합에 감시감독과 규제 강화를 위해 별도의 규제 감시기구로 2015년 하반기 '주택조합 재정 감사 총괄청'(The Authority Housing Associations)을 설립하고, 주택조합의 활동을 공익사업과 수익사업으로 엄격히 분리해 경영공시 의무화, 정기적인 재정 감사, 지자체 및 임차인에게 활동 보고 의무화를 실시했다. 또한

WSW는 이제 공공임대주택 이외 사업에 대해서는 지원하지 않도록 법제화했다(2015년 7월 1일 주택법 개정안이 국회에서 통과).

주택조합은 네덜란드 공공임대주택을 세계적 수준의 반열에 오르게 하는 역할을 수행했고 주택뿐 아니라 제반 주거 서비스, 주거환경 조성, 주택 개보수, 도시재생 등을 통해 주거복지 전담기관으로 활동해왔다. 주택조합은 주택법에 근거한 공인기관이지만, 재정 보조 중단을 계기로 정부와의 유대관계도 그만큼 약화되었고 중앙정부 통제권에서 점차 벗어났다. 그러나 수익사업과 무분별한 금융투자 행위로 이들은 다시 규제 강화의 틀로 들어가게 되었고, 이제 그 역할은 저소득층을 위한 공공임대주택 공급자로만 한정되었다.

금융위기 이후 주택시장 상황: 버블 붕괴로 깡통주택 속출

주택가격 하락과 거래 침체 6년간 지속, 2014년 하반기 회복세로 전환

주택가격은 1983~2008년의 26년간 전례 없는 경제성장세가 지속되면서 1985~2007년간 228%가 증가했다. 그러나 2008년 금융위기 이후 주택가격은 2008년 한 해에만 5.3%(실질 7.5%)가 내렸고, 2008년 8월 정점 이후 2014년 2월까지 20.3%(실질 30%)가 떨어졌다. 중위 주택가격은 2008년 24만 5,000유로(약 3억 원)에서 2013년 20만 2,000유로(약 2억 6,000만 원)로 내렸다(Rabobank, 2014). 주택가격이 점차 회복세를 보인 것은 2014년 4분기부터이다. 주택가격은 2015년 2분기 전국 평균 2.5%가 올랐으며, 대도시는 이보다 더 많이 올랐다. 수도인 암스테르담은 8.1%, 로테르담은 5.3%, 위트레

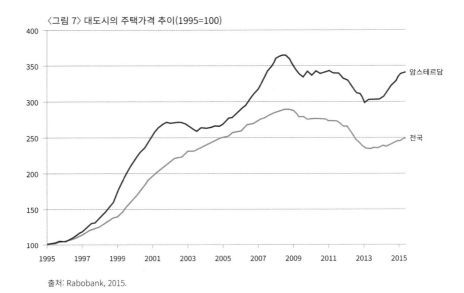

〈그림 7〉 대도시의 주택가격 추이(1995=100)

암스테르담

전국

출처: Rabobank, 2015.

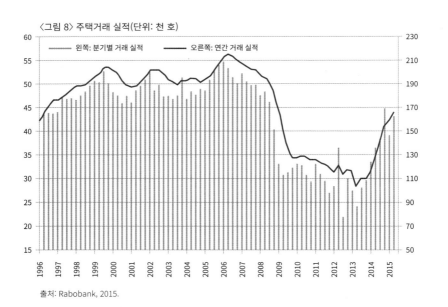

〈그림 8〉 주택거래 실적(단위: 천 호)

왼쪽: 분기별 거래 실적   오른쪽: 연간 거래 실적

출처: Rabobank, 2015.

흐트는 4.4%, 헤이그는 3.3%가 올랐다(Rabobank, 2015). 물론 이러한 가격 상승에도 불구하고 2008년 정점 대비 주택가격은 17.6%(실질 26%)가 낮은 수준이며, 중위 주택가격은 여전히 1999년 수준에 머물고 있다.

주택가격 회복에 따라 주택거래 실적도 증가 추세로 접어들었다. 연간 주택거래 실적은 2013년 최저치인 10만 호에서 2014년에는 15만 호, 2015년에는 16만 6,000호였다(《그림 8》 참조).

집값보다 더 많은 대출금: 2013년 주택담보대출 3건 중 1건은 깡통주택

2007년까지의 주택가격 상승 원인은 주택 구입자에 대한 지나치게 관대한 주택담보대출 관행과 조세 및 금융 지원이라고 볼 수 있다. 그러나 금융위기로 집값이 급락하면서 집값이 담보가치보다 낮은 깡통주택(negative equity 혹은 underwater mortgage) 비중은 2012년 25%에서 2013년 30%(약 100만 가구)에 육박했고, 2014년 1분기에는 29%, 2015년 1분기에는 26%에 이르고 있다. 깡통주택 문제는 위기 전인 2006년에도 전체 주택담보대출의 14%였다.

네덜란드의 집값 대비 주택담보대출 비중(LTV)은 100%를 넘는다. 이는 1990년대 금융 규제 완화, 이자만 지불하는 대출 확대, 주택담보대출 이자에 대한 소득공제 혜택 때문이다. 특히 주택담보대출 이자에 대한 소득공제 규모는 상당하다. 월이자 상환액이 1,000유로일 경우 주택 구입자는 매달 420유로를 환급(소득공제율 42%)받는다. 더 많이 빌릴수록 소득공제 혜택이 그만큼 늘고 월 순상환금은 크게 늘지 않는 구조이다. 게다가 금융기관은 대출시 LTV가 아닌 LTI(Loan-to-Income)라는 상환 능력을 감안했기 때문에 대출금이 집값을 넘어서더라도 문제시하지 않았다. 무엇보다 가구소득과

〈그림 9〉 평균 주택 구입가격 대비 평균 주택담보대출 비중(LTV, 단위: %)

출처: Vandevyvere and Zenthöfer, 2012, p. 12.

집값이 계속 오르는 상황에서 상환 불능은 고려사항이 아니었다.

집값 대비 주택담보대출 비중(LTV)은 1970년 79%에서 2000년 100%까지 증가했고 2009년 120%까지 이르렀다(〈그림 9〉 참조). 주택담보대출 잔액 규모는 1995년 1,809억 유로(GDP의 45%)에서 계속 늘어나 2012년에는 6,530억 유로였으며, 2014년에는 6,350억 유로로 다소 줄긴 했으나 GDP의 108%에 이르고 세계 최고 수준을 기록하고 있다(〈그림 10〉 참조).

이렇게 더 많이 빌려 더 좋은 집을 구입할 수 있고 구입 이후에도 30년간 계속하여 대출이자에 대한 소득공제 혜택도 받게 한 것은 '주택은 다다익선'(the more homes the better)이며 임차에 비해 매우 유리한 선택이라는 분위기를 조성하려는 정부의 의도에 부합했다. 그러나 결과적으로 2008년 이후 집값 급락에 따른 경기침체의 주요 원인이 되었고, 정부재정을 압박하는 무기가 되었다. 게다가 청·중년층 자가 소유자들의 깡통주택 비중이 매우 높아(〈그림 11〉 참조), 집값 회복이 둔화되거나 더 장기화될 경우 금융 부실뿐 아니

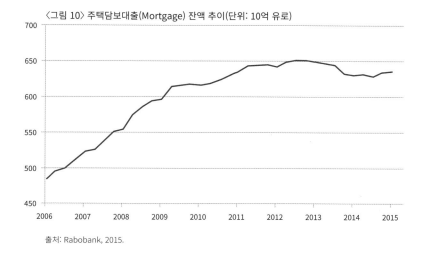

〈그림 10〉주택담보대출(Mortgage) 잔액 추이(단위: 10억 유로)

출처: Rabobank, 2015.

라 가계경제에도 악영향을 줄 것이다. 깡통주택의 비중은 감소 추세라고는 하지만 주택담보대출 연체 건수는 2013년 6만 2,000건, 2014년 7만 7,000건으로 더 늘었다(Rabobank, 2015).

과도한 조세 및 금융 지원이 버블 형성 초래

임대주택 부문의 강한 규제와는 달리 자가 점유 부문은 진입 규제도 없고 가격 규제도 없다. 자가 구입자는 낮은 거래세와 보유세만 부담할 뿐[21] 주택가격의 100%를 초과하는 금액을 대출받을 수 있고 대출금 상환 시에도 매달 이자 상환금의 일정 금액을 환급받는 소득공제 혜택을 누린다. 1983년 도입된 주택담보대출 이

---

21. 자가 구입 시 조세 지원: 취득세(transfer tax)는 6%에서 2012년 이후 2%로 영구 인하되었고, 양도소득세는 비과세이다. 한편 귀속 임대료(imputed rent)라는 보유세가 부과되고 있는데 1990년대 집값의 1.3%에서 2.3%로 증가한 이후 현재 집값의 최대 0.6%로 부과되고 있다. 귀속 임대료는 자가를 투자재로 보고 투자 수익 환수 차원에서 부과하는 것인데, 독일은 1987년, 프랑스는 1965년, 영국은 1963년, 스웨덴은 1991년에 폐지했다. 네덜란드의 귀속 임대료는 국세이다.

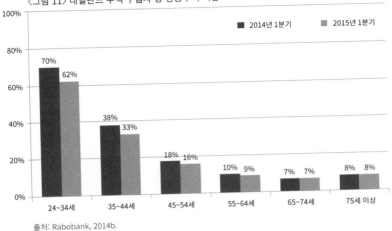

〈그림 11〉 네덜란드 주택 구입자 중 깡통주택 비중

출처: Rabobank, 2014b.

자에 대한 소득공제는 2001년까지는 모든 소유 주택에 적용되었으나, 2002년부터는 주된 상시 거주지, 30년 만기, 이전 주택의 매각 자금을 다음 주택 구입 시 사용하는 조건으로 지원되고 있다.

자가 소유자 중 87%(2011년)는 주택담보대출을 이용하고 있으며, 대출 상환 방식의 60%는 만기 시까지 원금 상환 없이 이자만 지불하는 형태이다(Vandevyvrer and Zenthöfer, 2012). 이자만 지불하는 상환 방식은 1990~1995년간 26%였으나 2006년 44%, 2009년에는 51%에서 2011년에는 56%로 점차 많아졌는데(Van der Putten, 2013), 그에 따라 자가 구입자들은 원금을 상환하는 부담 없이 이자 소득공제 혜택만 늘려간 반면, 정부는 이자 소득공제 규모 증가에 따라 그만큼 세수 감소를 감당해야만 했다. 정부가 자가 구입자에게 환급해준 소득공제액은 1995년 38억 유로(GDP의 1.1%)에서 2005년 99억 유로(GDP의 2.0%), 2011년에는 140억 유로(GDP의 2.2%)에 이른다. 또한 정부는 주택 구입자의 원활한 자금 조달과 대출기관의 리스크를 줄이기 위해 1993년부터 주택담보대출 보증 제도(NMG, National Mortgage Guarantee System)[22]를 시행하고 있다. 주택 구입자는 대출 시 대출금의 0.7%(2012년 기준)를 보증 수수료로 납부하면, 최대 29만 유로(약 4억 원)까지 보증받을 수 있다.

최근 주택정책 개혁과 향후 전망

대출 규제는 강화, 조세 감면 혜택은 점차 축소

금융위기 이후 경기침체는 주택가격 급락이 주원인이나 그동안 지나치게 관대한 자가 가구에 대한 조세 및 금융 지원에 따른 재정수지 악화, 실업 증가, 소비 감소, 가계부채, 금융 부실이 복합적으로 작용했다고 볼 수 있다. 이에 제1기 뤼터(Mark Rutte) 내각(2010~2012, 기독민주당과 자민당의 보수 연립정부)은 2011년에 주택시장 정상화를 위해 주택담보대출 시 소득 평가 기준을 보다 엄격히 하고(주거비용을 소득의 30% 이하로 제한), LTV는 최대 104%까지, 이자만 지불하는 상환 방식은 전체 주택담보대출의 50% 이하로만 허용하기로 했다. 이어 제2기 뤼터 내각(2012년 11월 이후)은 LTV를 2015년에는 103%로 규제하고 매년 1% 포인트씩 감소시켜 2018년에는 100%로 규제한다고 공표했다. 향후 LTV는 100%보다 더 낮은 수준으로 규제될 가능성이 큰데, 금융안정위원회(FSC, Financial Stability Committee)는 2015년 5월 LTV를 90%로 하향 조정하는 안을 권고한 상태이다.

---

22. 네덜란드어로는 National Hypotheek Garantie(NHG)로 명명된다.

주택 구입 시 NMG의 보증 대상 주택가격 수준도 점차 낮아졌다. 주택 구입자는 2010년까지는 35만 유로 이하 주택에 대해 이 보증 제도를 이용할 수 있었으나, 정부 부채 감축과 재정 건전성 차원에서 보증 대상 주택가액을 2012년 32만 유로, 2013년에는 29만 유로, 2014년 7월부터는 26만 5,000유로, 2015년 7월부터는 24만 5,000유로 이하 주택으로 낮췄다. 2016년 7월부터는 22만 5,000유로 이하(약 3억 원)인 주택이 대상이다(Expat Mortgages, 2015). 이러한 보증 대상 주택가액의 하향 조정으로 보증 대상 가구도 주택 구입자의 83%에 해당하던 데서 점차 줄어들어 2015년에는 66%로 감소했다.

주택담보대출 이자에 대한 소득공제 제도에 대해 보수 연립정부(2010~2012)는 이를 계속 고수하겠다는 선거공약을 내걸었다. 그러나 연정이 붕괴되고 2012년 말 총선으로 새로 집권한 연립정부(자민당과 노동당)는 2013년 이에 대한 개선 방안을 발표했다. 정부는 연 과세소득 5만 5,991유로 이상인 자가 소유자에 대해 최고 공제율 52%를 2013년부터 매년 0.5% 포인트씩 감소시켜 2041년에 38%로 줄이기로 했다. 따라서 2015년 최고 공제율은 51%이다. 또한 2013년 1월 1일 이후 주택 구입자는 집값의 50%만 이자로 상환하는 방식을 허용하며 이자만 상환하는 부분에 대해서는 이자 소득공제를 폐지했다.

한편 네덜란드 정부는 2013. 10. 1.~2014. 12. 31. 동안 증여세를 100% 감면했다. 이는 주택시장 활성화와 주택담보대출 조기 상환을 유도하기 위한 것이었다. 누가 증여하든지 간에 10만 유로까지 증여세를 부과하지 않는 것인데, 감면 조건은 증여받는 자가 그 증여를 자가 구입에 쓸 경우로 한정했다. 실제 이러한 조치로 주택매매 실적도 늘었고 주택담보대출 상환도 늘어 총 주택담보대출 잔액도 2014년 다소 줄었다. 그러나 2015년 1분기와 2분기 집값이 다시 상승하면서 주택담보대출은 다시 증가하고 있다. 증여세 100% 감면 조치는 2015년부터는 40세 이하 자녀 1인당 5만 2,752유로까지이며, 감면 조건은 증여받은 돈을 자가주택 구입 외에도 교육비 목적으로 쓸 경우에 한한다.

공공임대주택은 줄이고 비규제 민간임대주택은 늘리기

제2기 뤼터 내각의 공공임대주택 정책 목표는 '공공임대주택 줄이기'(less social housing)이다. 네덜란드는 보편적 임대주택 문화와 규제 전통으로 인해 민간임대주택이 제대로 발달하지 못했다. 그러나 최근 엄격해진 대출 요건 강화와 주택 구입에 대한 지원 감소로 임차 수요는 느는 데 비해 중산층이 선택할 수 있는 민간임대주택은 매우 부족한 실정이다. 특히 이제 저소득층 중심으로 재편된 공공임대주택은 소득 초과자에 대한 퇴거를 강제하여 이들을 위한 대체 임대주택 보급 확대가 필요하다.

네덜란드 민간임대주택 확대 방향은 영국이나 미국처럼 재무적 투자자의 참여 확대나 기업형 임대주택 사업을 지원하는 것이 아니라는 점이 특징적이다. 대신 네덜란드는 주택 재고의 3분의 1에 달하는 공공임대주택을 매각해 이를 임대료 규제를 안 받는 민간임대주택 재고로 전환하는 방법을 택했다. 정부는 2013년 10월 1일부터 공공임대주택 매각을 추진했는데, 기존 임차인들에게 매각을 권유하되 불허 시 제3자에게 매각하는 원칙을 제시했다. 단지 전체를 매각하는 경우에는 임차인 동의가 전제되고 단지 전체를 매수할 자가 있어야 하며, 최종 매각 여부는 중앙정부가 정하게 된다. 또한 공공임대주택이 공가 상태인 경우에는 시세의 90%로 매각하며, 매각된 주택을 임대사업자가 임대할 목적이라면 시세의 75%로 매각하게 된다. 이런 두 가지 경우를 제외하고는 시세대로 매각하게 된다(Rabobank, 2014b).

매각 방법 말고도 앞서 논의했듯이 임대주택의 최대 월임대료 상한선은 매년 조정하고 임대료 인상률은 높여 비규제 임대주택을 확대하는 방법이 있다. 정부는 탈규제로 민간임대주택의 참여가 늘 것으로 기대하고 있다. 임대차 계약 조건도 2014년 11월부터 바뀌었다. 그동안 무기한의 임대차 기간은 2년 상한으로 바뀌었으며, 30세 이하 최초 임차인의 임대차 기간은 최대 5년으로 정해졌다.

그러나 현행 임대소득 과세(순임대수입 20만 유로 초과는 임대소득 과세율 25%, 20만 유로 이하는 20%) 및 이와 별도로 2012년 새로 신설된 부담금까지 부과되는 상황이어서 민간임대주택 사업이 얼마나 활기를 띨 것인지는 확신하기 어렵다. 100호 이상의 임대사업자의 임대사업 수익률은 1.9%이며 재무적 투자자의 수익률은 4∼5%이지만, 여기에 지방세, 유지관리비, 특별수선비용까지 감안할 경우 손실을 면하기 어려운 상황이다(Rabobank, 2014b). 물론 정부가 임대료 규제 주택을 비규제 주택으로 전환해 민간임대주택의 투자 여건을 개선한다는 점에서는 고무적이지만 실제 투자로 이어질 수 있을지는 좀 더 두고 볼 일이다.

한편 전문가들 사이에는 아예 공공임대주택의 임대료 규제를 폐지하자는 주장이 제기되고 있다. 프리뮈스(Hugo Priemus) 교수는 공공임대주택의 임대료를 2040년까지 점진적으로 모두 시장 임대료로 전환할 것은 제안한 바 있으며(Priemus, 2010), 이 제안에 대해 네덜란드 내 주택 전문가들 사이에서도 거의 반대 의견이 없는 상황이다. 프리뮈스 교수의 주장에 따르면, 공공임대주택 입주자는 소득을 불문하고 장기간 시장 임대료와의 차액을 보조받은 셈인데, 이러한 임대료 규제의 혜택으로 임차인이 묵시적으로 받은 금액은 연간 145억 유로(약 19조 원)에 이른다는 것이다. 또한 그는 입주자의 소득수준에 대한 모니터링이 없는 상황에서 기존의 고소득 입주자는 계속해서 저렴하게 거주할 수 있었으나, 1989년 이후 신규 저소득 입주자는 상대적으로 규제 혜택을 덜 받게 되는 역진적인 소득 분배 구조를 낳았으며, 저소득층 대기자가 상당히 많은 상황에서 고소득층의 계속 거주는 사회적 차별이라는 문제도 낳았다고 주장했다. 암스테르담의 경우 1990년에는 공공임대주택 대기 소요기간이 2년에 불과했으나 2010년에는 10년으로 늘었다(Kadi, 2011). 기존 입주자만 큰 혜택을 받을 수 있게 된 이러한 상황에서 불법 전대와 부적절한 점유 문제도 부각되었다.

임대료 규제는 임금 상승 압력을 낮추고 주거비 절감을 통한 저소득층의 자산 형성을 가져오기도 했지만, 자유로운 주거이동을 저해했다는 평가를 받고 있다. 결과적으로는 지난 반세기 동안의 임대료 규제는 득보다는 실이 컸다는 평가가 많다. 무엇보다 공공임대주택 내의 수급 불일치뿐 아니라 공공임대주택과 자가주택 간의 간극을 더 키운 원인이 되었고, 공공임대주택의 투자 역시 점차 감소했다는 것이다. 현재 이러한 분분한 논의들로 향후 네덜란드의 공공임대주택은 또 한번의 전환 계기를 맞을 것으로 전망되며, 임대료 규제 폐지 여부는 향후 주요 주택 이슈로 논란을 거듭할 것으로 보인다.

주택 부족난 타개를 위한 대책은?

네덜란드 주택시장의 위기 이면의 또 다른 문제는 주택 부족난이다. 주택 부족률은 2012년 2%로 약 16만 호가 부족한 상황이며, 획기적인 대책이 없다면 2020년에는 약 30만 호의 주택이 부족할 것으로 추산되고 있다. 2015년부터의 집값 상승은 '신중한' 경기회복 신호로 인식되는데, 주된 요인은 공급 부족에 따른 수급 불균형으로 해석되고 있다.

수급 불균형은 수요에 비해 공급이 부족해서 나타나지만 무엇보다 집을 찾는 사람과 집의 특징이 맞지 않아 발생되고 있다. 공공임대주택은 이제 저소득층이 주로 입주하게 되었고, 그렇다고 대안적인 민간임대주택은 없고, 자가를 구입하자니 대출을 충분히 받기도 어렵게 되었다. 더구나 그동안의 관대한 구입 지원들도 점차 줄어들다 보니 생애 최초 주택 구입자의 주택시장 진입장벽만 높아졌다. 젊은 주택시장 초년생들에게는 선택할 옵션이 부재한 상황이 되었다. 물론 이를 위해 정부는 임대주택 시장의 효율성을 높이겠다고 공언하고 있지만, 가구는 증가하는데 추가적인 신규주택 공급 확대 조치가 없어 현재의 주택 부족난은 계속 이어질 가능성이 크다.

네덜란드는 세계에서 스웨덴 다음 두 번째로 주택 공급 탄력성이 낮은 국가인데, 이는 높은 지가와 토지 확보의 어려움뿐 아니라 각 부처에서 관장하는 입지 규제, 건축 규제, 환경 규제, 소음 규제 등 신규주택 공급과 관련된 수많은 규제장벽 때문이다. 또한 긴 계획 과정은 협의와 조정 문화에서 비롯되었지만 주택사업 지체와 포기의 사유가 되기도 했다.

주택시장 정상화 기대 속에 재정긴축은 이어질 전망

임대료 규제 전통이 이제 개혁 대상이 된 국가, 가장 관대한 주택 보조금 국가, 자가 소유자에 대한 가장 후한 세금공제와 가장 느슨한 대출 규제를 하는 국가, 스페인 다음으로 유로존 부실 우려를 자아낸 국가인 네덜란드이지만, 현재 위기 상황에서도 의연한 모습을 보이고 있다. 깡통주택 비중이 매우 높고 가계부채 수준도 높지만 그렇다고 이것이 곧바로 금융 부실로까지는 이어지지 않고 있다. 가계부채 문제도 가처분 소득 대비 순자산이 GDP의 825%에 이르러 이 역시 세계 최고 수준이라는 점에서 가계부실이 가시화될 우려는 낮다. 따라서 당분간 가계 부문의 디레버리지(deleverage)로 인해 내수침체가 이어질 것이지만 2015년 초 집값이 회복세로 전환되었고 다른 위기 국가들처럼 투기문제가 불거지지 않은 만큼 이후 주택시장은 안정 국면에 다시 접어들 것으로 보인다. 다만 임대주택 부문의 최근 조치가 주는 후폭풍은 상당히 거셀 것으로 보이며, 이러한 조치가 과연 민간임대주택에 대한 신규 투자 활성화 등 주택 공급 확대로 이어질 것인가는 향후 주택시장이 어느 정도 빨리 정상화될 것인가에 달려 있다고 할 것이다.

금융위기 이후 6년 연속 경기침체는 주택시장 붕괴와 관련 깊으며, 자가 소유 촉진에 무리수를 둔 결과로도 볼 수 있다. 이제 네덜란드는 그로 인해 가계부채와 국가부채, 그리고 재정적자 해소라는 3중 부담을 떠안게 되었다. 가계의 가처분 소득 대비 부채 비율은 2012년 252%(유로존 국가 평균 99%)로 세계 최고 수준인데, 그 근본 원인은 주택담보대출을 만기(보통 15~30년) 시까지 갚지 않아야 계속해서 세금 혜택을 받을 수 있는 구조에서 비롯되었다고 볼 수 있다. 정부 채무 보증 증가 역시 국가부채로 이어졌다. 국가부채는 유로존 국가 채무 수준인 GDP의 90.6%(2012년)에 비해서는 낮지만 2008년 GDP의 54.8%에서 2012년 71.2%로 늘었다. 재정적자도 2009~2012년간 연평균 GDP의 4.8%에 이른다. 2014년에는 GDP 대비 국가부채가 68.8%로 다소 낮아졌고, 재정적자도 GDP의 2.3% 수준으로 낮아졌다. 정부의 목표는 2015년 재정적자를 GDP 대비 2.2%, 2016년에는 1.5%로 하고 있으며, 이러한 상황에서 주택 부문에 대한 정부 지원은 점차 줄어들 수밖에 없는 상황이다.

네덜란드 주택정책의 교훈과 시사점

보편적 임대주택 문화와 규제 전통은 지난 반세기 네덜란드 주거복지의 일등공신이었다. 정부의 전폭적인 지원으로 공공임대주택은 사회적 추동력으로서 네덜란드 전체 사회의 양적·질적 주거문화를 높이는 데 일조했다. 세계적으로도 네덜란드 공공임대주택은 늘 부러움을 사는 대상이었고 이것은 학문적으로도 '통합적 모델'이라는 주택 이론으로 이어졌다. 그러나 유럽에서 예외는 있을 수 없다는 듯이 네덜란드도 1990년대 자가 소유 촉진, 규제 완화, 민영화, 시장주의적 주택정책으로 전환했고 금융위기의 한파를 겪으면서 규제 지형도 많이 바뀌었다. 공공임대주택의 보편성은 이제 저소득층만을 위한 사회안전망으로 좁혀졌고 탈규제와 매각으로 인해 공공임대주택의 재고는 점차 감소할 전망이다.

공공임대주택이 이렇게 개혁의 대상이 된 것은 공공임대주택을 많이 공급하면 이것이 주거 사다리의 역할을 해서 자가 소유로도 이어지고 주택시장 내 원활한 이동으로 주택 필터링과 순환이

가능할 것이라고 믿었던 것과는 달리, 장기간 저렴하게 살 수 있는 구조하에서 일종의 잠금 효과(lock-in effect)를 보였기 때문이다. 공공임대주택에서 이사 나가는 것은 저렴한 혜택을 포기하는 것과 마찬가지였던 것이다. 물론 다양한 계층이 어우러져 살기 때문에 차별이나 배제 같은 문제는 없지만, 임대료 규제로 얻게 되는 장기간의 혜택은 주거이동을 제약하고 불법 전대 같은 부적절한 행동을 유발하게 되었다.

네덜란드에서 누구도 말하지 못하는 불편한 진실이 두 가지 있었다고 한다. 하나는 공공임대주택에서 고소득층이 너무나 오랫동안 저렴한 임대료 혜택을 누린다는 것이며, 또 하나는 대출을 많이 받고 더 넓은 집에 사는 사람이 소득공제 혜택을 더 많이 받는다는 사실이다. 이제 이 두 가지 문제는 금융위기로 시장이 6년간 침체되고, 신규 공급이 급격히 줄고, 주택 부족난이 심화되면서 공론화되었고, 어느 정도 그 해법도 타결되었다. 과다한 공공임대주택에 대한 반작용으로 자가 소유를 늘려 수급 균형을 모색하려 했던 과정이 급진적이지 않았기에 네덜란드에서 공공임대주택 민영화는 여타 국가와는 다른 방식이 되었고, 사회적으로도 큰 이슈는 되지 못했다. 따라서 금융위기 이후 주택수당 지원 가구수는 늘었지만 민영화로 인한 부작용이 크게 표출되지는 않았고 저소득층의 주거불안 문제가 심각하지는 않았다. 공공임대주택이 그래도 건재한 상태로 남겨져 있었기 때문이다. 반면 자가 소유 촉진책으로 정책 기조가 바뀌고 정부 지원 혜택이 지나치게 늘면서 이것이 결국은 금융위기 이후 시장침체와 재정 부담의 주된 원인으로 작용했다. 다른 나라에서와 같이 민영화에 따른 부작용은 낮지만 자가 소유 촉진책에 따른 부작용은 유사한 패턴으로 나타나고 있다.

앞으로의 전개가 중요할 것 같다. 최근 공공임대주택에 대한 정책 전환들이-저소득층 위주의 공급, 임대료 상승, 임대소득에 대한 추가 부담금 신설, 매각-주택시장에 어떤 영향을 미칠 것인지가 매우 중요하다. 특히 저소득층은 공공임대주택에 계속 거주할 수 있지만 조만간 떠나게 될 중산층의 주거문제는 어떻게 해결될 것인지 궁금하다. 아직 주택시장이 완연히 회복되지 못한 상황에서 공공임대주택의 매각이 순탄하게 진행될 수 있을 것인지, 무엇보다 자가 소유에 대한 지원 혜택이 점차 줄어드는 상황에서 매매 수요가 뒷받침되어줄 수 있을지도 관건이다. 또한 아무런 지원 없이 탈규제만으로 임대주택 공급이 확대될 수 있을 것인지, 공익의 역할로만 좁혀진 주택조합이 이러한 환경에서 신규 공공임대주택에 얼마나 투자할 수 있을지 역시 기대가 모아진다. 네덜란드의 '통합적 비영리 주택조합 모델'이 이제 '잔여 모델'로 굳혀질 것인가도 세계 주택학계의 초미의 관심사가 아닐 수 없다.

네덜란드 주택정책사를 통해 얻을 수 있는 교훈은 스웨덴의 사례와 비슷하게 지원의 중립성과 점유형태 간 중립성이 시장안정에 얼마나 중요한 것인가를 다시 한번 깨닫게 해준다는 것이다. 네덜란드의 시장주의적 주택정책은 자율성이 더 많아지는 만큼 책임성도 강조되어야 하지만 그렇게 되지는 못했다. 금융위기 후 6년간, 네덜란드 주택시장 침체의 늪은 자율성만 강조한 결과가 아닐까 한다. 이제 그 책임은 전체 사회가 짊어져야 하는 비용이 되었으며, 미래 세대에게 이제 보편적 주거복지란 더 이상 기대할 수 없는 안타까운 상황이 되었다.

자가 소유 집착 않는 이상한 나라

독일은 선진국 중에서 자가 소유율이 가장 낮은 편이다. 공공임대주택도 별로 없다. 결국 민간임대주택이 중요한 주거수단이지만, 국민들의 주거생활은 안정되어 있다. 전세난에 시달리는 우리들로서는 잘 이해되지 않는다. 어떻게 가능할까?

유럽 중앙 대륙에 위치한 독일은 연방제와 의원내각제를 채택한 연방공화국으로 16개 주로 이루어져 있다. 국토면적은 35만 7,000*km²*(남한의 약 3.5배)로 유럽 연합국 중 세 번째로 넓으며, 인구수는 8,100만 명으로 유럽 연합국 중 가장 많다. 이민 인구가 전체 인구의 20%가량을 차지하는 미국 다음의 최대 이민 국가이다. 국내총생산(GDP) 규모로는 미국, 중국, 일본에 이어 세계 4위의 경제 대국이며, 1인당 국민소득은 세계 16위이다.

독일은 유럽 내에서는 후발 자본주의 국가로서 양차 세계대전을 일으켰다가 패전국이 되었고 오랫동안 동서로 분단되기도 했다. 전쟁의 참화에서 벗어난 1950년대와 1960년대 서독은 고도의 경제성장을 구가하면서 이른바 '라인강의 기적'을 이루었지만, 1980~1990년대는 1~2%대로 떨어졌다. 여기에는 1990년 동·서독 간의 통일 효과도 있었다. 막대한 통일 비용과 세계화가 불러온 글로벌 경쟁과 씨름하느라 독일의 경제 상황은 매우 나빴다. 통일 직후인 1992년의 경제 성장률은 1.1%에 그쳤고, 실업률 또한 10%를 넘어서면서 저성장 기류가 2000년대 초반까지 이어졌다.

그러나 2000년대 초 게르하르트 슈뢰더 내각의 괄목할 만한 성과로 독일 경제의 판도는 뒤바뀌었다. '어젠다 2010'으로 알려진 과감한 경제·사회 개혁정책을 통해 복지 혜택을 개편하고 유연적 노동시장 패턴을 구축했으며, 강한 마르크화 때문에 고전하던 상황도 유로화 도입으로 반전되었다. 무엇보다 2008년부터 시작된 세계 금융위기 상황에서 주택가격 하락이 상대적으로 자유로웠다는 점도 현재 독일의 지경학적(geoeconomic) 지위를 더 견고히 했다.

주택정책에서 독일은 여타 국가와는 다른 예외적 노선을 걸어 왔다. 유럽연합이 자가 소유로의 길을 택했던 것과 달리 독일의 자가 점유율은 40%대 수준이다. 이렇게 집을 가진 사람이 국민의 절반도 안 되다 보니 유럽 다른 나라들과는 달리 자산 거품이 생기지 않았고 그로 인한 주택가격 폭락도 없었다. 오히려 금융위기 이후 부동산 투자 안전처로 각광받으며 집값이 오르는 상황이다. 임차인의 주거안정성도 높다. 임대 부문은 규제도 강하지만 혜택도 크다. 강한 임차권 보호 제도와 임대료 규제로 임차인은 이사 걱정 없이 부담가능하게 살 수 있다. 임대인도 장기적으로 안정적인 임대사업을 할 수 있도록 조세와 금융 혜택을 받으며 손실 보전도 받을 수 있다. 무엇보다 독일 주택 시스템이 재조명을 받게 된 것은 금융위기로부터 거의 영향을 받지 않았다는 점이다. 여기에는 어떤 성공 공식이 있었던 것일까?

독일의 예외성, 그 자체가 특징인 주택체제

OECD 국가 중 장기간 집값이 안정된 예외 국가

지난 1세기 동안 전 세계 자본주의 국가들이 자가 소유에 경도된 주택정책을 펼쳤다면, 독일은 스위스와 함께 예외적으로 임대주택 중심의 정책을 택했다. 주택시장도 상대적으로 변동이 적었고, 주택금융 차원에서도 신중한 정책을 유지했다. 대부분 OECD 국가들이 금융 규제를 완화하고, 그에 따른 과도한 자금이 주택 부문에 집중되었지만 독일은 이러한 지구적 주택·금융시장에 동승하지 않았다.

1990년대 이후 20여 년간 독일의 명목 주택가격은 안정, 실질 주택가격은 감소했다. 이는 같은 시기 다른 유럽 국가의 주택가격

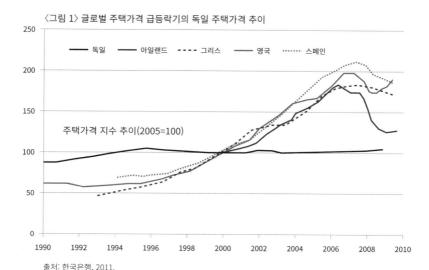

〈그림 1〉 글로벌 주택가격 급등락기의 독일 주택가격 추이

출처: 한국은행, 2011.

부침 현상과는 다른 양상이다. 독일의 주택가격은 통일 이후 2~3
년간은 상승하기도 했다. 이는 통일 후 동독의 심각한 주거 여건과
낙후된 사회간접자본 시설 개선을 위해 정부가 상당한 보조금을
지원하고 민간 투자를 촉진시켰기 때문이다. 그러나 1995년부터는
신규주택의 과잉 공급으로 주택가격은 다시 하락했고 공가가 늘어
나면서 주택가격은 2010년까지는 하향 정체된 상황을 이어갔다.

지난 20여 년간 집값 반등이 일어나지 않았던 것은 남아도는
주택이 많았던 공급 요인도 있었지만, 주택 투자에 대한 자본 이득
을 기대할 수 없었기에 투자 수요도 거의 없었다.

자가 가구보다 임차 가구가 더 많은 임차인 사회

독일의 장기간 주택가격 안정은 낮은 자가 점유율과 관련이 깊
다. 자가 점유율은 1950년대 30%대에 머물렀으며, 1970년대까지

도 40%에 미치지 못했다. 1990년대 40%에 도달한 이후 2014년에는 46%이나, 이는 유럽연합 국가의 평균인 70%에 비한다면 매우 낮다. 반면 차가에 거주하는 가구는 절반 이상이며, 차가 가구의 92%는 민간임대주택에 거주하고 있다. 공공임대주택은 1990년대 이전까지는 연방정부의 공급자 보조로 확대되었으나 점차 재정 지원이 줄고 민영화와 분양 전환으로 2014년에는 전체 가구의 4.2%가 거주하는 잔여적 주거가 되었다.

이러한 점유형태 구조에서 알 수 있듯이 독일은 세계적으로 '임차인의 나라'로 표상되며, 세 가지 점유형태 간의 조화가 잘 이루어진 '점유형태 중립국'으로 불려지고 있다. 자가를 특별히 우대하지 않으며, 임대 부문을 또한 차별하지 않는다. 정부의 이런 중립적 태도가 점유형태에 대한 사회적 인식에도 영향을 미쳤다. 독일 가구는 일반적으로 임대료 지출이 없는 자가 소유를 선호하고는 있으나, 민간임대주택에 대해 특별한 스티그마(stigma)를 가지고 있지 않다. 장기간에 걸친 민간임대 생활이 자연스럽게 수용되며, 집주인에 대해서는 별달리 불편한 감정을 갖고 있지 않다. 민간임대주택에 대한 임대차 규제가 강하지만 이는 임차인에게만 이로운 것은 아니다. 정부의 민간임대주택에 대한 다양한 지원책들은 임대사업자가 그 이익을 극대화시키지 않고 자제한 '사회적 양식'(social conscience)에 대한 보상처럼 인식되어왔다.

그러다 보니 독일에서는 되도록 일찍 주택을 구입해서 좀 더 비싼 주택으로 이동하는 이른바 '주택 사다리'(housing ladder)가 이상하게 받아들여진다. 주택은 일생에 한 번(once in a lifetime) 구입하는 게 오히려 자연스럽다. 이 때문에 최초 구입 연령이 다른 나라에 비해 가장 늦은 편이며, 55세 이상 자가 소유자들의 주거 이동률도

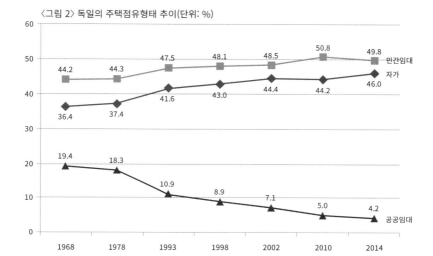

〈그림 2〉 독일의 주택점유형태 추이(단위: %)

주: 2010년 자가 점유율: 서독지역 47.2%, 동독지역 33.2%.
출처: 독일 통계청(https://www.destatis.de/)

EU 비교 국가들 중에서 가장 낮다. 또한 독일의 튼튼한 사회보험 제도(특히 연금제도)도 굳이 자산을 노후대책으로 간주할 필요가 없도록 했다. 단기적인 자산투자보다는 연금을 보충할 수 있도록 장기적인 임대수익을 올리는 것을 선호한 것이다. 연금의 소득 대체율이 30% 정도에 불과한 영국에서는 주택자산을 유동화시켜서 소득을 얻었다면(equity release), 독일의 노인들은 소득의 60~70%를 연금으로 받으면서 임대주택에 보충적 투자를 한 셈이다.

금융위기에도 다른 국가에서처럼 주거불안이 야기되지 않았던 것은 바로 이러한 점유형태가 어느 한 쪽으로 쏠려있지 않은 구조 덕분이다. 설사 한 점유형태의 불안이 야기된다고 하더라도 다른 점유형태에서 충분히 흡수할 수 있었기 때문이라고 볼 수 있다.

주택금융 시스템의 보수성과 안전성

보수적인 주택금융 시스템은 주택가격 변동성도 약화시켰지만 주택 구입 수요에도 영향을 주었다. 독일 가구는 주택 구입 시 초기 자기자금 부담이 높은 편이며, 주택담보대출 비중(LTV)은 다른 선진국에 비해 낮은 편이다. 주택담보대출 금액은 집값의 통상 60~80% 수준이나(2014년 평균 LTV는 78%), 신용도가 높은 사람들에게만 허용된다. 또한 대출기간 동안 이자만 지불하는 융자 비율이 낮고 이자에 대한 소득공제 제도도 없다. 다른 나라에서처럼 서브프라임 모기지나 혁신적인 주택금융 상품은 운용하고 있지 않다. 상대적으로 소득이 적은 젊은 층이나 저소득층은 무리한 주택 구입에 나서기 어려웠던 것이다. 이와 함께 미국에서 금융위기의 직접적인 원인이 되었던 모기지의 유동화도 거의 진행되지 않았다. MBS(mortgage backed security)를 활용한 유동화 시장 규모는 단 1.8%에 불과하다(Weinrich, 2014). 그 결과 독일의 GDP 대비 주택담보대출 잔액 비중은 2014년 40.9%로, 조금씩 줄어드는 추세이다(〈그림 3〉 참조). 이는 1990년대 초 미니 버블을 겪은 후유증이 있었던 1998년 82.1%에 비하면 반으로 줄어든 수준이고, 국제 평균에 비교할 때도 매우 낮은 수준이다.

이렇듯 자가 소유를 부추기지 않는 독일 정부의 신중한 주택금융 제도는 무리한 구입 수요 지원이 주택시장을 오히려 왜곡시킬 것이란 판단에 근거한 것이다. 정부의 지원이 많을수록 시장은 왜곡되고 역진적인 효과나 주택가격 변동성만 야기한다는 인식하에 연방정부는 주택시장의 직접 개입 최소화 원칙을 고수하고 있다. 이에 자가 구입에 대한 보조금과 조세 감면 혜택은 2006년 이후 전면 폐지되었으며, 주택 매각 시 양도소득세는 10년 이상 자가 거주

〈그림 3〉 독일의 주택담보대출 잔액 대비 GDP 비중

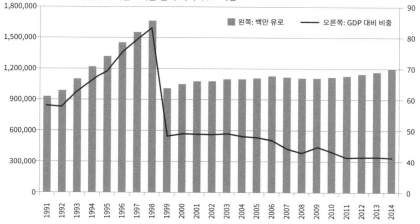

주: 2015년 7월 주택담보대출 잔액 규모는 1조 610유로.
출처: Deutsch Bundesbank.

하는 경우에 공제해준다.

한편 2014년 LBS 연구[1]에 따르면, 독일 가구의 연간 순소득은 주택구입 시 자기자금 부담금(down-payment)과 유사한 수준이며, 주택담보대출에 대한 연간 부담이 6%라고 할 때 연간 순소득의 35% 이하로 부담하므로 이러한 가정하에서 독일의 잠재적인 자가 점유율은 64%라고 추산했다. 2014년 도이체방크(Deutsche Bank)는 저금리와 가처분 소득 증가를 감안할 때 역사적으로 2010년이 가장 구입 호기였다고 지적하면서 향후 자가 점유율 증가를 전망했다. 이는 〈표 1〉에서와 같이 소득수준에 따라 자가 점유율이 증가하듯이 금융 규제가 자가 점유율 성장의 장애요인은 되지 않을 것

1. Bundesgeschäftsstelle Landesbausparkasse(ed.), Markt für Wohnimmobilien 2014, Berlin 2014, pp.54-58.

〈표 1〉 가구 소득수준에 따른 자가점유 비중

소득 분위	자가 점유율
20% 이하	16%
20~40% 이하	35%
40~60% 이하	43%
60~80% 이하	55%
80~90% 이하	70%
90~100%	74%

출처: Weinrich, 2014, p. 48.

이라는 판단에 근거하고 있다.

그러나 이러한 잠재성에도 불구하고 자가 점유율은 2014년에도 2010년 수준인 46%로 제자리였다. 인구 8,000만 명 수준에서 주택 재고 4,000만 호 정도의 주거여건은 매우 양호하다고 받아들였기 때문이다. 즉 이러한 양적 충족 상황에서 신규주택 공급이 자가수요를 유인하기란 어렵다. 또한 주택 구입 수요가 가장 큰 연령대인 24~35세 연령층이 1994년 1,400만 가구에서 2006년에는 1,000만 가구로 감소했다. 지역 간 불균형 격차도 크다.[2] 구(舊)동독 지역의 쇠퇴 도시들을 중심으로 한 인구 감소 지역은 2010년 이후 주택 가격 반응에도 불구하고 하락세를 면치 못하고 있다. 따라서 이러한 요인들로 향후 자가 점유율은 저금리에도 불구하고 핵심 주택 구입층의 감소와 지역 간 불균형 문제로 크게 높아질 것 같지는 않으며, 현 추세를 계속 이어가지 않을까 한다.

---

2. 지역별 2014년 자가 점유율을 보면, 베를린은 15.6%, 함부르크는 24.0%, 작센은 33.2%, 브레멘은 39.2%이다(독일 통계청, 2015).

사회적 시장경제 모델: 자유시장 원칙을 사회적 평등과 기본권과 조화

주택가격의 안정성, 점유형태의 중립성, 잘 발달된 민간임대 부문, 주택담보대출의 신중성은 독일 주택체제의 특징이자 다른 나라와는 다른 예외성이다. 그렇다면 이러한 독자적 길이 가능했던 저력은 무엇이었을까?

그 답은 제2차 세계대전 이후 독일 정부가 추구해온 사회적 시장경제 모델에서 찾을 수 있다. 독일 정부는 기본적으로 자유방임(Laissez-faire)에 입각해 극단적으로 정부 개입을 피해왔다. 그 대신 개인의 자유로운 창의성과 사회발전 원칙을 결합시킨 사회적 시장경제를 지향했다. 여기서 사회적 시장경제의 기본 관념은 사유재산과 자유시장경제를 사회적 평등과 기본권과 균형있게 추구하는 것이다. 따라서 이에 근거한 독일의 주택정책과 제도는 사유재산, 시장경제, 자유계약의 원칙을 훼손하지 않으면서도 주택의 공익성과 사회권으로서의 주거권을 최대한 보장한다는 두 가지 목표를 함께 추구해왔다(신진욱·이지은, 2014).

사회적 평등과 공익적 가치는 '국가 지원'과 '사회적 책임'을 맞바꾸는 등가 원칙을 제도화함으로써 실현됐다. 즉 공적 보조를 받으면 그에 상응하는 사회적 책임을 준수해야 한다. 주택점유형태(자가, 민간임대, 공공임대)에 차별을 두지 않는 것은 등가 원칙하에서 '동등 대우 원칙'이 적용된 것이다(신진욱·이지은, 2014). 다시 이야기하겠지만 임차권 보호와 관련한 제도들은 기본적 사회권을 보장하지만 시장성도 배제하고 있지 않다.

두 번의 세계대전과 통일의 여파

두 번의 전쟁으로 국가 재건 우선: 외곽에 대규모 신도시 건설

독일은 유럽의 주요 국가에 비해서는 늦게 산업화가 시작되었지만, 19세기 중반에 들어서면서 대도시 노동자들의 심각한 주택 부족 문제가 표출되기 시작했다. 이에 따라 당시 유럽의 사회개혁 운동과 유사한 맥락에서 주택개혁 논의가 대두되었고, 1848년에는 독일 최초의 공익주택기업이, 1862년에는 최초의 주택조합이 설립되어 사회적인 주택들이 공급되기 시작했다.

그러나 1914년 제1차 세계대전이 발발하자 주택 분야에서도 통제경제가 시작되는데, 우선 출정 군인 세대에 대해 임대료 지불 유예와 해약 보호를 규정했다. 그러다 패전 이후 1919년에 바이마르 헌법이 제정되면서 전 국민에게 '건강한 주택'을 기본적 권리로 부여하게 되었다. 하지만 전후의 궁핍 기간과 대공황 기간을 거치고, 다시 국민 총동원의 나치 체제하에서 제2차 세계대전까지 터지자 주택문제 해결은 더 이상 진전될 수 없었다.

제2차 세계대전 중에 400~500만 채의 주택이 전파 또는 훼손되었다. 이는 당시 주택 재고의 40% 가까운 물량이었으며, 〈그림 4〉와 같이 드레스덴은 시가지 대부분이 파괴되었다. 수많은 귀환 장병과 난민들이 몰려오면서 구(舊)서독 지역에만도 1950년에는 450만 채의 주택이 부족한 것으로 파악될 정도였다. 따라서 이 시기에 분단된 동독과 서독 정부에 가장 시급한 것은 국가 재건과 주택 부족난 해소를 위한 대규모 주택 건설이었다.

구서독은 1950년에 제1차 주택법과 1956년 제2차 주택법을 제정하여 최대한 많은 주택을 공급하는 것을 목표로 삼았으며, 여기

〈그림 4〉 제2차 세계대전의 폭격으로 시가지가 거의 파괴된 드레스덴의 전경

에는 민간 부문에 재정을 지원하되 공익적 목적을 달성하는 임대 주택이 절반 이상을 차지하도록 했다. 1950~1959년간 총 430만 호 (연평균 43만 호)의 신규주택이 건설되었고, 이 중 공공임대주택은 180 만 호로 전체 건설의 42%를 차지했다. 이렇게 주택 부족의 급한 불이 진정되기 시작하자 구서독 정부는 1958년에 주택 부족률이 낮은 지역에서는 임대료 인상률 제한을 완화했다. 1960년에는 전후 통제 관련 제도를 철폐하고 시장 체제로 전환했다. 1965년에는 공가율이 3% 이상인 지자체에 대해 임대료 통제 제도를 폐지했고,

〈그림 5〉 동독에서 가장 큰 신도시: 동베를린의 마르찬(Marzahn) 지구의 전경(1987년 건설)

임대료 부담 완화를 위해 임대료 보조 제도인 본겔트(Wohngeld)를 도입했다. 이렇게 1970년까지는 임대주택시장에 대한 규제를 대폭 완화하는가 하면, 특별한 유형의 주택을 제외하고는 임대료 통제를 폐지하고 계약 해지권도 확대했다.

한편 구동독은 전후 1949~1971년간 국가 재건 차원에서 대규모 신도시 건설을 추진했으며, 1971년 사회통일당(Socialist Unity Party)은 1990년까지 주택 부족난을 해소하겠다는 강한 의지를 보였다. 구동독의 지도자 호네커는 1973년 300만 호 주택 건설 프로그램을 추진했고 1990년 이전까지 약 200만 호 주택이 새로 건설되었다. 당시 동독의 인구가 1,700만 명이고 천인당 주택 재고수가 422호인 점을 감안한다면 이러한 신규 건설량은 상당한 것이었다. 그러나 이 시기 지어진 주택은 주로 조립식 슬래브 구조로 지어진 데다 도시 외곽에 있어서 충분한 생활 편의시설을 제대로 공급받지 못했다. 따라서 이러한 단기간 내 대량 건설은 1990년 통일 이후 제 기능을 하지 못한 채 많은 재고가 방치되거나 공가로 남게 되는 결과를 초래했다.

구서독은 통제경제→시장경제→사회적 경제→자유화 정책으로 전환

1960년대 기민당·자민당 연정이 1950년대 통제경제를 시장경제로 전환했다면, 뒤를 이은 사민당·자민당 연정(1969~1982년)은 주택정책의 무게중심을 사회적 시장경제에 두었다.[3] 공공임대주택의 집중된 공급이 1950~1969년 동안 마무리됨에 따라 사민당·자민당 연정은 공급자 보조를 점차 줄여나가는 반면, 세입자의 주거 보장을 강화하고 임대료 부담을 경감시키는 과감한 제도들을 도입했다. 이 중 오늘날까지 독일 주택 제도의 중요한 요소로 지속되고 있는 두 가지가 '임대차 해약고지 보호'와 '비교 임차료' 제도이다.

1971년 제정된 임차인의 주거권을 강하게 보장하는 '임대차 해약고지 보호법'은 4년간의 한시법이었으나 1974년 2차 개정 시 항시 적용되는 법으로 바뀌었다. 이는 프랑크푸르트를 비롯한 많은 지역에서 잇따른 임차권 보호를 요구하는 시위를 반영한 것이다. 임차인은 특별한 조건 없이 일정 기간 전에 해약고지를 하면 되지만, 임대인이 해약고지를 할 수 있는 요건은 엄격히 제한했다. 1971년 제정된 '임차권 개선과 임대료 인상 제한법'은 과도한 임대료 인상을 막기 위한 것으로, 임대료 인상은 주변지역의 비교 임대사례에 따라 3년간 임대료의 20%까지만 인상할 수 있도록 했다.

3.　이 부분은 신진욱·이지은, <독일의 사회적 시장경제와 주택체제: 금융자본주의 시대의 독일 주택정책과 제도>, 《한·독 사회과학논총》 제24권 1호, 한독사회과학회, 2014, 14~18쪽 내용을 일부 발췌하여 인용했다. .

〈그림 6〉임대료 인상 통제를 요구하는 시위(프랑크푸르트 häuserkampf 지역, 1973년)

　1982년 헬무트 콜 수상의 기민당 정권이 출범하면서 1998년까지 16년간의 기민당 시대가 이어졌다. 이 시기의 가장 큰 특징은 공공임대주택에 대한 재정 지원이 크게 줄고 세제 지원도 없어졌다는 것이다. 즉 조합적 목적이 아닌 사업이 전체 이윤의 10%를 넘을 경우 비영리기관도 일반 기업과 마찬가지로 납세 의무를 부담하게 되었다. 1989년 '비영리 주택법'의 폐지는 사실상 영리 민간임대 중심의 주택체제로의 이행을 의미했다.

　이어 1999년부터 2000년대 중반까지의 사민당 녹생당 연정도 이러한 자유화 정책을 이어갔으며, 공공임대주택은 점차 극빈층 등 취약계층의 잔여적 주거가 되어갔고, 임대료 보조 제도인 본겔트도 2003년 하르츠(Hartz) 개혁으로 지원 대상이 크게 줄었다.

통일 이후 주택시장: 초기 2~3년간은 건설 붐, 이후는 공급 과잉

1990년 10월, 동독과 서독을 가르던 장벽이 무너진 후 동독의 수많은 인구가 일자리나 더 나은 삶의 기회를 찾아 서독으로 대거 몰려들었다. 1989~1991년 사이에 동독에서 서독으로 넘어온 사람은 100만 명이 넘었다. 이에 통일 정부는 시급히 동독 지역을 안정화시키고 대규모 인구 유출 사태를 막고자 동독의 낙후된 생활여건과 주거환경 개선을 위해 많은 보조금을 지원하고 민간 투자도 촉진시켰다. 통일 전 동독이 건설한 주택은 주로 간단한 조립식 슬래브 아파트로 소비자의 욕구를 제대로 충족시키지 못하는 것들이었다. 또한 불량한 아파트가 78만 호 이상이나 되었고, 공가가 당시 동독 주택 재고의 5%에 이르렀다.

그래서 통일 정부는 동독 지역에 대한 정부 지원을 주택 부문에 집중했다. 1990년부터 2008년까지 348억 유로의 정부 보조금이 동독 지역에 지원되었는데, 통일 정부가 지출한 전체 보조금의 25%를 넘는 수준이었다(Michelsen and Weiß, 2010). 통일 이후 동독에 지어진 신규주택은 1991~1992년간은 2만 호 수준에서 1993년에는 5만 호, 1994년과 1995년에는 10만 호 수준을 넘었고, 이어 1996년에는 18만 호에 이르렀다(〈그림 7〉 참조). 2000년 이후에는 신규주택 건설이 크게 감소했지만, 4년간(1994~1997년) 62만 호라는 건설 투자는 주택가격 상승으로 이어져 일시적인 부동산 버블 현상을 야기했다(〈그림 8〉 참조).

한편 신규 건설에 비해 기존 주택의 개보수는 8만 5,000호에 그쳤다. 통일 이후 과거 동독 지역에서 부동산을 몰수당했던 소유자들이 이를 다시 되찾았으나, 복잡한 소유권 관계로 개보수나 매각이 제한적이었던 탓이 크다. 또한 유지보수나 복원보다는 새로 주

<그림 7> 동독 지역의 신규주택 건설 추이

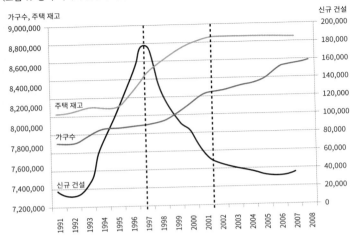

<그림 8> 동독 지역의 주택가격 추이

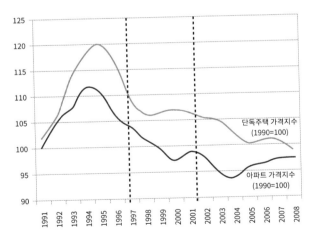

출처: Michelsen and Weiβ, 2010.

택을 짓는 비용이 더 저렴했다는 점, 통일 정부가 '새로운 도시 건설'이라는 정치를 선호했다는 점도 크게 작용했다. 통일 정부의 새로운 도시 건설은 도심보다는 외곽지역에서 주로 이루어져 일자리 자체가 없었던 동독 주민들에게 주택 역시 환영받기는 어려웠다. 동독의 공가율은 1993년 6.2%에서 1998년에는 13.2%로 2배 이상 늘었고, 2000년에는 그 수만도 100만 호, 2005년에는 140만 호에 이르러 전체 주택 재고의 20% 수준을 넘어섰다. 이러한 현상은 1995년부터 하락세로 돌아선 주택가격 추세와 맞물리면서 이후 주택가격 회복을 저해한 요인이 되기도 했으며, 과잉 공급에 대한 후유증은 공가에 대한 정부의 멸실 보조금만 늘리는 결과를 초래했다.

연방정부는 2000년 별도의 전문가 위원회를 구성해 이 문제를 풀고자 했다. 그 후 방치된 공가와 제 기능을 발휘하지 못하는 주택을 2010년까지 15억 유로를 지원(주정부 보조금은 제외)해 35만 호 멸실시킨다는 계획을 추진했다. 2001년 추진된 이 재생 프로그램

<표 2> 동독의 주택 재정비 지원을 위한 연방정부의 보조금(단위: 백만 유로)

시 기	공가 감소 (철거, 멸실)	주택 개보수	도시 인프라 시설 철거 등	역사적 건축물 리모델링 및 보전	계
2002~2009	518.5 (50.7%)	428.4 (41.8%)	63.8 (6.2%)	13.1 (1.3%)	1,023.8 (100.0%)
2010~2013	37.8 (10.8%)	247.5 (70.8%)	16.3 (6.2%)	47.2 (13.6%)	348.8 (100.0%)

출처: Radzimski, 2015, p. 9.

(Urban renewal in East Germany)은 주택 멸실을 위해 m^2당 60유로의 보조금을 지원하고, 멸실을 용이하게 하기 위해 감가상각률도 2배 이상 높였다. 연방정부는 공가 멸실을 위해 2002~2009년간 5억 1,850만 유로, 2010~2013년에는 3,780만 유로의 보조금을 지원했고, 1990년대 소홀했던 개보수에 대한 지원도 늘렸다(〈표 2〉 참조). 이러한 조치로 동독 지역은 2008년까지 신규주택 건설이 거의 이루어지 않았으며 공가율도 떨어졌다.

한편 동독과 서독의 임대료 격차는 큰 문제였다. 사회주의 체제하에서 동독 주민은 획일적인 좁은 주택에 평등성이 강조된 주거생활을 해왔다. 사유재산 개념이 약하기 때문에 대부분은 임대주택에 살았다. 1980년대 동독 주민의 단 15%만이 자가 소유자였고, 61%는 국가가 소유한 임대주택에, 그 외 24%는 조합이 운영하는 임대주택에 거주했다(Tanninen 외, 1994). 임대주택에 사는 것은 보편적 현상이었으며, 모든 가격을 정부가 정하기 때문에 인플레이션이란 것을 경험하지 못했다. 정부가 정한 임대료 역시 항상 일정한 수준을 유지했다.

자본주의 독일 사회에서 동독의 임대료는 매우 비현실적이었고 터무니없이 낮았다. 통일 시점에 동독의 m^2당 월임대료는 1유로도

〈그림 10〉 동독과 서독의 m²당 월평균 임대료 추이(단위: 유로)

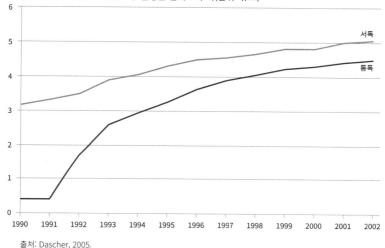

출처: Dascher, 2005.

안 되었는데, 이는 서독의 4분의 1 수준에도 미치지 못하는 금액이었다. 이런 임대료 수준으로는 주택 개보수도 할 수 없었으며, 민간 투자를 유인하기도 어려웠다. 이에 정부는 동독 지역의 임대료 수준을 서독과의 균형 차원에서 〈그림 10〉과 같이 지속적으로 상승시켰으며, 임대료 상승에 따른 부담 완화를 위해 본겔트를 지원했다. 2001년 본겔트 지원 규모를 보면, 서독은 주민의 6.4%가 지원받은 반면, 동독은 주민의 11.6%가 지원을 받았다.

신규주택의 건설 추이: 두 번의 건설 붐, 2010년 이후 공급 회복

전후 독일은 1970년대 초와 통일 후인 1990년대 초 등 두 번의 건설 붐이 있었고, 1990년대 말부터는 공급이 점차 감소했다. 금융위기 이후인 2009년에는 1950년 이후 신규 건설 실적이 가장 낮은 17만 호(승인 기준) 수준까지 떨어졌다. 그러나 주택 공급은 2010년

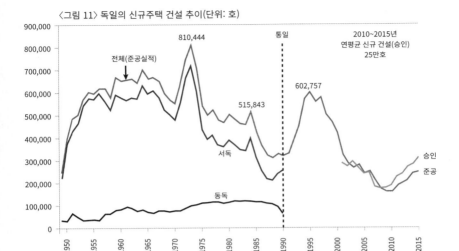

〈그림 11〉 독일의 신규주택 건설 추이(단위: 호)

출처: 독일 통계청(https://www.destatis.de/).

이후 되살아났으며, 2015년에는 30만 호를 넘어섰다. 2010년 이후 주택 공급이 늘어난 것은 이민자를 중심으로 한 인구 증가와 상대적으로 양호한 경제 상황 때문이다. 2015년의 이민자 유입은 80만 명에 이를 것으로 보이는데, 이는 2014년의 4배 수준이다. 독일 연방통계청(Destatis)은 이런 추세를 감안할 때, 2020년까지 연 평균 27만 2,000호의 신규주택이 필요할 것으로 전망하고 있다. 다만 지역별로 건설 물량이 상당한 차이를 보이는데, 산업성장 및 인구 유입 지역과 구동독을 중심으로 한 쇠락지역의 격차가 크다.

독일의 주택 재고는 2014년 4,122만 호로, 주택 보급률은 103% 이며, 내국인만을 기준으로 할 때는 108%이다. 천인당 주택 재고 수는 EU-21개국 평균 470호보다 많은 508호이다. 공가율은 4.4% 이지만 지역에 따라 편차가 매우 크며, 대도시 이외 지역 및 구동 독 지역의 공가율은 10%를 넘는 곳이 많다. 독일의 주거수준은 지

〈표 3〉 독일의 2010년 이후 주거여건

구분	2010	2011	2012	2013	2014
주택 재고수(천 호)	40,479	40,805	40,630	40,995	41,221
천인당 주택수(호)	495	506	507	508	508
호당 주택 규모(㎡)	90.9	91.1	91.2	91.3	91.4
인당 주택 규모(㎡)	45.0	46.1	46.2	46.3	46.5

출처: 독일 통계청 (https://www.destatis.de/).

〈그림 12〉 동독과 서독 간 소득수준과 주택 부문의 격차 추이

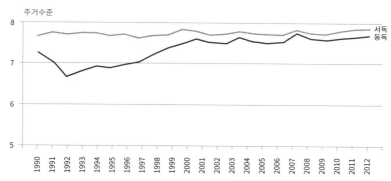

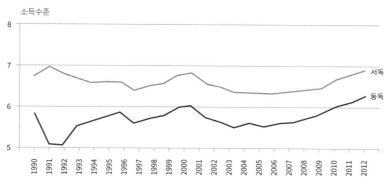

주: 세로축의 척도는 0~10까지임.
출처: Priem and Schupp, 2014, p. 68.

속적으로 개선되어왔으며, 1인당 주거면적은 1950년대 말 18~20
m^2에서 2010년에는 2배 이상 늘었다. 구동독 지역과 구서독 지역의
주거면적은 차이가 있는데, 2014년 동독 지역의 호당 주거면적은
78m^2, 1인당 주거면적은 43.4m^2인 반면, 서독 지역은 각각 95m^2, 47.3
m^2이다(〈표 3〉 참조).

통일 후 25년간 동독과 서독 간의 일자리, 보건, 의료, 보육환
경, 여가문화 생활 등 생활수준이 많이 좁혀지긴 했으나, 여전히
소득 격차는 큰 편이다. 주택 부문은 타 부문에 비해 동서 간 격
차가 컸지만, 25년간 꾸준한 신규주택의 보급과 주거수준 제고로
2000년대 중반부터는 그 차이가 크게 줄어들고 있다(〈그림 12〉 참조).

잘 발달된 민간임대주택에서 꽃 핀 임대차 문화

독일은 어떻게 민간임대 중심 국가가 될 수 있었나?

독일의 민간임대주택 부문은 OECD 국가에서 가장 크고 으뜸
이다. 전체 가구의 50%가 민간임대주택에 거주하는데, 유럽의 민
간임대주택 평균 비중 22%의 2배를 넘는다. 독일에서 민간임대주
택은 유럽의 다른 나라들처럼 저소득층이 주로 거주하는 잔여적
주거수단이 아니라, 질과 양 모든 면에서 우수하다. 또한 낮은 자가
비중을 보완할 수 있도록 짝을 이루어 발달한 점유형태이다.

민간임대주택에 대한 독일 특유의 문화는 19세기 후반으로 거
슬러올라간다. 유럽이 전반적으로 그러했지만, 독일도 이 시기에
급속한 산업화와 도시화를 겪었다. 따라서 급증하는 도시 노동력
을 수용하기 위해 다세대 형태(tenement houses)의 민간임대주택이

대규모로 공급되었다. 크루프(Krupp)나 지멘스(Siemens) 같은 대형 산업체는 자신들이 고용한 근로자들에게 집을 제공하기 위해 도시 전체 주택의 4분의 1까지 공급하기도 했다. 즉 민간기업이 근로자를 위해 직주 근접형 다세대 임대주택을 선도적으로 건설했던 것이다. 이 시기에 다세대 임대주택의 보급에 박차를 가하게 된 데는 도시 교통 인프라와 연계된 직주 근접성을 중시한 도시 설계 방향의 영향도 컸다. 1900년대 초 지하철이 보급되기 전까지 독일의 대도시는 주로 속도가 느린 트램이나 도보에 의존한 통행 패턴을 보였다. 다세대 임대주택은 이러한 특성을 반영해 직장과 가까운 위치에 지어질 필요가 있었다. 시간이 점차 지남에 따라 이러한 직주 근접형 입지 기반은 대도시 임대주택시장의 주요 거점이 되었을 뿐 아니라 교통 요충지가 되었다.

민간임대주택 중심의 체제가 굳어진 두 번째 계기는 제2차 세계대전 이후 냉전기 20년 동안의 주택정책에서 마련되었다. 전후 독일의 주택 중 약 475만 호가 파괴되거나 심각하게 훼손된 상태였다. 더구나 동서로 분단이 된 상황에서 실향민까지 몰려들었기 때문에 주택문제 해결은 매우 절실한 과제였다. 이에 1950년 주택건설법을 통해 공공 및 공적 지원 임대주택 건설을 강하게 추진했다. 이 법을 통해 공공주체가 아니더라도 임대주택 공급을 하는 주체는 영업세, 법인세, 부유세(wealth tax)를 면제받았다. 이 시스템에 따라 1959년까지 매년 신규주택 건설의 50% 이상이 공적 자금의 지원을 받아 건설되었다. 공공임대주택의 공급 확대에 주력했지만 그렇다고 민간임대주택에 대한 지원도 소홀히 하지 않았다. 사회적 평등과 공익적 가치를 지향하는 사회적 시장경제 모델이 작용했기 때문이다. 민간임대사업자는 정부의 관대한 보조금과 세제 혜택을 받는 만큼 공적 역할을 수행했던 것이다.

독일의 임대차 규제 제도(rent regulation)는 외견상 반시장적으로 보이지만, 실제로는 시장 친화적이라고 할 수 있다. 제2차 세계대전 직후에는 극심한 주택 부족 속에서 임대료 인상 등을 강하게 제한했지만 1960년대부터 점진적으로 완화해, 현재는 계속 계약 세입자에게도 3년간 최대 20%까지 인상할 수 있다. 또한 주택 개량이나 수선유지 비용이 발생할 경우, 매년 비용의 11%까지 임대료에 반영할 수 있다. 이 때문에 독일은 임대기간이나 연속 계약 허용 등 임대차 보호(tenure security)는 강한 반면, 임대료 규제는 약하다는 특징을 가지고 있다. 임대료 규제가 임대주택 부문에 대한 투자의욕까지 떨어뜨리지는 않는 수준으로 관리한 것이다. 이것이 오늘날의 실용적인 임대주택 시장 발달의 주요 초석이 되었으며, 자유주의 모델이라고 하는 영국에 비해서도 오히려 더 친시장적이라는 평가를 받는다.

민간임대사업자는 수선비용은 물론이고 감가상각에 대해서도 광범한 소득공제 혜택을 받는다. 공가 등으로 인해 임대 손실이 있으면 일반 소득과 합산토록 허용하여 지원한다. 주택 보유에 따른 양도세 혜택도 크다. 1999년까지는 2년 이상만 보유하면 비과세였다가 현재는 10년으로 강화했지만 이 역시 다른 나라와 비교하면 관대하다. 또한 세입자도 지출한 임대료에 대해 소득공제를 받을 수 있으며 소득수준이 일정 기준 이하이면 임대료 보조도 받는다.

다른 목표로 설계된 동독의 주택정책도 오늘날 독일의 방대한 임대주택 시장 형성에 기여했다. 사회주의였던 동독은 제2차 세계대전 이후 되풀이되는 주택 부족 문제에 대처하기 위해 조립식 슬래브(Plattenbau)로 된 다세대 임대주택 건설을 강하게 추진했다. 이

<그림 13> 튀빙겐(Tübingen)에 있는 Mühlenviertel 단지

기존 구시가지의 공가를 매입하고 공장을 개조하여 민관 협력으로 조성한 주거단지. 다양한 주거유형,
고령자 주거 및 보건의료 시설 등이 복합적으로 잘 어우러진 단지로, 2005~2009년간 개발. 공장
건물은 유치원으로 개조했고, 주택협동조합이 커뮤니티 공간을 소유하고 운영관리.

때문에 슬래브 주택의 대규모 철거에도 불구하고 동독 지역의 10
호 이상 다세대 주거용 건물 비중은 여전히 높다. 이렇게 주택이 노
후화되고 열악한 상태에서 통일을 맞이한 동독은 대부분을 차지
하던 정부 소유 다세대주택을 대규모로 비영리 민간회사인 코뮤널
주택회사(communal housing companies)와 주택협동조합에 이양하게
되었다. 이것은 동독의 자가 소유 촉진에는 도움이 되지 않았지만,
경제적으로 쓸모가 없게 된 슬래브 다세대주택을 비영리 민간 부
문으로 전환하는 계기가 되었다. 이런 방식은 상당수의 공공임대
주택을 거주자들에게 매각한 다른 사회주의 국가와는 다른 접근
방법이었다.

다양한 형태와 디자인, 선택폭도 넓고 주거권도 보장

민간임대주택의 소유 구조는 균형이 잘 잡혀 있다. 개인임대사업자에서부터 주택협동조합, 공동주택회사, 공공기관, 민간 건설업체 등 참여주체가 매우 다양하다. 이렇다 보니 이들 간에 자연스레 품질 경쟁이 생기며, 소비자 입장에서는 선택의 다양성을 누릴 수 있다.

개인임대사업자는 대개 10호 이하를 관리하며, 주로 은퇴 전후 연령층에서 노후 장기투자 수단으로 임대주택사업을 하고 있다. 이들은 전체 민간임대주택의 약 61%를 차지하며 가장 큰 소액 투자자들이다. 제도권 임대사업자로 등록한 주택협동조합, 공동주택회사, 민간 건설업체는 전체 민간임대주택 중에서 각각 9.2%, 10.4%, 18.5%를 차지하고 있다(〈그림 14〉 참조). 이들 세 주체는 자신들이 보유한 임대주택 재고의 거의 80%를 같이 운영관리(함께 통합관리)한다. 특징적인 것은 전문적인 기업형 임대주택 사업자의 참여 비중이 매우 높다는 점인데, 상위 10개 업체가 110만 호의 임대주택(전체 임대주택의 5%)을 보유 및 운영관리하고 있다. 2011년 이후 기업형 임대주택은 사업자 간 인수합병으로 전체 임대주택 재고의 18%까지 늘어났으며, 향후에도 사업자 간 통합은 늘어날 전망이다. 상위 10개 임대주택 기업 중 5개는 2013년 상장되었고, 4개 기업은 공공부문이 소유하고 있다(Lerbs, 2014).

기업형 임대사업자와 개인임대사업자 간에는 자금 조달 구조가 상당히 다르다. 기본적으로 소규모 개인임대사업자가 보유하는 임대주택은 자가주택과 유사한 자금 조달 구조를 띤다. 주된 자금 조달 방법은 낮은 LTV(대개 20~30% 혹은 이보다 다소 높음)로 담보대출을 얻는 것이다. 이자율은 장기변동금리(전형적으로 상환기간은 5~10

<그림 14> 독일 임대주택 재고의 소유 구조(단위: 천 호, 임대주택 재고수: 23,345천 호)

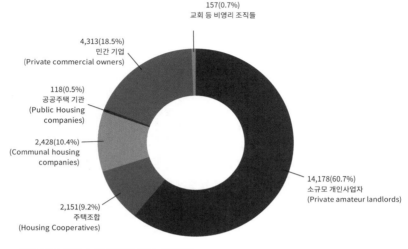

157(0.7%)
교회 등 비영리 조직들

4,313(18.5%)
민간 기업
(Private commercial owners)

118(0.5%)
공공주택 기관
(Public Housing
companies)

2,428(10.4%)
(Communal housing
companies)

2,151(9.2%)
주택조합
(Housing Cooperatives)

14,178(60.7%)
소규모 개인사업자
(Private amateur landlords)

출처: Lerbs, 2014, p. 40. (2011년 센서스 조사 결과).

년 조건)이며, 원금은 30년까지 장기분할 상환된다. 임대주택사업에서 발생하는 임대소득에서 담보대출 이자를 공제받으며, 종합소득세 차원에서 손실도 반영된다. 또한 임대주택을 투자재로 취급하는 정책 기조에 따라 임대사업 운영 기간 동안 감가상각 수당이 지급되며 유지관리비에 대한 부분도 임대소득에서 공제된다. 이러한 임대 운영관리에 대한 정부 지원은 민간임대주택을 양질의 품질로 유지하도록 해주며 임대기간 장기화를 유도하는 데도 실익이 크다. 2005년 드레스덴 공과대학(Technical University of Dresden)에서 수행한 개인임대사업자에 대한 조사 결과를 보면, 임대주택 투자의 가장 주된 동기는 은퇴 준비였다. 따라서 70% 이상의 소유주가 50대 이상(평균 58세)으로 고령화되어 있다. 다만 임대수입만으로 사는 가구는 4%에 불과하며, 대부분 자영업자이거나 연금생활자 등으로

〈그림 15〉 OECD 국가의 민간임대주택에 대한 임대차 규제 정도의 비교(2009년 기준)

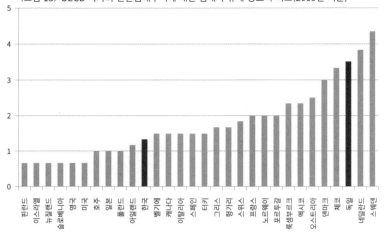

출처: Fitzsimons, 2014, p. 28.

임대수입을 통해 노후소득을 보충하는 것이 특징이다.

기업형 임대주택사업자의 재무 구조는 다르다. 중소업체(특히 주택협동조합)는 자신들의 회원들로부터 직접 자금을 조달하며, 자기 자본 비율이 높은 것이 특징이다. 독일의 주택협동조합 수는 2011년 1,850개이며, 조합당 평균적으로 약 1,160호의 주택을 임대하고 있다. 이렇게 주택협동조합의 비중이 크다 보니 이들은 '세제 특례를 받는 자조 조직'(tax-privileged self-help organization)이라는 새로운 법적 개념을 만들었으며, 법인세뿐 아니라 영업세 면제를 받았다. 주택협동조합에 거주하는 사람은 독일 인구의 6%에 해당하는 460만 명이며(2011년 기준), 2010년 주택협동조합 회원수는 280만 명에 이른다(ICA Housing와 CECODHA, 2012). 대형업체는 주로 상장 주택회사(publicly listed housing companies)이며, 이들은 일반적인 회사와 달리 면세 혜택을 받는다. 이들은 부채 비율이 높지만 주로 단기성 부채를 보유하고 있다.

이렇게 전 국민의 반 이상이 임대를 통해 주거문제를 해결하고 있는 독일은 상식적으로는 주거가 불안정한 나라일 것 같은 염려가 들지만, 현실에서는 가장 안정된 나라 중의 하나이다. 그만큼 임대차 보호 제도도 강할 것으로 짐작할 수 있다. 실제 OECD 분류에 따르면 독일은 세계에서 세 번째로 임대차 규제가 강한 국가로 규정되어 있다(〈그림 15〉 참조). 임대료 인상률에 제한이 있어 과다한 임대료 인상이 어려우며 특별한 사유가 없는 한 임차인의 거주기간이 계속 보장된다는 점이 강한 규제 국가로 보이게 한다.

그러나 앞서 설명했지만 독일의 임대차 제도는 매우 현실적이다. 즉 임차인에 대한 보호와 함께 적정한 투자유인 동기가 보장될 수 있는 균형점을 추구하고 있는 것이다.

임차인에 대한 강한 임차권 보호는 1971년 제정된 두 개의 법(임차권 해약고지 보호법, 임차권 개선 및 임대료 인상 제한법)에 근거하며, 그동안 몇 차례의 개정이 있긴 했지만 기본 골격은 현재에도 유지되고 있다. 46년간의 긴 규제의 역사라고 할 수 있다. 임차권 해약고지는 임차인이 계약을 위반하였거나(연속 3개월 이상 임차료 연체, 심각한 시설물 파손이나 소음 등), 임대인 또는 그 가족이 해당 주택을 사용해야 하는 납득할 만한 사유가 제시되어야 가능하다. 또한 이러한 경우라고 하더라도 임차인이 임신, 질병, 실업, 고령, 장애, 학업 등으로 이사할 여건이 안 되는 경우에는 해약을 금지하거나 유예시킬 수 있다. 2001년에는 '임대차법'(Mietrechtsreformgesetz)이 새로 제정되어 임대차 계약 해지 및 재계약 거절, 임대료 인상 제한 등을 더욱 강화했다. 이 법에 따라 임대차 계약은 원칙적으로 계약기간의 제한이 없는 무기계약으로 체결해야 한다. 임차인은 임대차 계약을 만료일 3개월 이전에 사유를 밝히지 않고도 통지함으로써 해지할 수 있는 반면, 임대인은 3개월~9개월 이전에 타당한 사유를 서면으로 통지해야만 해지할 수 있다.

임대료 인상은 기존 임대차의 경우 주변 시세를 감안해 3년간 최대 20% 이내에서만 올릴 수 있다. 이때 주변 시세는 '비교 임차료'(Vergleichsmiete)에 근거하여 판단할 수 있다. 유사 동종 주택에 대한 비교 임차료는 4년치 민간임대주택 임대료를 면적, 입지조건, 건축연도, 설비수준 등을 종합적으로 반영하여 만든 '표준임대료 일람표'(Mietspiegel)를 통해 쉽게 파악할 수 있다. 임대인이 임대료를 인상하려면 표준임대료 일람표, 임대료정보은행의 자료, 전문가의 감정서, 최소 3개의 인근·유사주택 임대료 현황 등을 근거로 제시해야 한다. 비교 임차료 제도는 시장가격 변화를 반영하면서도 임대료 급등을 막는 기능을 한다. 그러나 이 제도가 임차인에게만 일방적인 도움이 되는 것은 아니다. 임대인에게도 득이 된다. 비교 임차료는 민간임대주택의 임대료를 물가 상승에 준하는 수준으로 유지시켜주는 역할도 하므로 임대인 입장에서는 임대수익을 일정하게 보장받을 수 있다. 또한 시설수준을 업그레이드하거나 개보수하는 경우 이 비용의 11%까지 임대료를 올릴 수 있으므로 품질 제고를 위한 투자에도 유인책이 된다.

이러한 특성을 볼 때 독일의 민간임대주택 시장은 규제와 인센티브가 잘 조화되어 발달한 '효과적인' 시장이며, 대부분의 국가들이 공급 측면에서만 민간임대주택을 활성화하려는 시도와는 달리, 수요 측면까지도 배려하여 수급 균형을 잘 맞춘 성숙된 시장이라고 볼 수 있다.

공공임대주택의 성공 스토리는 1990년대까지만

1960년대 20%대의 공공임대주택은 2010년대 4%로 감소

1973년 300만 호 공공임대주택 건설 프로그램이 추진되었던 시기에 독일의 공공임대주택 건설은 '평균 가구'를 위한 주택 건설을 의미하는 것이었다. 제2차 세계대전 후에도 서독은 대규모 공급 프로그램으로, 동독은 대중주택(mass housing)으로 이어갔다. 1960년대 서독의 공공임대주택은 전체 주택의 20%를 차지했고, 동독은 60% 이상이었다. 그러나 1990년 통일을 계기로 공공임대주택 모델은 변모해갔다.

그 결정적인 계기가 된 것은 1989년 비영리 주택법의 폐지였다. 이로써 그동안 공공 부문이든 민간 부문이든 상관없이 조세감면 혜택을 받아왔던 것이 없어지게 되었다. 정부의 재정 지원도 점차 줄었다. 정부는 공공임대주택 건설비의 40~50%를 무이자 융자로 지원하고(1차 지원), 25~30%는 외부 차입에 대한 이자를 보조(2차 지원)하되, 정부 융자 상환기간 동안만 임대료와 입주자격을 규제해 왔다. 정부 융자를 상환하는 기간은 의무임대 기간이라고 할 수 있는데, 1960년대 이전에는 이 기간이 50년 이상이었으나, 1970년대는 40년, 1980년대는 12~20년으로 점차 줄어들었다. 따라서 의무임대 기간이 끝나면 공공임대주택은 민간임대주택으로 전환되며 입주대상과 건설원가 임대료 체계도 자유로워진다.

이러한 독일 특유의 공공임대주택 보조 방식과 의무임대 기간으로 공공임대주택 비중은 1968년 19.4%, 1978년 18.3%, 2002년 7.1%, 2008년 5%, 그리고 2012년에는 4.2%로 감소했다. 공공임대주택 재고수도 1987년 390만 호였으나, 2002년에는 170만 호, 2012

〈그림 16〉공공임대주택의 신규 건설 추이(단위: 천 호)

출처: Egner, 2011, p. 6.

년에는 150만 호이다. 지난 20년간 의무임대 기간 종료에 따라 해
마다 약 10만 호가량이 공공임대주택에서 이탈되었던 것이다. 신
규 공급도 2000년대 들어 연평균 2~3만 호에 불과하므로 향후 의
무임대 기간 종료에 따른 공공임대주택 이탈 물량을 감안한다면,
2020년 독일의 공공임대주택 재고수는 120만 호 수준 이하로 떨어
질 전망이다.

따라서 전통적인 공공임대주택 정책 차원에서 독일은 단계적
폐지 모델(phase-out model)로 볼 수 있다. 공공임대주택의 지속적인
감소는 1990년 이후 재정난 문제도 있었지만 공공임대주택에 대한
정치적 지지도가 크게 줄어든 영향도 크다. 연방정부는 그동안 공
공임대주택은 독일 사회에서 충분히 그 역할을 했으며, 주택 공급
이 충분해진 상태에서 굳이 임대료와 입주대상을 규제하는 주택
을 대량으로 공급할 필요는 없다고 보았다. 대신 임대료 보조 제도
나 기존의 임대차 보호 제도를 통해서 저소득층에 대한 지원이 가

<그림 17> 베를린의 공공임대주택인 Kottbusser Tor 단지 전경

능하다고 보았다. 신규주택 건설비가 너무 비싸 재정 지원을 하더라도 저렴한 임대조건으로 공급하기는 어렵다는 현실적인 판단도 깔려 있었다. 이에 1998년 집권한 사민당·녹색당 연립정부는 '사회주택법'(social housing law)을 폐지하고 대신 '주택공급촉진법'(housing promotion law)을 제정했다. 이에 따라 정부 임대료 보조를 받더라도 자력으로 주택을 마련하기 어려운 사람들, 즉 잔여적 수요자(residual demanders)에게만 공공임대주택을 공급하는 것으로 대상을 축소했다. 또한 1990년대 말부터 공공임대주택 민영화도 추진했다. 1999년에서 2008년까지 민영화로 매각된 공공임대주택 호수는 약 190만 호이나, 의무임대 기간 종료에 따라 매각된 공공임대주택 물량까지를 감안한다면 전문가들은 1990년 이후 지금까지 약 750만 호로 추산했다(Elsinga 외, 2014).

공공임대주택 업무도 2006년 연방정부에서 16개 주정부로 이관되었다. 2013년까지 연방정부가 주정부에 지원한 공공임대주택 보조금은 연간 5억 유로였으나, 일부 주정부는 이를 신규 공급에

<그림 18> Kottbusser Tor 단지 입구 전경

Kottbusser Tor 지역은 베를린의 남쪽 관문으로, 지하철 역사인 U-Bahn station에 입지하고 있어 교통이 편리하다. 이 단지는 1970년대 건설되었는데, 취약계층의 집중 거주와 범죄, 약물과 같은 사회적 문제가 부각되어 나쁜 평판을 얻었다. 이 단지를 건설한 시영주택공사(municipal company)는 의무임대 기간 완료 후 단지를 매각했다. 새 민간 소유자가 임대료를 최고 수준까지 올려 임차인들의 저항이 심했던 단지로 유명하다.

할애하지 않고 그동안 공공임대주택 건설비를 조달하기 위해 차입한 부채 상환용으로 썼다. 공공임대주택 재원 분담이 연방정부와 주정부가 50:50인 상황에서 주정부는 더 이상의 비용을 부담하기를 원치 않았던 것이다.

비영리 부문이 운영하는 준공공임대주택은 100만 호 정도

유럽에서 일반적으로 통용되는 소셜 하우징(Social Housing, 우리식으로는 공공임대주택)은 사실 독일 맥락에서는 부합되지 않는 개념이다. 앞서 논의하였지만, 독일의 공공임대주택은 이른바 조건부 공공임대주택의 유형으로 볼 수 있다. 재정 지원을 받는 기간 동안만 공식적으로 공공임대주택으로서의 지위를 갖는다. 이런 점에서 독일 내에서는 소셜 하우징이라는 개념보다는 공적지원주택(publically subsidised housing)이라는 용어를 쓴다. 법적 테두리에서 규제되는 공공임대주택뿐 아니라 법적 지위는 엄밀한 공공임대주택은 아니지만 비영리기관이 운영하는 저가 임대주택까지를 포괄하는 개념이다.

비영리기관은 주택협동조합, 노동조합이 있는 주택회사, 지자체 등 다양한데, 이들은 법적 공공임대주택의 의무임대 기간이 끝나도 이를 시장에 매각하지 않고 계속 보유하면서 시세보다 낮게 임대료를 받고 있다. 이러한 물량은 2014년 약 100만 호로 추산되며, 임대료를 낮게 유지하도록 지자체가 추가 예산을 지원하고 있다. 따라서 법적 공공임대주택과 더불어 이러한 비영리기관이 운영하는 저가 임대주택까지를 합한다면 공적지원주택 호수는 250만 호로, 전체 주택 재고의 약 6%가 된다.

한편 법적 공공임대주택에 입주하고자 하는 대기 수요는 2014년 300~400만 가구로 추산되고 있다. 2015년 공공임대주택의 입주자격은 1인 가구의 경우 연소득 1만 2,000유로, 2인 가구는 1만 8,000유로인데, 주로 소득이 낮은 이민자나 청년 세대의 요구가 크다. 이에 따라 집값과 임대료가 높은 뮌헨과 함부르크 등에서는 주거복지 강화를 위한 자체 계획들을 제시하고 있다. 예를 들면 공공부지를 활용해 시세 이하의 임대주택을 짓거나 소셜 믹스를 위해 저가와 고가 주택을 혼합하여 짓도록 하는 방법 등이 제시되고 있다. 2014년과 2015년에 들어서 민간 건설업체와 임대인 연합회(DMB, The German Tenants' Association)도 정부에 부담가능

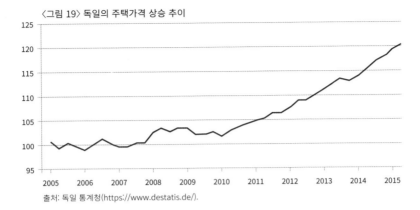

〈그림 19〉 독일의 주택가격 상승 추이

출처: 독일 통계청(https://www.destatis.de/).

한 주택(affordable housing) 공급을 촉구하는 성명서를 발표하면서
정부에 재정 지원을 주문하는 상황이다. DMB 측에서 집은 많지
만 임대주택은 25만 호가 부족한 상황이며 청년, 저소득층, 고령자
를 위한 부담가능한 주택(affordable housing) 공급이 확대되어야 한
다[4]고 피력하는가 하면, 독일 주택협회연합(VBWB, Verbändebündnis
Wohnungsbau)는 2014년 '부담가능한 주택을 위한 계획'(German Plan
for Affordable Housing)을 제안하기도 했다.[5]

4. http://www.dw.com/en/rental-housing-shortage-a-reality-german-lobbyists-say/
a-16431808.
5. http://www.dw.com/en/german-building-industry-proposes-affordable-housing-push/
a-17913318.

2010년 이후 주택시장 상황과 주요 이슈

전 세계가 부동산 거품 붕괴의 후유증에서 아직 못 헤어난 2010년, 독일은 오히려 이때부터 주택가격이 상승하기 시작했다. 전국적으로 2014년은 전년 대비 4.3%, 2015년은 6.1% 올랐으며, 2010년부터 2014년까지 대도시인 뮌헨은 47%, 베를린은 41%나 상승했다.

이 같은 가격 상승은 몇 가지 요인이 결합되어 나타나고 있는데, 기본적으로는 인구 증가나 경제상황에 따른 수요 증가가 반영되어 있다. 이와 함께 오랫동안 주택 가격이 제자리걸음을 하면서 저평가되었고, 그만큼 구매 가능성이 높아졌기 때문이다. 가처분 소득과 모기지 이자율, 주택가격을 감안한 구매력 지수(affordability index)를 보면, 2010년까지 지속적으로 개선되었다(독일 통계청, 2015). 또한 최근의 저금리 상황과 외국 투자 유입이 가격 상승을 부채질하고 있다. 특히 독일 주택시장은 금융위기 이후 투자 안전처로 주목받으면서 투자가 몰리고 있는데, 〈그림 20〉에서 보듯이 외국인 투자 규모는 2011년 53억 유로에서 2015년 9월에는 184억 원 유로로 급격히 늘어나는 추세에 있다. 그 결과 2014년 한 해만도 1,900억 유로에 달하는 주택자산이 거래되었는데, 이는 2009년보다 50% 증가한 수준이다. 이런 분위기를 반영하여 자가 점유율도 최근 조금씩 올라가는 추세이다.

임대료도 주택가격과 비슷한 상황이다. 〈그림 21〉에서 보듯이 독일 민간임대주택의 임대료는 장기간에 걸쳐 안정되어 왔다. 물론 그 이전 통일 직후에 임대료가 오르기는 했으나 과잉 공급의 영향으로 1990년대 중반부터 안정 내지 오히려 하락했다. 특히 동

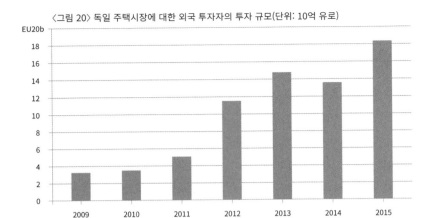

〈그림 20〉독일 주택시장에 대한 외국 투자자의 투자 규모(단위: 10억 유로)

주: 2015년은 9월까지 실적임
출처: http://www.bloomberg.com/news/articles/2015-11-20.

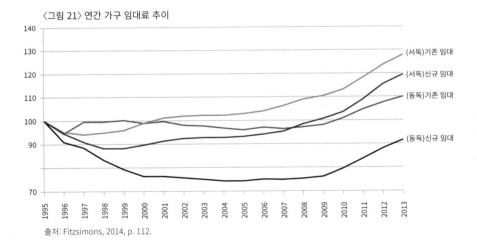

〈그림 21〉연간 가구 임대료 추이

출처: Fitzsimons, 2014, p. 112.

독 지역에서 새로 공급된 임대주택의 임대료는 가장 낮은 수준이
며 2000년대 가장 큰 하락세가 지속되었다. 그러다 금융위기 이후
부터 주택가격과 함께 임대료도 상승세로 돌아섰는데, 전국적으
로 연 3% 내외씩 올랐고 지역에 따라서는 4~5% 상승하기도 했다.

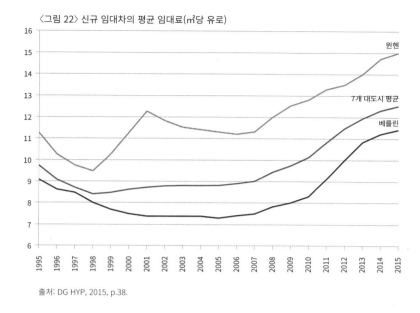

〈그림 22〉 신규 임대차의 평균 임대료(㎡당 유로)

출처: DG HYP, 2015, p.38.

기존 임대차에 비해 신규 임대차의 임대료는 더 많이 올랐다. 〈그
림 22〉의 7개 대도시의 신규 임대차의 임대료 추이를 보면, 뮌헨은
2000년 ㎡당 10유로도 안 되었으나, 2015년에는 ㎡당 15유로를 넘
었다. 이어 함부르크와 프랑크푸르트를 포함한 7대 대도시의 신규
임대차의 임대료가 크게 올랐다.

　이 때문에 독일 언론은 '고삐 풀린 임대료'(out-of-control rents)
라고 문제시하였다. 이에 연방정부는 2013년에 개정 임대차법
(Mietrechtsänderungsgesetz)을 마련해 기존 임대차에 그동안 적용했
던 3년 간 최대 20% 상승률 제한 규정을 주택이 부족한 지역에서
는 3년간 15%로 하향 조정했다. 또한 2015년에는 '임대료 인상 제
한 정책'(Mietpreisbremse)에 따라 신규 임대차에 대한 임대료 상승률
도 제한했다. 즉 임차인이 교체되는 상황에서 임대료를 인상할 경

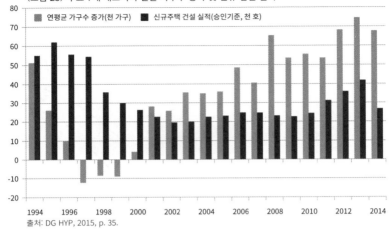

〈그림 23〉 주요 7개 대도시의 연간 가구수 증가 및 신규 건설 실적

■ 연평균 가구수 증가(천 가구) ■ 신규주택 건설 실적(승인기준, 천 호)

출처: DG HYP, 2015, p. 35.

우에는 지역의 비교 임차료의 10%를 초과할 수 없도록 하여, 대도
시와 인구과밀 지역의 도심에서 나타나는 임대료의 급격한 상승을
방지하고자 했다. 하지만 베를린 임대차 시장만 보더라도 신규 임
대차의 임대료가 주변 비교 임대료보다 10%를 초과하는 물량이
60%가 넘으므로 10% 이하 규제는 실효성을 거두기 어려울 것이
라는 우려가 있다.

최근의 주택가격 상승은 7개 대도시(베를린, 쾰른, 뒤셀도르프, 프랑
크푸르트, 함부르크, 뮌헨, 슈투트가르트)가 주도하고 있는데, 이는 이들 지
역에서 늘어나는 가구수에 비해 신규주택 건설이 충분히 뒷받침
되지 못하기 때문이다(〈그림 23〉 참조). 독일의 지역별 수급 격차가 큰
만큼, 향후 주택시장은 수요 요인에 따라 국지적인 양극화가 더 커
질 것으로 보인다. 또한 이와 같은 가격 상승이 그동안의 장기침체
를 극복하는 계기가 될 것이라는 기대도 큰 반면, 투기 수요 가세
로 인한 향후 불안 우려도 배제할 수는 없는 상황이다.

〈그림 24〉 주택수당 지원 가구 추이(단위: 천 가구)

2005년 하르츠 IV 개혁으로
소득 자산 심사 강화,
근로연계 강화로
수급 가구가 크게 감소

출처: 독일 통계청(https://www.destatis.de/).

　　민간임대주택의 임대료 상승으로 저소득층의 주거불안도 커
지고 있다. 공공임대주택의 신규 공급은 속도를 내지 못하고 있
고, 금융위기 이후에는 민영화도 거의 정지한 상황이나, 대기자수
는 계속 늘어나고 있다. 더구나 임대료 보조 제도인 본겔트마저도
2000년대 들어 하르츠 개혁 이후 급감하는 추세이다. 2005년 단
행된 하르츠 개혁에서는 복지 의존을 줄인다는 차원에서, 실업급
여를 근로연계 시스템으로 대체하고 복지수급에 대한 자산조사
(means-test system)를 도입했다. 그 결과 근로 능력이 없는 최빈층에
게만 지원하는 제도로 바뀌면서 본겔트 수급자 수는 80%나 줄었
다. 본겔트 수급자는 2004년 350만 가구 규모에서 2005년에는 78
만 가구로 급감하고, 2013년에는 66만 5,000가구, 2014년에는 56만
5,000가구로 줄어들어 전체 가구의 1.4%에 불과하다(〈그림 24〉 참조).
이에 따라 관련 재정 역시 2004년에는 50억 유로에 달했다가 2005

년 이후 연 10억 유로 수준으로 줄어들었다.

독일 주택체제의 의미와 우리나라에 대한 시사점

독일 주택체제는 특유의 사회적 시장경제 속에서 형성[6]

독일은 이른바 '사회적 시장경제' 체제로 잘 알려져 있다. 이는 서로 모순적으로 비춰질 수 있는 두 개의 단어, 즉 '사회적'과 '시장경제'로 구성되어 있는데, 시장 내 자유경쟁을 최대한 보장하면서도 사회적 질서의 형성과 유지에 대해서는 국가가 경제정책, 사회정책을 통해 개입한다는 의미를 담고 있다. 그러나 경제적 자유와 사회적 균형 사이의 조화를 추구한다고 하지만, 시장원리를 통한 자원배분에 명백한 우선권을 두고 있는 자본주의 체제라고 할 수 있다.

역사적으로 독일은 유럽 내에서는 후발 자본주의 국가였으나, 19세기 후반 급속한 산업화에 따른 계층(계급) 간 갈등을 사회보장제도를 통해 제도화했다. 특히 사회보험제도는 전 세계에서 가장 먼저 도입해 발전시켰다. 이와 같은 사회보험 중심의 복지체제는 노동자의 '지위의 차이'(status differential)에 바탕을 두고 있기 때문에, 이는 독일 사회복지를 특징짓는 '계층주의'(stratification)를 구성하게 된다. 사회보험을 납부할 시기의 계층(혹은 기여수준)에 따라 복지도 차별화된다는 의미이다. 그리고 독일은 여러 이익집단들이 정

---

6. 이 부분은 김수현, 〈독일의 자가 소유율이 낮은 이유: 주택체제론 관점의 검토〉, 《주택연구》 21권 3호, 2013을 활용했다.

책결정, 행정 및 전달 체계에 참여하고, 국가는 이를 가부장적으로 조정하는 코포라티즘(corporatism)을 특징으로 하는 사회복지 정책을 구사한다. 특히 복지재원 조달은 국가가 하더라도 그 집행은 비영리 복지단체에 많이 맡겨져 있으며, 시행절차는 국가와 비영리단체 간 협약을 통해 규제하는 경향이 있다.

또한 독일은 뿌리 깊은 사회민주주의 전통에도 불구하고 사회정책 분야에서는 북유럽 국가들에 비해 보수적으로 접근하는데, '전쟁'이라는 독일의 특수한 경험으로 인해 집합주의적인 접근에 대해 경계를 하기 때문이다. 여기에 가톨릭의 영향까지 더해져서 남성 가구주 중심의 가부장주의, 가족주의가 복지체제에도 반영되어 있다. 이와 같은 독일의 특징은 에스핑 안데르센의 복지국가 유형론에 잘 정리되어 있다. 그는 독일을 '보수주의 복지체제'로 규정하고 있는데, "가족의 중요성을 강조하는 전통적인 종교적 및 문화적 신념에 의해 지배받으면서, 교회나 자원봉사 조직들이 사회복지의 역할을 분담하는 것"이 특징이다.

이러한 독일 복지체제는 주택체제에도 그대로 반영되어 있다. 우선 독일에서는 국가나 지자체의 직접 공급보다는 비영리 주택기업이나 주택협동조합 등 공익적 주택 공급주체가 발달했다('公보다는 共'이 발달). 공공임대주택마저도 민간이 공급에 참여하는 사회주택 방식이었음은 물론이다. 이는 독일 복지체제의 중요 특징 중의 하나인 다양한 민간자원들이 복지 전달에 참여하는 성격이 반영된 것이다.

둘째, 이와 같은 특성은 다양한 이해집단을 국가가 조정하는 코포라티즘의 성격과 관련이 있다. 독일에는 3,000개에 이르는 협동조합, 종교기관 부설, 영리 기업 등 임대주택 제공 기관의 로비가 일상화되어 있다. 세입자들 역시 오래전부터 조직을 만들어 권익을 주장하고 제도 개선을 요구해왔다. 코포라티즘의 발달은 다당제 정치 체제와도 관련이 있는데, 주택시장에는 특정 점유형태에 쏠리지 않는 균형 잡힌 발달이 가능하게 했다. 이는 시장 주도의 주택 공급과 국가의 점유형태 중립적인 자원배분 방식에 의해 뒷받침되고 있다.

셋째, 자가 소유에 독일 복지체제 특유의 계층성이 나타난다. 코포라티즘의 영향이 큰 나라들은 비교적 자가 소유 비율이 낮은 편이지만, 이들 국가 중에서 독일은 특별히 소득계층별로 접근성이 불평등하다. 즉 고소득층과 저소득층의 자가 소유율이 큰 차이를 보이는 것이다. 저소득층이 무리하게 자가를 소유하지 않는 데는 이와 같은 계층성의 영향도 있었다고 볼 수 있다.

넷째, 튼튼한 노후소득 보장 체제는 독일의 낮은 자가 소유율과 관련이 있다. 캐슬(Castles)과 케머니(Kemeny) 같은 학자들은 오래전부터 복지수준, 특히 노인복지 수준과 자가 소유율의 관계에 대해 관심을 가져왔다. 이들에 따르면 자가 소유와 국민연금의 성숙도는 상쇄관계를 가지고 있다. 노인에 대한 사회보장비 지출이 높으면 대체로 자가 소유율이 낮은데, 오스트리아, 벨기에, 덴마크, 독일, 네덜란드, 스웨덴 등이 여기에 해당한다. 그동안 독일은 연금의 소득 대체율이 60~70%에 이르렀기 때문에 부동산과 같은 다른 노후대비 수단에 대한 욕구가 높지 않았다. 자가 소유를 노후복지(혹은 생계)의 대안으로 삼을 이유가 적었던 것이다. 그런 점에서 최근 독일에서도 노인 가구들의 자가 소유율이 점점 높아지는 현상을 독일 복지체제 후퇴와 연관지어 해석해볼 수도 있다.

그러나 독일의 주택체제에도 변화가 나타나고 있다. 무엇보다

2000년대 이후 복지 제도 개혁에 따라 연금 수급연령이 늦춰지고 소득 대체율이 떨어지면서 대체 복지수단이 필요해진 것이다. 점진적이기는 하지만 자가 소유가 확대되는 추세도 이의 영향으로 볼 수 있다(Voigtländer, 2009). 자가 소유 주택이 노후 안전망이 될 것으로 기대하는 것이다(Kloth, 2005).

이와 함께 공공소유 주택의 민영화와 독일식 사회주택의 퇴조가 저소득층의 주거상황을 악화시킬 것이라는 우려도 제기된다(Kirchner, 2007). 1980년대부터 민간도 지원 대상에 포함되고, 1990년대부터는 세제 혜택이 줄어드는 한편 의무임대 기간도 20년에서 12년으로 완화되는 등 독일 특유의 사회주택의 공공성이 후퇴하고 있다. 더구나 지방정부 소유의 주택은 1999년부터 2007년 사이에 190만 호나 민간소유로 전환되었다(Lennartz, 2011: 351). 주택 부문에 대한 공공투자도 지속적으로 줄어드는 추세인데, 1999년에 공공지출의 29%를 차지했던 것이 2012년에는 8%로 급감했다(Lieberknecht, 2012).

더구나 독일의 사회보험 중심 계층주의 복지체제는 근로소득이 많을수록 노후소득도 많은 체제이다. 따라서 불완전 고용 시대의 청장년층들은 노후소득이 결코 안정적일 수 없다. 이런 상황에서 민영화가 확대되고 주택 부문에 대한 공공투자가 줄어드는 것은 취약계층의 주거상황을 악화시킬 수 있다. 이 때문에 노인, 장애인, 이주계층이 중심이 된 저소득층 등 주거지원이 필요한 계층이 빠르게 증가하는 중이다(Lieberknecht, 2012). 그런 만큼 국가의 보다 적극적인 역할이 필요하지만, 분권 체제에 바탕을 둔 지방정부가 제 역할을 할 수 있을지에 대해서는 우려가 있다.

결국 복지체제의 변화가 주택체제의 균형에도 점진적인 변화를 초래하고 있다. 전 세계적으로 나타난 이러한 현상은 자산기반 복지 시스템의 확산과 위기라는 관점에서 볼 수 있다. 신자유주의 확산과 주택가격 폭등, 복지국가 체제의 후퇴가 동시에 나타나면서, 자가 소유가 복지의 대체물로 부각된 현상인 것이다. 그런 점에서 최근 독일에서 나타나고 있는 (노후)복지 축소, 민영화 확대, (점진적) 자가 소유 증가 현상을 자산기반 복지 시스템 논의와 어느 정도 연관시킬 수 있을지는 관심 깊게 지켜볼 필요가 있다.

민간임대 부문의 역할에 대해서는 우리도 관심 가져야

19세기 말과 20세기 초, 유럽의 산업화된 국가들의 주택 사정은 대부분 비슷했다. 급속한 산업화와 도시인구 집중, 저소득 노동자들의 만연으로 주택문제는 심각한 상황이었다. 독일은 물론 영국, 프랑스 등도 전 국민의 대다수가 남의집살이(즉 민간임대)를 할 수밖에 없을 정도였다. 주거수준도 과밀, 비위생 문제를 겪었고, 임대료 인상에 항의한 노동자 파업이 벌어지고 있었다. 이에 대부분의 국가들은 국가가 공공주택 공급을 통해 직접 개입하거나 사회개혁 차원의 협동조합운동으로 이 문제의 돌파구를 찾았다. 이런 기조는 제2차 세계대전 이후 더욱 강화되어, 이후 유럽 복지국가들의 주택체제 핵심 구성요소로 정착되었다.

그런데 특이하게 독일은 각국이 '해결해야 될 문제'라고 생각하던 민간임대 집중 상황을 오히려 주택문제 해결의 방법으로 삼았다. 특히 제2차 세계대전 직후 각국의 주택체제 방향을 결정하던 시점에 독일은 민간임대를 강화하는 길을 택했다. 물론 그 배경에는 앞서 설명한 과도한 국가개입주의에 대한 우려, 민간 부문을 복지 공급자로 활용하는 복지 시스템, 이미 구축되어 있던 민간임대 공급자들의 정치적 영향력 등이 반영되었다.

그렇다면 독일 사례는 우리나라에 어떤 시사점을 주는가? 어떤 사람들은 친시장적이고 실용적인 임대차 규제에 주목하는 반면, 다른 사람들은 그럼에도 우리보다 훨씬 강력한 임대차 보호 제도에 주목한다. 또한 어떤 사람들은 자가 소유를 부추기지 않는 사회 분위기와 대안적 점유형태에 관심을 가질 수 있다. 민간 부문을 활용한 사회주택 제도는 이미 우리나라도 다양하게 적용하려 노력 중이다. 그러나 아무래도 독일 모델이 우리에게 주는 가장 큰 시사점은 민간임대주택 분야이다. 어떻게 하면 민간임대주택이 안정적 주거수단이 되게 할 수 있을 것인가 하는 점이다.

하지만 우리와 독일 시스템 간에 큰 간극이 있다는 점은 냉정히 인식할 필요가 있다. 우선 역사적인 제도 발전과정의 차이가 있다. 우리는 본격적인 산업화 이후 민간임대 부문은 기피해야 될 점유형태였고, 자가 소유 촉진이 사회적, 정치적 목표였다. 그것이 한계에 도달했을 무렵에는 공공임대를 확대하는 것이 대안이었다. 최근 민간임대가 정책적 관심의 대상이 된 것은 분명하지만, 아직까지는 원칙과 규범은 물론이고 관련된 정책기반도 거의 구축되어 있지 않다. 반면 독일은 가장 긴박한 주택문제를 겪고 있을 때 민간임대를 주택문제 해결의 중심 대안으로 놓고 관련 제도를 구축한 바 있다.

그 결과 우리에게는 민간임대 활성화를 위한 유인수단이 별로 없다. 독일에서는 강력한 임대차 규제 제도를 완화하는 방식으로 유인책의 설계가 가능했다. 하지만 우리는 임대주택 등록, 임대료 인상 억제나 연속 임대계약 보장 등과 같은 가장 기본적인 임대차 규제 제도도 갖춰져 있지 않다. 즉 임대차 규제 제도를 친시장적으로 전환시킬 유인책이 없는 것이다. 오히려 임대차 보호와 시장 선진화 차원에서 그동안 도입하지 않았던 등록 제도, 임대소득세 부과 실질화 등 '신규' 규제를 도입해야 될 상황이다. 이런 조건에서 다주택 양도세 중과 제도를 완화 내지 폐지하고 취득세나 재산세에 혜택을 주는 것만으로 유인책 설계가 가능할지는 의문이다. 또한 빠르게 바뀌고 있기는 하지만, 우리 특유의 전세 제도는 독일식 민간임대시장으로 전환되는 데 제약요인이 되고 있다.

그럼에도 독일의 경험은 전환기적 대안을 모색하고 있는 우리나라 주택정책에서는 충분히 논의하고 연구해볼 만한 가치가 있다. 특히 독일에 비해 뒤늦게 민간임대 부문을 제도화, 활성화해야 하는 과제를 가진 우리나라로서는, 독일 경험 분석을 통해 단계적이고 현실적인 방안을 찾아낼 필요가 있다.

7장. 한국

글로벌 주택시장 변화와
한국 주택체제의 미래

| 저성장, 고령화 시대의 주택정책 |

우리나라는 급격한 경제성장과 도시화 과정에서 만성적인 주택 부족과 가격 상승을 경험했다. 주택정책은 기본적으로 시장에 의존하되, 택지 공급과 거래질서 등에는 정부가 깊이 개입해왔다. 한국 주택정책의 특수성이라고 할 수 있다. 그러나 최근 주택의 절대부족 시대가 마무리되고, 저성장, 저출산, 고령화가 본격화되면서 주택정책에 새로운 상상력이 필요하게 되었다. 글로벌 주택시장 흐름 속에서 우리 주택정책의 미래를 구상해본다.

동아시아 발전국가로서의 한국 주택정책 프레임[1]

모든 나라는 각자의 주택시장 모습을 가지고 있다. 나라별로 인구 규모, 국토환경, 경제성장 단계와 구매력 수준, 도시화 속도와 성격, 주택에 대한 사회적·문화적 특성, 주택시장에 대한 국가 개입 성격 등이 차이가 있기 때문에 주택시장도 각기 다른 양상을 보이게 마련이다. 연구자들은 이렇게 다양한 각국의 주택시장 특징을 유형화하고, 그것을 규정하는 핵심요소를 찾기 위해 노력해왔다. 이를 통해 각 나라의 주택시장 상황을 좀 더 객관적으로 이해하고, 그 변화를 예측하는 데 도움을 얻을 수 있기 때문이다. 이른바 '주택체제'(housing regime)론이 의미를 가지는 이유이다.

일찍이 1960년대에 도니슨(Donnison)이 유럽과 미국의 주택정책 체계를 맹아단계, 사회화 단계, 포괄적 단계로 구별한 이래, 이 분야의 논의는 1990년 에스핑 안데르센이 자본주의 복지국가를 자유주의, 보수주의, 사회민주주의의 세 가지 유형으로 나누어 분석하면서부터 새로운 지평을 열게 되었다. 특히 케머니는 에스핑 안데르센의 논의를 뛰어넘어 임대시장 구조와 코포라티즘의 성격에 따라 각국의 주택체제 유형을 구분했다. 이는 이 책의 1장에서 다뤄져 있다.

그런데 1960년대부터 세계경제 무대에 등장한 동아시아 개발도상국들은 당시 서방 선진국 입장에서는 특별한 사례였다. 이들 국가는 경제적 성취를 위해 국가 자원을 총동원하는 체제였기 때

---

1. 이 장은 이석희·김수현, 〈한국 주택체제의 성격과 변화〉, 《공간과 사회》 24권 2호, 2014를 고쳐 썼다.

문에 발전주의 국가(developmental state)로 불렸고, 주택체제 역시 '제4의 시스템'으로 이해되어왔다. 나라별로 차이가 있기는 하지만 전반적으로 정부의 주택시장 개입 정도가 높은 가운데, 강한 자가 소유 지향 속에서 자산이 복지를 대신하는 이른바 '자산기반 복지 시스템'(property-based welfare system)을 가진 것이 특징이다.

동아시아 주택체제 속에서 차별화된 우리나라

우리 주택시장은 유례를 찾기 힘든 급속한 도시화와 경제성장에 수반된 주택 부족과 만성적인 부동산 가격 상승을 특징으로 한다. 이런 특징은 동아시아의 성공한 발전주의 국가들과 비슷한 양상을 띠고 있다. 따라서 우리 주택체제도 여타 동아시아 국가들과 마찬가지로 '시장'(market)과 '개입'(intervention)의 스펙트럼 속에서 이해할 수 있다. 즉 '시장 중심이지만 국가가 강력히 조절하는 시스템'으로 규정할 수 있는 것이다. 그런데 이들 발전주의 국가는 1980년대부터 두 가지 방향에서 변화를 겪었다. 경제적 자유화와 정치적 민주화의 진전이 그것이다. 특히 1997년의 아시아 경제위기는 경제적 자유화 압력을 극대화하는 계기였다. IMF는 구제금융의 조건으로 이른바 워싱턴 컨센서스라고 할 수 있는 시장 자율과 개방을 요구했으며, 우리 사회는 당면한 사회안전망의 위기 속에서 다양한 분야의 복지 확대 압박을 받았다. 전 세계적으로도 신자유주의 확대는 공공임대주택 정책의 후퇴와 자가 소유 확대 경향을 가속화시켰으며, 이와 동반하여 주택가격도 많이 올랐다.

그러나 자유화가 우리나라 주택정책에 미친 영향은 다른 나라들과는 차이가 있었다. 경제 전반의 시장 자율화 경향에도 불구하고 주택에서는 국가 개입이 줄어들지 않았을 뿐 아니라, 오히려 더 강화되기도 했다. 모기지 확대를 포함해서 민간주택금융이 자율화 된 것을 제외한다면, 공공택지 공급, 청약 제도와 전매금지, 세제 등의 시장규제 기본 틀은 지속되고 있다. 더구나 공공임대주택은 공급이 대폭 확대됨으로써 신자유주의의 영향을 받은 서구와 달 리 오히려 탈상품화 경향마저 보이고 있다. 따라서 우리나라의 주 택 분야는 '국가 개입 기조 속의 제한적 자유화' 혹은 '시장 개입 을 더 강화한 것'으로 보기도 한다.

반면 일본은 같은 시기에 주택 분야에서 민관 협력 강화, 금융 자율화 같은 자유화 경향이 확대되었다. 또 홍콩은 자가 소유가 늘 고 공공임대주택 정책이 후퇴했으며, 대만, 싱가포르도 자가 소유 촉진정책이 지속되고 주택가격이 크게 오르기도 했다. 그렇다면 같 은 동아시아 국가로서 한국은 왜 차이를 보이는 것일까?

차이가 나타나는 이유는 우리나라의 주택문제가 양적, 질적으 로 아직 '미성숙'한 상태에서, 주택 부문이 여전히 중요한 정치의제 이자 국가가 책임져야 할 영역이기 때문이다. 이른바 '무상급식' 문 제를 정치적으로 제기해서 중도에 시장직을 사퇴했던 오세훈 전 서울시장마저도 주택문제에 관한 한 중산층을 포괄하는 보편적인 주거복지를 주장하며 시프트 주택(장기전세주택)을 공급한 것도 그런 인식의 연장선상에 있다. 공공임대주택의 경우 2012년 대선, 2016 년 총선에서 보았듯이, 진보와 보수, 여당과 야당에 관계없이 물량 과 대상을 확대하는 데는 이견이 없어 보인다.

주택 수급과 시장 상황에 대응하는 차원에서 변해온 주택정책

이처럼 우리나라의 주택체제는 아직도 동아시아 발전주의 국 가가 가진 '강한 국가 개입'과 '높은 가족 역할'의 틀 속에서 이해할

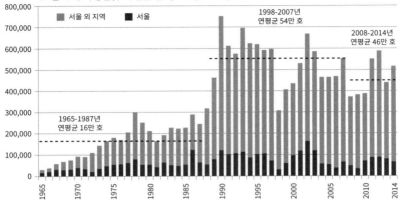

〈그림 1〉 주택 공급(주택 건설 실적) 추이(단위: 호)

출처: 국토교통부

수 있다. 특히 외환위기 이후 전반적인 자유화 확대 경향 속에서도 우리는 큰 틀이 그대로 유지되는 중이다. 이를 염두에 두면서 우리나라 주택정책이 변해온 과정을 살펴보자. 우리 주택정책을 시기별로 구분하면 ①1960년부터 1987년까지, ②1988년부터 2007년까지, ③2008년부터 현재까지 등 크게 세 단계로 나눠볼 수 있다. 이렇게 세 단계로 나눈 이유는 우리 주택정책이 정권의 이념이나 가치보다는 주택 수급 및 시장 상황에 따라 변한다고 보기 때문이다.

그동안 정책 변화에 관한 연구는 거의 대부분 5년마다 교체되는 정부에 따라 어떻게 변했는가를 살펴보는 방식이었다. 특히 노무현 정부와 이명박 정부 시기는 주택가격 상승률과 정책 기조가 현격한 차이를 보였기 때문에, 거기에는 두 정부의 이념적 속성이 영향을 끼쳤다는 식의 해석이 많았다. 하지만 지금까지 우리 주택정책을 움직인 것은 정부의 이념적 태도가 아니라, 시장 상황에 따른 정책 대응이 기본 틀이었다. 그동안 정부는 시장 상황에 따라 규제 완화와 규제 강화를 반복했는데, 이는 가격 급등락에 따른 시장 불안정을 관리하고 주택 공급을 확대하는 것이 가장 중요한 정책 목표였기 때문이다. 그 점에서 매우 다르게 보이는 노무현 정부와 이명박 정부의 주택정책 목표도 사실상 동일선상에 있었다고 할 수 있으며, 정부의 '공급 우선' 정책 역시 지속되었다. 다만 공공임대주택 공급 확대 여부를 둘러싸고는 차이를 보였는데, 이마저 박근혜 정부에 들어 노무현 정부와 비슷한 주거복지 확대정책을 추진함으로써 정당 성격별 정책 차이도 희석되고 말았다.

우리나라는 1988년부터 공공택지를 활용한 공급중심 정책이 본격화되었다. 그 이전에는 평균 공급량이 연간 16만 호에 그쳤지만, 1988년 이른바 5대 수도권 신도시 건설에 착수하면서 대대적인 공공택지 공급이 시작되었다. 그 이후부터 연간 54만 호의 공급이 20년간 계속되었다. 갑자기 우리나라 주택 공급량이 3배 이상 늘어난 셈이다. 이 20년 동안 우리는 '전국 50만 호, 수도권 30만 호, 서울 10만 호'를 계속 공급해야 주택문제가 해결된다는 '50-30-10 공급론'을 당연한 것으로 받아들이기도 했다. 그러나 2008년 금융위기를 계기로 주택 공급량은 출렁이기 시작하는데, 이는 단순히 경기순환상의 문제가 아니라 주택시장을 둘러싼 환경 변화가 반영된 것이다. 특히 박근혜 정부는 2013년 말, 장기 주택 공급 목표량을 연간 39만 호로 축소함으로써 종전에 비해 약 25% 정도 줄이게 된다(국토교통부, 2013). 주택의 절대부족이 해소되는 한편 공급우선 정책의 기조가 변화했음을 의미한다. 〈그림 1〉은 이와 같은 시기별 추세를 잘 보여주고 있다. 이어지는 〈그림 2〉부터 〈그림 8〉까지는 우리나라의 주거 사정과 관련된 주요 현황을 정리한 것이다. 시기별 주요 지표는 〈표 1〉과 같이 정리할 수 있다.

〈그림 2〉 주택 재고 추이(단위: 천 호)

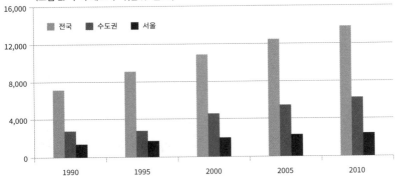

출처: 통계청, 인구주택총조사.

〈그림 3〉 인구 1,000명당 주택수 추이(단위: 호)

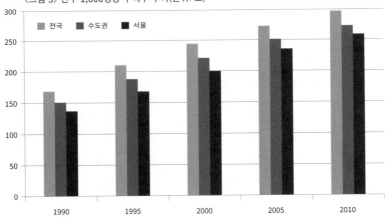

출처: 통계청, 인구주택총조사.

〈그림 4〉 주택 매매가격지수 추이

주: 2007.12. = 100
출처: 국민은행 주택가격동향.

〈그림 5〉 주택 전세가격지수 추이

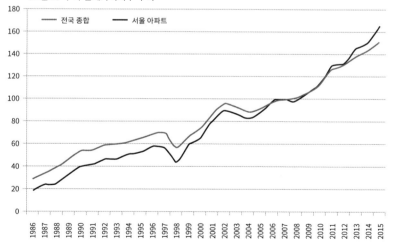

주: 2007.12. = 100
출처: 국민은행 주택가격동향.

〈그림 6〉 주택점유형태 추이(전국, 단위: %)

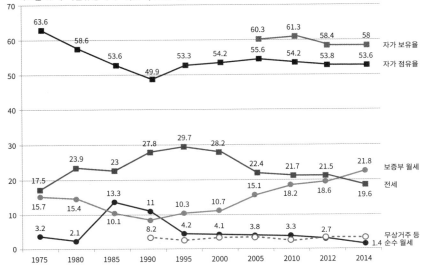

출처: 1975~2010년은 통계청의 인구주택총조사 결과, 2012년 및 2014년은 국토교통부 주거실태조사 결과.

〈그림 7〉 공공임대주택 공급 현황(전국, 단위: 호)

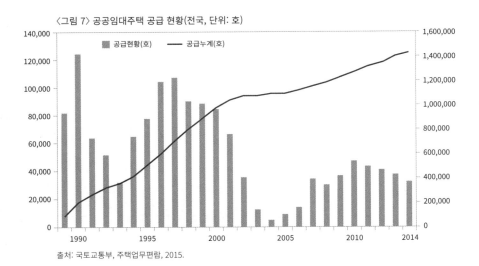

출처: 국토교통부, 주택업무편람, 2015.

〈표 1〉 시기별 주택시장 여건과 주택정책

	〈1기〉 1960년~1987년	〈2기〉 1988년~2007년	〈3기〉 2008년~현재	비고
시장 상황	• 만성적 주택 부족 • 주기적 주택가격 상승	• 주택가격 및 전세가 불안 • 수급 불일치와 가수요 지속	• 주택 절대부족 해소 • 주택가격 안정 • 전세 상승과 월세 확대	
서울시 인구 증가율 (연평균)	5.7%	0.2%	-0.2% (2008~2014년)	주민등록 기준
서울시 가구 증가율 (연평균)	6.9%	2.4%	0.4% (2008~2014년)	주민등록 기준
주요 연도 합계 출산율	1970년: 4.71 1980년: 2.29	1990년: 1.60 2000년: 1.51	2010년: 1.23	
주요 연도 고령화율	1970년: 3.1% 1980년: 3.8%	1990년: 5.1% 2000년: 7.2%	2010년: 11.0%	
서울시 지가 상승률(연평균)	13.6% (1979~1987년)	5.7%	0.9% (2008~2014년)	
서울시 아파트 가격 상승률(연평균)	-	7.9%	-2.8% (2008~2014년)	
서울시 아파트 전세 상승률(연평균)	-	7.6%	31.0% (2008~2014년)	
주택 공급량 (연평균)	16만 호 (1965~1987년)	54만 호	46만 호 (2008~2014년)	39만 호 (2013~2022년 장기 목표)
공공임대주택 공급량(연평균)	-	5만 4,437호	6만 659호 (2008~2014년)	
주요 연도 서울시 무허가 정착지 비중	1970년: 17.3% 1980년: 9.8%	1990년: 4.7% 2000년: 0.4%	2010년: 0.25%	
주요 연도 주택 보급률	1970년: 78.2% 1980년: 71.2%	1990년: 72.4% 2000년: 96.2%	2010년: 101.9%	2010년부터 신기준
주요 연도 자가 거주율	1975년: 63.6% 1980년: 58.6%	1990년: 49.9% 2000년: 54.2%	2010년: 54.2%	
정치경제적 상황	• 권위주의 정부 • 경제개발 본격화 → 도시화 급진전 • 국가적 SOC 건설, 남북 군비 경쟁	• 3저 호황 → 1997년 외환위기, IMF 구제금융 • 정치적 민주화 확대 • 시장 자율과 개방 확대	• 2008년 금융위기 • 경제양극화, 저성장, 저출산 및 고령화 대두	
복지정책	• 제한적 사회복지 • 기업복지 중심의 계층적 성격	• 외환위기 이후 신속한 사회안전망 구축 • 전 국민 사회보험 체계 구축	• 기초노령연금 실시 • 사회 서비스 확대 • 보편적 복지(무상급식) 논쟁	
주택정책 / 공급정책	• 토지구획정리사업이 기본 수단 • 1981년 택지개발촉진법 마련했으나 실적은 미미 • 무허가 정착지 묵인, 1983년부터 합동재개발	• 수도권 1기 및 2기 신도시 개발 • 전국적인 공공택지 개발(200만 호 주택 공급) • 공공임대주택 공급 및 확대	• 보금자리주택 공급 후 축소 • 공공임대주택 다양화 • 장기 공급 목표 축소: 연 49만 호 → 39만 호	

		〈1기〉 1960년~1987년	〈2기〉 1988년~2007년	〈3기〉 2008년~현재	비고
주택정책	수요관리 정책	• 시장 상황에 따라 투기 억제 차원의 접근 • 분양가 상한제, 청약제도, 선분양, 전매금지 제도 등 실시	• 1989년 토지공개념 도입 • 상한제 등 계속 실시하되, 시장 상황에 따라 강화와 완화 반복 • 외환위기 이후 민간 주택금융 자율화 → DTI 도입	• 세제 및 시장 규제 정책 완화 • 경기 활성화 차원의 접근	
	주거복지 정책	• 무허가 정착지 묵인 → 현지 개량 및 양성화 정책 • 합동재개발사업에 따라 세입자에 대한 제한적 지원 • 단기 공공임대주택 및 근로자주택 부분 공급	• 1989년부터 영구임대주택 공급 → 정부에 따라 차이가 있지만, 공공임대주택으로 확대	• 공공임대주택 정책 지속 → 다양화 추구 • 임대료 보조 제도 도입 준비	

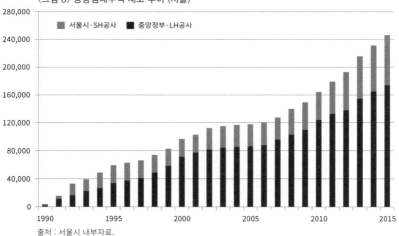

〈그림 8〉 공공임대주택 재고 추이 (서울)

출처 : 서울시 내부자료.

시기별 주택정책의 흐름

1960년부터 1987년: 만성적 주택 부족에도 불구하고 수요 관리에 중점을 둔 간접적인 주택시장 개입

우리나라는 1960년대부터 경제개발이 본격화되기 시작했다. 경제성장을 뒷받침하는 차원에서, 또한 경제성장의 결과로서 도시화가 급진전되는데, 1960년부터 1990년까지 30여 년간 서울의 인구는 연 평균 5.4%, 28만 명씩 늘어날 정도였다(서울통계 홈페이지). 전체적인 도시화율 역시 27.7%에서 73.8%로 증가했다(UN 인구통계국 홈페이지). 따라서 주택은 만성적인 부족 상태에 놓이면서, 주기적인 가격 상승이 나타났다. 그런 영향으로 '내 집 마련'은 대다수 도시민들의 꿈이자 지향이 되었다. 하지만 경제개발에 집중했던 정부로서는 주택을 일종의 비생산적인 소비재로 본 경향이 있다. 공식적으로는 유휴자금이 주택 건설 부문으로 흘러가는 것을 통제했으며, 높은 인플레이션 상태에서 모기지 제도 역시 발달하지 못했다. 이는 싱가포르나 홍콩이 주택 부문을 경제성장과 사회통합의 매개로 활용했던 것과는 다른 길을 걸은 것으로, 산업기반 구축, 국가적 SOC 건설, 남북 군비 경쟁 등으로 인해 복지나 주거 부문에 재정 지출 순위가 떨어졌기 때문이라고 할 수 있다.

그 결과 주택은 개별 가구, 즉 가족이 해결할 수밖에 없었으며, 이는 비공식 주택금융 제도로서 전세가 발달하게 되는 원인이 되었다. 또 정부는 시장 불안정에 대해서 주택이나 택지의 직접 공급보다는 다양한 방식의 수요 관리 및 규제정책을 통해 시장을 관리하게 되었다. 특히 저소득층 주택문제는 무허가 정착지를 묵인 내지 재배치하는 방식으로 간접 지원하는 전략을 택했다. 가족 역할에 의존하는 한편 강한 국가 개입을 통해 수요를 관리하는 방식이었다고 할 수 있다.

1988년부터 2007년: 대량 택지 공급과 강한 시장 개입-한국형 주택정책의 원형을 만들다

주택 수요를 억제하는 한편 긴박한 저소득층 주택문제를 비공식적으로 해결해왔던 제1기의 주택정책은 1980년대 후반 근본적인 변화를 보였다. 1980년대 초 이른바 3저 호황을 통해 연평균 9.5%(1983~1987년)의 경제성장을 달성한데다(한국은행 통계 재구성), 올림픽을 계기로 주택을 비롯한 다양한 소비활동이 본격화되기 시작했기 때문이다. 1987년의 6월 민주화운동과 함께 노동자들의 분배욕구가 분출하면서 실질 구매력이 급상승했는데, 1988년부터 1991년까지 민간소비 증가율은 연평균 8.5%로 역대 최고 수준이었다(한국은행 통계 재구성). 1960년대부터 시작되었던 경제성장의 성과가 실질소비로 이어지기 시작한 것이다.

그 결과 1980년대 후반부터 주택가격, 특히 서울 지역의 아파트 가격 및 전세금이 폭등했다. 실제 1988년부터 1991년까지 3년간 서울의 아파트 가격은 93.7%, 전세보증금도 71.5% 오른 바 있다(KB 부동산 통계 재구성). 더구나 1983년부터 아파트 공급을 위해 무허가 정착지를 대대적으로 철거하고 재개발한 결과, 저소득층들을 위한 저렴주거 재고가 대폭 줄어든 상태였다. 그런 영향으로 1990년 초에는 전월세 인상을 감당하지 못해 일가족이 자살하는 사건이 빈발해 사회문제가 되기도 했다.

이에 따라 정부는 수도권 5대 신도시를 포함한 대대적인 공공택지 공급에 나섰다. 비록 민간 부문을 통해 주택 공급이 이뤄지기는 했지만, 아파트용 택지는 대부분 정부가 토지수용 방식을 통해 조성해서 공급한 것이다. 공공택지에서의 주택 공급은 분양가 상한제, 선분양, 청약 제도, 전매금지 등 다양한 규제들을 병행함으로써 투기 요인이 되는 것을 방지하도록 했다. 2009년 기준으로 수도권 가구 중 공공택지 거주 비율이 약 25%(토지주택연구원, 2011: 229)에 이를 정도로 그 규모가 방대하다. 이와 함께 저소득층을 위한 영구임대주택과 재개발지역에 세입자용 공공임대주택 건립도 시작했다. 종전 무허가 정착지가 담당해왔던 저렴주택 제공 기능이 더 이상 계속되기 어려워지자, 공식적인 주거복지 정책 도입을 미룰 수 없었던 것이다. 이후 공공임대주택은 주택가격이 불안한 시기나 정치적 지지가 필요한 시기에는 공급량이 더 빠르게 늘어났다.

이처럼 '적극적인 (택지) 공급 확대와 시장 관리, 그리고 공공임대주택을 통한 주거복지 확대'는 이후 약 20년간 우리나라 주택정책의 기조가 되었다. 물론 1997년 외환위기와 함께 일시적으로 주택가격이 급락하자 그동안의 시장 규제가 대폭 완화되고, 자유주의적인 정책이 확대되기도 했다. 하지만 2000년대 들어 가격이 회복된 후 다시 주택가격이 오르게 되자 대부분의 규제가 부활했다. 사회, 경제 각 분야의 신자유주의적 규제 완화에도 불구하고 주택 부문에서의 개입주의 경향은 오히려 강화된 셈이다. 계속된 주택 수급 불일치와 가격 상승이 주택문제를 가장 첨예한 정치문제로 부각시켰기 때문이다. 이는 여타 동아시아 국가들과는 확연히 다른 방향이었다.

2008년부터 현재: 주택 부족의 해소와 시장 자율의 진전

2000년대 들어 5년 가까이 계속되었던 주택가격 상승은 2008

년부터 시작된 전 세계적인 금융위기와 함께 하향안정 추세로 전환되었다. 주택시장도 침체되었는데, 거래가 줄어들고 주택 공급량 역시 감소했다. 그 영향으로 언론과 정치권에서는 이른바 '하우스 푸어' 문제가 부각되었다. 동시에 저출산, 고령화의 영향이 가시권에 들어오기 시작하고, 주택 절대부족 상황이 사실상 해소되기에 이르렀다. 장기적인 주택 수요도 감소하는 추세여서, 박근혜 정부는 주택 공급 목표량을 종전 연 49만 호에서 39만 호로 낮추기도 했다. 주택의 절대부족에 따른 공급우선 정책에서 소비자의 다양한 주택 수요를 맞추는 방향으로 정책 기조가 전환된 것이다. 세제, 전매금지 조치 등 주택시장에 대한 각종 규제도 단계적으로 완화되는 추세에 있다.

이런 상황에서 임대차 시장도 큰 변화를 겪고 있다. 전세가격이 지속적으로 오르는 한편, 전세의 월세 전환이 가속화된 것이다. 특히 전세가격 상승은 단순한 경기순환이나 수급 불균형의 문제라기보다는, 가격 상승을 기대하기 어려운 조건에서 전세 자체가 갖는 낮은 수익성 문제가 구조적 변화를 초래했기 때문이다. 그러나 전세가격 상승이나 월세 전환은 서민 가계에 부담을 키움으로써, 주거복지 정책에 대한 요구가 높아졌다. 그 결과 이명박 정부기간 중에 일시적으로 후퇴했던 주거복지 정책이 다시 확대되기시작했다. 2012년 대선 기간 중에는 여야의 유력 후보 2명이 모두공공임대주택 대폭 확대와 함께 임대료 보조 제도 도입을 약속하기도 했다. 박근혜 정부는 그 흐름을 이어서 연간 공공임대주택을11만 호씩 공급하는 계획을 세웠으며, 2015년부터 임대료 보조 제도도 도입했다. 이러한 계획은 주거복지 정책을 대폭 확대했던 노무현 정부보다도 목표량이 증가한 수치를 제시한 것인데, 이는 복지 분야가 전체적으로 한국 정치의 주요 과제로 등장한 상황과도 관련이 있다.

글로벌 주택시장 트렌드와 우리나라

1장에서 제시한 글로벌 주택시장의 10대 트렌드 중 우리나라에 대한 시사점이 큰 부분은 네 가지 범주로 요약할 수 있다. 첫째, 1990년대 중후반부터 전 세계적으로 부동산 거품이 일어났지만, 2008년부터 시작된 금융위기 이후 주택시장 침체가 계속되고 있다. 금융위기 이후보다 더 오른 일부 예외적인 국가들이 있기는 하지만, 이는 대체로 전 세계적인 현상이다. 둘째, 금융위기 이전에는 자가 소유가 핵심 이슈였다면, 이후에는 부담가능한 주택이 핵심 이슈가 되었다. 셋째, 부담가능한 주택 차원에서 민간임대주택을 새롭게 주목하게 되었다. 직업의 안정성이 떨어지고, 사회적 유동성이 높아진 시대에 민간임대주택의 역할을 재인식하게 된 것이다. 넷째, 이런 환경 변화를 반영하여 공공 부문의 역할이 다시 요청되는 한편, 주택 공급에서 민간과 공공의 복합적인 역할이 요구되고 있다. 이를 우리나라 상황과 관련해서 살펴보자.

과거 기준으로 보면 침체지만, 연착륙 중인 우리 주택시장

우리나라의 주택가격은 2008년 이후 장기안정 추세에 있다. 그 이전 5~6년간 많이 올랐을 뿐 아니라, 1960년대 이후 대개 10년 주기로 급등했던 것을 생각하면 지금의 상황은 장기침체라고 할 수도 있다. 물가 상승률을 감안한 실질가격 변동은 지역과 주택 유형에 따라서는 하락하는 경우도 나타나고 있다. 전반적으로 주택 가격이 약세를 보인다는 점에서는 글로벌 추세와 흐름이 같다.

그런데 내용을 들여다보면 차이가 있다. 첫째, 우리는 글로벌 수준의 가격 급등락을 겪지 않았다. 흔히 노무현 정부 기간 동안 우리나라가 세계적인 수준으로 올랐으리라 짐작하지만, 수치상으로는 그렇지 않다. 〈그림 9〉에서 보는 것처럼 등락률로 따지면 우리는 오히려 가격이 안정된 나라에 속할 정도이다. 또 OECD가 발간한 자료에 따르면, 전 세계적인 가격 급등기였던 2000년부터 2006년까지 각국의 주택가격 변화와 비교해 우리나라는 변동폭이 낮은 편이다(〈그림 10〉 참조).

그럼에도 불구하고 일반 시민들은 우리나라의 주택가격이 가장 많이 올랐고, 또 그로 인해 고통을 겪었다고 생각한다. 노무현 정부 당시 주택가격 불안정이 정부에 대한 불신으로 이어진 것을 봐도 그렇다. 이처럼 체감 고통이 더 큰 데는 몇 가지 이유가 있다. 우선 과거 주택가격이 주기적으로 오른 데 따른 학습 효과이다. 2000년대의 가격 상승은 집이 없거나 장만할 능력이 안 되는 사람들의 불안감을 자극했다. 또 집값이 차별적으로 오르면서, 가격이 오르는 지역과 주택 유형(예를 들면 아파트), 그렇지 않은 지역 등이 대비되면서 상실감과 박탈감을 키웠다. 더구나 우리나라처럼 주거안전망이 취약한 상황에서 주택가격이 오르게 되면, 체감하는 고통은 더 클 수밖에 없다.

둘째, 전 세계적인 금융위기의 한 가지 원인이었던 과다하면서도 무분별한 주택 부문 대출이 우리나라에서는 심각하지 않았다. 앞의 각국 사례에서도 살펴보았지만, 미국은 이른바 서브프라임 모기지가 금융위기의 직접적인 도화선이 되었다. 미국보다도 부

〈그림 9〉주요 국가들의 주택 매매가격지수 추이

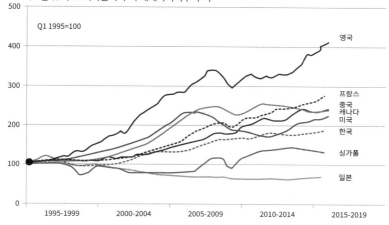

출처: The Economist(www.economist.com)

〈그림 10〉OECD 국가의 주택가격 상승률 비교(2000년~2006년)

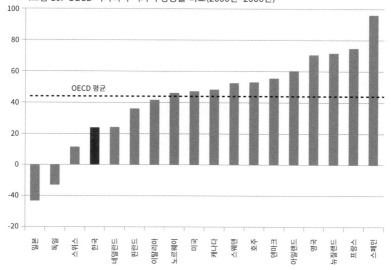

출처: OECD, 2007.

동산 거품이 더 크게 형성되었던 스페인은 엄청난 부실대출의 후유증에서 여전히 벗어나지 못하고 있다. 이탈리아, 그리스, 아일랜드 등 금융위기의 타격을 심하게 받은 국가들도 비슷한 양상이었다. 이들 국가에서는 자가 소유를 장려하는 정부 정책하에서 과도한 유동자금이 주택 부문에 흘러들어가고, 이것이 가격 급락과 함께 상환불능 사태를 일으키면서 금융위기를 가속화시켰다. 최근에는 주거복지의 선구자라고 할 수 있는 네덜란드마저 LTV가 2009년 120%에 이르고, GDP 대비 주택담보대출 잔액 규모 역시 1995년 45%에서 계속 늘어나 2014년에 108%를 기록해서 논란이 되고 있다.

그러나 우리나라는 자가 소유를 지향하는 사회 분위기는 비슷했지만 주택금융 시스템이 선진국들과는 차이가 있었다. 무엇보다 주택구입 시 은행대출이 차지하는 비중이 선진국들에 비해 월등히 낮다. 새로 주택을 구입하는 경우에도 평균 20% 정도에 그쳤던 것이다. 여기에는 우리 특유의 전세제도가 영향을 끼쳤다. 주택 구입 시 기존 주택의 보증금을 구입자금으로 이용할 수 있었던 것이다. 가족 원조 역시 보탬이 되었다. 이 때문에 2008년 조사에 따르면 주택 구입자금 중 71.9%는 전세보증금을 포함한 자기자금, 20.5%는 금융기관 대출, 8.3%는 가족 지원 등으로 구성되어 있다(2008년 주거실태조사 원자료 분석). 이와 함께 노무현 정부까지도 상대적 고금리가 지속되어왔기 때문에 모기지 제도가 발달하기 어려웠다. 더구나 집값이 빠르게 올랐기 때문에 단기상환 대출을 받더라도 오른 가격을 통해 상환할 수 있다는 기대감으로 단기대출이 관례화되어 있었다. 실제로 2005년 무렵까지 주택담보대출의 57% 이상이 3년 이하 만기 단기대출이 차지할 정도였다. 장기대출이 늘어난

2014년까지도 통계청 가계금융복지조사를 분석해보면, 신규주택 구입 시 10년 이상의 장기 모기지를 활용하는 경우는 25% 정도에 불과하다.

그리고 우리나라의 금융 시스템이 상대적으로 안정되었던 데는 정부의 적극적인 금융 억제정책도 영향을 끼쳤다. LTV를 60~70%로 유지했으며, DTI 제도도 도입했다. 노무현 정부는 2005년의 8.31 대책이나 2006년의 부동산 대책에서 선진국들보다 앞서, 그리고 더 강하게 LTV, DTI를 적용했다. 이 역시 세계적인 부동산발 금융위기가 우리나라에서는 심각하게 나타나지 않도록 하는 역할을 했다고 볼 수 있다.

그럼에도 불구하고 우리나라에서도 2008년 금융위기 이후 이른바 하우스 푸어 문제가 부각되었다. 물론 하우스 푸어는 과학적 표현은 아니다. 누구를 하우스 푸어로 정의하는가는 논자들에 따라 큰 차이를 보인다. 하우스 푸어는 기본적으로 "무리하게 대출을 받아 집을 산 탓에 집을 소유하고는 있으나 빚에 짓눌려 삶이 피폐해진 사람들"(김재영, 2010: 14)로 볼 수 있으나, 과연 어느 정도 빚 갚는 부담이 되어야 하우스 푸어라고 할 수 있는가에 대해서는 서로 의견이 다르다. 연구자나 분석기관에 따라 하우스 푸어에 해당하는 사람들의 규모도 작게는 3만 가구에서 많게는 328만 가구까지 분포한다(김수현·임재만, 2014 : 254).

하우스 푸어 논의가 언론이나 정치권에 의해 과장된 측면이 있다고는 하지만, 자가 소유는 곧 경제적으로도 안정을 의미한다는 그동안의 생각에 균열이 생겼다. 주택가격 급등기에 상환능력보다 과도한 대출을 받은 가구가 상당수 있었던데다, 부동산 자산을 이용한 생계생업자금 대출 관행도 영향을 끼쳤다. 실제 주택담보대출의 약 절반 정도는 생계생업자금 용도인 것으로 파악되고 있다. 불경기의 영향이 담보대출 문제로 이어질 수밖에 없었던 것이다. 그런 점에서 우리나라도 선진국들에 비해서는 정도의 차이가 있지만, 나름의 주택금융의 문제를 드러냈다.

그러나 2012년을 전후해서 무성했던 하우스 푸어 문제는 2016년 들어 잠잠해졌다. 무엇보다 유례없는 초저금리 상황이 지속되었고, 금융기관이 자체적인 조절을 통해 낮은 금리상품으로 대환한다든가 상환유예하는 조치를 취했기 때문이다. 또 부동산 경기가 일부 회복된 효과도 있다. 그러나 부채 자체는 줄어들기는커녕 오히려 급등을 계속하고 있기 때문에, 위험은 해소된 것이 아니라 유예된 것이라고 봐야 된다. 특히 뚜렷한 경기회복 계기가 없는 가운데, 악성 생계생업자금 대출이 주택을 담보로 이어지고 있는 것이 문제다. 2016년 1월 현재 가계부채 전체 규모는 1,224조 원으로 GDP의 77%에 달하고 있으며, 주택담보대출은 610조 원 규모로 가계부채의 절반에 이른다. 한국 경제의 잠재적인 폭탄인 것은 분명하다.

유의해야 할 것은 주택담보대출 문제를 부동산 경기부양, 즉 가격 상승을 통해 해결하는 것은 불가능할 뿐 아니라 더 큰 파국을 초래할 것이라는 점이다. 지금도 우리 경제가 감당하기 어려운 상황의 가계부채 규모에다, 세계적으로 높은 소득 대비 주택가격을 가지고 있기 때문이다. 부동산 경기부양책으로 수시로 거론되는 DTI, LTV 완화론은 그런 점에서 위험하다. 주택경기를 부양시키기는커녕 생계생업자금 용도의 대출이 늘어나면서 폭탄의 폭발력만 더 높일 우려가 높다.

그런 점에서 현재의 가격안정 국면은 이례적이거나 비정상적인 침체가 아니라 정상적인 상황이다. 고도성장이 지속되는 상태에서 주택이 절대부족할 때의 가격 변동에 익숙하기 때문에 착시가 있을 뿐이다. 저성장, 저출산, 고령화 시대에는 이런 현상에 적응하고 연착륙시키는 방향으로 정책이 마련되어야 한다. 금융위기 이후 10여 년 동안 우리는 정상적이지 않은 부동산 수요와 공급을 부추긴 후유증을 전 세계가 어떻게 겪고 있는지 분명히 확인했다.

청년층의 부담가능한 주거문제가 핵심의제로 부각되었다

지금은 상상하기 어려운 이야기지만, 유럽 국가들도 자본주의 경제가 급격히 발달하고 또 도시화가 급속히 진행되던 19세기에는 심각한 주택문제를 겪었다. 특히 노동자들의 주거문제는 우리가 경험한 판자촌 문제 이상이었다. 창도 없는 방은 물론이고 한 방에 여러 명이 잠을 자야 하는 과밀화, 상하수도도 제대로 갖춰지지 않은 위생문제를 겪었다. 당시의 참상은 19세기 중반 엥겔스가 쓴《영국 노동계급의 상황》에 잘 묘사되어 있다. 19세기 말, 20세기 초의 심각한 도시 주택문제는 노동운동과 결합되면서 사회불안의 진원지가 되기도 했다. 1910년 무렵 영국에서는 90%가 민간임대에 거주할 정도였고, 다른 나라들도 비슷했다. 이 때문에 영국 북부 산업도시였던 글래스고에서는 임대료 인상에 항의하는 파업이 벌어지기도 했다. 양차 세계대전은 이런 주택문제를 더 심화시켰지만, 정부로서는 대처할 경황이 없었다. 따라서 제2차 세계대전 종전과 함께 주택문제 해결은 유럽과 미국 모두에 가장 시급한 과제 중의 하나였다. 이를 위해 선진국들은 한편으로는 자가 소유를 촉진하면서, 다른 한편으로는 공공임대주택을 대량으로 공급하기 시작했다. 주택 수요를 뒷받침하기 위해 모기지 제도가 활성화되었고, 민간 공급자에 대한 자금대출도 광범위하게 이루어졌다. 이에 따라 종전까지 가장 큰 비중을 차지했던 민간임대 부문은 급속히 줄어들었고, 자가와 공공임대가 그 자리를 채웠다. 제2차 세계대전 후부터 1970년대 초까지의 자본주의 황금기가 가져다준 큰 성취였다.

그러나 1980년대 들면서 복지국가의 상징이라고 할 수 있는 공공임대주택 부문도 본격적으로 정체하거나 후퇴하기 시작했다. 정부의 재정문제, 사회적 격리와 관리 부담은 물론이고 자가 소유를 권장하는 사회적 분위기가 영향을 끼쳤다. 영국의 대처리즘이나 미국의 레이거니즘이 대표적이다. 이들은 자가 소유가 늘어나면 사회가 안정된다는 '자산 소유 민주주의' 같은 주장을 펼쳤고, 이는 마침 주택가격이 본격적으로 오르기 시작하면서 경제적인 이유에서도 주목받게 되었다. 자산가격이 오르면 경제가 활성화된다는 자산효과(wealth effect)론도 여기에 힘을 보탰다. 2000년을 전후한 자가 소유 경도는 그 정점이었다. 그야말로 자가 소유 사회(ownership society)가 목전에 다가온 것처럼 보일 정도였다. 이런 경향은 독일 등 몇 나라를 제외하면 거의 모든 나라에서 비슷한 양상을 보였다.

그러나 자가 소유는 무한정 늘어날 수 있는 주택점유형태가 아니다. 이는 기본적으로 완전고용 시대와 연결되어 있다. 자가 소유가 늘어나기 위해서는 고용안정이 전제가 되는 것이다. 그러나 노동시장, 상품시장, 금융시장의 글로벌화는 고용불안을 상시화하면서도 과잉유동성이 모기지로 확대되는 모순을 발생시키기 때문에 자가 소유의 안정성 구조 자체를 위협하게 된다(Elsinga 외, 2007). 또한 가구원수가 줄어들고 직업 이동성이 높아지며, 이주노동자가 증가하는 현상도 자가 중심 체제와는 맞지 않는 측면이 있다. 결국 모기지 상환의 어려움으로 표현되는 위험은 주택정책 차원의 문제를 넘어 노동시장이나 사회보장 체제와 연결된 종합적이고 포괄적인 성격이라고 할 수 있다.

이런 상황은 각국의 자가 소유율 변화나 세대별 자가율 변화 추이를 보면 명확해진다. 앞서 각국 사례에서 보았듯이, 자가 소유율은 나라별로 이미 정점을 지나 하강하고 있다. 2000년대 거품 시기에 잠깐 다른 경향을 보이는 듯했지만, 거품 붕괴와 함께 청년세대나 저소득층이 내 집을 마련하기 어려운 추세가 다시 강고해졌다. 20~30대는 20년 전에 비해 내 집을 갖는 경우가 현저히 떨어졌다. 우리나라는 아직 덜한 편이지만, 선진국들은 이미 오래전 나타난 양상이다. 이제는 서민들의 내 집 마련이 과제가 아니라, 어떻게 하면 "저렴한 주거에 안정적으로 거주할 수 있을 것인가"가 핵심문제로 등장했다. 불안정 시대에 자신의 능력에 맞는 적당한 가격의 주택을 확보하는 것이 무엇보다 중요해졌다. 그동안 주택 공급 확대와 자가 소유 촉진에 주안점을 두었다면, 이제 부담가능한 주택의 확보가 주택정책의 핵심이 되었다. 특히 전 세계적으로 청년층의 고용불안정이 만연한 상황에서 이들의 주거난에 주목하지 않으면 안 되게 되었다.

민간임대의 중요성이 부각되었고, 다시 보기 시작했다

민간임대는 우리뿐만 아니라 다른 나라에서도 '나쁜 점유형태'로 간주되어왔다. 20세기 초반 대부분의 국가에서 민간임대는 대다수의 도시 서민들이 거주하는 주택점유형태였지만, 열악한 주거 상황과 불안한 임대조건이 늘 문제가 되어왔다. 이 때문에 제2차 세계대전 종전 이후 선진국의 주택정책은 몇몇 나라들을 제외하고는 나쁜 점유형태로 인식되는 민간임대에서 벗어나는 데 주안점을 두었다고 해도 과언이 아니다. 공공임대를 늘리고 자가 소유를 촉진하는 것이 그런 방향이었다.

우리나라도 워낙 급격한 도시화 과정에서 주택 공급이 가구 증가를 따라갈 수 없었다. 남의 집 방 한 칸을 세 얻어 사는 것은 흔한 일이었고, 전체를 다 빌리는 경우는 '독채'라는 특별한 명칭으로 불릴 정도로 오히려 드물었다. 그런 까닭에 민간임대마저 구하기 어려운 사람들은 구릉지에 무단으로 집을 지으면서 형성된 판자촌에 의탁할 수밖에 없었다. 1960년대의 경우, 서울에서 판자촌에 거주하는 경우는 40%에 달했으며, 주택 보급률은 1985년에는 55%까지 떨어지기도 했다.

이처럼 주택이 만성적으로 부족한 상태에서 주택가격이 오르게 되자, 내 집 마련은 그야말로 삶의 가장 큰 목표가 되었다. '30평 아파트 소유'는 중산층의 상징이기도 했다. 특히 1980년대 말 올림픽을 전후해서 부동산 가격이 폭등하자 내 집 마련은 필생의 과제가 되었다. 그러나 내 집을 마련할 형편이 안 되는 서민들이 너무 많았다. 이에 노태우 정부는 1988년부터 공공임대주택 건립에 착수했고, 이후 정부들은 주택시장 상황에 따라 목표 물량이나 기한에 차이가 있기는 했지만 공공임대주택을 늘리겠다는 약속을 빠트리지 않았다. 100만 호, 50만 호 등의 목표가 제시되었다.

이런 과정에서 민간임대주택은 국민들에게는 "하루 빨리 벗어나야 될 주거"였다. 2년마다 이사하는 것이 상례가 되고, 옮길 때마다 전세금이 올라가는 것은 서민들에게는 고통이 아닐 수 없었다. 그러나 정부로서도 뚜렷한 대책이 없기는 마찬가지였다. 임대료나 임대기간 등을 안정화시켜야 할 필요는 명백하지만 단기간에 해결할 방법이 없었다. 임대료 인상을 제한한다거나 임대차 기간을 규제하는 방식은 부작용을 염려해서 극구 피했다. 임대주택 등록제나 임대소득세 부과 등도 시도하지 않았다. 대신 주택 공급이 충분해지면 이런 문제는 저절로 해결될 것으로 보았다. 앞에서 설명한 '50-30-10만 호' 공급 목표는 그런 점에서 30년 가깝게 한국 사회를 지배한 숙제였다. 전세가가 급등해서 사회문제가 되면 예외 없이 전세보증금 대출을 늘리거나 규제 완화를 통해 주택 공급을 늘리겠다는 식의 처방이 반복되었다. 국민들로부터는 '벗어나야 할 점유형태', 정책적으로는 '고사시켜야 할 점유형태'였다고 할 수 있다. 그 결과 민간임대시장은 아직 우리 주택정책의 블랙홀 영역으로 남아 있다. 민간임대주택에 거주하는 가구수는 738만 호에 이르지만, 등록 임대사업자가 운영하는 주택수는 140만 호에 불과하다. 전체 민간임대로 운영되는 주택의 81%가 비공식 영역에 있다 (국토교통부, 2015). 그만큼 임대소득세를 납부하는 비율도 낮다. 또 민간임대시장을 규율할 제도적 기반도 갖춰져 있지 않다. 임대차보호법은 우리 특유의 전세금 반환 특례에 중점을 두고 있을 뿐, 임대차 자체의 안정을 보장하는 법률이 아니다.

전세가가 지속적으로 오르는 와중에, 높아진 전세가를 감당하지 못하는 이들을 대상으로 한 월세가 퍼지고 있다. 임대시장의 구조적 성격이 바뀌기 시작한 것이다. 또한 현실적으로 민간임대에, 그것도 월세로 살 수밖에 없는 가구가 늘어나면서, 이제 민간임대는 정책적으로 매우 중요한 영역이 되었다. 20대는 1990년과 비교해서 자가 거주율은 크게 떨어지지 않았지만, 월세로 생활하는 비율은 대폭 늘어났다. 40대의 자가 거주율은 상당폭 줄어들었고 이들이 민간임대, 그중에서도 월세로 이동하고 있다. 그동안의 전세와는 다른 성격의 임대시장이 확산되고 강화되어가고 있는 셈이다. 따라서 민간임대는 사라지거나 사라져야 될 점유형태가 아니라, 오히려 그 현실을 인정하고 적극적인 대응책을 세워야 할 점유형태가 되었다. 최근 정부도 그런 방향의 정책 전환을 추구하고 있다. 준공공임대주택, 뉴스테이 등은 기본적으로 민간 차원의 (월세) 임대주택 공급을 늘리되, 등록을 통해 시장 투명화를 함께 추구하는 방향이다.

주거복지에서도 민간의 복합적 역할이 요구되고 있다

오랫동안 주택시장에서 공공과 민간의 역할은 뚜렷이 구분되어 왔다. 선진국들은 기본적으로 토지의 조성에서부터 주택 건설, 분양 및 관리까지 시장에 맡기고, 공공은 별도의 트랙에서 임대주택을 공급해왔다. 나라에 따라서는 협동조합주택 같은 제3의 영역이 발달한 경우도 있었지만, 대부분의 자본주의 국가에서는 서로 분리된 시장과 공급 형태로 운영되어왔다.

그러나 1980년대 이후 공공임대주택이 절대적, 상대적으로 퇴조하면서, 그 공백을 민간 부문에 대한 지원으로 메우기 시작했다. 임대료 보조 제도가 대표적인 정책이다. 민간임대주택의 임대료를 지원함으로써 저소득 가구들이 일정 수준 이상의 주거생활이 가능하도록 한 것이다. 나라에 따라서 차이가 있기는 하지만 대체로 공공임대주택 퇴조기와 임대료 보조 제도 도입 또는 강화 시기가 겹쳐 있다. 임대인에게는 자금 지원, 임차인에게는 임대료를 보조함으로써 정부는 민간 영역에 대해서도 공적 역할을 요구하고자 했다. 이와 함께 민간 부문을 활용한 공공임대주택도 등장했다. 독일은 독특하게 제2차 세계대전 직후부터 이 방식을 활용했는데, 민간이 공공의 자금 지원을 받는 대신 일정 기간(과거 40년에서 최근 12년 동안) 저소득층을 위해 임대료를 낮게 유지하는 사회주택(social housing)이 그것이다. 소유는 민간이지만 공적 지원을 통해 공공성을 보완하는 형태이다. 유사한 방법이 일본, 프랑스 등에서도 다양하게 시도되었다. 전통적인 공공임대주택을 제3의 조직에 위탁 또는 소유권을 이전하면서, 민간의 활력을 도입하려는 움직임도 활발하다. 공공임대주택이나 협동조합주택을 다양한 소득계층이 거주하는 방식으로 혼합 개발하거나 민간자본을 참여시켜서 개발하는 방법도 도입되고 있다. 앞에서도 살펴보았지만 이는 주택 공급 방식에만 그치지 않고, 다양한 주거 편의 서비스와 복지 서비스를 공급하는 과정에서도 활용되고 있다. 전체적으로 보자면 민간 부문은 공공성, 공익성을 강화하는 방향으로, 반면 공공 부문은 민간 활력을 강화하는 방향으로 서로 보완되고 있는 것이다.

우리나라도 이미 비슷한 변화가 나타나고 있다. 그동안 주택 공급에 있어서 공공의 직접적인 역할은 크게 두 가지였다. 첫째는 저렴한 택지 공급으로, 1980년대 후반부터 대규모의 공공택지 조성을 통해 주택 대량 공급의 토대를 제공해왔다. 수도권 5대 신도시는 물론이고 2기 신도시도 모두 같은 방법이다. 이와 연동해 청약제도, 분양가 상한제, 선분양이라는 한국적 주택정책 프로그램들이 패키지로 시행되었다. 택지는 공공, 건설은 민간, 자금 조달 시스템과 시장규칙은 정부가 관리하는 방식이다. 신도시, 신시가지를 통한 신속한 대량 공급은 우리 특유의 주택 공급 체제라고 할 수 있다. 이런 방법을 통해 수도권에서만 전체 주택의 4분의 1을 공급할 정도였다. 그러나 주택의 절대부족이 해소되고 수요가 둔화되면

〈표 2〉 서울 소재 공공임대주택 재고 추이 및 증가량(단위: 호, %)

구분		2010	2011	2012	2013	2014	2015	5년 간 증가량
공공 건설형	택지 개발, 시유지 개발	96,905	101,414	104,826	114,923	117,002	122,530	25,625 (31.7)
민간주택 매입형	재개발, 재건축 사업 활용	52,921	55,331	56,903	58,005	60,362	61,749	8,828 (10.9)
	기존 주택 매입임대	11,068	12,242	13,619	16,608	19,902	20,728	9,660 (11.9)
민간주택 임차형	기존 주택 전세임대	4,265	10,798	16,655	23,013	30,613	35,883	31,618 (39.1)
	장기안심주택	0	0	1,400	2,981	4,005	5,168	5,168 (6.4)
계		165,159	179,785	193,403	215,530	231,884	246,058	80,899 (100)

주: LH공사와 SH공사, 서울시가 공급한 공공임대주택 재고를 종합한 것임. 최근 5년간 증가량은 2015년 재고에서 2010년 재고를 뺀 것임.
출처: 서울시 내부자료.

서, 공공택지 중심의 대량 공급 방식이 한계에 다다랐다. 대신 민간의 소규모 도시 개발이나 토지 공급에 집중해야 될 상황이다. 기존 주택의 관리나 개량, 주거지의 재개발을 포함한 재생이 더 중요한 과제가 되기도 했다. 주택 공급에 있어서 공공, 민간의 역할도 이런 차원에서 재정립되어야 한다.

둘째, 전통적인 공공 부문 즉 공공임대주택의 공급에 있어서도 민간의 역할과 비중이 커졌다. 일반적으로 공공임대주택은 공공이 조성한 택지에 직접 주택을 건립해서, 공공이 운용관리하는 것으로 이해해왔다. 그러나 최근의 상황은 이미 크게 변했다. 서울의 경우 공공임대주택 공급량의 약 70%가 민간 부문을 '활용'해서 조성되었다. 〈표 2〉에서 보는 것처럼 2011년부터 2015년까지 서울시에 공급된 공공임대주택은 모두 8만 899호인데, 그중 공공이 직접 주택을 지어서 공공임대주택을 확보한 경우는 31.7%(2만 5,625호)에 그친다. 10.9%는 민간의 재개발, 재건축 사업에서 민간이 건립한 주

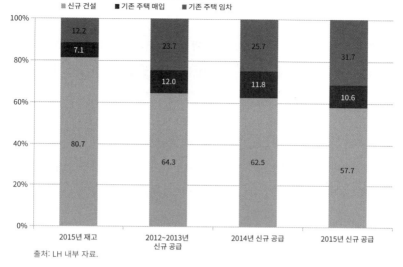

〈그림 11〉 장기공공임대주택의 공급 방식별 비중

■ 신규 건설   ■ 기존 주택 매입   ■ 기존 주택 임차

출처: LH 내부 자료.

택을 매입했으며, 11.9%는 민간이 건설한 다가구주택, 다세대주택, 도시형 생활주택 등 기존 주택을 매입해서 임대주택으로 활용하는 경우다. 이들 유형은 그나마 소유권을 공공이 가진다고 하지만, 분류상 공공임대주택이더라도 민간 소유로 둔 채 활용하는 물량도 상당하다. 전체의 39.1%는 민간주택을 임차한 전세임대주택이며, 전세보증금의 일부를 대출해준 장기안심주택도 6.4%를 차지하고 있다.

국가 전체 차원에서도 서울만큼은 아니지만 민간 부문의 중요성이 커졌다. 2014년 신규 공급한 10년 이상 장기공공임대주택의 경우, 신규 건설은 62.5%, 기존 주택을 매입하여 공급한 비중은 11.8%, 기존 주택을 임차하여 공급한 비중은 25.7%이며, 앞으로도 이러한 추세는 계속 확대될 전망이다. 〈그림 11〉에서 보는 것처럼 2014년까지의 기존 공공임대주택 재고 중에서는 새로 건설한 물량의 비중이 80%에 달했지만, 2014년 확보분에서는 20% 포인트 가까이 줄어든 것이다.

이렇게 공공임대주택을 민간의 주택 공급과 연계하는 방안은 2016년 현재 서울시에서 추진하고 있는 '역세권 2030 사업'에서 더 적극적이다. 전철역 주변 250미터 권역에서 일정 물량 이상의 임대주택을 공급할 경우, 용도지역 상향을 포함한 용적률 인센티브를 제공하되 일부를 공공임대주택으로 확보하는 방식이다. 서울시는 약 290개의 지하철역 주변에서 이 사업이 순조롭게 진행될 경우 20만 호의 임대주택을 공급하고, 그중 4만 호의 공공임대주택을 확보할 수 있을 것으로 기대하고 있다. 또한 기존 주택의 리모델링이나 개량을 지원하는 대신 일정 기간 공공임대주택으로 활용하는 방안도 LH공사와 서울시 차원에서 진행하고 있다.

우리 주택체제의 미래와 주택정책의 과제

한국식 주택체제의 미래

주택체제란 어떤 나라의 주택과 관련한 '얼굴 모습'과 같은 것이다. 시간이 지남에 따라 변할 수는 있지만 사회주의 붕괴와 같은 식의 근본적 체제 변화가 일어나지 않는 한, 그 변화는 원래 모습을 바탕으로 점진적으로 이루어질 수밖에 없다. 바로 '주택체제의 경로의존형 변화'다. 주택체제는 그것을 구성하는 주택 관련 제도, 주택 관련 정치적 사회적 문화적 조건 그리고 주택시장의 변화에 따라 일정한 경로를 가지면서 바뀌어가는 것이다. 그런 점에서 우리나라 주택체제는 가족의 높은 역할과 국가의 개입주의적 속성에

〈표 3〉 연령대별 자산 중 부동산이 차지하는 비중 (단위: 만 원)

구분		금융자산			실물자산			자산 합계
		소계	저축액	전·월세 보증금	소계	부동산	기타	
전체 가구		9,400 (26.0%)	6,942 (19.2%)	2,458 (6.8%)	26,788 (74.0%)	25,029 (69.2%)	1,759 (4.9%)	36,187 (100.0%)
가 구 주 연 령 대 별	30세 미만	5,478 (62.6%)	2,091 (23.9%)	3,386 (38.7%)	3,273 (37.4%)	2,663 (30.4%)	610 (7.0%)	8,750 (100.0%)
	30~39세	9,634 (37.4%)	5,050 (19.6%)	4,583 (17.8%)	16,097 (62.6%)	14,530 (56.5%)	1,567 (6.1%)	25,730 (100.0%)
	40~49세	11,146 (30.5%)	7,778 (21.3%)	3,368 (9.2%)	25,418 (69.5%)	23,245 (63.6%)	2,173 (5.9%)	36,564 (100.0%)
	50~59세	11,351 (25.6%)	9,389 (21.2%)	1,962 (4.4%)	32,951 (74.4%)	30,552 (69.0%)	2,399 (5.4%)	44,302 (100.0%)
	60세 이상	6,582 (18.0%)	5,608 (15.3%)	975 (2.7%)	30,066 (82.0%)	28,976 (79.1%)	1,090 (3.0%)	36,648 (100.0%)

출처: 통계청, 2016.

바탕을 두면서, 시장 상황이나 복지정책의 변화에 따라 점진적으로 변해갈 것이다.

앞으로 우리 주택시장은 앞에서 살펴본 제3기의 연장선상에서, 급격한 수요 증가나 공급 확대도 나타나기 어려운 일종의 '성숙기적 특성'을 보일 것이다. 주택의 절대부족 상황이 해소된 가운데 청년층의 구매력 저하와 함께 주택점유형태도 현재의 분포가 장기간 이어지는 것이다. 이런 상황에서 그동안 시장질서 관리 및 경기 관리 차원에서 시행되어왔던 각종 규제정책들은 폐지 또는 완화될 수밖에 없다. 오래된 관성이 있기 때문에 시간이 걸리기는 하겠지만 시장 자율화는 지속적으로 확대될 전망이다. 이와 함께 주거양극화에 따른 주거복지 수요도 늘어나고, 관련된 정책의 정치적 비중도 높아질 것이다. 공공임대주택, 임대료 보조 제도 도입 등은 계속해서 주택정책의 주요 의제를 차지할 것으로 보인다. 시장자유화 확대와 시장취약계층에 대한 주거안전망 구축이 동시에 진행되는 것이다.

그렇다면 우리의 주택체제의 동아시아적 특성은 어떻게 될 것인가? 동아시아의 특수성이라고 할 수 있는 발전주의 국가 체제의 영향과 가족주의의 뿌리에서 어느 정도 자유로워질 수 있을 것인가 하는 물음이다. 마치 우리나라에서 복지가 지속적으로 확대되면, 비록 현재는 생산주의 복지체제에 그치고 있지만 앞으로 좀 더 보편적인 모델, 즉 자유주의, 사회민주주의, 보수주의 모델 중의 하나로 근접하지 않겠느냐 하는 논의와 비슷하다. 주택 분야에서도 공공임대주택이 지속적으로 늘어나면서, 제2차 세계대전 이후 독립한 개발도상국가들 중에서는 홍콩을 제외하면 가장 많은 물량을 갖추게 되었다. 오랫동안 주택에 대한 국가의 직접 개입(즉 탈상품적인 공급)이 매우 적었던 우리나라가 이제 주거복지 차원에서도 선진국 초입 수준의 발전을 이룬 것이다. 주거복지 정책에 대한 사회적 합의나 정치적 중요성 또한 매우 높다. 그만큼 좀 더 보편적인 주택체제 모델을 논의하기 위한 여건이 성숙되어가고 있는 것이다.

그러나 우리 주택체제는 앞으로도 오랫동안 '강한 국가 개입'과 '높은 가족 역할'이라는 기존 특성을 유지할 것으로 예상된다. 그 판단 근거는 세 가지이다. 첫째, 주택시장 관리에 대한 높은 정부 의존 관행이다. 비록 시장 자율이 확대되고 우리 특유의 규제가 완화된다 하더라도 주택시장 불안정에 대한 정부의 정치적 책임은 단시간에 완화될 수 없다. 또한 주거복지 정책에 대한 사회적 요구가 계속되고 있어서, 어떤 형태로든 주택 부문은 정치적 우선순위가 가장 높은 영역이다. 둘째, 주택과 부동산에 과잉 축적된 가계자산을 감안해야 한다. 2014년 현재 일반 가구의 가계자산 중 실물자산이 차지하는 비중은 73.2%에 이르며, 특히 60세 이상은 82.4%

에 이르고 있다(통계청, 2014). 자가 소유율은 다른 동아시아 국가들에 비해 상대적으로 낮지만, 자산 중 부동산이 차지하는 비중은 가장 높다. 전 세계적으로 유례가 없을 정도로 높은 편이다. 이렇게 과잉 축적된 부동산은 한국의 주택시장 환경을 규정하고 있으며, 가족관계에도 유무형의 영향을 끼치고 있다. 마지막으로 전세 제도의 지속도 변수이다. 비록 최근 전세의 월세화가 가속화되고 있기는 하지만 아파트를 비롯한 고가주택은 전세 제도가 지속될 것이다. 임대시장이 고가 전세시장과 저가 월세시장으로 이원화된 상태로 유지되는 것이다. 그런데 고가주택의 전세금은 그 조달과 운영 과정에 가족의 영향이 크게 작용한다. 주택시장에서 가족의 역할은 여전히 지속된다 할 수 있다. 이처럼 우리나라는 주택체제의 성격 그 자체가 누적시켜온 '강한 주택 정치' '부동산에 과잉 축적된 가계자산' '전세금을 매개로 한 가족 네트워크'로 인해 다시 그 성격이 재생산되고 있다. 이는 주택문제에 있어 '잘사는 가족'과 '그렇지 않은 가족' 간의 간극이 더욱 벌어질 것을 예고하는 것이기도 하다.

결국 시장 자유화와 주거복지가 함께 확대되더라도, 우리의 주택체제에서 기존의 국가 및 가족 역할은 쉽게 바뀌지 못할 것이다. 다만 공공임대주택의 비중이 지속적으로 늘어나고, 임대료 보조 등 민간임대 지원 제도가 강화된다면, 비록 자유주의 주택체제의 속성은 강하겠지만 독특한 주택체제 모델로 정착될 가능성이 있다. 자유주의 주택체제에다 일종의 가부장적 주거복지 시스템이 결합되는 형식이 아닐까 예상된다. 그런 점에서 앞으로 우리나라 주택체제도 반드시 서구적 분류 방식의 한 가지 유형으로 가정할 필요는 없다. 다만 그 모델이 어떤 경향성을 띠든 간에, 우리 주택체제는 역사적으로 누적되어 있는 다음의 세 가지 과제를 우선 해결해야 한다. 시장의 안정을 위해서도, 또한 다양한 주택 수요를 충족시키기 위해서도 새로운 접근이 정착되어야 하는 것이다.

1. 발전주의 국가 특유의 자산쏠림 현상으로부터 연착륙

그동안 우리나라에서 주택은 노후연금을 대체하는 수단이었으며, 또한 가족의 결속력을 유지하는 일종의 담보물이었다. 특히 계속해서 오른 집값은 이러한 믿음을 뒷받침했다. 그러나 이러한 자산기반 복지 시스템은 동아시아와 남부 유럽의 많은 나라에서 그 유효성이 논란이 되고 있다. 특히 우리나라는 고령층의 자가 소유율이 70%에 달하지만 빈곤율은 OECD 국가에서 가장 높은 49.6%에 이르는 모순적인 상황에서, 자칫 그 주택마저 노후복지 수단으로 더 이상 기능하기 어려울 수 있게 된 것이다. 중고령 세대는 자신의 여유 주택을 월세로 운영하여 부족한 소득을 보충하려는 경향이 있지만, 이는 청년층의 주택 구매력을 떨어뜨리는 결과를 가져온다. 청년층의 높은 월세 부담이 역설적으로 노인세대의 주택가격을 더 떨어뜨리는 것이다. 따라서 시장 충격을 줄이면서도 '집만 가진 빈곤 노인'들의 자산을 어떻게 유동화시킬 것인가는 그야말로 국가적 현안이 되었다.

청년층의 주택 구매력을 유지하는 것이 주택시장의 건전성 차원에서 중요하다. 새로운 구매 수요가 따라주지 않는다면 노인세대의 '자산함정' 탈출은 불가능하기 때문이다. 따라서 청년층의 구매력을 높일 수 있도록 모기지 제도나 세제를 다시 설계할 필요가 있다. 이와 함께 민간임대시장을 세대통합적으로 재구성하려는 전략도 중요하다. 임대수입이 필요한 고령자와 안정적이고 저렴한 임대주택이 필요한 청년층의 욕구를 조화시킬 수 있는 방안이 그것이다. 준공공임대주택이나 계약임대주택, 다운사이징 재건축 등도 그러한 맥락에서 검토할 수 있다.

2. 응급형 주택 공급의 후유증 해소: 날림 주택 개량, 노후 주거지의 재생

지난 50년 동안 우리 도시는 급격한 변화를 겪었다. 서울의 경우 1960년대 이후 무허가 정착지 확대, 전면철거형 합동 재개발사업, 강남 개발, 재건축사업, 단독주택의 다세대·다가구 주택 개발, 뉴타운사업 등 개발 → 재개발 → 개발이 거듭된 것이다. 주택 절대부족 상황에서 경제성장이 지속되자 그만큼 개발 수요가 끊이지 않았기 때문이다. 이 과정을 통해 날림으로 지어졌던 주택들도 번듯한 아파트 단지로 변했다. 판자촌이 아파트 단지로 바뀐 것은 물론이다. 응급형 '집장사 집'들이 '괜찮은 주택'으로 탈바꿈하는 과정이었다. 그러나 이와 같은 도시 변화는 이제 한계에 도달했다. 2000년대 초반 시작되었던 뉴타운 사업의 현재 상황이 그 현주소이다. 서울의 경우 뉴타운 사업이 2010년 무렵부터 본격적으로 침체에 빠지면서, 2015년 현재 전체 311개 사업구역 중 71개만이 정상적으로 추진 중인 반면, 22%인 68개는 이미 구역이 해제되었고, 43%는 진행 중이기는 하나 지지부진한 상태이다. 이는 단순히 부동산 경기의 문제가 아니라, 이미 저성장, 고령화 단계에서 과거와 같은 큰 폭의 주택 수요 증가가 따르지 못하기 때문이다. 이처럼 철거형 도시재생사업이 한계에 봉착하면서, 아직 개선되지 못한 주택이나 주거단지들을 어떻게 개선할 것인가가 사회적 과제로 등장했다. 서울연구원의 분석에 따르면 그대로 방치할 경우 노후화는 물론이고 쇠퇴, 쇠락하는 지역이 서울에서만 20년 내에 전체 면적의

3분의 1에 달할 것으로 추정될 정도이다.

따라서 지난 40여 년 동안 계속되어왔던 전면철거형, 민간주도형 재개발사업은 저성장 시대에 적합한 모델로 바뀌어야 한다. 공공의 책임성을 높이는 가운데, 주민 참여와 전문가 지원을 통해 사회적, 경제적 활성화를 포함하는 지역재생 개념의 도시재생 모델로 대체되어야 하는 것이다. 최근 도시재생 활성화 및 지원에 관한 특별법이 제정되는 등 변화의 움직임은 있지만 아직 재정 확보가 따르지 않음으로써 실제 변화는 나타나지 않고 있다. 또한 가로주택정비사업, 주민 참여형 도시재생사업 등 다양한 대안 모델이 논의되고 있지만 여전히 초기 구상 단계일 뿐이다. 사업 사례들이 축적되면서 한국적인 도시재생 모델을 정착시키는 것이 중요하다.

3. 민간임대주택의 역할 공식화: 적정 수익을 보장하되 저렴한 주택을 많이 공급할 수 있도록

민간임대주택은 벗어나고 싶은 주택점유형태였다. 일반 국민들도 그렇고 정부 역시 그 비중을 어떻게 줄일지가 주택정책의 목표이다시피 했다. 그러나 주택시장이 성숙기에 들어서고, 새로운 주택 수요를 형성해야 될 청년층의 구매력이 떨어지면서 자가 소유가 문제를 해결할 것이라는 기대는 더 이상 가지기 어렵게 되었다. 공공임대주택 역시 재정도 재정이지만 저렴한 공공토지를 확보하기 어려운 상황에 봉착했다. 외곽에 저렴한 택지를 마련할 수도 있겠지만, 그럴 경우 임대주택 특유의 직주 근접성을 담보할 수 없다.

따라서 민간의 주택 공급, 특히 임대주택 공급은 향후 다원화되는 주택 수요 및 공급 전략과 관련해서 매우 중요하다. 앞에서 설명했지만 공공임대주택까지도 민간 부문을 활용해 확보해야 되는 상황이기 때문이다. 더욱 많은 민간임대주택을 공급함으로써 상대적인 임대료 부담을 낮추되, 공급자에게는 기본적인 수익이 보장되는 길을 찾아야 한다. 그동안 다주택자라는 이름으로 경원시되던 민간임대주택 공급자가 떳떳이 사회적 역할을 할 수 있도록 할 필요가 있다. 하지만 이런 방향이 가능하기 위해서는 무엇보다 민간임대시장이 투명화되고 공식화되어야 한다.

아직 우리는 민간임대시장에 대해 아는 것이 너무 적다. 아파트의 경우 그나마 가격 정보는 파악할 수 있지만, 민간임대시장 전반적으로 누가 누구에게 얼마에 세를 놓았는지, 임대기간은 얼마인지, 몇 년 경과한 주택이며 면적은 얼마인지에 대한 정보가 없다. 민간임대주택을 등록해야 할 의무가 없기 때문이다. 임대사업자 등록 제도가 있기는 하지만, 실제 등록한 경우는 전체 민간임대로 활용되는 주택의 19%에 불과한 실정이다. 그만큼 임대수입에 대한 세금 부과도 사각지대에 놓여 있다. 정부는 2018년부터(2017년 분) 연 1,000만 원 이상의 임대수입에 대해서는 과세를 시작한다는 방침이었지만, 2,000만 원까지는 분리과세에 따라 세액이 크지도 않을 뿐 아니라 공시가격 9억 원 이하 1주택은 아예 대상에서 예외로 하고 있다. 그나마도 또 2년간 유예되었다. 물론 임대소득세는 건강보험료나 연금보험료와 연동되어 있기 때문에 결코 간단한 과제는 아니다. 보험료 부담이 세금보다 10배 이상이나 되는 현실적 상황이 있기 때문이다. 그럼에도 불구하고 이 문제에 대한 본격적인 공론화가 필요하다.

또 임대차 보호 제도도 미흡하기는 마찬가지다. 우리의 임대차 보호법은 기본적으로 전세보증금 반환을 손쉽게 해주는 특례규정이 중심이다. 임대차 계약기간 중에만 임대료 인상률이 5%로 제한되어 있을 뿐, 계약기간이 만료된 이후 재계약이나 임차인이 바뀌었을 때는 아무런 제한이 없다. 또 연속계약도 보장되지 않는다. 모든 임대용 주택을 등록해야 하며, 임대료 인상에 제한이 따르고 별다른 이유 없이 임차인을 교체하는 것이 어려운 선진국과는 큰 차이가 아닐 수 없다. 따라서 시민단체 등에서는 임대료 인상을 제한하고 임대기간의 안정성을 기해야 한다고 요구하지만, 의무화된 등록 제도 자체가 없는 상황에서는 실효성 있는 방안을 찾기 어렵다.

따라서 ①임대인에게는 적정 수익률이 유지될 수 있도록 다양한 지원책을 강구하되, ②임차인의 주거안정과 임대료 상승이 억제될 수 있는 방향의 제도 개선이 필요하다. 다주택자를 경원시하지 않고, 민간임대주택 공급을 통해 사회적인 역할을 한다는 원칙을 세우기 위해서라도 권리와 의무가 명확해져야 하는 것이다. 이를 위해서는 '임대주택 등록제' '임대소득세 실질화' '임대차 제도 선진화'가 패키지 정책으로서 함께 논의될 필요가 있다.

미래 주택정책의 핵심 키워드: 부담가능한 주택을 세대통합적 방법을 통해 해결해야

그동안의 우리 주택정책은 '고도성장' '절대부족' '지속적인 가격 상승'에 대응하는 체제였다. 시장 중심의 대량 주택 공급이되 정부는 규제를 통해 개입했고, 공공 자체적으로는 임대주택을 공급하려 노력했다. 이런 시스템에 우리는 30년 가까이 익숙해져 있었다. 그러나 상황이 근본적으로 달라졌다. 무엇보다 저성장 시대가 왔고, 저출산, 고령화 현상이 본격적으로 주택시장에 영향을 끼

치기 시작했다. '저성장' '상대부족' '가격 안정'에 부응하는 주택정책으로 전환해야 한다. 주택 공급 시스템도 '시장 중심, 공공 보완'에서 '민간과 공공의 협업과 역할 분담'으로 전환되어야 한다. 이제 주택정책의 핵심목표는 자가 소유 촉진이 아니라 능력에 맞는 주택(부담가능한 주택)의 공급이 되었다.

과거 우리나라에서는 세대에 관계없이 주택에 관한 욕구가 같았다. 즉 모두 '내 집 마련'이 목표였다. 급속한 도시화 추세 속에서 고향을 떠난 사람들이 새로 정착한 도시에 내 집을 갖는 것은 필생의 꿈이었다. 전셋집에 살든, 판자촌에 살든 어떻든 내 집을 장만하기만 하면 모든 고생이 끝날 것으로 기대했다. 따라서 도시 변두리의 단칸방 전세에서 시작해 독채 전세, 전세 낀 주택 구입, 아파트 구입으로 이어지는 주거사다리는 도시에서 중산층으로 성공하는 과정이기도 했다. 한국 경제가 발전하는 만큼 개별 가정들도 주거사다리를 차근차근 올라갈 수 있다는 믿음을 가졌다. 지금의 주택시장은 그런 믿음들이 쌓여서 형성된 성취이기도 하다.

그러나 언젠가부터 주거사다리에 이상이 생기기 시작했다. 저성장과 고용불안정 시대의 도래와 함께 청년세대가 주거사다리에 올라서기 어렵게 되었다. 더구나 월세가 확산되면서 과거의 튼튼한 사다리가 아니라 이미 불안하고 위험한 사다리로 변하기도 했다. 여기에다 사다리의 윗단에 올라선 사람들도 성공했다는 안도감보다는 미래에 대한 불안감을 느끼기는 마찬가지다. 전 재산인 주택의 가격이 하락할 위험이 있는데다, 주택만으로는 노후 보장이 안 되는 상황에 봉착했다. 고도성장 세대라고 할 수 있는 중고령층은 주거사다리의 최대 수혜자라고 하지만 미래의 불안에 빠져 있고, 저성장 세대인 청년층들은 애초 사다리에 올라설 수 없다는 데 불만을 가지고 있다. 우리 주택시장에는 청년층의 불만과 노년층의 불안이 함께 확산되고 있다. 더구나 중고령층들은 자신의 주택자산을 활용해 월세 수입 등을 얻으려 하지만, 이로 인해 청년층은 더더욱 주택 구입 기회에서 멀어지는 문제를 가지고 있다. 주택을 둘러싼 세대갈등과 세대전쟁 요소가 내재되어 있는 것이다. 이것이 극단화되면 주택시장은 장기침체에 빠질 수밖에 없다. 청년들의 새로운 구매력이 뒷받침되지 않는다면 주택시장이 하락하는 것도 불가피하다. 일본 주택시장이 20년 이상의 장기침체에 빠진 것도 저출산, 고령화에다 세대 간 주택을 둘러싼 이해관계가 엇갈렸기 때문이라고 해석할 수 있다.

각 세대의 불안과 불만의 실체를 인정하고, 이를 통합적으로 해결하는 방법을 찾아야 한다. 서로를 원망하거나 실체를 부정하는 방식으로는 국가적 주택문제 해결이 불가능하다. 고도성장 세대의 주택자산이 그들 생활에 보탬이 되게 하면서도, 저성장 세대가 좀 더 나은 주택을 싼 가격에 얻을 수 있도록 하는 방법을 찾아야 한다. 부담가능한 주택을 더 많이 공급하되 이를 세대통합적인 방식을 통해 달성하는 것이 중요하다. 도시계획, 도시 재생, 주택금융, 부동산 세제, 주거복지 등 모든 주택정책 영역의 정책들이 '세대통합적 전략을 통한 부담가능한 주택 공급'에 초점을 맞추어야 한다. 발전주의 국가의 유산을 지닌 우리 주택체제가 글로벌 주택시장 변화로부터 얻을 교훈이다.

참고문헌

1장. 글로벌 주택시장 10대 트렌드

André, C., *A Bird's Eye View of OECD Housing Markets*, OECD Economics Department Working Papers No. 746, Paris: OECD, 2010.

Day, B., *12th Annual Demographia International Housing Affordability Survey 2016*, Data for 3rd Quarter 2015, Performance Urban Planning. Senate of Australia, 2016.

CECODHAS European Social Housing Observatory, *Impact of the Crisis and Austerity Measures on the Social Housing Sector*, CECODHAS Housing Europe's Observatory Research Briefing, Number 2, 2012.

Crook, T. and Kemp, P. A., eds., *Private Rental Housing-Comparative Perspectives*, Edward Elgar Publishing Limited, 2015.

EMF(European Mortgage Federation), *Hypostat 2014: A Review of Europe's Mortgage and Housing Market*, 2014.

Pittini, A. et. al., *The State of Housing in the EU 2015*, The European Federation for Public, Cooperative and Social Housing, Housing Europe, Belgium: Brussels, 2015.

Savills, *Spotlight: Rental Britain as an Asset Class*, Savills World Research, Savills, 2012.

EU 통계청 Eurostat http://ec.europa/eu/eurostat

IMF(International Monetary Fund), Global Housing Watch
    http://www.imf.org/external/research/housing/

OECD Housing Price Database https://www.oecd.org/eco/outlook/
    focusonhouseprices.htm

네덜란드 통계청 www.cbs.nl

덴마크 통계청 www.danmarksstatistik.dk
독일 통계청 www.destatis.de
스웨덴 통계청 www.scb.se
싱가포르 통계청 www.singstat.gov.sg
영국 DCLG(Department for Communities and Local Government)
　　https://www.gov.uk/government/organisations/department-for-communities-
　　and-local-government
오스트리아 통계청 www.statistik.at
일본 통계청 www.stat.go.jp
캐나다 통계청 www.statca.gc.ca
프랑스 통계청 www.insee.fr
핀란드 통계청 www.stat.fi
호주 통계청 www.abs.gov.au
한국 통계청 http://kosis.kr
국토교통부, 《2014년 주거실태조사》, 2015.

관련 참고 자료

Andrew, D., et al., *Housing market and structural policies in OECD countries,* OECD Economics Department Working Papers No. 836, Paris: OECD, 2011.

Blessing, A. and Gilmour, T., *The Invisible Hand? Using Tax Credits to Encourage Institutional Investment in Social Housing,* International Journal of Housing Policy, Vol.11, No.4, 2011, pp.453-468.

Blessing, A., *Magical or Monstrous? Hybridity in Social Housing Governance,* Housing Studies, Vol.27, No.2, 2012, pp.189-207.

Czischkec, D., *Managing Social Rental Housing in the EU: A Comparative Study,* European Journal of Housing Policy, Vol.9, No.2, 2009, pp.121-151.

Czischkec, D., Gruis, V. and Mullins, D., *Conceptualising Social Enterprise in Housing Organisations,* Housing Studies, Vol.27, No.4, 2012, pp.418-437.

Doling, J. and Ford, J., *A Union of Home Owners,* European Journal of Housing Policy, Vol.7, No.2, 2007, pp.113-127.

Malpass, P. and Victory, C., *The Modernisation of Social Housing in England,* International Journal of Housing Policy, Vol.10, No.1, 2010, pp.3-18.

Kennett, P., Forrest, R., and Marsh, A., *The Global Economic Crisis and the Reshaping of Housing Opportunities, Housing,* Theory and Society, Vol.30, No.1, 2013, pp.10-28.

Ronald, R. and Doling, J., *Testing home ownership as the cornerstone of welfare: Lessons from East Asia for West,* Housing Studies, Vol.27, No.7, 2012, pp.940-961.

Rhodes, M. L. and Mullions, D., *Market Concepts, Coordinations Mechanisms and New Actors in Social Housing,* European Journal of Housing Policy, Vol.9, No.2, 2009, pp.107-119.

Scally, C. P., *The Past and Future of Housing Policy Innovation: The Case of US State Housing Trust Funds,* Housing Studies, Vol. 27, No. 1, 2012, pp.127-150.

Scanlon, K. and Kochan, B., eds., *Towards a sustainable private rented sector: the lessons from other countries*, LSE (The London School of Economics and Political Science), 2011.

2장. 영국

Ball, M., *Investing in private renting*. Residential Landlords Association, 2011.

Crook, T. and Kemp, P., eds., *Private rented housing-Comparative perspectives*, Edward Elgar Publishing Limited. UK: Glasgow, 2014.

Crook, T. and Kemp, P., *Transforming Private Landlords*, Oxford: Wiley-Blackwell, 2011.

Doling, J., Elsinga, M. and Ronald R., *Housing Ownership: Getting in, getting from, getting out*, Part Ⅲ, edited by OTB Research Institute for Housing, Urban and Mobility Studies, Delft University of Technology, ISO Press, Netherlands: Amsterdam, 2010.

Hodkinson, S. and Robbins, D., *The return of class war conservatism? Housing under the UK Coalition Government*, Critical Social Policy, Vol.33, No.1, 2012, pp.57-77.

Jacobs, K. and Manzi, T., *New Localism, Old Retrenchment: The "Big Society", Housing Policy and the Politics of Welfare Reform*, Housing, Theory and Society, Vol. 30, No.1, 2013, pp.29-45.

Kemp, P. A., *The transformation of private renting*, Housing Market and Policy edited by Peter Malpass and Rob Rowlands, Routledge, 2010.

Lupton, R., et al., *Growing up in social housing in Britain: A profile of four generations, 1949 to the present day*. Institute of Education, Center for Research on the Wider Benefits of Learning, London: LSE, 2009.

Mullins, D. and Murie, A., *Housing Policy in the UK*, Palgrave, 2016.

NAO(National Audit Office), *PFI in Housing*, Reported by the Comptroller and Auditor General, HC 71, Session 2010-2011, 2010.

Pawson, H. and Smith, R., *Second generation stock transfers in Britain: Impact on social housing governance and organisational culture*, European Journal of Housing Policy, Vol.9, No.4, 2009, pp.411-433.

Pawson, H. and Sosenko, F., *The supply-side modernisation of social housing in England: Analysing mechanics, trends and consequences*, Housing Studies, Vol.27, No.6, 2012, pp.783-804.

Robinson, D., *Social Housing in England: Testing the logics of reform*, Urban Studies, Vol.50, No.8, 2013, pp.1489-1504.

Wilcox, S. and Perry, J., *UK Housing Review 2014*. Chartered Institute of Housing, 2014.

Wilson, W., *Stimulating housing supply-Government Initiatives* (England), House of

Commons, 2014a.

Wilson, W., *Expanding home ownership-Government initiatives,* House of Commons, 2014b.

영국 커뮤니티 및 지방정부(DCLG, Department for Communities and Local Government) 홈페이지
https://www.gov.uk/government/organisations/department-for-communities-and-local-government

영국 고용연금부(DWP, Department for Work and Pension) 홈페이지
https://www.gov.uk/government/organisations/department-for-work-pensions

영국 통계청(Office for National Statistics), http:www.ons.gov.uk

영국 홈스 앤 커뮤니티 에이전시(HCA: Homes and Communities Agency) 홈페이지
https://www.gov.uk/government/organisations/homes-and-communities-agency

배병준, 《영국 복지개혁 브리핑》, 탐구당, 2013.

토니 블레어, 《토니 블레어의 여정》, 유지연 옮김, 알에이치코리아, 2014.

관련 참고 자료

Blanfy, S. and Hunter, C., *The Right to Buy: Examining of an exercise in allocating, shifting and re-branding risk,* Critical Social Policy, Vol.33, No.1, 2012, pp.17-36.

Chandler, D. and Disney, R., *Housing market trends and recent policies,* The IFS Green Budget: February 2014. Institute for Fiscal Studies, 2014, pp.90-125.

House of Commons, *Planning for Housing.* 2014.

House of Commons & Communities and Local Government Committee, *Beyond Decent Homes,* Fourth Report of Session 2009-2010, 2010.

Hodkinson, S., *The Private Finance Initiative in English Council Housing Regeneration: A Privatisation too far?* Housing Studies, Vol. 26, No.6, 2011, pp.911-932.

Holmans, A., Stephens, M. and Fitzpatrick, S., *Housing Policy in England since 1975: An Introduction to the Special Issue,* Housing Studies, Vol.22, No.2, 2007, pp.147-162.

HM Government, *Laying the Foundations: A Housing Strategy for England,* 2011.

Keohane, N. and Broughton, N., *The politics of housing,* National Housing Federation, 2014.

Lyon, M., *The Lyons Housing Review: Mobilising across the nation to build the homes our children need.* The Lyons Commission, 2014.

Maclennan, D. and O'sullivan, A., *Localism, Devolution and Housing Policies,* Housing Studies, Vol.28, No.4, 2013, pp.599-615.

Malpass, P., *Fifty years of British Housing Policy: Leaving or Leading the Welfare State,* European Journal of Housing Policy, Vol.4, No.2, 2004, pp.209-227.

Malpass, P., *Housing and the New Welfare State: Wobbly Pillar of Cornerstone?,* Housing Studies, Vol.23, No.1, 2008, pp.1-19.

Malpass, P., *Path Dependence and the Measurement of Change in Housing Policy,* Housing Studies, Vol.28, No.4, 2011, pp.305-319.

Malpass, P. and Victory, C., *The Modernisation of Social Housing in England*, International Journal of Housing Policy, Vol.10, No.1, 2010, pp.3-18.

Pawson, H., Mullins, D. and Gilmour, T., *After Council Housing-Britain's New Social Landlords*, Palgrave Macmillan, 2010.

Sillas, R., *The development of the Right to Buy and the sale of council houses*, Institute Economic Affairs, March, Blackwell Publishing: Oxford, 2007, pp.52-57.

Stephen, M., Elsinga, M. and Knorr-Siedow, T., *The privatization of social housing: Three different pathway*, Social Housing in Europe Ⅱ edited by Kathleen Scanlon and Christine Whitehead. London: LSE, 2008.

Tunstall, R., *The Coalition's record on housing policy, Spending and outcomes 2010-2015*, Working Paper 18, Center for Housing Policy, The University of York, 2015.

Victory, C. and Malpass, P., *Every Tenant Matters? The New Governance of Social Housing in England*, Housing Studies, Vol.26, No.3, 2011, pp.449-458.

3장. 미국

Abt Associates Inc., *What happens to low-income housing tax credit properties at year 15 and beyond?* U.S. Department of Housing and Urban Development. US: Washington D.C., 2012.

Bipartisan Policy Center. *Housing America's Future: New Directions for National Policy*, 2013.

Bratt, R. G., *The Quadruple Bottom Line and Nonprofit Housing Organizations in the United States*, Housing Studies, Vol.27, No.4, 2012, pp.438-456.

Bureau of Economic Analysis, *National income and product account tables*, 2013.

Center on Budget and Policy Priorities, *Federal Rental Assistance*, 2015a.

Center on Budget and Policy Priorities, *The Housing Choice Voucher Program*, 2015b.

Charette, A., et al.,. *Projecting trends in severely cost-burdened renters: 2015-2025*. Enterprise and JCHS(Joint Center for Housing Studies of Harvard University), 2015.

Glaeser, E. L., *Rethinking the Federal Bias Toward Homeownership*, Cityscape: A Journal of Policy Development and Research . Vol.13, No.2 , 2011, pp.5-37.

Goetz, E. G., *Where have all the towers gone? The dismantling of public housing in U.S. cities*, Journal of Urban Affairs, Vol.33, No.3, 2011, pp.267-287.

JCHS (Joint Center for Housing Studies of Harvard University), *America's Rental Housing, Evolving Markets and Needs*, Harvard University, 2013.

JCHS (Joint Center for Housing Studies of Harvard University), *The State of the Nation's Housing*, Harvard University, 2015.

Landis, J. D. and McClure, K., *Rethinking Federal Housing Policy*, Journal of the American Planning Associations, Summer 2010, Vol.76, No.3, 2010, pp.319-348.

Liu, H. G. and Emrath, P., *The direct impact of home building and remodeling on the U.S. economy.* HousingEconomics.Com (publication of the National Association of Home Builders), 2008.

National Association of Home Builders, *The local impact of home building in typical metro area: income, jobs, and taxes generated,* 2009.

Rosan, C., *Policy Shift: How the U.S. developed a hybrid model of affordable housing provision,* Wilson Center, 2014.

Schwartz, A., *Housing Policy in United State,* the 3th edition, Routledge, New York, 2015.

von Hoffman, A., *A Rambling Edifice: American Housing Policy in the Twentieth Century,* Joint Center for Housing Studies, Harvard University, 2012a.

von Hoffman, A., *History Lessons for Today's Housing Policy: The Political Processes of Making Low-Income Housing Policy,* Joint Center for Housing Studies, Harvard University, 2012b.

U. S. HUD (Department of Housing and Urban Development), *Worst Case Housing Needs 2015,* Report to Congress, 2015.

U. S. HUD (Department of Housing and Urban Development)
https://portal.hud.gov/hudportal/HUD

관련 참고 자료

Belsky, E. S., *The Dream Lives On: The Future of Homeownership in America,* Joint Center for Housing Studies, Harvard University, 2013.

Burge, G. S., *Do Tenants Capture the Benefits from the Low-Income Housing Tax Credit Program?* Real Estate Economics, Vol.39, No.1, 2011, pp.71-96.

Carr, J. H. and Michelle M., *Twenty years of housing policy: what's new, what's changed, what's ahead?,* Housing Policy Debate, 2010, Vol.20, No.4, 2010, pp.551-576.

Collinson, R., *Rental Housing Affordability Dynamics, 1990-2009,* Cityscape: A Journal of Policy Development and Research, Vol.13, No.2, 2011, pp.71-103.

CRS Report for Congress, *The Low-Income Housing Tax Credit: A Framework for Evaluation,* Congressional Research Service, 2007.

Deng, L., *The cost-effectiveness of the Low-Income Housing Tax Credit relative to vouchers: evidence from six metropolitan areas.* Housing Policy Debate, Vo.16, No.4, 2005, pp.469-511.

DiPasquale, D., *Rental Housing: Current Market Conditions and the Role of Federal Policy,* Cityscape: A Journal of Policy Development and Research, 2011, Vol.13, No.2, 2011, pp.57-70.

Ellis, L., *Eight Policy Lessons from the US Housing Meltdown,* Housing Studies, Vol. 26, No.7-8, 2010, pp.1215-1230.

Goetz, E. G., *Desegregation in 3D: Displacement, Dispersal and Development in American public housing,* Housing Studies, Vol.25, No.2, 2010, pp.137-158.

Goetz, E. G., *The Transformation of Public Housing Policy: 1985-2011,* Journal of the

American Planning Associations, Autumn 2012, Vol.78, No.4, 2012, pp.452-463.

Heathcott, J., *Planning Note: Pruitt-Igoe and the Critique of Public Housing*, Journal of the American Planning Association, Vol.78, No.4, 2012, pp.450-451.

Jackson, P. J., The Low-Income Housing Tax Credit: A Framework for evaluation, CRS Report for Congress, Congressional Research Service, 2007.

Roberts, B., *Modifying CRA to Attract LIHTC Investments. Innovative Ideas for Revitalizing the LIHTC Market*, Federal Reserve, 2009.

Schwartz, A., and Meléendez, E., *After Year 15: Challenges to the Preservation of Housing Financed With Low-Income Housing Tax Credits*, Housing Policy Debate, Vo.19, No.2, 2008, pp.261-294.

U.S. Board of Governor, *White Paper-The U.S. Housing Market: Current Conditions and Policy Considerations*, 2012.

Vale, L. J. and Freemark, Y., *From Public Housing to Public-Private Housing -75 Years of American Social Experimentation*, Journal of the American Planning Associations, Autumn 2010, Vol.78, No.4, 2010, pp.379-402.

4장. 스웨덴

Anders L., *Dismantling Swedish Housing Policy*, Governance, Vol.14, Issue 4, 2001, pp.503-526.

Christophers, B., *A Monstrous Hybrid: The Political Economy of Housing in Early Twenty-first Century Sweden*, New Political Economy, Taylor & Francis, 2013.

Lind, H., *Social Housing in Sweden*, in Social Housing in Europe edited by Kathleen Scanlon, Christine Whitehead and Melissa Fernández Arrigoitia, John Wiley and Sons, 2014.

ICA Housing and CECODHAS, *Profiles of a Movement: Co-operative Housing around the World*, 2012.

Kemeny, J., *From Public Housing to the Social Market, Rental policy strategies in comparative perspective*, London/New York: Routledge, 1995.

Lindbergh, L., Larsson, C. and Wilson, T., *Financial Management in Public Housing Companies as Related to the Negotiating Process in Sweden*, Housing Studies, Vol.21, No.1, 2006, pp.17-34.

Haffner, M., Elsinga, M. and Hoekstra, J., *Rent Regulation: The Balance between Private Landlords and Tenants in Six European Countries*, European Journal of Housing Policy, Vol.8, No.2, 2008, pp.217-233.

Global property Guide, *Sweden bubbles away: house prices surge*, 2015.4.13 (http://www.globalpropertyguide.com/Europe/Sweden/Price-History)

Elsinga, M., and Lind, H., *The Effect of EU-Legislation on Rental Systems in Sweden and the Netherlands*, Housing Studies, Vol.28, No.7, 2013, pp.960-970.

OECD, *OECD Economic Surveys: Sweden*, 2012.

Pittini, A. et. al., *The State of Housing in the EU 2015*, The European Federation for Public, Cooperative and Social Housing, Housing Europe, Belgium: Brussels, 2015.

Sørensen, P. B., *The Swedish Housing Market: Trends and Risks*. Swedish Fiscal Policy Council, 2013.

The Reform Institute, *Redistribution effects of supply constraints on housing property*, 2013.

Turner, B., *Housing Finance in Sweden, International Union for Housing Finance*, 2002. (http://www.housingfinance.org/uploads/Publicationsmanager/9703_Swe.pdf)

Turner, B., and Whitehead, C., *Reducing Housing Subsidy: Swedish Housing Policy in an International Context*, Urban Studies, Vol.39, No.2, 2002, pp.201-217.

Turner, L. M., *Social housing and market residential segregation: the case of municipal housing companies in Sweden*, edited by Kathleen Scanlon and Christine Whitehead, London: LSE, 2008.

스웨덴 통계청(Statistics Sweden), http://www.scb.se

스웨덴 주택 건설계획국(Board of Housing, Building and Planning), *The Swedish Housing Market*, http://www.bfr.se

The Riksbank (Sveriges Riksbank) www.riksbank.se/en/

The Swedish Wire, Sweden's housing policy has failed, 2010.6.10

http://www.swedishwire.com/opinion/4987-swedens-housing-policy-has-failed

Swedish Social Insurance Agency.

https://www.forsakringskassan.se/wps/portal/privatpers/bostad/

기타오카 다카요시, 《복지강국 스웨덴 경쟁력의 비밀》, 최려진 옮김, 위즈덤 하우스, 2012.

레그란드 츠카구치 도시히코 엮음, 《스웨덴 스타일》, 강내녕 외 옮김, 이매진, 2013.

정원오, 《복지국가》, 책세상, 2010.

관련 참고 자료

Ruonavaara, H., *How Divergent Housing Institutions Evolve: A Comparison of Swedish Tenant Co-operatives and Finnish Shareholders' Housing Companies*, Housing, Theory and Society, Vol.22, No.4, 2005, pp.213-236.

Dol, K. and Haffner, M., *Housing Statistics in the European Union*, The Hague: Ministry of the Interior and Kingdom Relations, 2010.

CECODHAS Housing Europe's Observatory, *2012 Housing Europe Review*, 2012.

Borelilus, U. and Wennerström, U., *A New Gårdsten: A Case Study of a Swedish Municipal Housing Company*, European Journal of Housing Policy, Vol.9, No.2, 2009, pp.223-239.

5장. 네덜란드

Aedes (Dutch Association of Housing Organisations), *Austerity measures threaten social housing Netherlands*, 2014.

Boelhouwer, P. J., *The future of Dutch housing associations*, Journal of Housing and the Built Environment, Vol.22, 2007, pp.383-391.

Boelhouwer, P. J., and Priemus, H., *Dutch Housing Policy Realigned*, Journal of Housing and Environmental Research, Vol.5, No.1, 1990, pp.105-119.

Dieleman, F. M., *The quiet revolution in Dutch housing policy*, Journal of Economic and Social Geography, Vol.87, No.3, 1996, pp.275-282.

Elsinga, M., and Lind, H., *The Effect of EU-Legislation on Rental Systems in Sweden and the Netherlands*, Housing Studies, Vol.28, No.7, 2013, pp.960-970.

Haffner, M., Hoekstra, J., Oxley, M. and van der Heijden, H., *Bridging the gap between social and market rented housing in six European countries*, The series Housing and Urban Policy Studies 33, OTB Research Institute for Housing, Urban and Mobility Studies, IOS Press, Delft University of Technology, 2009.

Kadi, J., *Neoliberal Dutch housing policies? Analyzing market-oriented regulatory reforms in Amsterdam's housing market*, Paper presented at the International RC 21 Conference, Amsterdam, 2011.

Nieboer, N. and Gruis, V., *Shifting back in the Dutch social housing sector*, ENHR Conference, 5-8 July, Toulouse, 2011.

Priemus, H., *Recent Changes in the Social Rented Sector in the Netherlands*, Urban Studies, Vol.33, No.10, 1996, pp.1891-1908.

Priemus, H., *Housing Finance Reform in the Making: The Case of the Netherlands*, Housing Studies, Vol. 25, No. 5, 2010, pp.755-764.

Rabobank, *Housing Market Bulletin: Dutch Social Housing*, 2013.

Rabobank, *Housing Market Bulletin: Dutch Rental Market*, Private Rental Sector on the Netherlands, 17 September 2014, 2014a.

Rabobank, *Housing Market Bulletin: LTVs of Dutch mortgages*, Lower LTVs for Dutch mortgages, 13 April 2014, 2014b.

Rabobank, *Sustained growth in the Dutch housing market*, August 06, 2015.

Vandevyvere, W., and Zenthöfer, A., *The housing market in the Netherlands*. Economic papers 457, European Commission, 2012.

네덜란드 통계청(Statistics Netherlands), http://www.cbs.nl

Ministry of the Interior and Kingdom Relations (https://www.government.nl/ministries/ministry-of-the-interior-and-kingdom-relations)

Expat Mortgages, 2015

http://www.expatica.com/nl/housing/buying/5-reasons-to-buy-Dutch-property-in-2015_468573.html

관련 참고 자료

Boelhouwer, P. J. and Hoekstra, J., *Toward a better balance on the Dutch housing market? Analysis and policy proposition*, European Journal of Housing Policy, Vol.4, 2009, pp.457-475.

Dieleman, F. M., *The Impact of Housing Policy Changes on Housing Associations: Experiences in the Netherlands*, Housing Studies, Vol.14, No.2, 1999, pp.251-259.

Elsinga, M., and Wassenberg, F., *Social Housing in Netherlands*, in Social Housing in Europe edited by Kathleen Scanlon, Christine Whitehead and Melissa Fernández Arrigoitia, John Wiley and Sons, 2014.

Haffner, M., Elsinga, M. and Hoekstra, J., *Rent Regulation: The Balance between private landlords and Tenants in Six European Countries*, European Journal of Housing Policy, Vol.8, No.2, 2008, pp.217-233.

Boelhouwer, P., *The Dutch Social Housing Model: The Success of Guaranties and Revolving Funds*, Housing Finance International, Autumn, 2011.

Dol, K. and Haffner, M., *Housing Statistics in the European Union*, The Hague: Ministry of the Interior and Kingdom Relations, 2010.

Ouwehand, A., *The Dutch Housing Policy for the Next Decade: An Attack on Housing Associations or Adjustment to Changing Demand*, International Journal of Housing Policy, Vol.2, No.2, 2002, pp.203-221.

Priemus, H., *A new housing policy for the Netherlands(2000-2009): A mixed bag*, International of Housing and the Built Environment, Vol.16, No.3/4, 2001, pp.319-332.

Priemus, H., *The Future of Social Housing: The Dutch Case*, International Journal of Co-operative Management published by New Harmony Press Limited, Vol.6, No.2, 2013, pp.13-24.

6장. 독일

DG HYP(Deutsche Genossenschafts-Hypothekenbank AG), *Real Estate Market Germany 2014-2015*, 2015.

Elsinga, M., Stephens, M. and Knorr-Siedow, T., *The Privatisation of Social Housing: Three Different Pathway*, in Social Housing Europe edited by Kathleen Scanlon, Christina Whitehead and Melissa Fernández Arrigoitia. United Kingdom: John Wiley & Sons, 2014.

Kirchner, J., *The Declining Social Rental Sector in Germany*, European Journal of Housing Policy, Vol7, No.1, 2007, pp.85-101.

Kloth, K., *Payment difficulties of home owners in Germany*, in Home Ownership: Getting in, Getting From, Getting Out edited by Boelhouwer, P., Doling, J. and

Elsinga, M., Housing and Urban Policy Studies 29, Delft: DUP Science, 2005.

Lennartz, C., *Power structures and privatization across integrated rental markets: exploring the cleavage between typologies of welfare regimes and housing systems*, Housing, Theory and Society, Vol.28 No.4, 2011, pp.342-.359.

Lieberknecht, C., *German housing markets-facts, figures and structures*, Paper for CECODHAS Housing Europe Conference, April 2012.

Fitzsimons, J., *The German Private Rented Sector-A Holistic Approach*, Working Paper, The Knowledge Centre for Housing Economics, 2014.

Lerbs, O., *Germany's rental property sector: A cornerstone of housing market resilience?*, Housing Finance International, Summer, 2014, pp.41-44.

Michelsen, C., and Weiß, D., *What happened to the East German housing market? A historical perspective on the role of public funding*, Post-Communist Economies, Vol.22, No.3, 2010, pp.387-409.

Priem, M., and Schupp, J., *Everyone Happy-Living Standards in Germany 25 Years after Reunification*, DIW Economic Bulletin 11, 2014.

Weinrich, M., *The German housing finance system: does it offer lessons in stability to other markets?* Housing Finance International, Summer, 2014, pp.45-50.

Dascher, K., *Why Demolish? East Germany's Vacant Housing*, 13th Annual European Real Estate Society Conference. ERES: Conference. Weimar, Germany, 2006.

Tanninen, T., Bittner, R. and Schmidt, H., *New Problems and Challenges for Housing Policy in East Germany: Lessons to be Learned from the German Case*, 2004. (https://www.irb.fraunhofer.de/CIBlibrary/search-quick-result-list. jsp?A&idSuche=CIB+DC12954)

Voigtländer, M., *Why is the German Homeownership Rate so Low?*, Housing Studies, Vol.24 No.3, 2009, pp.355-372.

독일 통계청 https://www.destatis.de/

김수현, 〈독일의 자가소유율이 낮은 이유: 주택체제론(housing regime) 관점의 검토〉, 《주택연구》, 제21권 3호, 한국주택학회, 2013, 5~36쪽.

신진욱·이지은, 〈독일의 사회적 시장 경제와 주택체제: 금융자본주의 시대의 독일 주택 정책과 제도〉, 《한·독 사회과학논총》, 제24권 1호, 한독사회과학회, 2014, 3~30쪽.

한국은행, 〈독일 주택시장이 장기간 안정적인 이유〉, 워킹 페이퍼, 2011.

관련 참고 자료

Deilmann, C., Elenberger, K. H. and Banse, J., *Housing stock shrinkage: vacancy and demolition trends in German*, Building Research & Information, Vol.37, No.5-6, 2009, pp.660-668.

de Boer, R. and Bitetti, R., *A Revival of the Private Rental Sector of the Housing Market? : Lessons from Germany, Finland, the Czech Republic and the Netherlands*. OECD Economics Department Working Papers, No.1170, OECD Publishing, 2014.

Droste, C. and Knorr-Siedow, T., *Social housing in Germany*, Social Housing Europe edited by Kathleen Scanlon, Christina Whitehead and Melissa Fernández

Arrigoitia. United Kingdom: John Wiley & Sons, 2014.

Egner, B., *Housing Policy in Germany-A Best Practice Model?*, Briefing Paper, Shanghai Coordination Office for International Cooperation, 2011. (http://library.fes.de/pdf-files/bueros/china/11398.pdf)

ICA Housing and CECODHA, *Profiles of a Movement: Co-operative Housing around the World*, 2012.

Radzimski, A., *Can Policies Learn? The Case of Urban Restructuring in Eastern Germany*, 2015. (www.regionalstudies.org/uploads/Radzimski_RSA_Piacenza.pdf)

박은철, 《이젠 임차가구의 주거권 보장할 때 : 법·제도 고치고 사회주택도 늘려야- 독일 주택시장·정책이 서울시에 주는 시사점》, 서울연구원, 2015.

7장. 한국

국토교통부, 《주거실태조사》, 각 연도

국토교통부, 《주택업무편람》, 2015.

김수현·임재만, 〈자산기반 복지와 중산층 위기〉, 윤자영 외, 《중산층 형성과 재생산에 관한 연구》, 한국노동연구원, 2014.

김재영, 《하우스푸어 : 비싼 집에 사는 가난한 사람들》, 서울: 더팩트, 2010.

이석희, 김수현, 〈한국 주택체제의 성격과 변화-동아시아 발전주의 국가의 특성을 중심으로〉, 《공간과 사회》, 한국공간환경학회, 제24권 2호, 2014, 5~37쪽.

통계청, 《인구주택총조사》, 각 연도

통계청, 〈2016년 가계금융·복지조사 결과〉, 통계청 보도자료(2016.12.20.), 2016.

Elsinga, M., Decker, P., Teller, N. and Toussaint, J. eds, *Home ownership beyond asset and security: Perceptions of housing related security and insecurity in eight European countries*, Housing and Urban Policy Studies 32, Amsterdam: ISO Press, 2007.

OECD, *Economic Survey of Korea*, 2007.

국민은행 주택가격동향, http://nland.kbstar.com/

The Economist, http://www.economist.com/